KB039506

발명과
판례특허법

조재신

Invention and Patent Law

박영사

서 문

"The fear of the LORD is the beginning of knowledge."
(Proverbs 1:7)

"The fear of the LORD is the beginning of wisdom,
and knowledge of the Holy One is understanding."
(Proverbs 9:10)

이 책의 특징

1. 변호사, 변리사 시험에 자주 이용되는 판례들을 정리하였다.

2. 지식재산권관리와 특허경영에도 없어서는 안 되는 주요 판례들을 정리하였다.

3. 발명을 설명한 후 판례의 핵심내용을 설명함으로써 발명이 어떻게 특허분쟁으로 이어지는지를 알기 쉽게 설명하였다.

4. 각 판례마다 <ooo사건>으로 표기하여 기억하기 쉽도록 명칭을 부여하였다.

5. 2017년까지 모든 특허관련 대법원·특허법원의 최신판례와 중요판례(전원합의체 판례, 많이 인용된 판례)를 특허법 조문 별로 분류하였다.

6. 외국의 주요판례 또한 다루었다.

이 책을 활용하는 모든 이에게 하나님의 은혜와 축복이 함께 하시길 바란다.

차   례

제2장 특허 명세서와 보정 _ 21

제4장 특허권 및 특허권자의 보호 _ 155

제5장 심 판 _ 205

특허출원절차

제1장
특허출원절차

Ⅰ. 발명자

1. 관련규정

발명을 한 사람 또는 그 승계인은 이 법에서 정하는 바에 따라 특허를 받을 수 있는 권리를 가진다(제33조(특허를 받을 수 있는 자)). 발명을 한 사람 즉, 발명자란 자연법칙을 이용하여 기술적 사상을 창작한 자를 의미한다. 발명은 사실행위로서 미성년자 등과 같이 행위능력이 없는 자도 발명자가 될 수 있으며, 법성대리인을 통하여 절차를 밟기만 하면 특허를 받을 수 있다. 발명자는 실제 발명을 한 자로 한정되는 것이므로 타인의 발명을 훔쳐 발명자로 사칭하여 특허를 받는 것은 허용되지 않는다. 발명은 사실행위이지 법률행위가 아니므로 발명을 함에 있어서 행위능력은 필요하지 않다. 따라서 미성년자, 피성년후견인, 피한정후견인이라도 발명을 할 수 있다. 대리인에 의한 발명 또는 법인 자체에 의한 발명은 있을 수 없다. 발명자에 해당한다고 하기 위해서는 기술적 사상의 창작행위에 실질적으로 기여하기에 이르러야 한다.

발명의 기술적 과제를 해결하기 위한 구체적인 착상을 새롭게 제시·부가·보완한 자, 실험 등을 통하여 새로운 착상을 구체화한 자, 발명의 목적 및 효과를 달성하기 위한 구체적인 수단과 방법을 제공한 자, 구체적인 조언·지도를 통하여 발명을 가능하게 한 자 등은 발명자에 해당한다. 한편, 단순히 발명에 대한 기본적인 과제와 아이디어만을 제공한 자, 연구자를 일반적으로 관리하기만 한 자, 연구자의 지시로 데이터의 정리와 실험만을 한 자, 자금·설비 등을 제공하여 발명의 완성을 후원·위탁하기만 한 자 등은 발명자에 해당하지 않는다.

2. 관련판례(발명을 한 자의 의미)

Ⅰ) 사건개요(비소함유 항암제 아이디어 사건)

이 사건 특허발명은 원고가 피고회사 재직시절 비소를 함유하는 메타아르세나이트염에 항암효과가 있음을 밝힌 의약용도에 관한 발명으로, 원고가 이 사건 특허발명의 발명자에 해당하는지 여부가 이 사건의 쟁점이다. 일성신약 연구소장으로 재직 중 비소를 이용한 항암제를 개발하였으나 이후 회사로부터 면직당한 후 회사를 상대로 항암제 특허에 대한 특허권공유확인 및 특허등록명의이전을 청구한 사안이다. 원고는 피고 회사 재직 이전 일성신약에 재직하던 중 네덜란드 회사 ILSA 대표이던 B에게 비소화합물을 이용한 항암제 개발과제와 아이디어를 제공하였다. 이후 B는 원고로부터 일성신약이 비소 이용 항암제 개발 포기의사를 전달받고 원고와도 연락이 단절되었고 실험을 진행하였다.

Ⅱ) 판결요지

[1] 특허법 제33조 제1항 본문은 발명을 한 자 또는 그 승계인은 특허법에서 정하는 바에 의하여 특허를 받을 수 있는 권리를 가진다고 규정하고 있는데, 특허법 제2조 제1호는 '발명'이란 자연법칙을 이용한 기술적 사상의 창작으로서 고도한 것을 말한다고 규정하고 있으므로, 특허법 제33조 제1항에서 정하고 있는 '발명을 한 자'는 바로 이러한 발명행위를 한 사람을 가리킨다. 따라서 발명자(공동발명자를 포함한다)에 해당한다고 하기 위해서는 단순히 발명에 대한 기본적인 과제와 아이디어만을 제공하였거나 연구자를 일반적으로 관리하고 연구자의 지시로 데이터의 정리와 실험만을 한 경우 또는 자금·설비 등을 제공하여 발명의 완성을 후원·위탁하였을 뿐인 정도 등에 그치지 않고, 발명의 기술적 과제를 해결하기 위한 구체적인 착상을 새롭게 제시·부가·보완하거나, 실험 등을 통하여 새로운 착상을 구체화하거나, 발명의 목적 및 효과를 달성하기 위한 구체적인 수단과 방법의 제공 또는 구체적인 조언·지도를 통하여 발명을 가능하게 한 경우 등과 같이 기술적 사상의 창작행위에 실질적으로 기여하기에 이르러야 한다. 한편 이른바 실험의 과학이라고 하는 화학발명의 경우에는 당해 발명 내용과 기술수준에 따라 차이가 있을 수는 있

지만 예측가능성 내지 실현가능성이 현저히 부족하여 실험데이터가 제시된 실험예가 없으면 완성된 발명으로 보기 어려운 경우가 많이 있는데, 그와 같은 경우에는 실제 실험을 통하여 발명을 구체화하고 완성하는 데 실질적으로 기여하였는지의 관점에서 발명자인지 여부를 결정해야 한다.

[2] 특허를 받을 수 있는 권리는 발명의 완성과 동시에 발명자에게 원시적으로 귀속되지만, 이는 재산권으로 양도성을 가지므로 계약 또는 상속 등을 통하여 전부 또는 일부 지분을 이전할 수 있고(특허법 제37조 제1항), 그 권리를 이전하기로 하는 계약은 명시적으로는 물론 묵시적으로도 이루어질 수 있고, 그러한 계약에 따라 특허등록을 공동출원한 경우에는 출원인이 발명자가 아니라도 등록된 특허권의 공유지분을 가진다.

[3] 특허발명의 발명자인 甲에게서 특허받을 수 있는 권리를 승계한 乙 회사가 丙을 출원인에 포함시켰는데, 丙이 乙 회사 등을 상대로 특허권의 공유자임의 확인을 구한 사안에서, 특허 출원에 이르기까지 丙의 역할과 기여도 및 丙과 甲 회사 등의 관계, 특허 출원의 경위 등을 고려하면 乙 회사가 출원인에 丙을 포함시킴으로써 丙에게 특허받을 수 있는 권리의 일부 지분을 양도하여 장차 취득할 특허권을 공유하기로 하는 묵시적 합의가 출원 당시 이미 있었다고 볼 여지가 있다는 이유로, 이에 관하여 심리를 하지 아니한 채 丙의 청구를 기각한 원심판결에 특허를 받을 수 있는 권리의 이전에 관한 법리 오해의 위법이 있다.[1]

II. 특허를 받을 수 있는 자

1. 관련규정

I) 특허를 받을 수 있는 자

발명을 한 사람 또는 그 승계인은 이 법에서 정하는 바에 따라 특허를 받을 수 있는 권리를 가진다. 다만, 특허청 직원 및 특허심판원 직원은 상속이나 유증(遺贈)의 경우를 제외하고는 재직 중 특허를 받을 수 없다. 2명 이상이 공동으로 발명한 경우에는 특허를 받을 수 있는 권리를 공유한다(제33조(특허를 받을 수 있는 자)).

---

1) 대법원 2012. 12. 27. 선고 2011다67705, 567712 판결. 이 판례는 25회 피인용되었다.

II) 무권리자의 특허출원과 정당한 권리자

발명자가 아닌 자로서 특허를 받을 수 있는 권리의 승계인이 아닌 자, 즉, "무권리자"가 한 특허출원이 특허를 받을 수 있는 권리를 가지지 아니한 사유로 특허를 받지 못하게 된 경우에는 그 무권리자의 특허출원 후에 한 정당한 권리자의 특허출원은 무권리자가 특허출원한 때에 특허출원한 것으로 본다. 다만, 무권리자가 특허를 받지 못하게 된 날부터 30일이 지난 후에 정당한 권리자가 특허출원을 한 경우에는 그러하지 아니하다(제34조(무권리자의 특허출원과 정당한 권리자의 보호)). 또한, 특허를 받을 수 있는 권리를 가지지 아니한 사유로 특허를 무효로 한다는 심결이 확정된 경우에는 그 무권리자의 특허출원 후에 한 정당한 권리자의 특허출원은 무효로 된 그 특허의 출원 시에 특허출원한 것으로 본다. 다만, 심결이 확정된 날부터 30일이 지난 후에 정당한 권리자가 특허출원을 한 경우에는 그러하지 아니한다(제35조(무권리자의 특허와 정당한 권리자의 보호)).

III) 무권리자의 특허권에 대한 정당한 권리자의 특허권 이전청구

종래에는 무권리자가 특허를 받은 경우 반드시 그 특허를 무효심판을 청구하여 무효로 한 후에 정당권리자가 특허출원을 하여야만 특허를 받을 수 있었으나,[2] 2016년 개정법에 의하여 특허를 받을 수 있는 권리를 가진 자는 법원에 해당 특허권의 이전(특허를 받을 수 있는 권리가 공유인 경우에는 그 지분의 이전을 말한다)을 청구할 수 있게 되었다(제99조의2(특허권의 이전청구) 제1항).

---

2) 대법원 2014. 5. 16. 선고 2012다11310 판결 [특허권이전등록절차이행].
발명을 한 자 또는 그 승계인은 특허법에서 정하는 바에 의하여 특허를 받을 수 있는 권리를 가진다(특허법 제33조 제1항 본문). 만일 이러한 정당한 권리자 아닌 자가 한 특허출원에 대하여 특허권의 설정등록이 이루어지면 특허무효사유에 해당하고(특허법 제133조 제1항 제2호), 그러한 사유로 특허를 무효로 한다는 심결이 확정된 경우 정당한 권리자는 특허의 등록공고가 있는 날부터 2년 이내와 심결이 확정된 날부터 30일 이내라는 기간 내에 특허출원을 함으로써 특허의 출원 시에 특허출원한 것으로 간주되어 구제받을 수 있다(특허법 제35조). 이처럼 특허법이 선출원주의의 일정한 예외를 인정하여 정당한 권리자를 보호하고 있는 취지에 비추어 보면, 정당한 권리자로부터 특허를 받을 수 있는 권리를 승계받은 바 없는 무권리자의 특허출원에 따라 특허권의 설정등록이 이루어졌더라도, 특허법이 정한 위와 같은 절차에 의하여 구제받을 수 있는 정당한 권리자로서는 특허법상의 구제절차에 따르지 아니하고 무권리자에 대하여 직접 특허권의 이전등록을 구할 수는 없다.

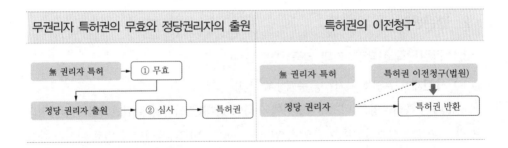

무권리자 특허권의 무효와 정당권리자의 출원	특허권의 이전청구

IV) 공동출원

2인 이상이 공동으로 발명을 한 때에는 특허받을 수 있는 권리는 공유로 한다. 특허출원시 각 공유자는 다른 공유자와 공동으로 특허출원을 하여야 한다(제44조(공동출원)). 공동출원의 규정에 위반하여 출원이 되었을 경우에는 거절이유의 대상이 되며 특허된 후에는 무효사유가 된다. 발명이 공동으로 이루어진 경우 공동발명자 전원이 발명자이므로 특허를 받을 수 있는 권리는 공동발명자 전원에게 있다. 따라서 이 경우 그 중의 일부의 자만이 출원하여 특허를 받을 수는 없다. 공동발명자가 되기 위해서는 발명이 완성되기까지의 과정 중 적어도 일부에 공동발명자 각각이 기술적인 상호 보완을 통하여 발명의 완성에 유익한 공헌을 하여야 하며, 발명의 완성을 위하여 실질적으로 상호 협력하는 관계에 있어야 한다. 특허출원인이 착오로 인하여 특허출원서에 발명자 중 일부의 발명자의 기재를 누락하거나 잘못 적었을 때에는 그 특허출원의 특허여부결정 전까지 추가 또는 정정할 수 있다. 다만, 발명자의 기재가 누락(특허출원서에 적은 발명자의 누락에 한정한다) 또는 잘못 적은 것임이 명백한 경우에는 특허여부결정 후에도 추가 또는 정정할 수 있다(특칙 제28조 제1항(발명자의 추가 등)). 특허여부결정이 있은 후에는 발명자의 기재가 오기임이 명백한 경우 또는 출원과정을 통해 출원서에 적은 바 있던 발명자를 누락했음이 명백한 경우 외에 새로이 발명자를 추가하는 등의 정정은 불가하다.

2. 관련판례

2.1 관련판례(정당권리자의 입증 책임 문제)

Ⅰ) 사건개요(무선통신 시스템 중계장치 사건)

이 사건 특허발명은 비교대상발명에 의하여 확대된 선출원에 위반되어 거절결정되고 같은 이유로 심결이 이루어졌으며, 원고(청구인)는 비교대상발명이 원고 자신이 개발한 발명을 인용하여 특허출원한 것이므로 선출원의 지위를 갖지 못한다고 주장하였다.

Ⅱ) 판결요지

특허법상, 발명에 관하여 특허를 받을 수 있는 주체는 발명을 한 자 또는 그 승계인에 한하므로(특허법 제33조 제1항), 그 이외의 자가 특허를 출원하는 경우는 무권리자 특허출원에 해당하여 그러한 출원은 거절사유에 해당할 뿐만 아니라(특허법 제62조 제2호), 무권리자의 특허출원이 특허로 등록된 이후에는 무효사유에도 해당한다(특허법 제133조 제1항 제2호). 이 사건과 같이 비교대상발명이 무권리자 대상발명의 핵심 기술을 그대로 도용한 것인지 여부가 쟁점으로 되는 경우에는, 이를 주장하는 원고가 적어도 자신이 개발한 무권리자 대상발명의 핵심 기술이 비교대상발명과 동일하다는 점에 대하여 입증할 책임을 부담한다고 할 것이다.[3]

2.2 관련판례(당해 출원발명이 무권리자 대상발명을 개량하거나 확장한 것이라면 무권리자 출원이라고 할 수 있는지 여부(부정))

Ⅰ) 사건개요(조립식 맨홀사건)

원고는, 이 사건 특허발명은 원고의 전 대표이사인 우**가 단독으로 발명하여 원고 명의로 출원, 등록한 것이어서 무권리자 출원이 될 수 없는 것이므로, 이와 결론을 달리한 이 사건 심결은 위법하다고 주장한다. 이에 대하여 피고는, 이 사건 특허발명은 그 출원일 전에 피고의 대표이사 김**에 의하여 발명된 무권리자 대상발명과 동일한 것으로서, 피고의 영업담당 전무로 재직하다가 원고의 이사로 전직한 김○○로부터 그 내용을 알아낸 원고가 무권리자로서 등록한 것이어서 그 등록이 무효로 되어야 하므로, 이와 결론을 같이한 이 사건 심결은 적법하다고 주장한다.

---

3) 특허법원 2009. 9. 18. 선고 2008허11644 판결.

II) 판결요지

　무권리자 출원과 관련하여, 특허법 제33조(특허를 받을 수 있는 자) 제1항 본문 및 같은 법 제133조(특허의 무효심판) 제1항 제2호에서는, 발명을 한 자 또는 그 승계인이 특허를 받을 수 있는 권리를 가지고, 그러한 권리를 가지지 아니한 자가 그 발명에 대한 특허등록을 한 경우에는 이해관계인 등이 청구한 등록무효심판에 의하여 그 등록을 무효로 하도록 규정하고 있다.

　그런데 어떠한 발명이 타인에 의하여 동일성을 상실할 정도로 개량되거나 변형된 경우에는 구 특허법 제98조(타인이 출원한 선행 발명을 이용한 발명, 즉 이용발명에 대하여 이용발명자가 특허등록을 할 수 있도록 하되, 이용발명을 실시하기 위해서는 선행 발명의 권리자의 허락을 얻도록 하고 있다)에서 시사되는 바와 같이, 선행 발명자 또는 그 승계인이 타인에 의하여 개량 또는 변형된 발명에 대해서까지 특허를 받을 수 있는 권리를 가진다고 할 수 없으므로, 구 특허법 제133조 제1항 제2호의 무권리자 출원에 의한 등록무효가 되기 위해서는 무권리자 대상발명과 무권리자 출원발명 사이에 실질적 동일성이 인정되어야 할 것이다(대법원 2005. 2. 18. 선고 2003후2218 판결도 두 발명 사이에 구성 및 효과에서 차이가 없어야 무권리자 출원이 성립한다는 취지이다). 나아가, 무권리자 출원에 의한 등록무효가 되기 위해서는 타인의 발명을 무권리자가 무단으로(즉, 모인(冒認)하여) 특허등록한 경우이어야 힘은 위 법문상 명백하다.[4]

2.3 관련판례(공동출원)

I) 사건개요(타이어 미끄럼 방지 장치 사건)

　이 사건 특허발명은, 피고가 슬라이드 방식의 잠금장치와 덮개라는 새로운 착상을 구체화하여 제공하고, 파우도스(Powdos)사 측이 잠금볼트라는 새로운 착상을 제공하여 원고 회사와 공동으로 발명한 것임에도 불구하고 원고 회사가 단독으로 출원·등록받은 것이다. 즉, ① 피고는 2007. 1. 태영공업사에서 슬라이드 방식의 잠금장치를 개발하여 2개의 샘플(을 제7호증)을 제작하고 2007. 2. 샘플 중 1개를 용성공업사의 박**에게 전달하여 TUV 테스트용 잠금장치의 부품 제작을 의뢰하였다. 그리고 피고는 며칠 후 테스트용 샘플의 제작편의를 위하여 수기도면(을 제8호증)을 박**에게 전달하면서 그 도면에 도시된 잠금장치의 구성에 스프링 보호, 강성 제고

---

4) 특허법원 2009. 12. 3. 선고 2008허14421 판결.

를 위한 덮개를 추가하여 테스트용 샘플의 부품 제작을 제안하였고, 2007. 2. 16. 태영공업사에서 테스트용 샘플의 부품 6조로 TUV 테스트용 스노우 체인 6개(을 제9호증)를 조립하여 6차 주행시험에서 사용하였으며, 6차 주행시험 후 사용된 스노우 체인에 대한 해결방안을 강구하였다. ② 또한 파우도스사의 서** 사장은 2007. 3. 원고 회사로부터 슬라이드 방식의 잠금장치를 채용한 스노우 체인 샘플을 전달받아 파우도스사의 직원인 Don Haas에게 기술적인 검토를 지시하였고, 이에 Don Haas 는 차량 운행 중 걸림회동편이 풀릴 수 있다는 우려를 원고 회사에게 이메일로 전달함과 동시에 서**에게 보고하였다. 서**은 잠금볼트로 걸림회동편을 누르면 걸림회동편의 풀림 현상을 막을 수 있겠다는 이중잠금장치에 대한 아이디어를 파우도스사의 부사장인 이** 등에게 제시하였고, 이**는 원고 회사가 2007. 3. 30. 실시한 8차 주행시험에 참석하여 서**이 제시한 잠금볼트에 관한 아이디어를 원고 회사에게 전달하여 이 사건 특허발명의 '잠금볼트' 구성을 개발할 수 있도록 하였다.

II) 판결요지

오히려 위 인정사실에 의하면, ① 피고는 원고 회사와 래칫 방식의 잠금장치를 채용하였던 6차 주행시험(TUV 테스트)까지만 협력하였고, 6차 주행시험 직후에 단독으로 슬라이드 방식의 잠금장치를 채용한 특허를 출원하고 원고 회사와 연락을 끊었던 점(피고가 그 후 태영공업사에서 윙 제작을 도와준 것을 원고 회사와 협력관계가 유지된 것으로 볼 수는 없다 할 것이다), ② 원고 회사는 그 후 피고 없이 슬라이드 방식의 잠금장치를 채용하여 7차 주행시험을 실시하고, 슬라이드 방식의 잠금장치와 잠금볼트를 채용하여 9차 주행시험을 실시하였던 점, ③ 원고 회사는 주행시험을 마친 후 슬라이드 방식의 잠금장치에 덮개와 잠금볼트가 구비된 이 사건 특허발명을 출원하였던 점 등을 알 수 있다.

따라서 피고가 제출한 증거들만으로는 피고의 위 주장과 같이 이 사건 특허발명이 원고 회사와 피고 등이 공동으로 발명한 것임을 인정하기에 부족하고, 달리 이를 인정할 증거가 없으므로, 이 사건 특허발명은 원고 회사의 단독발명임을 부정할 수 없다 할 것이다.[5]

---

5) 특허법원 2010. 5. 10. 선고 2009허6601 판결.

Ⅲ. 직무발명

1. 관련규정

Ⅰ) 직무발명의 정의와 승계

"직무발명"이란 종업원, 법인의 임원 또는 공무원(이하 "종업원등"이라 한다)이 그 직무에 관하여 발명한 것이 성질상 사용자·법인 또는 국가나 지방자치단체(이하 "사용자등"이라 한다)의 업무 범위에 속하고 그 발명을 하게 된 행위가 종업원등의 현재 또는 과거의 직무에 속하는 발명을 말한다. "개인발명가"란 직무발명 외의 발명을 한 자를 말한다.(발명진흥법 제2조(정의)). 직무발명에 대하여 종업원등이 특허를 받았거나 특허를 받을 수 있는 권리를 승계한 자가 특허를 받으면 사용자등은 그 특허권에 대하여 통상실시권(通常實施權)을 가진다. 다만, 사용자등이 「중소기업기본법」 제2조에 따른 중소기업이 아닌 기업인 경우 종업원등과의 협의를 거쳐 미리 종업원등의 직무발명에 대하여 사용자등에게 특허를 받을 수 있는 권리나 특허권을 승계시키는 계약 또는 근무규정 또는, 종업원등의 직무발명에 대하여 사용자등을 위하여 전용실시권을 설정하도록 하는 계약 또는 근무규정을 체결 또는 작성하지 아니한 경우에는 그러하지 아니한다. 공무원의 직무발명에 대한 권리는 국가나 지방자치단체가 승계하며, 국·공립학교 교직원의 직무발명에 대한 권리는 국·공립학교의 전담조직이 승계한다. 직무발명 외의 종업원등의 발명에 대하여 미리 사용자등에게 특허등을 받을 수 있는 권리나 특허권등을 승계시키거나 사용자등을 위하여 전용실시권(專用實施權)을 설정하도록 하는 계약이나 근무규정의 조항은 무효로 한다(발명진흥법 제10조(직무발명)).

Ⅱ) 직무발명에 대한 보상

종업원등은 직무발명에 대하여 특허등을 받을 수 있는 권리나 특허권등을 계약이나 근무규정에 따라 사용자등에게 승계하게 하거나 전용실시권을 설정한 경우에는 정당한 보상을 받을 권리를 가진다. 사용자등은 보상형태와 보상액을 결정하기 위한 기준 등이 명시된 보상규정을 작성하고, 종업원등과 협의하여야 한다. 보상액이 직무발명에 의하여 사용자등이 얻을 이익과 그 발명의 완성에 사용자등과 종업원등이 공헌한 정도를 고려하지 아니한 경우에는 정당한 보상을 하지 않은 것으로 본다(제15조(직무발명에 대한 보상)).

2. 관련판례

Ⅰ) **사건개요**(니코틴산 고혈압 치료제 사건)

종업원의 직무에 관한 발명에 대한 권리가 사용자에게 넘어간 후, 실제 특허가 등록되지 않았다면 사용자는 직무발명보상금을 지불해야 하는지 여부에 관한 사건으로, 원고는 종업원으로서 피고 회사의 연구소 부소장으로 근무한 적이 있으며, 근무 당시 새로운 발명을 하여 이를 피고에게 승계한 자이다. 종업원의 직무에 관한 발명에 대한 권리가 사용자에게 넘어간 이후로서, 실제로 특허가 등록되지 않았다면 사용자에게 직무발명보상금을 지불해야 할 의무가 있는지 여부와 보상금의 액수를 산정함에 있어서 월급이나 상여급으로 지급된 사항을 고려할 수 있는지 여부가 쟁점이다.

Ⅱ) **판결요지**

종업원이 사용자의 업무범위 및 자신의 직무범위에 속하는 발명(직무발명)을 해서 그 발명에 대한 특허권이나 특허를 받을 수 있는 권리를 취득하고 이를 사용자에게 승계하게 한 경우 특별한 사정이 없는 한 승계와 동시에 종업원은 직무발명에 대한 정당한 보상을 청구할 권리를 취득한다. 직무발명에 대해 특허가 실제로 출원·등록됐는지 여부, 또는 그 특허의 등록이 무효가 됐는지 여부 등의 후발적 사정은 직무발명 보상금 청구권의 발생에 장애가 되지 않고, 다만 보상금의 액수산정에 고려될 수 있다. 직무발명 보상금의 구체적인 액수는 원칙적으로 직무발명에 의해 사용자가 얻을 이익, 발명에 대한 사용자 및 종업원의 공헌도, 공동발명자가 있을 경우 발명자 개인의 기여도 등을 종합적으로 고려해 산정해야하며, 산정의 기초가 되는 직무발명에 의해 사용자가 '얻을' 이익은 특허권을 '승계'한 시점이 기준이 되므로 권리승계 이후 직무발명을 실제로 실시하지 않았다는 사정만으로 사용자의 이익액이 없다고 단정하기 어렵다.[6]

---

6) 서울중앙지법 2009. 1. 23. 선고 2007가합101887 판결.

Ⅳ. 동일발명 동일날짜 출원

1. 관련규정

동일한 발명에 대하여 다른 날에 둘 이상의 특허출원이 있는 경우에는 먼저 특허출원한 자만이 그 발명에 대하여 특허를 받을 수 있다. 동일한 발명에 대하여 같은 날에 둘 이상의 특허출원이 있는 경우에는 특허출원인 간에 협의하여 정한 하나의 특허출원인만이 그 발명에 대하여 특허를 받을 수 있다. 다만, 협의가 성립하지 아니하거나 협의를 할 수 없는 경우에는 어느 특허출원인도 그 발명에 대하여 특허를 받을 수 없다. 특허출원된 발명과 실용신안등록출원된 고안이 동일한 경우에 같다(제36조(선출원)).

2. 관련판례

Ⅰ) **사건개요**(페왁스의 재생방법 사건)

이 사건은 동일출원인에 의한 동일발명 출원이 경합된 상태에서 모두 등록되었으나, 사후 권리자가 등록된 특허권이나 실용신안권 중 하나를 포기하였다고 하여 경합출원으로 인한 히지기 치유되는지 여부(부정)에 관한 사건이나.

판결은 경합발명에 대하여 협의를 명하는 특허법의 취지를 살려, 협의명령 없이 경합발명이 등록되어 있는 경우에 하나의 권리자가 사후에 특허권을 포기하는 경우에는 무효사유가 해소된 것으로 해석하여야 한다는 주장이 있으나, 이 판결은 첫째, 포기에 의하여 경합출원의 하자가 치유된다는 명문의 규정이 없는 점, 둘째, 이를 인정하면 권리자가 포기의 대상과 시기를 임의로 선택할 수 있어 권리관계가 불확정한 상태에 놓이게 되는 등 법적안정성을 해칠 우려가 있는 점, 셋째, 포기는 소급효가 없음에도 결과를 포기에 소급효를 인정하는 셈이 되어 부당하다는 점을 들어 출원이 경합된 상태에서 사후 권리자가 등록된 권리익 하나를 포기한다고 하여도 그 하자가 치유되지 않는 것으로 판단하였다.

사건의 경과는 다음과 같다.

- 2000. 9. 18. : 동일내용으로 특허출원 및 실용신안등록출원
- 2001. 2. 16. : 실용신안등록

- 2003. 3. 11. : 특허등록
- 2003. 8. 4. : 실용신안 권리 포기
- 2003. 9. 5. : 특허등록에 대해 무효심판청구

II) 판결요지

원심은, 그 채용증거들에 의하여 동일한 발명인 이 사건 특허발명과 비교대상 발명이 모두 같은 날 피고에 의하여 출원되어 각각 특허권과 실용신안권으로 등록 된 사실을 인정한 다음, 비록 피고가 이 사건 무효심판 제기 전에 비교대상발명에 대한 실용신안권을 포기했다하더라도 이 사건 특허발명은 구 특허법 제36조 제3항, 제2항에 위반되어 등록된 것으로서 같은 법 제133조 제1항 제1호에 의하여 그 특 허등록은 무효라고 판단하였다. 구 특허법 제36조는 제2항은 "동일한 발명에 대하 여 같은 날에 2 이상의 특허출원이 있는 때에는 특허출원인의 협의에 의하여 정하 여진 하나의 특허출원인만이 그 발명에 대하여 특허를 받을 수 있다. 협의가 성립 하지 아니하거나 협의를 할 수 없는 때에는 어느 특허출원인도 그 발명에 대하여 특허를 받을 수 없다.", 같은 조 제3항은 "특허출원에 대한 발명과 실용신안등록출 원에 대한 고안이 동일한 경우 그 특허출원과 실용신안등록출원이 같은 날에 출원 된 것일 때에는 제2항의 규정을 준용한다.", 같은 조 제4항은 "특허출원 또는 실용 신안등록출원이 무효 또는 취하되거나 실용신안등록출원이 각하된 때에는 그 특허 출원 또는 실용신안등록출원은 제1항 내지 제3항의 규정을 적용함에 있어서는 처음 부터 없었던 것으로 본다."고 규정하고 있으며, 한편 제133조 제1항 제1호는 제36 조 제1항 내지 제3항에 위반된 경우 이해관계인은 특허의 무효심판을 청구할 수 있 도록 규정하고 있다.

이와 같이 구 특허법은 동일한 발명에 대하여 같은 날 2 이상의 특허출원이 있 는 경우(이하 '경합출원'이라고 한다) 이를 등록무효 사유로 규정하면서, 다만 특허출원 인의 협의가 있거나 특허출원이 무효 또는 취하된 때에 한하여 예외적으로 특허를 받을 수 있도록 규정하고 있을 뿐, 특허권이나 실용신안권의 포기를 그 예외사유로 규정하고 있지는 아니한 점, 따라서 그 포기에 의하여 경합출원의 하자가 치유되어 제3자에 대한 관계에서 특허권의 효력을 주장할 수 있다고 보는 것은 우선 명문의 근거가 없을 뿐만 아니라, 권리자가 포기의 대상과 시기를 임의로 선택할 수 있어

권리관계가 불확정한 상태에 놓이게 되는 등 법적 안정성을 해칠 우려가 있는 점, 특허권이나 실용신안권의 포기는 그 출원의 포기와는 달리 소급효가 없음에도(구 특허법 제120조 참조) 결과적으로 그 포기에 소급효를 인정하는 셈이 되어 부당하며, 나아가 특허권 등의 포기는 등록만으로 이루어져 대외적인 공시방법으로는 충분하지 아니한 점 등을 종합하여 보면, 출원이 경합된 상태에서 등록된 특허권이나 실용신안권 중 어느 하나에 대하여 사후 권리자가 그 권리를 포기했다 하더라도 경합출원으로 인한 하자가 치유된다고 보기는 어렵다 할 것이다.[7]

V. 발명의 단일성

1. 관련규정

특허출원은 하나의 발명마다 하나의 특허출원으로 한다. 다만, 하나의 총괄적 발명의 개념을 형성하는 일 군(群)의 발명에 대하여 하나의 특허출원으로 할 수 있다(제45조(하나의 특허출원의 범위)). 1군의 발명에 대하여 1특허출원을 하기 위하여는 '청구된 발명 간에 기술적 상호관련성'이 있어야 하며, '청구된 발명들이 동일하거나 상응하는 기술적 특징'을 가지고 있어야 하며, 이 경우 기술적 특징은 발명 전체로 보아 선행기술에 비하여 개선된 것이어야 한다(특허법 시행령 제6조(1군의 발명에 대한 1특허출원의 요건)).

2. 관련판례

2.1 관련판례(발명의 단일성에 대한 일반 원칙)

원래 특허법은 일발명일출원주의(一發明一出願主義)를 채택하고 있으나 기술적으로 관련된 몇 가지 발명을 각 독립항으로 하여 한꺼번에 출원할 수 있도록 하는 것이 바람직한 면도 있기 때문에, 서로 기술적으로 밀접한 관계를 가지는 발명들에 대하여 그들을 하나의 출원으로 출원할 수 있도록 함으로써 출원인, 제3자 및 특허청의 편의를 도모하고자 하는 것이 특허법 제45조 규정의 취지이다. 그러므로 위 규정을 해석함에 있어서는 출원료나 특허관리면에서의 유리함 때문에 서로 관련성

---

7) 대법원 2007. 1. 12. 선고 2005후3017 판결. 이 판례는 12회 피인용되었다.

이 없는 복수의 발명을 하나의 출원서에 다수 포함시키고자 하는 출원인과 이것을 허용할 경우 타인의 권리에 대한 감시나 선행기술 자료로서의 이용 또는 심사에 대한 부담 때문에 불이익을 받게 되는 제3자 및 특허청과의 사이에 균형을 도모함이 필요하다.

이러한 관점에서 보면 "하나의 총괄적 발명의 개념을 형성하는 1군의 발명"에 해당하는가 여부는 각 청구항에 기재된 발명들 사이에 하나 또는 둘 이상의 동일하거나 또는 대응하는 특별한 기술적인 특징들이 관련된 기술관계가 존재하는가(즉 기술적으로 밀접한 관계가 존재하는가)에 달려있고, 특별한 기술적인 특징이란 각 발명에서 전체적으로 보아 선행기술과 구별되는 개량부분을 말한다 할 것이다.[8]

2.2 관련판례(상호 기술적인 관련성이 없어 단일성을 부정한 판례)

Ⅰ) 사건개요

청구항들이 서로 기술적인 관련성이 없으며, 각각의 산업상 이용분야와 해결하고자 하는 기술적 과제가 다른 경우 하나의 출원서로 출원할 수 있는지 여부(부정)에 관한 사건이다. 복수의 발명에 대해 1특허출원으로 가능한지 여부와 관련하여 산업상 이용분야와 해결하고자 하는 기술적 과제를 중심으로 1군의 발명에 속하는지 여부를 판단한 것이다. 1특허출원의 범위란 하나의 출원서로 출원할 수 있는 발명의 범위를 말하는데, 특허법 제45조는 상호 기술적으로 밀접한 관계에 있는 발명들에 대하여 그들을 하나의 출원으로 출원할 수 있도록 함으로서 출원인, 제3자 및 특허청의 편의를 도모하고자 하는 데 그 취지가 있다.

이 사건의 청구범위는 다음과 같다.

청구항 1. 스케이트(1F), 수영(2F), 목욕(3F), 미용(4F), 탁구·당구(5F), 춤(6F), 노래방(음악감상)(7F), 객실(8F~10F), 기타의 운동 관계 시설(12F…) 다방 백화점(11F) 중 2가지 이상의 조합을 요소로 하는 다층 건물 및 그 업.

청구항 7. 피부영향제 등을 물 등에 타 피부미용, 피부약, 피부영양 신경통 해소, 임신후유증 치료, 기타의 치료를 하거나 물통에서 피서, 피한을 하는 것.

---

8) 특허법원 1999. 1. 14. 선고 98허5145 판결.

청구항 40. 발명의 설명에서 밝힌 수영 내지 운동용 일복, 외출복, 춤복에
서 윗도리 스타킹(손, 팔, 어깨, 목, 웃몸 등).

II) 판결요지

특허법 제45조 소정의 1군의 발명이란, 출원인은 기재상의 중복을 피할 수 있
어 명세서 작성이 수월해지고, 일반 공중은 출원된 관련발명을 쉽게 파악할 수 있
으며, 특허청에서는 심사처리가 촉진될 수 있도록 하기 위하여, 산업상 이용분야 및
해결과제가 동일한 경우이거나 산업상 이용분야 및 발명의 구성요건의 주요부가 동
일한 경우 등과 같이 상호 관련된 복수의 발명을 1특허출원으로 가능하게 하는 것
을 말한다.

이 사건 출원발명 제1항은 2가지 이상의 업종을 입점시켜 층별로 배치시킨 다
층건물에 관한 것이고, 제7항은 "피부영양제" 자체에 관한 것이 아니라 "피부영양
제"를 물에 타서 이용한다는 "피부영양제"의 이용방법에 관한 것이며, 제22항은 목
욕통의 구조에 관한 것이고, 제40항은 스포츠복에 관한 것으로서, 이 청구항들은 서
로 기술적인 관련성이 없으며, 각각의 산업상 이용분야와 해결하고자 하는 기술적
과제가 전혀 다르다. 따라서 이 사건출원발명은 1군의 발명에 포함될 수 없어 1특
허출원으로 할 수 없는 것이므로 특허받을 수 없는 것이다.[9]

---

9) 특허법원 2001. 8. 31. 선고 2001허1402 판결.

제 2 장

특허 명세서와 보정

제2장 특허 명세서와 보정

제2장

특허 명세서와 보정

I. 명세서(발명의 설명) 기재불비

1. 관련규정

특허제도는 새로운 기술을 개발하여 그것을 공개한 자에 대하여 심사과정을 거쳐 특허권을 부여함으로써 발명의 보호를 도모하는 한편, 제3자에 대해서는 그 발명을 이용할 수 있는 기회를 제공함으로써 산업발전에 기여하고자 마련된 제도이다. 이와 같은 발명의 보호 및 이용은 실질적으로 발명의 보호범위를 정확히 명시하는 권리서로서의 역할뿐만 아니라 발명의 기술적 내용을 공개하는 기술문헌으로서의 역할을 수행하는 명세서에 의해 이루어진다.

특허를 받으려는 자는 특허출원인의 성명 및 주소, 대리인의 성명 및 주소, 발명의 명칭, 발명자의 성명 및 주소 등을 적은 [특허출원서]와 발명의 설명·청구범위를 적은 [명세서]와 필요한 [도면] 및 [요약서]를 첨부하여 제출하여야 한다(제42조(특허출원) 제1항, 제2항). 발명의 설명은 ⅰ) 그 발명이 속하는 기술분야에서 통상의 지식을 가진 사람이 그 발명을 쉽게 실시할 수 있도록 명확하고 상세하게 적어야 하고, ⅱ) 그 발명의 배경이 되는 기술을 적어야 한다(제42조(특허출원) 제3항).

2. 관련판례

2.1 관련판례(일반원칙)

Ⅰ) 판시사항(돌연변이 배나무 사건)

[1] 특허출원 명세서의 기재 정도

[2] 돌연변이된 배나무를 전제로 한 신품종 배나무의 출원발명에서 돌연변이 방법이 기재되지 아니한 것은 명세서 기재불비라고 한 사례

[3] 식물발명의 경우 결과물 기탁으로써 특허출원 명세서의 기재를 보충하거나 대체할 수 있는지 여부(소극)

Ⅱ) 판결요지

[1] 특허법 제42조 제2항은 "특허출원서에는 '1. 발명의 명칭, 2. 도면의 간단한 설명, 3. 발명의 발명의 설명, 4. 특허청구의 범위'를 기재한 명세서 및 필요한 도면을 첨부하여야 한다."고 규정하고 있고, 그 제3항은 "제2항 제3호의 발명의 설명에는 그 발명이 속하는 기술분야에서 통상의 지식을 가진 자가 용이하게 실시할 수 있을 정도로 그 발명의 목적, 구성, 작용 및 효과를 기재하여야 한다."고 규정하고 있는바, 이는 그 출원에 관한 발명이 속하는 기술분야에서 보통 정도의 기술적 이해력을 가진 자, 즉 평균적 기술자가 당해 발명을 명세서 기재에 기하여 출원 시의 기술수준으로 보아 특수한 지식을 부가하지 않고서도 그 발명을 정확하게 이해할 수 있고 동시에 재현할 수 있는 정도의 설명이 필요하다.

[2] 배 신품종에 속하는 식물에 관한 출원발명을 실시하기 위하여는 반드시 출원발명에서와 같은 특징을 가진 돌연변이가 일어난 배나무가 있어야 하고 그 다음 그 배나무 가지 또는 배나무의 눈을 이용하여 아접에 의하여 육종함으로써 그 목적을 달성할 수 있는 것인바, 출원발명의 명세서에는 그 출발이 된 배나무와 같은 특징을 가지고 있는 배나무 가지를 돌연변이시키는 과정에 대한 기재가 없고, 또 자연상태에서 그러한 돌연변이가 생길 가능성이 극히 희박하다는 점은 자명하므로, 그 다음의 과정인 아접에 의한 육종과정이 용이하게 실시할 수 있다고 하더라도 출원발명 전체는 그 기술분야에서 통상의 지식을 가진 자가 용이하게 재현할 수 있을 정도로 기재되었다고 할 수 없어 결국 출원발명은 그 명세서의 기재불비로 인하여

특허법 제42조 제3항에 의하여 특허받을 수 없다고 한 사례.

[3] 출원발명의 명세서에는 그 기술분야의 평균적 기술자가 출원발명의 결과물을 재현할 수 있도록 그 과정이 기재되어 있어야 하는 것이고, 식물발명이라 하여 그 결과물인 식물 또는 식물소재를 기탁함으로써 명세서의 기재를 보충하거나 그것에 대체할 수 없다.[10]

2.2 관련판례(일반원칙: 기재불비에 대한 일반 원칙)

특허법 제42조 제3항은 발명의 설명에는 통상의 기술자가 용이하게 실시할 수 있을 정도로 그 발명의 목적·구성 및 효과를 기재하여야 한다고 규정하고 있는바, 그 뜻은 특허출원된 발명의 내용을 제3자가 명세서만으로 쉽게 알 수 있도록 공개하여 특허권으로 보호받고자 하는 기술적 내용과 범위를 명확하게 하기 위한 것이므로 통상의 기술자가 당해 발명을 명세서 기재에 의하여 출원 시의 기술수준으로 보아 특수한 지식을 부가하지 않고서도 정확하게 이해할 수 있고 동시에 재현할 수 있는 정도를 말하는 것이고(대법원 1999. 7. 23. 선고 97후2477 판결, 대법원 2005. 11. 25. 선고 2004후3362 판결 등 참조) 명세서 기재에 오류가 있다면, 그러한 오류가 설령 통상의 기술자가 명세서를 면밀하게 살펴보고 통상적인 시험을 거친다면 알 수 있는 것이어서 그 오류에도 불구하고 통상의 기술자라면 그 특허발명을 정확하게 이해하고 재현할 수 있는 정도라고 하더라도 위 규정에 위배된 기재불비가 있다고 할 것이다(대법원 1996. 6. 14. 선고 95후1159 판결, 대법원 1999. 12. 10. 선고 97후2675 판결 각 참조).[11]

2.3 관련판례(일반원칙: 공지기술이므로 기재불비가 아니라고 한 판례)

[1] 특허법 제42조와 제42조 제3항에 관한 대법원의 판결과 기록에 비추어 살펴볼 때, 피고가 기재불비에 해당한다고 주장한 어절 데이터의 관리, 저장 및 제어 과정의 개선은 이 사건 특허발명의 주목적이나 효과가 아니므로 위 과정을 일컬어 이 사건 특허빌명의 청구항에 반드시 기재되어야만 하는 구성요소라고 단정하고 위 단계의 기재가 누락되었다는 피고의 주장은 이유 없다. 또한 위 과정이 발명의 발명의 설명에 기재되지 아니하였다고 하여 특허법 제42조 제3항이나 제4항 제1호에

---

10) 대법원 1997. 7. 25. 선고 96후2531 판결. 이 판례는 8회 피인용되었다.
11) 대법원 2006. 11. 24. 선고 2003후2089 판결. 이 판례는 23회 피인용되었다.

위반된 기재불비가 있다고 할 수 없다.

[2] 또한 이 사건특허발명에서 '어절을 입력받는 단계'는 종래의 공지기술과 동일한 것이어서 특별한 설명을 필요로 하지 않으므로 기재불비가 될 수 없으며, 이 사건 특허발명의 발명의 설명에서 인용한 조승식 박사의 학위논문이 오타가 발생하는 등 그 이유 설명에 있어 다소 미흡한 점이 있으나 기재 불비가 아니라는 결론은 정당하고 거기에 상고이유에서 주장하는 바와 같은 기재불비에 관한 법리오해 등의 위법이 없다.[12]

2.4 관련판례(일반원칙: 평균적 기술 능력을 가진 사람의 입장에서 볼 때 쉽게 실시할 수 있는지 여부)

[1] 특허법 제42조 제3항은 발명의 설명에는 그 발명이 속하는 기술분야에서 통상의 지식을 가진 자가 용이하게 실시할 수 있을 정도로 그 발명의 목적·구성 및 효과를 기재하여야 한다고 규정하고 있고, 같은 조 제4항은 청구항은 발명의 설명에 의하여 뒷받침될 것 등을 규정하고 있는바, 이러한 규정의 취지는 특허출원된 발명의 내용을 제3자가 명세서만으로 쉽게 알 수 있도록 공개하여 특허권으로 보호받고자 하는 기술적 내용과 범위를 명확하게 하기 위한 것으로서, 특허법 제42조 제3항의 규정상 '그 발명이 속하는 기술분야에서 통상의 지식을 가진 자가 용이하게 실시할 수 있을 정도'라 함은 그 출원에 관한 발명이 속하는 기술분야에서 보통 정도의 기술적 이해력을 가진 자, 평균적 기술자가 당해 발명을 명세서 기재에 의하여 출원 시의 기술수준으로 보아 특수한 지식을 부가하지 않고서도 정확하게 이해할 수 있고 동시에 재현할 수 있는 정도를 뜻한다.

[2] 특허법 제42조 제4항의 규정상 '특허청구범위가 발명의 설명에 의하여 뒷받침되고 있는지 여부'는 특허출원 당시의 기술 수준을 기준으로 하여 그 발명과 관련된 기술분야에서 평균적 기술 능력을 가진 사람의 입장에서 볼 때, 그 특허청구범위와 발명의 설명의 각 내용이 일치하여 그 명세서만으로 특허청구범위에 속한 기술구성이나 그 결합 및 작용효과를 일목요연하게 이해할 수 있는가에 의하여 판단하여야 할 것이다.[13]

---

12) 대법원 2006. 11. 24. 선고 2003후2072 판결. 이 판례는 81회 피인용되었다.
13) 대법원 2005. 11. 25. 선고 2004후3362 판결. 이 판례는 63회 피인용되었다.

2.5 관련판례(주지관용기술이므로 기재불비는 아니지만, 진보성이 없어서 무효가 된 사례)

Ⅰ) **사건개요**(폐기 유기물 이용 비료 제조방법)

이 사건 특허발명은 유기성 폐기물의 수분을 50%로 조절하기 위한 구체적인 수단이나 방법이 전혀 개시되어 있지 아니하여 실시불가능한 미완성발명이고 동시에 기재불비라고 주장하였으나, 판례는 실시가 불가능한 것으로 판단되지는 아니하지만 비교대상발명 2로부터 용이하게 발명할 수 있는 것이어서 진보성이 인정되지 아니하여 특허무효가 된다고 한 사례

Ⅱ) **판결요지**

[1] 피고는 이 사건 특허발명에서는 유기성 폐기물의 수분을 50%로 조절하기 위한 구체적인 수단이나 방법이 전혀 개시되어 있지 아니하여 실시불가능한 미완성발명이고 동시에 기재불비라고 주장하나, 수분을 조정하는 기술로는 여과, 탈수, 증발, 흡착 등이 있고, 이러한 기술은 주지·관용되어 있는 범용성이 있는 것으로 보여지며, 이러한 범용성이 있는 기술이 명세서에 구체적으로 제시되어 있지 않다고 하여 이 사건 특허발명의 수분 조정을 용이하게 실시하는데 어려움이 있다고는 볼 수 없으므로, 피고의 위 주장은 이유 없다.

[2] 이 사건 특허발명이 '폐기물을 미세하게 분쇄'하는 구성이 부가되어 있는 점에서 비교대상발명 2와 상이하나, 폐기물을 미세하게 분쇄하는 구성은 생석회와의 반응이 원활하게 이루어지도록 하기 위한 것인데, 이 분야에서 통상의 지식을 가진 자라면 그 필요에 따라 유기성 폐기물을 분쇄하는 구성을 추가할 수 있는 정도에 불과하여 그 구성의 특이성이 인정되지 아니한다.

[3] 이 사건 특허발명은 '유기성 폐기물의 수분함량을 50%로' 한정하고 있는 점에서 그러한 한정이 없는 비교대상발명 2와 상이하나, 이 사건 특허발명의 발명의 설명에서 수분함량을 50%로 한정한 기술적인 이유 및 이에 미달하거나 초과될 경우에 따른 효과 등의 차이에 대하여 아무런 기재가 없고, 위 수치한정의 임계적 의의가 있다는 점을 인정할 증거가 없으므로 이는 단순한 수치한정에 불과하여 별다른 기술적 의미가 없다고 할 것이다.

III) 이 사건 특허발명

원고들은 명칭이 "폐기유기물을 이용한 칼슘비료의 제조방법"인 이 사건 특허발명(등록번호 제156010호, 1995. 8. 8. 출원/1998. 7. 20. 등록, 발명자 양○윤)의 등록권리자이고, 이 사건 특허발명은 음식물 쓰레기, 인분뇨, 가축분뇨, 도축폐기물, 어패류 폐기물과 같은 유기질 폐기물의 수분함량을 조정한 다음 생석회를 투입하여 반응시켜 칼슘성분이 풍부한 비료를 제조하는 방법에 관한 것으로 그 특허청구범위 및 도면은 별지 1기재와 같다.

[청구항 1]

『음식물 쓰레기, 인분뇨, 가축분뇨, 도축폐기물, 어패류, 폐기물과 같은 폐기물을 미세하게 분쇄하여 수분함량을 50%로 조정한 다음 이것을 증기 배출 시설이 된 처리조에 넣고 처리물 총량의 30~50% 중량에 해당하는 생석회를 투입하여 24시간 정도 반응시켜 케이크 상태로 만들고(명세서에 기재된 "들고"는 명백한 오기로 보인다) 이를 2~3일간 공기 중에 방치하여 안정화시켜 분쇄기로 분쇄하여 제조되는 폐기유기물을 이용한 칼슘비료의 제조 방법.』

[도면]

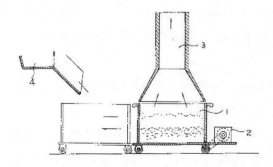

IV) 비교대상발명

[비교대상발명 2](을 3호증의 2)

비교대상발명 2는 1995. 3. 25. 발간된 사단법인 한국분석과학회 발행 "분석과학" 제8권 제1호에 게재되어 있는 "축산폐기물의 안정화 처리에 관한 연구"(을 3호증의 2)라는 제목의 논문으로서 그 요약 및 공정도면은 아래 기재와 같다.

본 논문은 대표적 축산폐기물의 하나인 돈분을 대상으로 안정화 반응조건을 확립하고 처리물의 안정성, 위생성 및 비효성 등을 평가하는 목적으로 수행하였다. 연구 결과 최적 안정화를 위한 첨가제의 투여량은 고형분 대비 약 30%, 반응시간은 약 5분이며, 건조는 자연건조 후 강제건조가 적합한 것으로 나타났다. 최종 안정화 처리물은 약알칼리성으로서 유기물 함량은 약 50% 내외, 비료성분인 총 질소, 인산 및 칼리의 합은 약 5.3%였다. 또한 안정화 처리시 암모니아, 황화수소 등의 악취물질이 거의 제거되었고, 일반 세균과 대장균은 98% 이상, 기생충은 완전 사멸되었다. 따라서 돈분의 안정화 처리물은 토양개량제 또는 유기질 비료로 사용될 수 있을 것으로 판단된다.

[공정도면]

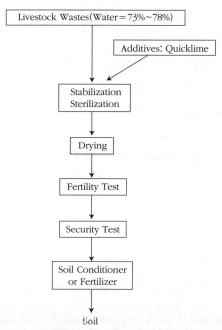

Fig. 1. Flow Sheet for the Stabilization of Livestock
Wastes

Ⅴ) 미완성발명 및 기재불비 여부 판단

피고는 이 사건 특허발명에서는 유기성 폐기물의 수분을 50%로 조절하기 위한 구체적인 수단이나 방법이 전혀 개시되어 있지 아니하여 실시불가능한 미완성발명이고 동시에 기재불비라고 주장하나, 수분을 조정하는 기술로는 여과, 탈수, 증발,

흡착 등이 있고, 이러한 기술은 주지·관용되어 있는 범용성이 있는 것으로 보여지며, 이러한 범용성이 있는 기술이 명세서에 구체적으로 제시되어 있지 않다고 하여 이 사건 특허발명의 수분 조정을 용이하게 실시하는데 어려움이 있다고는 볼 수 없으므로, 피고의 위 주장은 이유 없다.

Ⅵ) 소결

이 사건 특허발명은 명세서의 기재요건을 충족하나, 그 출원 전에 반포된 간행물에 게재된 비교대상발명들에 의하여 용이하게 발명할 수 있어서 진보성이 부정되어 그 등록이 무효로 되어야 하므로, 이와 결론을 달리한 이 사건 심결은 위법하다.[14]

2.6 관련판례(화학 관련 명세서 기재불비)

Ⅰ) 사실관계(금속 알콕시드 사건)

원고 플○○은 '금속 알콕시드'라는 발명에 관하여 특허출원을 하였다.

특허청은 이 사건 출원발명은 금속 알콕시드를 제조할 수 있는 일반적이고 개략적인 제조방법이 기재되어 있을 뿐 실질적으로 이 사건 출원발명 화합물을 제조하였다는 기재가 없고, 금속 알콕시드의 합성을 확인할 수 있는 자료도 기재되어 있지 않다며 거절결정을 하였다.

Ⅱ) 본안쟁점

[1] 원고는 이 사건 출원발명 화합물은 용이하게 제조할 수 있다고 주장하였다.

명세서에 반응식, 반응물질의 종류 및 사용량, 온도, 수율 등이 구체적으로 기재되어 있어 금속 알콕시드의 제조방법이 상세히 기재되어 있다.

[2] 원고는 이 사건 출원발명 화합물은 그 존재가 확인되는 것이라 주장하였다.

이 사건 출원발명에 금속 알콕시드의 합성 확인 자료가 기재되어 있지 않더라도 그 명세서에 기재된 것과 같이 탁솔 등의 최종 생성물이 생성된 사실만으로도 금속 알콕시드가 합성되었음이 충분히 확인되며, 추후 제출된 NMR 데이터에 의해서도 이 사건 출원발명의 금속 알콕시드가 합성되었음을 확인할 수 있다.

---

14) 특허법원 2005. 5. 27. 선고 2004허4273 판결.

III) 법원의 판단

[1] 이 사건 출원발명은 금속 알콕시드의 원소분석치, NMR(핵자기공명) 데이터, 융점, 비점 등의 확인 자료를 명세서에 기재하지 않아 당업자가 발명의 구성, 목적 및 효과를 알 수 없어 용이하게 실시할 수 없으므로 특허를 받을 수 없다.

[2] 이 사건 출원발명의 최종 생성물인 탁솔 유도체가 합성된 것은 인정되지만, 원고가 주장하는 바와 달리 실제로는 중간체의 형성 없이 모든 반응 첨가 물질이 동시에 반응하여 최종적으로 탁솔이 생성되는 것일 수도 있고, 다른 구조의 중간체를 경유하여 탁솔이 합성될 가능성도 배제할 수 없어 출원 당시 기술수준으로 보아 당업자가 명세서의 기재에 의하여 화학물질을 제조할 수 있는지 의심스럽다.

[3] 따라서 이 사건 출원발명은 특허를 받을 수 없다.[15]

2.7 관련판례(화학 관련 용도발명 기재불비)

I) 사실관계(편두통 치료용 약학조성물 사건)

미국 제약회사 A는 특정 구조를 갖는 인돌유도체를 발명하고, 이 화합물이 세로토닌에 대한 작용활성을 가지고 있다는 사실을 발견하여, 이를 기초로 한 의약발명을 출원하였다. 최초 출원명세서에서 화학물질발명과 의약용도발명이 함께 청구되었으나, 이 사건 출원발명은 심사 단계에서 분할출원하여 원출원에서 의약용도발명만을 청구하였고, 특허청은 약리효과에 대한 구체적인 시험데이터가 충분히 기재되어 있지 않아 의약용도발명으로서 미완성이라는 이유로 거절하였다. 출원인은 약리효과에 대한 시험데이터를 명세서에 추가하는 보정을 하였으나, 보정명세서는 보정각하 되었다.

[출원발명의 내용]

이 사건 출원발명은 먼저 특정 화학식의 신규 화합물(특정 구조의 인돌유도체)을 창안하고, 이 화합물이 세로토닌에 대한 작용활성을 가지고 있다는 사실을 발견하여, 이와 같은 약리활성으로 고혈압 등을 치유할 수 있다는 의약석인 용도를 제시하고 있다.

[청구항 1]

고혈압, 우울증, 불안, 식욕 항진증, 비만증, 약물남용, 군발성 두통, 편두통, 통증 및 혈관 질환과 관련된 만성 발작 편두통 및 두통 중에서 선택된 질환을 치료하

---

15) 특허법원 2001. 9. 27. 선고 2000허6370 판결.

는데 효과적인 양의 하기 화학식 I 의 화합물 및 약학적으로 허용 가능한 담체를 포함하는 상기 질환의 치료용 약학조성물.

  II) **판결요지**

　일반적으로 기계장치 등에 관한 발명에 있어서는 특허출원의 명세서에 실시예가 기재되지 않더라도 당업자가 발명의 구성으로부터 그 작용과 효과를 명확하게 이해하고 용이하게 재현할 수 있는 경우가 많으나, 이와는 달리 이른바 실험의 과학이라고 하는 화학발명의 경우에는 당해 발명의 내용과 기술수준에 따라 차이가 있을 수는 있지만 예측가능성 내지 실현가능성이 현저히 부족하여 실험데이터가 제시된 실험예가 기재되지 않으면 당업자가 그 발명의 효과를 명확하게 이해하고 용이하게 재현할 수 있다고 보기 어려워 완성된 발명으로 보기 어려운 경우가 많고, 특히 약리효과의 기재가 요구되는 의약의 용도발명에 있어서는 그 출원 전에 명세서 기재의 약리효과를 나타내는 약리기전이 명확히 밝혀진 경우와 같은 특별한 사정이 있지 않은 이상 특정 물질에 그와 같은 약리효과가 있다는 것을 약리데이터 등이 나타난 시험예로 기재하거나 또는 이에 대신할 수 있을 정도로 구체적으로 기재하여야만 비로소 발명이 완성되었다고 볼 수 있는 동시에 명세서의 기재요건을 충족하였다고 볼 수 있을 것이다.[16)]

II. 명세서(청구범위) 기재불비

1. 관련규정

　특허를 받으려는 자는 특허출원인의 성명 및 주소, 대리인의 성명 및 주소, 발명의 명칭, 발명자의 성명 및 주소 등을 적은 [특허출원서]와 발명의 설명·청구범위를 적은 [명세서]와 필요한 [도면] 및 [요약서]를 첨부하여 제출하여야 한다(제42조(특허출원) 제1항, 제2항). 발명의 설명은 ⅰ) 그 발명이 속하는 기술분야에서 통상의 지식을 가진 사람이 그 발명을 쉽게 실시할 수 있도록 명확하고 상세하게 적어야 하고, ⅱ) 그 발명의 배경이 되는 기술을 적어야 한다(제42조(특허출원) 제3항).

---

16) 대법원 2001. 11. 30. 선고 2000후2958 판결.

청구범위에는 보호받으려는 사항을 적은 청구항이 하나 이상 있어야 하며, ⅰ) 발명의 설명에 의하여 뒷받침되어야 하고, ⅱ) 발명이 명확하고 간결하게 적혀 있어야 한다(제42조(특허출원) 제4항).

청구범위의 청구항(이하 "청구항"이라 한다)을 기재할 때에는 독립청구항("독립항")을 기재하여야 하며, 그 독립항을 한정하거나 부가하여 구체화하는 종속청구항("종속항")을 기재할 수 있다. 이 경우 필요한 때에는 그 종속항을 한정하거나 부가하여 구체화하는 다른 종속항을 기재할 수 있다. 청구항은 발명의 성질에 따라 적정한 수로 기재하여야 하며, 2 이상의 항을 인용하는 청구항은 인용되는 항의 번호를 택일적으로 기재하여야 한다. 2 이상의 항을 인용한 청구항에서 그 청구항의 인용된 항은 다시 2 이상의 항을 인용하는 방식을 사용하여서는 아니 된다(특허법 시행령 제5조(청구범위의 기재방법)).

2. 관련판례

2.1 관련판례(일반원칙: 제42조(특허출원) 제4항 제1호 '발명의 설명에 의하여 뒷받침 되어야 한다'는 의미)

제42조 제3항과 제4항의 규정은 특허 출원된 발명의 내용을 제3자가 명세서만에 의하여 쉽게 알 수 있도록 공개하여 특허권으로 보호받고자 하는 기술적 내용과 범위를 명확하게 하기 위한 것이므로, 위 제3항의 '발명의 설명'은 특허 출원된 발명이 속하는 기술분야에서 보통 정도의 기술적 이해력을 가진 자(이하 '평균적 기술자'라 한다)가 당해 발명을 명세서 기재에 의하여 출원 시의 기술수준으로 보아 특수한 지식을 부가하지 않고서도 정확하게 이해할 수 있고 동시에 재현할 수 있는 정도로 기재되어야 할 것이며, 위 제4항 제1호에서 규정하는 바와 같이 특허청구범위가 발명의 설명에 의하여 뒷받침된다고 하기 위해서는 평균적 기술자의 입장에서 볼 때 그 특허청구범위와 발명의 설명의 내용이 일치하여 그 명세서만으로 특허청구범위에 속한 기술구성이나 그 결합 및 작용효과를 일목요연하게 이해할 수 있어야 힐 것이다.[17]

---

17) 대법원 2003. 8. 22. 선고 2002후2051 판결. 이 판례는 17회 피인용되었다.

2.2 관련판례(제42조(특허출원) 제4항 제1호; 발명의 작용 및 효과가 기재되어 제대로 있지 않은 경우)

Ⅰ) **사건개요**(벽체 설치용 가이드프레임 설치방법 사건)

발명의 설명에 특허청구범위에 기재되어 있는 구성은 기재되어 있으나, 이러한 구성이 가지는 발명의 작용 및 효과가 제대로 기재되어 있지 않고, 그와 관련이 없는 발명의 작용 및 효과가 기재되어 있는 경우 청구항의 기재가 발명의 설명에 의해 뒷받침된다고 할 수 있는지 여부(긍정)

[청구항 1]

통상의 벽체(2)의 설치되는 가이드프레임(1)의 내부에 다수의 셔터격자(3)가 결합되어 이루어지는 셔터(4)의 양단에 체결구(5)를 체결하여 가이드프레임(1)의 내부에 삽입하여 이루어지는 셔터에 있어서, 상기 셔터(4)를 구성하는 각각의 셔터격자(3)가 최초의 길이(L)에서 외력에 의해 항복점 이하에서 최대한으로 늘어날 수 있는 (L')의 {'있는 길이(L')의'의 명백한 오기이다} 차이($L'-L$)인 변위 길이(L)의 1/2이 되는 선택길이(δ)를 설정하고, 상기 가이드프레임(1)의 내부에 삽입되어 있는 셔터격자(3)의 양단(3')에 베어링(50)을 체결한 체결구(5)를 각각 체결하여 가이드프레임(1)의 내측단(1')에서 상기 선태길이(δ){'선택길이(δ)'의 명백한 오기이다}만큼이 되는 위치에 위치시키는 구조로 이루어지는 것을 특징으로 하는 셔터.

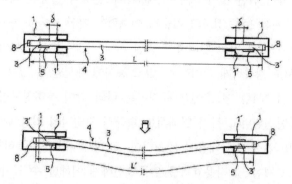

Ⅱ) **판결 요지**

[1] 특허법 제42조 제4항 제1호의 취지는 특허출원서에 첨부된 명세서의 발명의 설명에 기재되지 않은 사항이 청구항에 기재됨으로써 출원자가 공개하지 않은

발명에 대하여 특허권이 부여되는 부당한 결과를 막기 위한 것으로서, 청구항이 발명의 설명에 의하여 뒷받침되고 있는지 여부는 특허출원 당시의 기술 수준을 기준으로 하여 그 발명이 속하는 기술분야에서 통상의 지식을 가진 사람의 입장에서 특허청구범위에 기재된 사항과 대응되는 사항이 발명의 설명에 기재되어 있는지 여부에 의하여 판단하여야 한다(대법원 2006. 5. 11. 선고 2004후1120 판결, 대법원 2006. 10. 13. 선고 2004후776 판결 등 참조).

[2] 위 법리와 기록에 비추어 살펴보면, 이 사건 특허발명의 설명에는 '… 셔터를 구성하는 각각의 셔터격자가 최초의 길이(L)에서 외력에 의해 항복점 이하에서 최대한으로 늘어날 수 있는 길이(L')의 차이(L'−L)인 변위 길이(L)의 1/2이 되는 선택길이(δ)를 구하고, 위 가이드프레임의 내부에 삽입되어 있는 셔터격자의 양단에 체결구들을 각각 체결하되 가이드프레임의 내측단에서 위 선택길이(δ) 만큼이 되는 위치에 베어링을 설치한 체결구를 체결하는 것을 특징으로 하는 본 발명의 셔터를 제공한다', '이때 위 체결구가 가이드프레임에서 최초 위치하고 있는 상태에서 내측단에 걸리게 될 때까지 이동하는 거리는 위와 같이 선택길이(δ)와 같다', '… 필요에 따라 위 각각의 셔터격자 양단상에 보강판을 고정한 다음 체결구를 체결할 수 있다', '… 각각의 셔터격자 상, 하부에 보강판을 고정하여 체결구를 체결함으로써 제 문제점을 해결할 수 있다. 이러한 각각의 보상판은 각각의 서터격자에 체결됨으로써 각각의 체결구를 통해 전해지는 충격을 흡수하게 되어 결국 셔터격자의 훼손을 방지할 수 있게 되는 것이다. 이때 위 보강판은 리벳에 의한 리벳팅 고정 또는 소풋용접에 의한 용접 고정 등을 취할 수 있고…'라는 등의 기재가 각 있으므로, 이 사건 특허발명의 특허청구범위 제1, 2항에 기재된 사항에 대응되는 사항이 나와 있다고 볼 것이다.

[3] 원심이 파악한 바와 같이 이 사건 특허발명의 설명에 특허청구범위에 기재되어 있는 구성이 가지는 발명의 작용 및 효과가 제대로 기재되어 있지 않고, 그와 관련이 없는 발명의 작용 및 효과기 기재되어 있는 사정은 인정되나, 이 사건 특허발명의 진보성 유무를 판단함에 있어서 그와 같은 사정을 고려하여 발명의 설명에 기재되어 있는 발명의 작용 및 효과를 이 사건 특허발명의 작용 및 효과로 보지 않는 것은 별론으로 하고, 그와 같은 사정이 있다는 이유로 이 사건 특허발명의 특허청구범위가 발명의 설명에 의하여 뒷받침되지 않는 것은 아니라고 할 것임에도, 이

와 달리 판단한 원심에는 특허청구범위의 기재요건 충족 여부에 대한 법리를 오해하여 판결에 영향을 미친 잘못이 있다.[18]

2.3 관련판례(제42조(특허출원) 제4항 제1호; 발명의 설명과 청구범위의 용어의 불일치 기재불비)

[1] 이 사건 제1항 고안의 등록청구범위에는 제2구성으로서 "텅스텐사(2)를 직물지(7)와 함께 편직하여 직물지(7)의 표면에 텅스텐사(2)가 돌출된 세척부(3)를 일렬로 형성하고"라고 기재되어 있는 반면, 이 사건 등록고안의 명세서(갑 제2호증의 2) 중 고안의 설명에는 "텅스텐사를 합성수지사와 함께 편직하여 나일론 직물지의 표면에 돌출되게 직조함으로써 돌출된 텅스텐사가 세척부를 형성하고"라고 기재되어 있어, 텅스텐사와 함께 편직되는 대상에 관하여 "직물지(7)"와 "합성수지사"로 등록청구범위와 고안의 설명에 다르게 기재되어 서로 일치하지 아니한다.

[2] 그렇다면 이 사건 제1항 고안은 등록청구범위와 고안의 설명의 각 내용이 일치하지 아니하여 명세서만으로는 등록청구범위에 속한 기술구성이나 그 결합 및 작용효과를 일목요연하게 이해할 수 없는 경우에 해당하고, 당해 기술분야에서 통상의 지식을 가진 자가 고안의 설명의 기재에 의하여 이 사건 제1항 고안의 제2 구성을 보완하여 보면 위와 같은 명세서 기재의 오류와 기술구성을 알 수 있다고 하더라도, 이를 가리켜 명세서 기재불비가 아니라고 할 수 없다.[19]

2.4 관련판례(제42조(특허출원) 제4항 제1호; 발명의 설명과 청구범위의 용어의 불일치 기재불비)

[1] 특허청구범위가 발명의 설명에 의하여 뒷받침되고 있는지 여부는 그 발명이 속하는 기술분야에서 통상의 지식을 가진 자의 입장에서 특허청구범위에 기재된 발명과 대응되는 사항이 발명의 설명에 기재되어 있는지 여부에 의하여 판단하여야 하는바, 출원 시의 기술상식에 비추어 보더라도 발명의 설명에 개시된 내용을 특허청구범위에 기재된 발명의 범위까지 확장 내지 일반화할 수 없는 경우에는 그 특허청구범위는 발명의 설명에 의하여 뒷받침된다고 볼 수 없다.

---

18) 대법원 2007. 3. 15. 선고 2006후3588 판결. 이 판례는 6회 피인용되었다.
19) 특허법원 2006. 11. 23. 선고 2006허1926 판결.

[2] 이 사건 제1항 발명의 '콜라게나제-3 선택적 억제제'는 그 명세서에서 용어의 정의와 기준 및 확인방법이 기재되어 있으나, 이는 어떠한 화합물이 결과적으로 '콜라게나제-3 선택적 억제제'에 속하는지의 기준 및 확인방법만 제시하고 있을 뿐, 이러한 기재만으로는 사전에 그러한 화합물에 어떠한 것들이 포함되고 그에 속하는 모든 화합물들이 그와 같은 효과를 갖는지에 관하여 발명의 설명에 의하여 뒷받침된다고 볼 수 없다.[20]

2.5 관련판례(제42조(특허출원) 제4항 제2호; 일반원칙)

특허발명의 청구항에 '발명이 명확하고 간결하게 기재될 것'을 요구하는 특허법 제42조 제4항 제2호의 취지는 같은 법 제97조(특허발명의 보호범위; 특허발명의 보호범위는 청구범위에 적혀 있는 사항에 의하여 정하여진다)의 규정에 비추어 청구항에는 명확한 기재만이 허용되는 것으로서 발명의 구성을 불명료하게 표현하는 용어는 원칙적으로 허용되지 않으며, 나아가 특허청구범위의 해석은 명세서를 참조하여 이루어지는 것에 비추어 특허청구범위에는 발명의 설명에서 정의하고 있는 용어의 정의와 다른 의미로 용어를 사용하는 등 결과적으로 청구범위를 불명료하게 만드는 것도 허용되지 않는다는 것이다.[21]

2.6 관련판례(제42조(특허출원) 제4항 제2호; 청구범위가 넓게 기재되어 있다는 이유만으로 기재불비인지 여부)

Ⅰ) **사건개요**(에스테르 염 사건)

청구범위가 넓게 기재되어 있다는 이유만으로 그 기재가 불명확하다고 볼 수 있는지 여부(부정)

Ⅱ) **판결 요지**

기록에 비추어 살펴보면, 이 사건 출원발명(출원번호 제10-1998-702490호)의 특허청구범위 제1항(이하 이 사건 제1항 발명이라 한다)은 '화학식 1의 이미다졸 유도체 또는 약학적으로 허용되는 그 에스테르 또는 염'에 관한 것이어서, '화학식 1의 이

---

20) 대법원 2006. 5. 11. 선고 2004후1120 판결. 이 판례는 29회 피인용되었다.
21) 대법원 2006. 11. 24. 선고 2003후2072 판결. 이 판례는 81회 피인용되었다.

미다졸 유도체의 약학적으로 허용되는 그 에스테르'를 포함하는데, 어떤 특정한 화합물의 에스테르가 그 에스테르의 수나 종류에 따라 그 물리·화학적 성질 및 생체 내에 투입되었을 때의 약리효과에서 상당한 차이가 있음은 피고의 주장과 같으나, 생체 내에 투입되었을 때 원래의 화합물을 분리·방출하지 않고 그 자체로 활성을 가지는 경우와 같이 원래의 화합물이 가지는 성질에 큰 변화를 일으키는 경우를 원래의 화합물의 약학적으로 허용되는 에스테르라고 보기는 어려워서 원래의 화합물의 약학적으로 허용되는 에스테르는 생체 내에 투입되었을 때 효소 작용 등에 의해 원래의 화합물을 분리·방출하여 원래의 화합물의 활성형태를 그대로 가지는 것을 의미한다고 보아야 하므로, 이 사건 제1항 발명의 '화학식 1의 이미다졸 유도체의 약학적으로 허용되는 그 에스테르' 또한 생체 내에 투입되었을 때 원래의 화합물인 이미다졸 유도체의 활성형태를 그대로 가지는 것을 의미한다고 할 것이다.

그렇다면 이 사건 제1항 발명은 그 청구항이 넓게 기재되어 있을 뿐 약학적으로 허용되는지가 불분명한 화합물을 포함하는 것은 아니어서 명확하게 기재되어 있다고 할 것이므로, 이 사건 제1항 발명이 특허청구범위 기재요건을 충족하였다고 본 원심의 판단은 정당하다.

원심판결에는 상고이유로 주장하는 바와 같은 판결 결과에 영향을 미친 특허청구범위 기재요건 판단에 관한 법리오해 등의 위법이 없다.[22]

2.7 관련판례(제42조(특허출원) 제4항 제2호; "짧게"라는 불명확한 표현이 기재불비인지 여부)

I) 사건개요(태권도 훈련용 타겟트 사건))

실용신안등록청구범위에 기재된 "대략", "짧게"라는 표현[23]으로 등록고안이 명

---

22) 대법원 2008. 12. 24. 선고 2007후2230 판결.
23) 특허청 심사기준에서는 다음과 같은 표현은 청구범위를 불명확하게 하는 표현으로 예시하고 있다.
  ① '소망에 따라', '필요에 따라', '특히', '예를 들어', '및/또는' 등의 자구(字句)와 함께 임의 부가적 사항 또는 선택적 사항이 기재된 경우.
  ☞ 'A 및/또는 B' 는 'A 및 B'인 경우와 'A 또는 B'인 경우를 함께 기재한 것이므로, 발명이 'A 및 B'인 경우와 'A 또는 B'인 경우 모두에 대해 각각 특허법 제42조 제4항 제1호 및 제2호 위반 여부를 판단한다.
  ② '주로', '주성분으로', '주 공정으로', '적합한', '적량의', '많은', '높은', '대부분의', '거의', '대략', '약' 등 비교의 기준이나 정도가 불명확한 표현이 사용된 경우.
  ③ '… 을 제외하고', '… 이 아닌'과 같은 부정적 표현이 사용되어 불명확해진 경우.

확하지 않게 되었는지 여부(긍정)

[청구항 1]

가격부(2)의 일측으로 밋밋한 손잡이부(3)를 연장해 가진 공지의 타게트(1)에 있어서, 이 손잡이부(3)의 끝에다가 그 손잡이부(3)에 대하여 대략 직각을 이루도록 짧게 돌출시킨 미끄럼방지턱(4) 또는 (4˘)를 형성한 것을 특징으로 하는 태권도 가격훈련용 수동 타게트

[이 사건 등록고안의 기술적 특징]

태권도 가격훈련용 수동 타게트에 있어서, 종래에는 손잡이부(3)가 밋밋하여 태권도 훈련시 손이나 발로 타게트를 가격할 경우에 그 충격이나 잡고 있는 사람의 손에서 배어난 땀으로 타게트가 손에서 미끄러져 빠질 우려가 크고, 그로 인하여 타게트를 잡고 있는 손과 팔에 쉽게 피로감을 느끼게 하는 문제점이 있었다. 이 사건 등록고안은 손잡이부를 개량하여 미끄럼방지턱 을 구성함으로써 위와 같은 문제점을 극복하고, 운동자가 타게트를 가격하여도 그 충격으로 타게트를 잡고 있는 사람의 손에서 타게트가 미끄러지거나 빠지지 않고, 오래 쥐고 있어도 편안한 감이 들게 하면서 손과 팔의 피로감을 덜어주는 효과가 있다.

위와 같은 목적과 효과를 위하여 이 사건 등록고안의 구성은 가격부(2)의 일측으로 밋밋한 손잡이부(3)를 연장해 가진 공지의 타게트(1)(이하, 구성요소 1이라고 한다)와 손잡이부(3)의 끝에다가 그 손잡이부(3)에 대하여 대략 직각을 이루도록 짧게 돌출시킨 미끄럼방지턱(4) 또는 (4˘)(이하, 구성요소 2라고 한다)로 이루어진다.

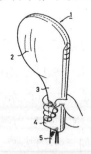

④ 수치한정발명에서 '… 이상', '… 이하', '0~10'과 같이 상한이나 하한의 기재가 없는 수치한정이나 0을 포함하는 수치한정(0을 포함하는 성분이 필수성분이 아니라 임의성분인 경우에는 제외한다)을 한 경우. 또는, '120~200℃, 바람직하게는 150~180℃'와 같이 하나의 청구항 내에서 이중으로 수치한정을 한 경우.
☞ 여기서 '임의성분'이란 출원인이 필요에 따라 선택적으로 첨가하거나 첨가하지 않아도 좋다고 인식하는 성분으로, 명세서에 그 취지가 명확히 기재된 성분을 말한다.

II) 판결요지

[1] 구 실용신안법 제8조 제4항 제2호에 의하면 실용신안등록청구범위에는 보호를 받고자 하는 사항을 기재한 항에 기재된 고안이 명확하고 간결하게 기재될 것을 요구하고 있는바, 이와 같은 규정의 취지는 실용신안등록출원된 고안의 내용을 제3자에게 공표하여 그 기술적 범위를 명확하게 하기 위한 것이므로 출원 당시의 기술수준을 기준으로 하여 그 고안과 관련된 기술분야에서 평균적 기술능력을 가진 자라면 누구든지 출원된 고안의 내용을 명확하게 이해하고 이를 재현할 수 있을 정도의 기재가 있으면 충분하다 할 것이고, 등록고안의 범위는 실용신안등록청구범위에 기재된 것뿐 아니라 고안의 설명과 도면의 간단한 설명의 기재 전체를 일체로 하여 그 고안의 성질과 목적을 밝히고 이를 참작하여 그 고안의 범위를 실질적으로 판단하여야 할 것이므로, 실용신안등록출원된 고안의 내용이 당해 기술분야에서 통상의 지식을 가진 자에 의하여 용이하게 이해되고 재현될 수 있다면 부분적으로 불명확한 부분이 있다고 하더라도 적법한 등록청구범위의 기재라고 보아야 할 것이다 (대법원 1995. 10. 13. 선고 94후944 판결 참조).

[2] 실용신안등록청구범위에는 그 손잡이부(3)에 대하여 대략 직각을 이루도록 짧게 돌출시킨 미끄럼방지턱(4) 또는 (4)라고 기재하고 있어서, 대략, 짧게라는 불명확한 표현을 사용하고 있다.

[3] 발명의 설명에, 상기 목적은 기존의 태권도 가격훈련용 타게트(1), 제3도에 도시한 바와 같이 가격부(2)의 일측으로 밋밋한 손잡이부(3)를 연장해 가진 공지의 타게트(1)에 있어서 이 손잡이부(3)의 끝에다가 그 손잡이부(3)에 대하여 대략 직각을 이루도록 짧게 돌출시킨 미끄럼방지턱(4)을 형성함으로써 손쉽게 성취된다. … 제1도는 미끄럼방지턱(4)이 앞쪽으로 튀어나온 형태의 타게트를 나타낸 것이고, 제2도는 앞 뒤방향으로 모두 미끄럼방지턱(4)(4')을 가진 타게트를 도시한 것이다. 제1실시예의 경우에는 손잡이부(3)를 쥐었을 때 약지의 첫째와 둘째 마디가 미끄럼방지턱(4)에 얹히듯이 걸리고, 제2실시예의 경우에는 앞쪽 미끄럼방지턱(4)에는 약지의 첫째와 둘째 마디가 얹히듯이 걸리고 동시에 뒤쪽 미끄럼방지턱(4')에는 앞쪽을 휘돌아 온 약지의 끝마디 또는 약지쪽 손바닥의 옆부분이 얹혀서 걸린다. 바로 이러한 미끄럼방지턱(4) 또는 (4')에 의한 타게트(1)를 쥔 손의 걸림작용때문에, 훈련생이 타게트(1)의 가격부(2)를 겨냥하여 가격하는 훈련을 실시하는 동안에 그 가격

으로 인한 큰 충격을 받더라도 타게트(1)가 손에서 미끄러져 빠질 우려가 없다라고 기재되어 있다. 위 기재와 도면 1, 2에 의하면 미끄럼방지턱에 대한 기술적 구성은 타게트가 손에서 미끄러져 빠지지 않을 정도임을 알 수 있으므로, 실용신안등록청 구범위에 기재된 대략 직각을 이루도록 짧게 돌출시킨 미끄럼방지턱은 운동자(태권 도 훈련을 하는 사람)가 타게트를 가격을 할 때에 보조자(타게트를 잡고 있는 사람)의 손 에서 타게트가 미끄러져 빠지지 않을 정도의 직각 내외의 방향(직각 내외가 아니어서 경사를 이룬다면 타게트가 손에서 쉽게 미끄러져 빠질 수 있다)으로 형성되고, 약지 또는 약지 쪽 손바닥 옆부분이 얹혀져 빠지지 않을 정도의 길이로 돌출시킨 미끄럼방지 턱을 의미하는 것임을 알 수 있다.

[4] 따라서, 비록 대략, 짧게라는 불명확한 표현이 실용신안등록청구범위에 사용 되었지만 그 의미가 고안의 설명에 의하여 명확히 뒷받침되며 고안의 특정에 문제가 없으므로, 이 사건 등록고안이 명확히 기재되지 않았다고 할 수 없다.[24]

2.8 관련판례(제42조(특허출원) 제4항 제2호; 청구항 말미의 "시스템"이란 용어가 불명확한 표현인지 여부)

Ⅰ) **사건개요**(세포 형질 감염 시스템 사건)

암 관련 항원을 코딩하는 단리된 핵산 분사, 그 항원 및 이들의 용도라는 발명 에서 청구항에 기재된 '발현 시스템'은 명확하게 기재된 것이므로 특허법 제42조 제 4항의 규정에 위반되지 않는다.

[청구항 23]

(ⅰ) 제8항 기재의 단리된 암 관련 항원을 코딩하는 핵산 분자를 함유하는 제1 벡터, 및

(ⅱ) (a) 상기 암 관련 항원으로부터 유도된 항원을 제공하는 MHC 또는 HLA 분자를 코딩하는 핵산 분자를 함유하는 벡터 및 (b) 인터루킨을 코딩하는 핵산 분 자를 함유하는 벡터로 이루어진 군으로부터 선택된 제2벡터를 포함하는, 세포를 형 질 감염시키기 위한 발현 시스템

---

24) 특허법원 2006. 12. 14. 선고 2006허5560 판결.

II) **판결요지**

[1] 일반적으로 '시스템'은 방법 또는 장치의 개념으로 사용되므로, '시스템'이란 용어가 기재되었을 경우 과연 그것이 어떤 의미로 기재된 것인지를 알 수 없는 경우가 있을 수 있다. 그러나 특허청구범위에 기재된 청구항의 전체 문맥구조로 보아 '시스템'이 어떤 의미로 사용된 것인지를 명확히 알 수 있는 경우에는 '시스템'이란 용어를 사용하였다고 하여 불명확한 기재라고 할 수는 없다{갑 제6 내지 17호증의 각 기재에 의하면, 특허청구범위에 '시스템'이라고 기재된 발명이 특허등록된 사실이 인정된다}.

[2] 이 사건 제23항 발명은, '(i) … 핵산 분자를 함유하는 제1벡터, 및 (ii) (a) … 핵산 분자를 함유하는 벡터 및 (b) … 핵산 분자를 함유하는 벡터로 이루어진 군으로부터 선택된 제2벡터를 포함하는, 세포를 형질 감염시키기 위한 발현 시스템'과 같은 문장구조로 이루어져 있다. 그런데 핵산 분자는 물(物)을 의미하므로, 물(物)을 함유하는 벡터도 물(物)을 의미하고, 또한 당해 기술 분야에서 벡터란 DNA 운반체를 의미하는 것으로 물(物)의 한 형태이다. 결국 이 사건 제23항 발명은 (i) 제1벡터라는 물(物)과 (ii) 제2벡터라는 물(物)을 포함하는 세포를 형질 감염시키기 위한 조성물로 해석될 뿐이고, (i) 제1벡터라는 물(物)과 (ii) 제2벡터라는 물(物)을 사용하여 세포를 형질 감염시키기 위한 방법으로 해석되지는 않는다.

[3] 따라서 이 사건 제23항 발명에서 '시스템'은 '조성물'을 의미함이 명확하므로, '시스템'이란 용어가 기재되었다고 하여 불명확한 표현을 사용하였다고 할 수는 없다.[25]

2.9 관련판례(제42조(특허출원) 제4항 제2호; PCT출원, 발명이 명확하고 간결하게 기재되었는지 여부)

I) **사건개요**(식도암 진단키트 사건)

특허발명의 청구항에 '발명이 명확하고 간결하게 기재될 것'을 요구하는 구 특허법 제42조 제4항 제2호는 청구항에는 명확한 기재만이 허용되고 발명의 구성을 불명료하게 표현하는 용어는 원칙적으로 허용되지 않는다는 의미이고, 국제특허출원을 외국어로 한 출원인이 같은 법 제201조에 의한 국내진입단계절차를 위하여 국내에 특허발명의 명세서, 청구의 범위 등에 관한 번역문을 제출함에 있어서도 이와 마찬가지이다.

---

25) 대법원 2007. 10. 11. 선고 2007후1442 판결. 이 판례는 8회 피인용되었다.

II) 판결요지

[1] 이 사건 출원발명은 주로 식도암 환자를 식별하여 치료하기 위한 진단키트 제작을 위한 일종의 용도발명으로서, 청구항 제1항에는 "… 상기 뉴클레오티드 서열로 '필수적으로 이루어지는(consisting essentially of)'(이하 '이 사건 계쟁부분'이라고 한다) 암 관련 항원을 코딩하는 단리된 핵산 분자"를 기재하고 있다.

[2] 미국에서는 특허발명의 청구범위 해석에 있어서 특허청구항 중 전제부 (preamble)와 본체부(body) 등을 연결하는 전환부 용어를 3종류로 나누고 있는데[26], 그 3종류의 연결부는 개방형(청구항에 기재된 구성요소와 그 외 추가 구성요소를 갖는 것을 권리범위로 포함하는 청구항)으로 해석되는 'comprising'과 폐쇄형(청구항에 기재된 구성요소 이외의 다른 구성요소를 포함하지 아니하는 청구항)으로 해석되는 'consisting of', 그 중간단계인 'consisting essentially of'로 구분하고 있다.

[3] 원고는 이 사건 출원발명에 관한 초기 번역문 제출 이후 명세서 등 보정서에서 이 사건 계쟁부분에 관하여 "뉴클레오티드 서열을 '포함하는' 단리된 핵산분자…"라고 정정하였으나, 특허청 심사관은 거절결정을 하였고, 이에 원고가 거절결정불복심판청구를 하고, 다시 보정을 하면서 이 사건 제1항 발명 중 계쟁부분을 위와 같이 '필수적으로 이루어지는(consisting essentially of)'이라고 표현하기에 이르렀는데, 당시 심사전치절차에서 보정내용을 심사한 특허청 심사관이 "출원인이 제출한 의견서에는 '필수적으로 이루어지는'에 관하여 '…로 이루어지는'과 '…를 포함하는'의 중간적 단계에 해당하는 것이라고 하였으나, 그 중간단계라는 말이 불명확하므로 보호받고자 하는 범위를 명확히 하라"는 취지의 의견제출통지를 하였음에도 불구하고, 원고는 그 지정기간 내에 이 사건 계쟁부분을 보정하지 아니하였다.

[4] 그런데 우선 이 사건 계쟁부분 중 한글 부분의 기재를 보면, '이루어지는'이

---

26) 미국의 청구항에서는 선세부와 특성부인 청구항 본문 사이에 전이어가 사용되는데, 전이어는 주로 "which comprises", "comprising"이 사용된다. "comprises"은 명세서의 구성요소뿐 아니라 그 외의 다른 구성요소도 배제하지는 않는다는 의미로 사용되며 이를 개방형 청구항이라 한다. 이와 반대개념인 폐쇄형 청구항에서는 "consisting"이나 "consisting of" 전이어를 사용하고 이는 청구항에 기재된 구성요소를 제외한 다른 어떤 구성요소도 포함하지 않는 것을 의미한다. 화학발명에서는 다른 화학물질의 첨가가 발명의 특성을 변화할 수 있기 때문에, 폐쇄형을 주로 사용한다. 동일 청구항 내에 개방형인 "comprising"과 폐쇄형인 "consists"가 함께 기재될 수 있다. 한편, 개방형과 폐쇄형의 중간형태로 "consisting essentially of"가 있다. 이는 청구항에 기재된 발명의 특징에 영향을 주지 않는 사소한 물질이 부가될 수 있음을 의미한다. 즉, 화학발명에서는 청구항에 기재된 조성물 외에 소량의 조성물이 포함될 수 있음을 의미한다.

라는 표현에다가 '필수적으로'라는 단어를 부가·유지함으로써, '그 구성요소가 필수적으로 그 청구항에 기재된 염기서열로만 이루어진다'는 의미인지, 아니면 '그 청구항에 기재된 구성요소는 필수적으로 포함되고 그 외 별도의 구성요소 추가를 허용한다'는 의미인지부터가 불분명하다.

[5] 더구나 앞서 본 이 사건 출원발명의 용도 등 내용, 이 사건 거절결정을 전후한 몇 차례의 의견제출통지 및 그 보정과정에서 나타난 출원인의 태도 등에 비추어 본다면, 이 사건 출원발명의 청구범위해석과 관련된 제1항 발명의 계쟁부분은, 미국식 특허청구항 중 개방형이거나 적어도 반(半) 개방형인 'consisting essentially of'를 염두에 둔 것으로 보이나, 원고는 원심에 이르러서는 이와 달리 단순히 '이루어지는'의 의미에 불과하다고 주장하고 있는데, 이 사건 계쟁부분 중 영문 부분은 이러한 원심에서의 원고 주장과 일견 상충되는 미국식 특허청구항 중 반(半) 개방형으로 이해되는 'consisting essentially of'가 괄호하고 병기되어 있어, 오히려 염기서열에 대한 이 사건 출원발명의 청구범위에 관하여 불명료한 한글부분의 의미를 더욱더 불명료하게 하였다고 할 것이다.

따라서 이는 앞서 본 법리에 비추어 본다면 그 자체로 구 특허법 제42조 제4항 제2호의 명세서 기재요건을 구비하지 못한 기재불비에 해당된다고 볼 것이다.[27]

2.10 관련판례(제42조(특허출원) 제4항 제2호; 기능식 기재 청구항 인정 여부)

[1] 특허청구범위가 기능, 효과, 성질 등에 의한 물건의 특정을 포함하는 경우, 그 발명이 속하는 기술분야에서 통상의 지식을 가진 자가 발명의 설명이나 도면 등의 기재와 출원 당시의 기술상식을 고려하여 특허청구범위에 기재된 사항으로부터 특허를 받고자 하는 발명을 명확하게 파악할 수 있다면 그 특허청구범위의 기재는 적법하다.

[2] 독립항과 이를 한정하는 종속항 등 여러 항으로 이루어진 특허발명 청구항의 기술내용을 파악함에 있어서, 특별한 사정이 없는 한 광범위하게 규정된 독립항의 기술내용을 독립항보다 구체적으로 한정하고 있는 종속항의 기술구성이나 발명의 설명에 나오는 특정의 실시예로 제한하여 해석할 수는 없다.[28]

---

27) 대법원 2007. 10. 11. 선고 2007후1442 판결. 이 판례는 8회 피인용되었다.
28) 대법원 2007. 9. 6. 선고 2005후1486 판결. 이 판례는 13회 피인용되었다.

Ⅲ. 보정

1. 관련규정

보정제도는 선출원주의 하에서 출원을 서두르다 발생하는 명세서의 오류 등을 해소하기 위한 제도이다. 적법한 보정일 경우 그 보정 사항은 최초 출원일로 소급하여 적용된다. 거절이유통지서를 받기 전까지는 자유롭게 보정할 수 있으나, 그 후에는 보정시기가 엄격히 제한된다. 또한, 명세서 등의 보정으로 당초 명세서 등에 기재되어 있지 않던 발명이 추가되는 경우 그 내용은 원래 출원일로 소급하여 효과가 발생하므로 선출원주의에 반하고 제3자에게 불측의 손해를 줄 우려가 있어 보정의 범위를 엄격히 제한하고 있다. 자진보정 기간 및 최초거절이유통지에 대한 의견서 제출기간 내의 보정은 신규사항을 추가하는 것이 금지되나, 최후거절이유통지에 대한 의견서 제출기간 이내의 보정 및 재심사를 청구하면서 하는 보정의 경우에는 신규사항의 추가 금지뿐만 아니라 청구범위를 감축하여야 하는 등 보정의 범위가 더욱 제한된다.

즉, ① 특허결정의 등본 송달 전, 최초거절이유통지에 따른 의견서 제출기간 이내일 경우, 발명의 설명/도면/청구범위에 신규사항을 추가(신규사항 추가 금지)해서는 안 된다. ② 최후거절이유통지에 따른 의견서 제출기간 이내, 재심사를 청구할 때에는, 발명의 설명/도면에는 신규사항을 추가(신규사항 추가 금지)해서는 안 되며, 청구범위에는 신규사항 추가 금지뿐 아니라 청구범위감축요건, 잘못된 기재의 정정 등의 요건을 만족해야 한다.

> 제47조 ① 특허출원인은 특허결정의 등본을 송달하기 전까지 특허출원서에 첨부한 명세서 또는 도면을 보정할 수 있다. 다만, 거절이유통지를 받은 후에는 다음 각 호의 구분에 따른 기간(제3호의 경우에는 그 때)에만 보정할 수 있다.
> 1. 거절이유통지(거절이유통지에 대한 보정에 따라 발생한 거절이유에 대한 거절이유통지는 제외한다)를 최초로 받거나 제2호의 거절이유통지가 아닌 거절이유통지를 받은 경우: 해당 거절이유통지에 따른 의견서 제출기간
> 2. 거절이유통지(제66조의3(특허결정 이후 직권 재심사) 제2항에 따른 통지를 한 경우에는 그 통지 전의 거절이유통지는 제외한다)에 대한 보정에 따라 발생한 거절이유에 대하여 거절이유통지를 받은 경우: 해당 거절이유통지에 따른 의견서

제출기간

3. 제67조의2에 따른 재심사를 청구하는 경우: 청구할 때

② 제1항에 따른 명세서 또는 도면의 보정은 특허출원서에 최초로 첨부한 명세서 또는 도면에 기재된 사항의 범위에서 하여야 한다. 이 경우, 외국어특허출원에 대한 보정은 최종 국어번역문 또는 특허출원서에 최초로 첨부한 도면(도면 중 설명부분은 제외한다)에 기재된 사항의 범위에서도 하여야 한다.

③ 제1항 제2호 및 제3호에 따른 보정 중 청구범위에 대한 보정은 다음 각 호의 어느 하나에 해당하는 경우에만 할 수 있다.

1. 청구항을 한정 또는 삭제하거나 청구항에 부가하여 청구범위를 감축하는 경우
2. 잘못 기재된 사항을 정정하는 경우
3. 분명하지 아니하게 기재된 사항을 명확하게 하는 경우
4. 제2항에 따른 범위를 벗어난 보정에 대하여 그 보정 전 청구범위로 되돌아가거나 되돌아가면서 청구범위를 제1호부터 제3호까지의 규정에 따라 보정하는 경우

④ 제1항 제1호 또는 제2호에 따른 기간에 보정을 하는 경우에는 각각의 보정절차에서 마지막 보정 전에 한 모든 보정은 취하된 것으로 본다.

2. 관련판례

2.1 관련판례(최초 명세서에 개시되지 않은 하위구성으로 보정한 경우 신규사항 추가에 해당하는지 여부)

Ⅰ) **사건개요**(철도 텅레일 눈 감지센서 사건)

[최초 출원서]

'텅레일과 고정레일 사이에 눈 감지센서(또는 눈을 감지하기 위한 인디케이터)가 존재한다'

[보정후]

'눈 감지센서는 리액턴스 방식으로 작동되는 센서로서 한 쌍의 금속성판 사이에 눈이 존재하면 유전율의 변화로 한 쌍의 금속성판으로 형성된 평행판 축전기의 정전용량이 변하게 되고, 이에 따른 교류회로의 전류변화 값을 측정하는 것'이라는 취지로 보정하였다.

[청구항 1]

a) 상기 텅 레일과 고정레일 사이에서 눈의 존재여부를 감지하기 위한 눈 감지센서;

b) 선로의 온도를 감지하기 위한 온도센서;

c) 전기장치에 의해 열을 발생하는 히터; 및

d) 상기 눈 감지센서에서 측정된 텅레일과 고정레일 사이의 눈의 존재여부에 관한 정보 및 온도센서에서 측정된 선로의 온도 정보를 수신하여 히터의 열 발생 정도를 제어하는 제어부를 포함하는 것을 특징으로 하는 전철기용 텅레일부 융설장치.

[발명의 설명]

분기기(90)는 철도 선로에서 차량을 이동시키기 위한 전철기(point, 10), 상기 전철기에 의해 방향이 변경된 차륜을 곡선부분으로 유도하는 리이드부(20) 및 열차의 좌우 차륜이 완전히 분기하게 되는 크로싱부(30)를 포함한다.

상기 전철기(10)는 철도에서 차량이나 열차를 다른 선로로 이동시키기 위하여 두 선로가 만나는 곳에 장치한 기계장치로서, 선로의 분기점에 열차의 진로변경을 위해 좌우로 움직일 수 있는 첨단선로가 장착되고 상기 첨단선로를 상기 전철기에 의해 조정함으로써 열차의 운행궤도를 수정하게 된다. 운행되는 열차는 상기 전철기에 의해 방향을 바꾸어 상기 리이드부(20)를 통하여 궤도의 곡선부분으로 유도된 후 상기 크로싱부(30)를 거쳐 열차의 좌우 차륜이 완전히 분기함으로써 궤도를 안정하게 수정하게 된다.

이때, 상기 전철기(10)는 두 선로의 갈림점이기 때문에 열차나 차량이 안전하게 이동되기 위하여는 전철기의 성능이 완벽하고 구조가 견고하여야 한다. 상기 전철기(10)에 오류가 발생하는 경우 열차의 탈선 또는 전복의 위험을 가져올 수 있으므로 기능상태를 수시로 점검할 것이 강조되고 있다(공개특허 특2002-0076218).

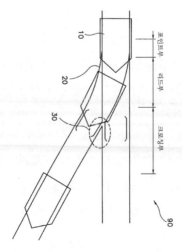

II) 판결요지

[1] 특허법 제47조 제2항은 '명세서 또는 도면의 보정은 특허출원서에 최초로 첨부된 명세서 또는 도면에 기재된 사항의 범위 안에서 이를 할 수 있다'는 취지로 규정하고 있는바, 여기에서 최초로 첨부된 명세서 또는 도면에 기재된 사항(이하 '최초 명세서 등'이라 한다)이란 최초 명세서 등에 명시적으로 기재되어 있는 사항이거나 또는 명시적인 기재가 없더라도 그 발명이 속하는 기술분야에서 통상의 지식을 가진 자(이하 '통상의 기술자'라 한다)라면 출원 시의 기술상식에 비추어 보아 보정된 사항이 최초 명세서 등에 기재되어 있는 것과 마찬가지라고 이해할 수 있는 사항이어야 한다.

[2] 위 법리를 바탕으로 하여 원심판결 이유를 기록에 비추어 살펴보면, 원심이 그 판시와 같은 사정을 들어, 명칭을 "전철기용 텅레일부 융설장치"로 하는 이 사건 특허발명(특허번호 제358407호)의 특허출원서에 최초로 첨부된 명세서에는 눈 감지 센서와 관련하여 '텅레일과 고정레일 사이에 존재하는 눈을 감지할 수 있는 센서(또는 눈을 감지하기 위한 인디케이터)'라는 기재만이 있을 뿐이었다가 최후 보정에 이르러 '눈감지센서는 리액턴스 방식으로 작동되는 센서로서 한 쌍의 금속성판 사이에 눈이 존재하면 유전율의 변화로 한 쌍의 금속성판으로 형성된 평행판 축전기의 정전용량이 변하게 되고, 이에 따른 교류회로의 전류변화 값을 측정하는 것'이라는 취지의 기재가 추가되었는데, 이는 특허출원서에 최초로 첨부된 명세서에 기재된 범위를 벗어난 것으로서 신규사항의 추가에 해당하여 특허법 제47조 제2항에 위배된다고 판단하였음은 정당한 것으로 수긍이 간다. 이 사건 특허발명은 눈감지센서의 감지부위를 텅레일과 고정레일 사이로 하고 있는 점에 핵심적 요소가 있다는 원고의 주장사실만으로는 이 사건 특허발명의 명세서를 위와 같이 보정하는 것이 신규사항의 추가에 해당하지 않는다고 할 수 없다. 따라서 원심판결에는 상고이유에서 주장하는 바와 같은 위법이 없다.[29]

2.2 관련판례(보정내용이 자연법칙상 자명한 경우)(핫멜트 접착제 사건)

[1] 제133조의2 제1항에 의하면 제133조 제1항에 따른 심판의 피청구인은 …… 제47조 제3항 각 호의 어느 하나에 해당하는 경우에 한하여 특허발명의 명세

---

29) 대법원 2007. 2. 8. 선고 2005후3130 판결. 이 판례는 30회 피인용되었다.

서 또는 도면에 대하여 정정을 청구할 수 있다고 규정하고 있고, 같은 법 제47조 제3항 각 호의 1에는 1. 특허청구범위를 감축하는 경우, 2. 잘못된 기재를 정정하는 경우, 3. 분명하지 아니한 기재를 명확하게 하는 경우가 각 규정되어 있으며, 위 제133조의2 제4항에 의하여 준용되는 같은 법 제136조 제2, 3항에 의하면 위 정정청구의 경우 그 정정은 특허발명의 명세서 또는 도면에 기재된 사항의 범위 이내에서 이를 할 수 있고(제2항), 특허청구범위를 실질적으로 확장하거나 변경할 수 없다(제3항)고 규정되어 있는바, 위 규정들의 취지는 무효심판의 피청구인이 된 특허권자가 별도의 정정심판을 청구하지 않더라도 그 무효심판절차 내에서 정정청구를 할 수 있게 해주되, 특허권의 효력이 미치는 범위를 확장하거나 변경하는 것은 허용할 수 없고, 제3자의 권리를 침해할 우려가 없는 범위 내에서의 특허청구범위의 감축이나, 오기를 정정하고 기재상의 불비를 해소하여 바르게 하는 오류의 정정은 허용하는 것이라고 보아야 할 것이고, 이와 같은 오류의 정정에는 특허청구범위에 관한 기재 자체가 명료하지 아니한 경우 그 의미를 명확하게 하거나 기재상의 불비를 해소하는 것과, 발명의 설명과 청구의 범위가 일치하지 아니하거나 모순이 있는 경우 이를 통일하여 모순이 없는 것으로 하는 것도 포함되는 것이라고 해석하여야 할 것이며, 특허청구범위를 정정하는 것이 그 청구범위를 확장하거나 변경하는 경우에 해당하는지 여부를 판단함에 있어서는 청구범위 자체의 형식적인 기재만을 가지고 대비할 것이 아니라 발명의 설명을 포함하여 명세서 및 도면의 전체내용과 관련하여 실질적으로 대비하여 그 확장이나 변경에 해당하는지 여부를 판단하는 것이 합리적이라 할 것이다(대법원 2009. 5. 28. 선고 2009후498 판결, 2006. 7. 28. 선고 2004후3096 판결 등 참조).

　　[2] 보정 전 "핫멜트 접착제를 120~220℃로 가열하여 용융한다" 및 "핫멜트 접착제가 접착되는 PE시트 압출온도는 160℃~180℃이다"로부터 "120~160℃의 열융점을 지닌 핫멜트 접착제"로 보정한 경우에, 최초 명세서의 기재를 종합하면 핫멜트 접착제는 120~220℃에서 액체 상태이어야 하고 PE시트 압출온도 160~180℃에서 용융되어야 하며, 이 압출온도에서 용융되기 위해서는 핫멜트 접착제의 열융점이 그보다 낮아야 함은 자연법칙상 자명하다. 따라서 "120~160℃의 열융점을 지닌 핫멜트 접착제"는 최초 명세서 등에 기재된 것과 마찬가지라고 이해할 수 있는 사항이다.[30]

---

30) 특허법원 2009. 12. 24. 선고 2009허900 판결.

2.3 관련판례(부가하는 보정내용이 특허청구범위를 실질적으로 변경하는지 여부)

Ⅰ) 사건개요(냉각수관을 가진 드릴공구 사건)

보정 전의 청구항에 구성요소를 부가함으로써 형식적으로는 특허청구범위가 보정 전후에 달라졌다 하더라도 보정 전의 다른 청구항에 기재된 구성으로서 발명의 설명에도 자세히 기재되어 있던 구성을 보정 후의 청구항에 단순히 부가하여 감축한 것에 지나지 않는 보정의 경우, 구 특허법 제47조 제4항 제1호에서 정한 '특허청구범위를 실질적으로 확장하거나 변경하는 경우'에 해당하는지 여부(부정)

[발명의 요약]

본 발명은 구멍의 가공을 위한 드릴 공구에 관한 것으로, 특히 가공시 발생하는 칩을 원활히 배출하기 위해 드릴 몸체내에 나선 형태의 비틀림 냉각수 공급관을 설치하여서 된 드릴 공구에 관한 것이다.

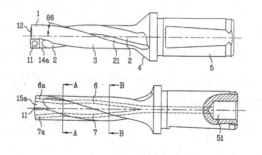

Ⅱ) 판결요지

[1] 구 특허법(2009. 1. 30. 법률 제9381호로 개정되기 전의 것, 이하 같다) 제47조 제4항 제1호에 의하면, 특허거절결정에 대한 불복심판을 청구하면서 하는 명세서 또는 도면의 보정은 특허청구범위를 실질적으로 확장하거나 변경하지 아니할 것을 요건으로 한다고 규정하고 있는바, 여기서 말하는 특허청구범위를 실질적으로 확장하거나 변경하는 경우에 해당하는지 여부를 판단할 때에는 특허청구범위의 형식적인 기재만을 가지고 대비할 것이 아니라 발명의 설명을 포함한 명세서 전체의 내용과 관련하여 보정 전후 특허청구범위 전체를 실질적으로 대비하여 판단하는 것이 합리적이다(대법원 2001. 12. 11. 선고 99후2815 판결, 대법원 2004. 12. 24. 선고 2002후413 판결 등 참조). 그리고 보정 전의 청구항에 구성요소를 부가함으로써 형식적으로는 특

허청구범위가 보정 전후에 달라졌다 하더라도 보정 전의 다른 청구항에 기재된 구성으로서 발명의 설명에도 자세히 기재되어있던 구성을 보정 후의 청구항에 단순히 부가하여 감축한 것에 지나지 않는 보정의 경우에는, 후출원인이나 제3자에게 예상하지 못한 손해를 입힐 염려가 있거나 심사관이 선행기술을 새로 조사해야 하는 부담이 발생하여 심사의 신속한 진행이 현저히 저해되는 등의 특별한 사정이 없는 한, 보정 전후 발명의 목적이나 기술적 사상이 변경된 것이 아니어서 위조항이 규정한 특허청구범위의 실질적인 변경에 해당하지 않는다고 봄이 상당하다.

[2] 위 법리와 기록에 비추어 살펴보면, 원고는 명칭을 "비틀림 냉각수관을 가진 드릴공구"(출원번호 제2002-44280호)로 하는 이 사건 출원발명에 관한 거절결정에 대하여 불복심판을 청구하고 2005. 5. 31.자 명세서 등 보정서를 제출하였는데, 특허청구범위 제1항에 대한 원심 판시의 보정사항 1 내지 4는 보정 전 특허청구범위 제6, 8, 12, 13항을 삭제하면서 그 삭제되는 청구항들에 기재되어 있던 구성을 특허청구범위 제1항에 부가한 것이어서 비록 형식적으로는 그 특허청구범위가 보정 전후에 달라진 것이기는 하나, 위 보정사항 1 내지 4는 보정 전의 다른 청구항에 이미 기재되어 있던 구성임과 동시에 발명의 설명에도 그 구성을 통하여 해결하고자 하는 과제, 구조 및 작용효과가 자세히 기재되어 있던 것이어서 보정 전의 명세서에 공개되어 있지 아니한 신규한 기술적 사항을 특허청구범위에 새로 추가한 것이 아닐 뿐만 아니라, 위 보정으로 삭제되는 보정 전의 다른 청구항에 존재하고 있던 구성을 보정 후의 특허청구범위 제1항에 단순히 부가하여 감축한 것에 지나지 아니하고 달리 위 보정으로 인하여 제3자에게 예측하지 못한 손해를 입힐 염려가 있거나 추가적인 심사부담을 초래하는 등의 사정을 찾아볼 수 없으므로, 보정 후 특허청구범위 제1항은 보정 전 특허청구범위 제1, 6, 8, 12, 13항과 대비하여 볼 때 발명의 목적이나 기술적 사상이 변경된 것이 아니어서 특허청구범위가 실질적으로 변경된 것으로 볼 수 없다. 그리고 특허청구범위 제1항의 구성을 그대로 포함하고 있는 종속항인 보정 후 특허청구범위 제7, 9, 10, 11항은 특허청구범위 제1항에 대한 위 보정으로 말미암아 각 청구항에 기재된 사항이 달라진 것에 불과하고 보정 후 특허청구범위 제1항과 마찬가지로 발명의 목적이나 기술적 사상이 변경된 것은 아니므로, 보정 후 특허청구범위 제7, 9, 10, 11항 역시 특허청구범위가 실질적으로 변경된 것으로 볼 수 없다.

같은 취지에서 원심이 이 사건 보정이 특허청구범위의 실질적 확장 또는 변경에 해당하지 않는다고 판단한 것은 정당한 것으로 수긍할 수 있고, 거기에 상고이유에서 주장하는 바와 같은 구 특허법 제47조 제4항 제1호의 해석에 관한 법리오해 등의 위법이 없다.[31]

2.4 관련판례(주지관용기술의 단순 부가, 당업자에게 자명한 것이라도 신규사항 추가에 해당하는 보정)

구 실용신안법 제49조 제1항은 "이해관계인 또는 심사관은 실용신안등록이 제14조의 규정에 의한 범위를 벗어난 보정인 경우(제4의 2호)에 무효심판을 청구할 수 있다."라고, 같은 법 제14조는 "명세서 또는 도면의 보정은 실용신안등록출원서에 최초로 첨부된 명세서 또는 도면에 기재된 사항의 범위 이내에서 이를 할 수 있다."라고 각 규정하고 있는바, 여기에서 최초 명세서 및 도면에 기재된 사항이란 최초 명세서 및 도면에 명시적으로 기재되어 있는 사항이거나 또는 명시적인 기재가 없더라도 통상의 기술자라면 출원 시의 기술상식에 비추어 보아 보정된 사항이 최초 명세서 및 도면에 기재되어 있는 것과 마찬가지라고 이해할 수 있는 사항이어야 한다(대법원 2007. 2. 8. 선고 2005후3130 판결 참조). 또한, 보정된 사항이 주지관용기술이더라도 그것이 통상의 기술자가 최초 명세서 및 도면에 기재되어 있는 것과 마찬가지라고 이해할 수 있는 사항이 아니라면, 이를 추가하는 보정은 최초 명세서 및 도면에 기재된 사항의 범위를 벗어난 것이어서 허용될 수 없다.[32]

IV. 분할출원

1. 관련규정

특허출원인은 둘 이상의 발명을 하나의 특허출원으로 한 경우에는 그 특허출원의 출원서에 최초로 첨부된 명세서 또는 도면에 기재된 사항의 범위에서 보정을 할 수 있는 기간, 특허거절결정등본을 송달받은 날부터 30일 이내의 기간, 특허결정 또

---

31) 대법원 2009. 9. 10. 선고 2007후2674 판결. 이 판례는 5회 피인용되었다.
32) 특허법원 2009.9.18. 선고 2009허115 판결.

는 특허거절결정 취소심결의 등본을 송달받은 날부터 3개월 이내의 기간 중 어느 하나에 해당하는 기간에 그 일부를 하나 이상의 특허출원으로 분할할 수 있다. 분할된 특허출원이 있는 경우 그 분할출원은 특허출원한 때에 출원한 것으로 본다(제52조(분할출원)).

분할출원이란 2 이상의 발명을 포함하는 특허출원('원출원')의 일부를 1 또는 2 이상의 새로운 특허출원으로 하는 것으로, 분할출원에 대해서는 출원일의 소급 효과가 부여된다. 특허출원이 특허법 제45조의(하나의 특허출원의 범위) 1특허출원의 범위에 관한 요건을 만족하지 않는 발명을 포함하는 경우에는 특허받을 수 없으므로 출원일을 소급 받으면서도 거절이유를 해소할 수 있는 방안의 마련이 필요하고, 공개의 대가로 일정기간 독점권을 부여하는 특허제도의 취지에서 보면 출원 당시 청구범위에는 기재되어 있지 않았으나 발명의 설명 또는 도면에 기재되어 있는 발명에 대해서도 보호될 수 있는 길은 열려 있어야 하는 취지이다.

2. 관련판례

2.1 관련판례(분할출원에서 의식적으로 제외한 발명의 균등론 적용 여부)

Ⅰ) 사건개요(유기제품 마킹용 에스테르 사건)

특허출원인이 거절이유통지를 받고 원출원의 특허청구범위를 한정하는 보정을 하면서 일부를 별개의 발명으로 분할출원한 경우, 분할출원한 발명이 보정된 발명의 보호범위에서 의식적으로 제외된 것인지 여부(긍정)

[기초 사실]

이 사건 원고 출원발명의 특허청구범위 제1항 내지 제18항은 발명의 설명 또는 특허청구범위의 기재불비가 있거나 진보성이 없다는 이유로 의견제출통지되었고 이에 대하여 출원인이 보정서에 특허청구범위 제9항을 제외한 나머지 청구항을 모두 삭제하고(다만, 제9항의 종속항인 제19항 내지 제26항을 신설), 삭제한 내용을 분할출원하였으며, 의견서에 ① 이 사건 원고 화합물과 그 종속항으로 축소된 보정서의 청구범위는 기재불비 및 진보성의 거절이유를 모두 극복한 것이고, ② 특허청구범위 제9항의 화학식Ⅰ의 화합물을 실시예가 기재된 이 사건 원고 화합물로 한정하며, ③ 이 사건 원고 화합물을 제외한 나머지 특허청구범위에 대해서는 분할출원하였다는 점 등을 기재하였다.

[청구인(원고, 상고인)의 주장]

이 사건 특허청구범위 제9항의 권리범위는 이 사건 원고 화합물의 균등물에 대하여도 미치는바, 이 사건 피고 화합물은 이 사건 원고 화합물의 균등물에 해당하고, 이 사건 피고 화합물이 이 사건 특허발명의 특허청구범위로부터 의식적으로 제외된 것이 아니므로, 피고가 이 사건 피고 화합물을 포함하는 석유류 식별제를 생산하는 것은 이 사건 특허발명을 침해하는 것이다.

[피청구인(피고, 피상고인)의 주장]

출원경과 금반언의 원칙에 따라 이 사건 특허발명의 권리범위는 이 사건 원고 화합물에 한정된 것으로 해석하여야 하므로, 원고는 이 사건 피고 화합물이 이 사건 원고 화합물의 균등물에 해당함을 이유로 이 사건 특허발명의 침해를 주장할 수 없다.

Ⅱ) 판결요지

[1] 특허발명과 대비대상이 되는 제품(이하 '대상제품'이라 한다)이 특허발명과 균등관계에 있어서 특허발명의 보호범위에 속하는지 여부를 판단함에 있어서, 특허출원인 내지 특허권자가 그 출원과정 등에서 대상제품을 특허청구범위로부터 의식적으로 제외하였다고 볼 수 있는 경우에는 대상제품이 특허발명의 보호범위에 속한다고 주장하는 것은 금반언의 원칙에 위배되므로 허용되지 아니한다. 특허발명의 출원과정에서 대상제품이 특허청구범위로부터 의식적으로 제외된 것에 해당하는지 여부는 명세서뿐만 아니라 출원에서부터 특허될 때까지 특허청 심사관이 제시한 견해 및 특허출원인이 심사과정에서 제출한 보정서와 의견서 등에 나타난 출원인의 의도 등을 참작하여 판단하여야 하는바(대법원 2002. 9. 6. 선고 2001후171 판결, 대법원 2007. 2. 23. 선고 2005도4210 판결 등 참조), 특허출원인이 특허청 심사관으로부터 기재불비 및 진보성 흠결을 이유로 한 거절이유통지를 받고서 거절결정을 피하기 위하여 원출원의 특허청구범위를 한정하는 보정을 하면서 원출원발명 중 일부를 별개의 발명으로 분할출원한 경우 위 분할출원된 발명은 특별한 사정이 없는 한 보정된 발명의 보호범위로부터 의식적으로 제외된 것이라고 보아야 할 것이다.

[2] 원심판결의 이유기재에 의하면 원심은, 특허청 심사관이 원심 판시 보정 전 화학식으로 표기된 화합물은 발명의 설명에 그 생성확인자료가 객관적·구체적으로 제시되어 있지 아니하여 통상의 기술자가 용이하게 실시할 수 있도록 기재되어 있

지 않고, 발명의 설명에 의하여 넓은 특허청구범위가 뒷받침되지 않으며, 선행 문헌과 비교하여 볼 때에도 위 화합물에 진보성이 없다는 등의 이유로 원심 판시 이 사건 출원발명에 대하여 등록거절이유를 통지한 사실, 원고는 거절이유의 통지를 받은 후 이 사건 출원발명 중 특허청구범위 제9항을 제외한 나머지 청구항을 모두 삭제하고, 특허청구범위 제9항의 보정전 화학식으로 표기된 화합물을 단일 화합물인 오르토−크레졸프탈레인 부티릴 에스테르(이하 '이 사건 화합물'이라 한다)로 특정하는 보정서를 제출한 사실, 이때 원고는 이 사건 화합물로 축소된 보정서의 청구범위는 기재불비 및 진보성의 거절이유를 극복한 것이고 이 사건 화합물을 제외한 나머지 특허청구범위에 대하여는 분할출원하였다는 취지의 의견서를 함께 제출한 사실, 한편 원고는 위 보정서를 제출한 날 보정 전 화학식으로 표기되는 화합물 중 이 사건 화합물을 제외한 나머지 화합물에 대한 부분을 분할출원한 사실 등을 확정하였는바, 위에서 본 이 사건 특허발명(특허번호 제361255호)에 대한 출원과정에서 특허청 심사관의 거절이유통지의 내용, 원고의 이에 대응한 보정서와 의견서의 내용, 원고가 이 사건 출원발명으로부터 이 사건 화합물을 제외한 나머지 화합물에 대한 부분을 분할출원을 한 경위 등을 참작하면, 원고는 심사관으로부터 거절이유통지를 받고서 선행기술을 회피하고 명세서기재요건을 충족시키기 위하여 이 사건 출원발명의 화합물을 이 사건 화합물로 감축보정하면서 이를 제외한 나머지 화합물들을 별개의 발명으로 분할출원함으로써 이들을 이 사건 특허발명의 특허청구범위로부터 의식적으로 제외한 것으로 봄이 상당하므로, 위 분할출원된 화합물에 속하는 피고의 오르토−크레졸프탈레인 헥사노일 에스테르는 이 사건 특허발명의 보호범위에 속하지 아니한다.

[3] 따라서 같은 취지의 원심 판단은 정당하고, 거기에 상고이유에서 주장하는 바와 같은 균등침해의 소극적 요건인 의식적 제외에 관한 법리오해, 채증법칙 위배, 심리미진 등의 위법은 없다.[33]

---

33) 대법원 2008. 4. 10. 선고 2006다35308 판결.

2.2 관련판례(원출원과 동일내용으로 분할출원된 사건의 행정심판 소의 이익)

Ⅰ) 사건개요(중간조 영상표시방법 사건)

출원인이 원출원의 일부를 2개의 특허출원(분할출원 1, 분할출원 2)으로 분할하는 과정에서 출원인의 착오로 2개의 출원이 동일한 출원이 되었으나, 출원인의 보정 등에 의하여 결국 원출원과 보정된 분할출원 1, 그리고 분할출원 2에 대하여 각각 특허사정이 이루어졌다면, 출원인은 분할출원 2에 대한 특허사정의 취소를 구할 법률상 이익이 없다고 한 사례

Ⅱ) 판결이유

"사정(査定) 등에 대하여는 행정심판법에 의한 불복을 할 수 없다."고 규정하고 있는 구 특허법(2001. 2. 3. 법률 제6411호로 개정되기 전의 것, 이하 같다) 제224조의2는 특허요건 등에 관한 판단에 고도의 전문지식이 필요하다는 점에서 그 불복을 행정심판법이 아닌 특허법이 정하는 바에 따라 전문기관인 특허심판원 및 특허법원에서 처리하도록 하기 위하여 마련된 규정이고, 한편 구 특허법은 제132조의3에서 "거절사정을 받은 자가 불복이 있는 때에는 심판을 청구할 수 있다."고 규정하고 있으나, 특허사정을 받은 자에게는 별도의 불복절차를 두지 않고 있는데, 이는 특허사정이 그 출원인에게 불이익이 없다는 이유에 기인하는 것인바, 이러한 구 특허법의 태도에 비추어 보면, 특허청에 제출된 특허출원과 같은 내용으로 특허사정을 받은 특허출원인은 특별한 사정이 없는 한 그 특허사정의 취소를 구할 법률상 이익이 없다고 봄이 상당하다.

원심이 인정한 사실에 의하면, 원고들은 1996. 8. 5. '중간조 영상의 표시방법'에 관하여 출원번호 제96-32603호(이하 '원출원'이라 한다)로 특허출원을 하였다가 2000. 3. 21. 거절사정을 받은 다음 이에 불복하여 심판을 청구하고, 같은 해 7. 21. 원출원의 일부를 출원번호 제2000-42025호(이하 '분할출원 1'이라고 한다)와 제2000-42034호(이하 '분할출원 2'라고 한다)로 각 분할하여 출원함에 있어서, 청구항이 41개이던 원출원에는 11개의 청구항만 남겨 두고, 나머지 30개의 청구항 중 6개의 청구항을 분할출원 1로, 24개의 청구항을 분할출원 2로 각 분할하여 출원하려는 의도였지만, 당시 시행되고 있던 전자출원방식에 따라 분할출원을 전자문서로 변환하여 제출하

는 과정에서 착오로 분할출원 2에 원래 첨부하기로 되어 있던 명세서 대신 분할출원 1에 첨부한 명세서를 다시 첨부하여 전송하는 바람에 결국, 분할출원 1과 분할출원 2는 출원번호만 다를 뿐 똑같은 내용의 6개의 청구항을 가진 동일한 출원이 되었는데, 심사관은 2000. 9. 26. 원고들이 한 분할출원 중, 분할출원 2에 대하여는 분할출원 1과 동일하다는 사유로 거절이유의 통지를 하였으나, 분할출원 1에 대하여는 진보성이 없다는 사유로 거절이유의 통지를 하였으며, 그 후 원고들이 의견서를 제출하고 분할출원 1에 대하여는 6개의 청구항을 모두 삭제하고 2개의 청구항을 신설하는 내용의 보정서를 제출함에 따라 계속 심사를 진행한 끝에, 원출원과 보정된 분할출원 1, 그리고 분할출원 2에 대하여 각각 특허사정을 하였다는 것인바, 사정이 이러하다면, 분할출원 2에 대한 특허사정은 원고들의 착오에 기인하는 것이기는 하나 원고들이 출원한 내용 그대로 특허사정이 이루어졌다 할 것이므로, 원고들은 분할출원 2에 대한 특허사정의 취소를 구할 법률상 이익이 없다.

나아가 심사관이 2000. 9. 26. 원고들에게 의견제출 통지를 하면서, 분할출원 1, 2 모두에 대하여 구 특허법 제36조 제2항, 제6항에 따른 협의명령 및 거절이유 통지를 하지 아니하고, 분할출원 1에 대하여는 진보성이 없다는 사유를 들어 거절 이유통지를 하고, 분할출원 2에 대하여는 분할출원 1과 동일하다는 사유를 표시함에 있어서도 간단명료하게 분할출원 2가 분할출원 1과 동일하다고 표시하지 않고 분할출원 2가 분할출원 1과 구성요소, 목적 및 작용효과에 있어 동일하다는 등의 내용을 표시하였고, 2001. 5. 2. 원고들에게 다시 의견제출 통지를 하면서, 분할출원 2가 진보성이 없다는 것을 들고 있었다 하더라도, 이러한 점만으로는 분할출원 2에 대하여 출원한 내용 그대로 특허사정을 받은 원고들이 그 특허사정의 취소를 구할 법률상 이익이 있다고 할 수 없기는 마찬가지라 할 것이다. 따라서 분할출원 2에 대한 특허사정의 취소를 구하는 원고들의 이 사건 소는 부적법하다.[34]

---

34) 대법원 2006. 10. 26. 선고 2004두14274 판결.

제 3 장

특허요건

제3장 특허요건

제3장

특허요건

Ⅰ. 성립성

1. 관련규정

Ⅰ) 발명의 정의

특허법에서 "발명"이란 자연법칙을 이용한 기술적 사상의 창작으로서 고도(高度)한 것을 말한다(제2조(정의))고 규정하고 있고, 특허요건으로 "산업상 이용할 수 있는 발명"에 해당하는 발명에 대하여 특허를 받을 수 있다고 규정하고 있다(제29조(특허요건)).

Ⅱ) 자연법칙

대부분의 국가에서는 특허법에 발명의 정의를 규정하지 않고 있지 않는데, 이는 발명이 다양하여 일의적으로 정의하는 것이 곤란하기 때문이다. 「자연법칙」이란 자연의 영역에서 존재하는 법칙(뉴턴의 운동법칙, 에너지 보존의 법칙 등)만을 의미하는 것은 아니며 자연계에 존재하는 원인과 결과에 의해 발생하는 경험법칙도 포함한다. 인간의 정신적·지능적 활동에 의하여 발견되고 도출된 수학 또는 논리상의 법칙이나 경제학상 법칙 등은 자연법칙이 아니다. 발명은 자연법칙 자체가 아니라 자연법칙을 이용한 것이어야 한다. 따라서 자연법칙 그 자체나 자연법칙을 단순히 찾아내는 것, 자연법칙에 위반되는 것은 노벨상을 받을 수 있을지는 몰라도 발명이 될 수는 없다. 발명이 자연법칙을 이용한 이상 일정한 확실성을 가지고 동일한 결

과를 반복 실시할 수 있어야 하며, 발명자 이외의 제3자도 발명자와 마찬가지로 실
시할 수 있어야 한다. 자연법칙을 위반한 경우에는 이와 같은 반복가능성 또는 재
현가능성이 없으므로 산업상 이용할 수 있는 발명에 해당되지 않는다. 자연법칙을
위반한 경우로서 대표적인 것이 영구기관이다. 영구기관은 대부분 마찰력, 열손실
등을 고려하지 않아 에너지 보존법칙에 위반된다[35].

III) 기술적 사상과 고도성

기술적 사상이란 일정한 목적을 달성하기 위한 구체적 수단이며, 지식으로서
타인에게 전달할 수 있는 객관성이 있어야 한다. 이런 점에서 기술은 개인의 숙련
에 의하여 도달할 수 있는 「기능」 또는 「기량」과 다르다. 특허법상 발명으로서의
창작은 고도성을 요구하고 있는데, 이는 실용신안법상 보호대상인 고안과의 차이를
나타내는 상대적인 개념이다.

IV) 산업상 이용가능성

산업상 이용가능성이란 발명이 산업상 이용 가능하여야 함을 의미하는 바, 지
금 당장 산업상 이용되고 있을 필요는 없고 장래에 이용 가능한 것이면 된다. 산업
상 이용 가능성을 판단할 때 그 발명이 실제로 또는 즉시 산업상 이용되는 것이 필
요한 것은 아니며 장래에 이용될 가능성이 있으면 충분하다. 그러나 특허 출원된
발명이 출원일 당시가 아니라 장래에 산업적으로 이용될 가능성이 있다 하더라도
특허법이 요구하는 산업상 이용가능성의 요건을 충족한다고 하는 법리는 해당 발명
의 **산업적 실시화가 장래에 있어도 좋다는 의미일 뿐 장래 관련 기술의 발전에 따
라 기술적으로 보완되어 장래에 비로소 산업상 이용가능성이 생겨나는 경우까지 포
함되는 것은 아니다**[36].

---

35) 특허심판원 2001. 11. 30. 자 2001원336 심결 「무게의 차이를 이용한 회전력 발생방법」: 고정도
르래 위에 걸쳐진 고무튜브 내부에 윤활유를 채우면 좌우 고무튜브에 담긴 윤활유 무게 차이 때
문에 힘의 모멘트 차이가 생겨 고무튜브와 고정도르래가 동시에 회전하면서 중력에너지를 소모
시키지 않고 영구적으로 회전력이 발생한다고 주장하나, 마찰력 때문에 고무튜브 속의 윤활유는
감쇄진동을 하여 마침내 균형을 유지할 것이므로 출원인의 주장은 에너지 보존법칙에 위반된다.
36) 대법원 2003. 3. 14. 선고 2001후2801 판결, 특허법원 2001. 8. 17. 선고 2000허6387 판결, 특허
심판원 2000. 7. 31. 자 99원824 심결 「B-cell 임파종에 대한 이디오타입 예방 접종」: 수지상
세포를 얻는 방법이 출원시점에는 외과적 수술로만 가능하여 산업상 이용가능성이 부정되었지만
출원이후 수지상 세포를 혈액으로부터 얻는 방법이 개발되어 산업상 이용가능성이 긍정된 경우,

또 발명의 경제적 가치는 산업상 이용가능성과는 관계가 없다. 또 산업상 이용가능성은 그 발명에 대하여만 판단하면 충분하고 그 발명을 실시한 결과로 생긴 물건에 대하여는 문제가 되지 않는다. 인체자체를 대상으로 하는 치료방법 등 의료행위는 산업으로 인정하지 않지만[37], 인체에서 분리된 것(혈액, 손톱, 발톱 등)은 인체가 아닌 것으로 보아 공공질서 및 미풍양속에 반하지 않는 한 특허대상이 될 수 있다. 질병의 순수한 치료·진단 및 예방방법과는 구별되는 의료행위를 위한 기구·장치 등에 관한 발명은 당연히 산업상 이용할 수 있는 발명이다. 우리나라를 비롯한 주요국(미, 일, 유럽)에서도 의료행위에 대한 발명에 대한 특허를 부여해 주고 있지 않다.

V) 발명의 성립성

발명의 성립성은 ① 산업상 이용가능성 ② 자연법칙의 이용 ③ 기술적 사상 ④ 창작을 요건으로 하고 있지만, 판례에 따르면 발명의 성립성은 반복가능성 또는 재현가능성[38]을 갖고 일정한 기술적 효과를 달성 여부를 판단하는 사례가 많다.[39]

VI) 용도발명

발견이란 자연계에 이미 존재하는 物件이나 법칙을 단순히 찾아내는 것으로서 창작이 아니므로 천연물(예: 광석), 지연현상 등의 발견 자체만으로는 발명에 해당되지 않는다. 물질 자체의 발견이 아니라 천연물에서 어떤 물질을 인위적으로 분리하

대법원은 특허법상 산업상 이용가능성은 기술의 발전에 따라 비로소 산업상 이용가능성이 발생하는 경우를 포함하는 것은 아니라고 판단함.

37) 우리 특허법에서는 의료행위를 특허 받을 수 없는 대상으로 명확하게 규정하고 있지 않고 관련 판례(대법원 90후250)에 근거하여 특허대상에서 제외시키고 있다.
대법원 1991. 3. 12. 선고 90후250 판결: 사람의 질병을 진단, 치료, 경감하고 예방하거나 건강을 증진시키는 의약이나 의약의 조제방법 및 의약을 사용한 의료행위에 관한 발명은 산업에 이용할 수 있는 발명이라 할 수 없으므로 특허를 받을 수 없는 것이나, 다만 동물용 의약이나 치료방법 등의 발명은 산업상 이용할 수 있는 발명으로서 특허의 대상이 될 수 있는바, 출원발명이 동물의 질병만이 아니라 사람의 질병에도 사용할 수 있는 의약이나 의료행위에 관한 발명에 해당하는 경우에도 그 특허청구범위가 기재에서 동물에만 한정하여 특허청구함을 명시하고 있다면 이는 산업상 이용할 수 있는 발명으로서 특허의 대상이 된다.
38) 반복가능성 또는 재현가능성이라는 요건은 자연법칙의 이용으로부터 도출하는 것과 기술적 사상에서 이끄는 것으로 나눌 수 있지만, 이러한 논의가 실익이 있다고 볼 수는 없고, 단순히 "자연법칙을 이용한 기술적 사상"에는 반복가능성이 필요하다고 하면 충분할 것 같다. 즉, 자연법칙의 이용과 기술적 사상이라는 요건은 실질적으로 분리 불가능한 양자일체로서의 발명의 요건으로 이해하여야 할 것이다(中山信弘, 공업소유권법(상) 특허법 한일지식재산권연구회 역, 114면).
39) 특허법원 2002. 12. 18. 선고 2001허942 판결 참조.

는 방법을 개발한 경우 그 방법은 발명에 해당되며, 또 그 분리된 화학물질 또는 미생물 등도 발명에 해당된다.

자연계에 존재하는 물의 속성을 발견하고 그 속성에 따라 새로운 용도로 사용함으로써 기인하는 용도발명도 단순한 발견과는 구분되는 것으로 특허법 상 다르게 취급된다. 원칙적으로 새로운 용도의 단순한 발견만으로는 발명으로서 성립하지 않으나, 새로운 속성의 발견과 그에 연결되는 새로운 용도의 제시 행위가 통상의 기술자로서는 자명하지 않은 발명적 노력을 가한 경우라면 발명으로서 인정될 수 있다.[40]

2. 관련판례

2.1 관련판례(산업상 이용가능성이 없다는 사례)

Ⅰ) 사건개요(인터넷에서 개인 미니룸 생성 및 관리방법)

주식회사 싸이월드는 명칭이 "인터넷 커뮤니티상의 개인방 형태의 미니룸 생성 및 관리방법(Method for managing a mini-room for use in internet community)"인 발명의 특허출원을 하였는데, 주식회사 싸이월드는 원고 에스케이커뮤니케이션 주식회사에 합병되었다.

[청구항 1]

온라인 커뮤니티 서비스에서 회원의 개인공간을 실제 개인 방 형태로 소유할 수 있게 제공하는 미니룸 자동 생성 단계와 생성된 미니룸을 꾸미기 위하여 가구를 구매하는 단계 그리고 꾸며진 미니룸을 다른 회원에게 노출 시키도록 설계되어 있는 단계를 관리하는 시스템 및 방법.

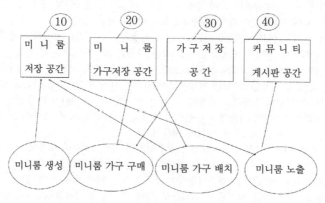

---

40) 특실심사기준 p. 3103.

II) 판결이유

특허법 제2조 제1호는 자연법칙을 이용한 기술적 사상의 창작으로서 고도한 것을 '발명'으로 정의하고 있으므로, 출원발명이 자연법칙을 이용한 것이 아닌 때에는 구 특허법(2006. 3. 3. 법률 제7871호로 개정되기 전의 것, 이하 같다) 제29조 제1항 본문의 '산업상 이용할 수 있는 발명'의 요건을 충족하지 못함을 이유로 그 특허출원이 거절되어야 하는바, 특히 정보 기술을 이용하여 영업방법을 구현하는 이른바 영업방법(business method) 발명에 해당하기 위해서는 컴퓨터상에서 소프트웨어에 의한 정보처리가 하드웨어를 이용하여 구체적으로 실현되고 있어야 하고(대법원 2003. 5. 16. 선고 2001후3149 판결 등 참조), 한편 출원발명이 자연법칙을 이용한 것인지 여부는 청구항 전체로서 판단하여야 하므로, 청구항에 기재된 발명의 일부에 자연법칙을 이용하고 있는 부분이 있더라도 청구항 전체로서 자연법칙을 이용하고 있지 않다고 판단될 때에는 특허법상의 발명에 해당하지 않는다.

위 법리에 따라 원심판결 이유를 기록에 비추어 살펴보면, 원심이 명칭을 "인터넷 커뮤니티상의 개인방 형태의 미니룸 생성 및 관리방법"으로 하는 이 사건 출원발명(출원번호: 제10-2002-21391호)의 2004. 12. 30.자로 보정된 특허청구범위 제3항 및 위 보정 전 특허청구범위 제1항은 모두 영업방법 발명의 범주에 속하는 것이나, 그 구성요소인 원심 판시 각 단계들이 소프트웨어와 하드웨어의 결합을 이용한 구체적 수단을 내용으로 하고 있지 않을 뿐 아니라, 사용목적에 따른 각 단계별 정보의 연산 또는 가공이 어떻게 실현되는지에 대해 명확하게 기재되어 있지도 않아, 컴퓨터상에서 소프트웨어에 의한 정보처리가 하드웨어를 이용하여 구체적으로 실현되고 있지 않으므로, 전체적으로 볼 때 구 특허법 제29조 제1항 본문의 '산업상 이용할 수 있는 발명'이라고 할 수 없다는 취지로 판단한 것은 정당하고, 상고이유로 주장하는 바와 같은 특허법 제2조 제1호, 구 특허법 제29조 제1항에 관한 법리오해 등의 위법이 없다.[41]

---

41) 특허법원 2006. 12. 21. 선고 2005허11094 판결.

2.2 관련판례(영업방법 발명: 미국의 SSB, Bilski 사건)

Ⅰ) 사건개요

미국은 1998년 CAFC(연방특허항소법원)의 'SSB'(State Street Bank) 판결 이래 논란이 끊임없었던 영업방법(Business Method, BM) 발명에 대하여 2010년 'Bilski' 사건에서 영업방법 발명의 특허여부가능성 및 그 부여범위를 다루고 있다.

[발명의 내용(에너지 위험관리 수단)]

에너지의 가격변동에 따라 소비자가 부담하여야 할 고액의 사용료 납부에 대한 부담(위험)을 완화하여 에너지 사용료를 일정액으로 고정하고 이를 소비자에게 청구하는 방법의 아이디어이다. 과거의 에너지 사용량을 바탕으로 장래에 사용할 것으로 추단되는 에너지 사용량을 계산하여 얻어진 일정액을 소비자가 매달 같은 금액을 납부하게 된다. 따라서 소비자는 그 해 겨울의 날씨가 예년보다 훨씬 추워 에너지 사용량이 많다고 하더라도 추가적 에너지 사용료를 납부할 필요가 없고, 같은 방법을 공급자에게 적용할 경우 공급자도 같은 결과를 얻을 수 있게 된다.

[청구항 1]

상품 판매시 발생하는 소비 리스크 비용을 상품거래 중개인에 의해 고정된 가격으로 관리하기 위해 다음 각 단계로 이루어진 에너지 위험 관리 방법이다.

(a) 소비자가 과거 평균치와 소비자 리스크 포지션을 감안한 고정 가격으로 상품을 구매하는 것을 포함하여 특정 상품의 상품거래 중개인과 소비자 사이 일련의 거래를 시작하는 단계.

(b) 해당 상품의 소비자 리스크 포지션을 상쇄할 수 있는 시장 참여자를 식별하는 단계.

(c) 시장 참여자의 일련의 거래가 해당 소비자 거래의 리스크 포지션을 상쇄하도록 두 번째 고정 가격으로 상품거래 중개인과 시장 참여자 사이에 일련의 거래를 시작하는 단계.

Bilski 발명은 공급자와 수요자간의 상품거래에 중개인이 개입하여 가격 변동리스크를 방지하는 방법으로, 컴퓨터 등의 한정이 없는 순수한 BM발명이다. 이는 상품거래에서 중개인이 원공급자와 수요자 사이에서 어느 일방으로부터의 가격 변동

위험을 방지(Hedge)하기 위한 방법이다. 특히, 에너지 시장에서 관리되지 못하고 있는 날씨로 인한 에너지소비의 가변성을 관리하기 위한 방법이 Bilski 발명의 주요 특징이다.

1998년 CAFC가 내린 SSB 판결에 관련된 발명의 내용은 뮤추얼 펀드의 투자를 관리하기 위한 자료처리 시스템에 관한 것이다. 즉, 허브와 스포크(hub and spoke)라고 하는 시스템을 통하여 증권가치의 계속적인 변화에 대응하여 뮤추얼 펀드의 변화된 자산 가치를 신속하고 정확하게 산정하는 것이었다. 결과적으로 SSB 판결은 이전까지 허용하지 아니하였던 영업방법을 특허대상에 포섭하여 특허를 허여하였다는 점에서 획기적인 판결이었다. **SSB 판결**에서 CAFC는 「**비즈니스 발명이 유용하고 구체적이며 유형의 결과를 얻을 수 있는 것**(Useful, Concrete, and Tangible Test, 이하 'UCT 기준'이라 한다42))」이면 특허를 받을 수 있다고 판시하였다.

[특허청 거절결정 이유]

Bernard L. Bilski and Rand A. Warsaw는 발명의 명칭이 '에너지 위험관리수단'인 특허를 출원하였고(1997. 4. 10.), 미국 특허청은 특허법 제101조43)에서 규정하는 특허적격성을 갖추지 못하였으므로 아래와 같은 이유로 거절결정하였다.

① 발명이 특정한 매체에 의해서 보완되어 있지 않고,

② 실제적 활용으로 제한하지도 않은 채 단순한 추상적 아이디어를 조직하고 온전히 수학적 문제를 해결하기 위한 것으로서,

③ 어떤 기술적 요소로 연결되지 않는다는 것이었다.

---

42) Useful, Concrete and Tangible test: SSB 판결에 의하여 정립된 특허적격성 판단 기준으로 "청구된 발명이 유용하고(Useful), 구체적이며(Concrete), 유형의(Tangible)결과를 제공한다면 특허적격성이 있다"고 함.

43) 미국특허법 제101조에서 특허 받을 수 있는 대상은 다음과 같은 카테고리로 규정되어 있다.
   1. 방법 (Process)
   2. 기계 (Machine)
   3. 제품 (Manufacture)
   4. 조성물 (Composition of matter)

35 U.S.C. 101 Inventions patentable.
   Whoever invents or discovers any new and useful process, machine, manufacture, or composition of matter, or any new and useful improvement thereof, may obtain a patent therefor, subject to the conditions and requirements of this title.

[CAFC의 판결요지]

State Street Bank의 UCT 기준은 더 이상 신뢰하지 않는다. 방법 청구항의 특허적격성을 판단할 때

(1) 방법발명이 특정한 기계나 장치로 연결이 가능한지, 또는

(2) 특정물체에서 다른 객체로 변환이 가능한지 여부를 판단하여야 한다.

CAFC는 SSB 판결에서 제시한 UCT 기준을 사실상 폐기하고, MoT 기준을 제시하였다. MoT 기준(Machine-or-Transformation test)이란 방법발명이

① 청구된 방법이 특정한 기계나 기구와 연결되어 있거나(machine)

② 청구된 방법이 특정한 물체(article)를 다른 상태나 물건으로 변경시켜야 한다(transformation).

는 기준이다.

상기 ①과 ②의 요건이 발명의 본질적인 부분에서 만족되어야 한다. 또한 CAFC는 출원인의 청구항이 특허적격성에 해당하지 않았기에 내린 특허심판원의 거절결정을 지지하며, 이에 청구된 방법발명이 제101조에 명시된 법적 "방법(process)"에 속하는지를 결정할 수 있는 기준을 명확히 하는 판결을 내렸다.

[미국 대법원 판결]

「영업방법에 대해서는 제101조의 법조문이 영업방법이 특허 허여대상에서 제외된다고 구체적으로 언급한 근거가 없다」고 판단하고, 특허법 제273조 (b)(1)항에 규정된 특허선행기술에 대한 항변(특허 침해에 대한 보호)에 있어서 사업방법의 이용, 즉 영업방법의 존재가 포함된다는 점을 지적하여, 법조문 자체가 BM특허를 인정할 수 있다고 판시하였다.

MoT 기준은 법원들이 제101조에 의거하여 특허적격성을 판단할 때 필요한 기준이지만 CAFC가 판단한 대로 유일한 기준(exclusive test)이 될 수 없다고 확인했다. 대법원의 Bilski 판결은 영업방법이 제101조 발명의 대상이 될 수 있다는 점을 확인하였다. 당초에는 이 부분에서 많은 우려가 있었으나, 이번 Bilski 판결의 핵심은 방법발명 판단에서 MoT 기준만을 유일한 기준으로 적용해서는 안 된다는 것이다. 이 점이 CAFC 판결내용과 다른 점으로 대법원은 CAFC보다 BM발명의 특허적격성을 더 넓게 인정한 것으로 볼 수 있다.

자연법칙, 자연현상 및 추상적 아이디어에 대하여는 특허를 허여하지 않는다는 것이 대법원의 일관된 태도이나 BM발명에 특허를 부여할 수 있다는 판결을 내렸다. 대법원은 BM발명 중 어떤 형태가 특허대상인지 구체적으로 정의하지 않았지만, 향후 소프트웨어나 인터넷 업체 등 특유의 비즈니스 모델로 승부를 벌여온 업체들에게 새로운 기회가 열린 셈이다.[44]

2.3 관련판례(미완성 발명)

Ⅰ) 사건개요(온라인 게임의 추첨시스템 사건)

본 발명은 온라인 캡슐 추첨 시스템 및 그 방법에 관한 것으로, 보다 상세하게는 온라인 게임 내에서 복수의 캡슐이 포함되며 상기 캡슐 중 적어도 하나가 온라인 게임 내에서 측정되는 능력수치가 높은 고급 아이템 컨텐츠를 다수의 캡슐 중 하나와 매칭하여 추첨이벤트를 제공하고, 사용자의 선택에 따라 캡슐을 추출한 후 당첨여부를 결정하여 상기 고급 아이템 컨텐츠를 제공하는 온라인 추첨 시스템 및 그 방법에 관한 것이다.

[본 발명에 따른 온라인 캡슐 추첨 시스템의 구성을 나타낸 도면]

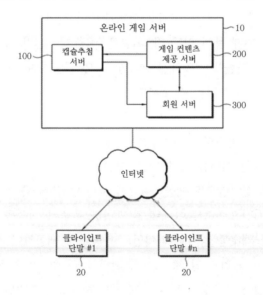

---

44) 김원준, "BM발명의 특허적격성 판단기준에 관한 고찰: In re Bilski 판결을 중심으로", 법학논총 30(3), 2010, pp.136~144.

II) 판결요지

[1] 특허를 받을 수 있는 발명은 완성된 것이어야 하고, 완성된 발명이란 그 발명이 속하는 분야에서 통상의 지식을 가진 자가 반복 실시하여 목적하는 기술적 효과를 얻을 수 있을 정도까지 구체적, 객관적으로 구성되어 있는 발명을 말하며, 완성된 발명인지는 출원 당시의 기술수준에 입각하여 명세서에 기재된 발명의 목적, 구성 및 작용효과 등을 전체적으로 고려하여 판단하여야 한다(대법원 1994. 12. 27. 선고 93후1810 판결 등 참조).

[2] 명칭을 "온라인 캡슐 추첨 시스템 및 그 방법"으로 하는 이 사건 특허발명(등록번호 제1007195호)의 발명의 설명에 "상기 캡슐 추첨 제어부(102)는 추출된 캡슐을 제외한 나머지 잔여캡슐의 수를 실시간으로 복수의 클라이언트 단말기(20)들에 제공할 수 있다. 이를 통해 고급 아이템 콘텐츠의 당첨이 이루어지기 전까지 잔여캡슐의 개수를 통해 당첨확률이 어느 정도 될지를 가늠할 수 있다"는 기재, "캡슐이 추출되는 경우, 캡슐 추첨 제어부(102)는 잔여개수 정보를 실시간으로 가변하고 동일 추첨이벤트 정보에 참가하는 복수의 서로 다른 클라이언트 단말기(20)에 실시간으로 제공할 수 있으며, 잔여개수 정보에 포함된 캡슐의 개수가 적어질수록 당첨확률이 높아지게 된다"는 기재, '잔여개수 정보에 따라 잔여개수가 적을수록 당첨확률이 높은 점'이라는 기재 등이 있는 점, 확률을 '예측'할 수 있다는 것은 사건발생의 수학적 또는 통계적 확률을 정확하게 산출할 수 있다는 의미뿐만 아니라 사건 발생에 영향을 주는 요소나 조건들 중 일부만 알고 있는 경우에 이를 근거로 사건 발생 확률의 대략적인 정도나 범위를 알 수 있다는 의미로도 이해될 수 있는 점 등을 고려하면, 이 사건 특허발명의 특허청구범위 제1항에서 "실시간으로 캡슐이 추출될 때마다 추출된 캡슐을 제외한 나머지 캡슐에 대한 정보인 잔여캡슐정보를 상기 클라이언트 단말들에 실시간으로 제공하여 사용자가 당첨확률을 예측할 수 있도록 한다"는 구성은 "실시간으로 캡슐이 추출될 때마다 추출된 캡슐을 제외한 나머지 캡슐, 즉 잔여캡슐의 개수를 상기 클라이언트 단말들에 제공하여 사용자가 당첨확률의 대략적인 정도나 범위를 알 수 있도록 한다"는 구성으로 이해된다.

한편 발명의 설명 중 "상기 캡슐 추첨 제어부(102)는 추출된 캡슐들을 통해 당첨이 된 경우, 매칭정보에 포함된 고급 아이템 콘텐츠를 회원서버(300)에 포함된 회원 DB(301)에 등록한 후 해당 고급 아이템 콘텐츠가 포함된 추첨이벤트 정보를 초

기화시켜 추첨을 종료시킬 수 있다. 당첨되지 않은 경우, 캡슐 추첨 제어부(102)는 해당 추첨이벤트 정보에 포함된 전체캡슐 중 추출된 캡슐을 제외한 잔여캡슐의 수를 추첨이벤트에 참가한 복수의 클라이언트 단말기(20)에 제공하는 상태로 추첨이벤트를 유지한다"는 기재에 의하면, 이 사건 특허발명은 하나의 추첨이벤트에서 고급 아이템 콘텐츠가 포함된 당첨캡슐이 한 개 이상 생성되어 있는 경우에 당첨캡슐이 하나라도 당첨되면 그 추첨이벤트를 종료시키는 구성을 포함할 수 있다.

그리고 이러한 구성이 포함된 경우라면 추첨이벤트가 계속 진행되고 있다는 사실은 이미 생성되어 있는 당첨캡슐의 개수가 그대로 유지되고 있다는 것을 의미하므로, 위와 같은 경우에 잔여캡슐의 개수가 적어질수록 당첨확률이 높아지는 것은 자명하고, 추첨이벤트에 참가하려는 사용자들로서는 '잔여캡슐의 개수'만 알게 되더라도 가장 낮은 당첨확률, 즉 당첨캡슐이 하나만 생성되어 있는 경우의 당첨확률을 알 수 있다. 그리고 이러한 정보는 사용자가 추첨이벤트에 참가할지를 결정하는 데 유용하다고 봄이 상당하다.

따라서 그러한 한도 내에서는 이 사건 제1항 발명은 그 목적하는 기술적 효과, 즉 "당첨확률 예측에 필요한 정보를 제공하여 사용자로 하여금 당첨확률이 어느 정도인지를 가늠하게 하거나 당첨가능성을 확인할 수 있도록 함으로써 온라인추첨 서비스에 참여하는 사용자의 참여도를 높인다"는 효과를 달성할 수 있다.

[3] 그럼에도 원심은 사용자가 당첨확률을 예측하기 위하여는 당첨확률의 분모에 해당하는 '잔여캡슐의 개수'에 관한 정보뿐만 아니라 분자에 해당하는 '남아 있는 당첨캡슐의 개수'에 관한 정보가 모두 필요하다는 전제에서, 이 사건 특허발명은 당첨확률의 분모에 해당하는 '잔여캡슐 정보'만을 제공할 뿐이고 분자에 해당하는 '남아있는 당첨캡슐의 개수'에 관한 정보를 제공하고 있지 아니하여 그 목적하는 기술적 효과를 달성할 수 없는 미완성 발명이므로 그 권리범위가 인정되지 아니한다는 이유로 원심 판시 확인대상발명이 이 사건 제1항 발명의 권리범위에 속하지 아니한다고 판단하였다. 이러한 원심판결에는 미완성 발명에 관한 법리 등을 오해하여 필요한 심리를 다하지 아니함으로써 판결에 영향을 미친 위법이 있다.[45]

---

45) 대법원 2013. 2. 19 14. 선고 2012후3336.

2.4 관련판례(기술적 창작의 고도성)

실용신안법이 정하는 고안은 특허법에서 말하는 발명과 달리 창작의 고도성을 요구하지는 않으므로 공지공용의 기술을 결합한 고안이라도 그 고안이 유기적으로 결합된 물품의 형상, 구조 또는 조합의 신규성에 의하여 산업상 이용할 수 있는 기술적 사상의 창작이 어느 정도 존재한다면 이는 새로운 공업적 고안이라 할 수 있으나, 이와 같은 경우에도 결합 전에 각 기술이 가지고 있던 작용효과의 단순한 집합이 아니라 결합 전에 비하여 보다 증진된 작용효과가 인정되고 그 고안이 속하는 기술분야에서 통상의 지식을 가진 자(이하 '통상의 기술자'라 한다)가 용이하게 실시할 수 없을 때 비로소 이를 진보성이 있는 고안이라고 할 것이다(대법원 2006. 2. 23. 선고 2005후2441 판결 참조).[46]

2.5 관련판례(미완성 발명: 장래에 기술적 보완으로 실시 가능성이 있을 경우 산업상 이용가능성이 있는지 여부)

Ⅰ) **사건개요**(혈액으로부터 수지상 세포추출방법)

원고의 이 사건 출원발명은 비-세포(B-cell) 임파종에 대한 이디오타입 예방접종에 관한 것이다. 특허청이 이 사건 출원발명을 거절사정한 것에 대해 원고는 불복 심판을 청구하였다. 특허심판원은 같은 이유로 심판청구를 기각하는 심결을 하였고, 이 심결의 취소를 구한 원심(특허법원 2001. 8. 17. 선고 2000허6387 판결)에서는 아래와 같은 이유로 원고의 청구를 인용하였다.

원심판결 이유는 다음과 같다. ① 이 사건 출원발명의 명세서에 기재된 실시예에는 수지상 세포를 사람의 비장으로부터 얻는 방법만이 기재되어 있지만, 수지상 세포를 사람의 혈액으로부터도 얻을 수 있음이 이미 출원 전에 알려져 있고, 실제로 출원일 이후 사람의 혈액으로부터 수지상 세포를 추출하여 면역반응을 유발시키는 기술이 임상적으로 실시되고 있는 것이 인정된다. ② 비록 사람의 비장으로부터 수술에 의하여 수지상 세포를 얻는 것이 일반적이었고, 이 사건 출원발명의 출원일 당시 사람의 혈액으로부터 수지상 세포를 얻는 것이 산업상 이용되고 있지 않다고 하더라도, 출원일 당시 통상의 기술자는 의학기술의 발전에 따라 장래에 혈액으로

---

46) 대법원 2009. 9. 24. 선고 2007후3585 판결.

부터도 필요한 양의 수지상 세포를 얻는 것이 가능하리라는 것을 쉽게 생각할 수 있다. ③ 그러므로 이 사건 출원발명의 수지상 세포를 외과적인 수술을 거쳐 사람의 비장으로부터 얻는 것을 전제로 하여 이 사건 출원발명이 산업상 이용할 수 없는 발명이라고 할 수 없고, 나아가 이 사건 출원발명은 물질의 발명이므로 산업상 이용가능성이 부정되는 의료행위에 관한 방법의 발명에도 해당하지 않는다.

본 판례는 이 판결에 대한 상고 건으로 본안쟁점은 원심의 산업상 이용 가능성에 관한 판단에서 법리의 오해가 있었는지의 여부이다.

II) **판결이유**

원심판결 이유에 의하면, 원심은, 이 사건 출원발명의 명세서에 기재된 실시예에는 이 사건 출원발명에 사용되는 수지상 세포를 사람의 비장으로부터 얻는 방법만이 기재되어 있지만, 수지상 세포를 사람의 혈액으로부터도 얻을 수 있음이 이미 그 출원일 전에 알려져 있고, 실제로 출원일 이후 사람의 혈액으로부터 수지상 세포를 추출하여 면역반응을 유발시키는 기술이 임상적으로 실시되고 있는 이상, 비록 사람의 비장으로부터 수술에 의하여 수지상 세포를 얻는 것이 일반적이었고, 사람의 혈액으로부터 수지상 세포를 손쉽게 얻는 것이 곤란하여 이 사건 출원발명의 출원일 당시 사람의 혈액으로부터 수지상 세포를 얻는 것이 산업상 이용되고 있지 않다 하더라도, 출원일 당시에 그 기술분야에서 통상의 지식을 가진 자는 장래 의학기술의 발전에 따라 장래에 혈액으로부터도 필요한 양의 수지상 세포를 얻는 것이 가능하리라는 것을 용이하게 생각할 수 있다 할 것이므로, 결국 이 사건 출원발명의 수지상 세포를 외과적인 수술을 거쳐 사람의 비장으로부터 얻는 것을 전제로 하여 이 사건 출원발명이 산업상 이용할 수 없는 발명이라고 할 수 없고, 나아가 이 사건 출원발명은 '수지상 세포'라는 물의 발명이므로 산업상 이용가능성이 부정되는 의료행위에 관한 방법의 발명에도 해당하지 아니하며, 그 발명을 실행할 때 반드시 신체를 손상하거나 신체의 자유를 비인도적으로 구속하는 것이라고도 볼 수 없다는 취지로 판단하였다.

그러나 특허출원된 발명이 출원일 당시가 아니라 장래에 산업적으로 이용될 가능성이 있다 하더라도 특허법이 요구하는 산업상 이용가능성의 요건을 충족한다고 하는 법리는 해당 발명의 산업적 실시화가 장래에 있어도 좋다는 의미일 뿐 장래 관련 기술의 발전에 따라 기술적으로 보완되어 장래에 비로소 산업상 이용가능성이 생겨나는 경우까지 포함하는 것은 아니라 할 것인바, 원심도 인정한 바와 같이 이 사건 출원발명의 출원일 당시 수지상 세포는 혈액 단핵세포의 0.5% 미만으로 존재하고 분리된 후에는 수일 내로 사멸하기 때문에 연구하기가 쉽지 않아 혈액으로부터 충분한 양의 수지상 세포를 분리해 내는 것은 기술적으로 쉽지 않고, 출원일 이후 기술의 발전에 따라 사람의 혈액으로부터 수지상 세포를 추출하고 이를 이용하여 면역반응을 유발시키는 기술이 임상적으로 실시되고 있다는 것이므로, 결국 이 사건 출원발명의 출원일 당시를 기준으로 수지상 세포를 사람의 혈액으로부터 분리하여 이 사건 출원발명에 사용하는 기술이 장래에 산업상 이용가능성이 있다고 보기는 어렵다 할 것이다.

그럼에도 불구하고, 원심이 이 사건 출원발명의 수지상 세포를 사람의 혈액으로부터 얻을 수 있어 이 사건 출원발명이 산업상 이용가능성이 있다고 판단한 것은 산업상 이용가능성에 관한 법리를 오해하여 판결 결과에 영향을 미친 위법이 있다.[47]

2.6 관련판례(미완성 발명: 에너지 보존 법칙 위배)

Ⅰ) **사건개요**(중력에너지 추출방법 사건)

본 발명은 수격압에 의한 중력에너지 추출방법 및 장치에 관한 것으로서, 급수조로부터 순차적으로 통로가 변환되면서 낙하하는 물이 수격작용으로 급정지되면서 압축, 반발하여 공기실로 유입되고, 상기의 급수조보다 더 높은 위치의 양수조와의 압력차에 의해 이 양수조로 물이 상승되고, 양수조의 물을 수차로 분사시켜 발전기를 가동시켜 전기에너지를 발생시킨 다음 급수조로 유입되도록 하여, 다시 동일한 방법으로 낙하시켜 재 상승시키는 순환작용을 하도록 함으로써, 지속적으로 중력에너지를 추출하여 전기에너지를 얻을 수 있도록 하고, 따라서 별도의 수단없이 무공해의 에너지를 효율적으로 제공할 수 있는 효과를 가지는 것이다.

Ⅱ) **판결요지**

양수조로부터 급수조로 낙하하는 물을 이용하여 수력발전기를 돌려 에너지를 얻고, 급수조에 낙하된 물은 다시 제네바 기어장치, 노즐회전관 및 복수의 공기실을 이용한 연속적인 수격작용(水擊作用)에 의하여 폐수되는 물이 없이 전량을 양수조로 끌

---

47) 대법원 2003. 3. 14. 선고 2001후2801 판결.

어 올려서 재순환시킴으로써 계속적인 에너지 추출이 가능하도록 하는 것을 요지로 하는 출원발명은 일정한 위치에너지로 유지되는 수조의 물을 수격작용에 의하여 그 수조의 물의 자유표면보다 일정 높이 위에 위치한 수조로 끌어 올리는 공지된 양수펌프에서와 같이 수조로부터 낙하되는 물의 상당 부분을 폐수하고 남는 일부분의 물만을 높은 위치의 수조로 양수하는 것이 아니라, 외부의 에너지 공급 없이 급수조에서 낙하하는 물 전부를 폐수되는 물이 없이 보다 높은 위치의 양수조로 끌어 올린다는 것이 되어 에너지 보존 법칙에 위배되므로, 출원발명은 자연법칙에 어긋나는 발명으로서 특허법 제29조 제1항 본문에서 규정한 발명의 요건을 충족하지 못한다.[48]

2.7 관련판례(산업상 이용가능성)

Ⅰ) **사건개요**(생활쓰레기 재활용 종합관리방법 사건)

[청구항]

배출자 신상정보가 입력된 바코드스티커와, 배출 쓰레기가 표시된 달력지는 관할 관청에서 각 배출자에게 배포하고 각 배출자들은 정해진 규정에 의해 정확하게 분리된 쓰레기를 규정쓰레기 봉투에 담아서 배출하되 반드시 배출자 신상정보가 입력된 바코드스티커를 쓰레기 봉투에 부착하여 배출하며, 수거자는 배출된 쓰레기를 요일별로 정확하게 분리수거하여 집하장으로 이송하여 새활용 쓰레기와 매립, 소각될 쓰레기를 선별하여 처리과정을 거치며, 잘못 분류된 쓰레기 봉투는 전면에 부착된 바코드를 판독하여 해당 배출자에게 시정명령을 지시하는 각 과정에서 얻어지는 자료들을 축적한 통계로 생활쓰레기를 종합관리하도록 하는 생활쓰레기 재활용 종합관리 방법.

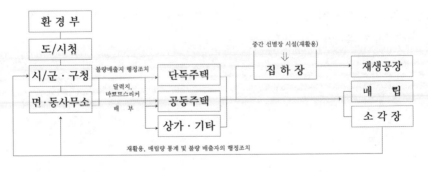

---

48) 대법원 1998. 9. 4. 선고 98후744 판결. 이 판례는 7회 피인용되었다.

II) 판결이유

특허법 제2조 제1호는 자연법칙을 이용한 기술적 사상의 창작으로서 고도한 것을 "발명"으로 정의하고 있고, 위 특허법 제2조 제1호가 훈시적인 규정에 해당한다고 볼 아무런 근거가 없으므로, 자연법칙을 이용하지 않은 것을 특허출원하였을 때에는 특허법 제29조 제1항 본문의 "산업상 이용할 수 있는 발명"의 요건을 충족하지 못함을 이유로 특허법 제62조에 의하여 그 특허출원이 거절된다.

원심은 명칭을 "생활쓰레기 재활용 종합관리방법"으로 하는 원고의 이 사건 출원발명을 구성하는 각 처리단계는 그 판시와 같은 이유로 자연법칙을 이용한 것이라고 할 수 없고, 이 사건 출원발명 전체를 살펴 보더라도, 이 사건 출원발명은 바코드스티커, 달력지, 쓰레기 봉투, 그리고 컴퓨터 등을 이용한 바코드 판독 등 하드웨어 및 소프트웨어 수단을 포함하고 있지만, 이 건 출원발명의 구성요소인 위 각 단계는 위 하드웨어 및 소프트웨어의 결합을 이용한 구체적 수단을 내용으로 하고 있지 아니할 뿐만 아니라, 그 수단을 단지 도구로 이용한 것으로 인간의 정신활동에 불과하고, 위 각 단계로 이루어지고 위 각 단계에서 얻어지는 자료들을 축적한 통계로 생활쓰레기를 종합관리하는 이 사건 출원발명은 전체적으로 보면 그 자체로는 실시할 수 없고 관련 법령 등이 구비되어야만 실시할 수 있는 것으로 관할 관청, 배출자, 수거자 간의 약속 등에 의하여 이루어지는 인위적 결정이거나 이에 따른 위 관할 관청 등의 정신적 판단 또는 인위적 결정에 불과하므로 자연법칙을 이용한 것이라고 할 수 없으며, 그 각 단계가 컴퓨터의 온 라인(on-line) 상에서 처리되는 것이 아니라 오프 라인(off-line) 상에서 처리되는 것이고, 소프트웨어와 하드웨어가 연계되는 시스템이 구체적으로 실현되고 있는 것도 아니어서 이른바 비즈니스모델 발명의 범주에 속하지도 아니하므로 이 사건 출원발명은 제29조 제1항 본문의 "산업상 이용할 수 있는 발명"이라고 할 수 없다.[49]

---

49) 대법원 2003. 5. 16. 선고 2001후3149 판결. 이 판례는 11회 피인용되었다.

2.8 관련판례(산업상 이용가능성: 의료행위)

Ⅰ) 사건개요(경혈치료방법 사건)

[청구항 1]

이미 우리나라 특허청으로부터 실용신안등록 제2205호로 발급받은(위 실용신안등록 당 심의 명칭은 송풍용 온구기) 편작 온구기만을 사용하여, 약쑥(국내산 중급 이상의 강화산 정도)을 온구시구하여 인체의 기, 혈의 소통을 강화하는 방법으로 인체의 독맥(督脈) 및 등 부분 경혈들인 별첨(1, 2) 도면상 ① 대추혈(23번) − ② 좌폐수(25번 중 왼쪽) − ③ 신주(35번) − ④ 우폐수(25번 중 오른쪽) − ⑤ 좌고황(24번 중 왼쪽) − … 순서에 입각한 온구시구 방법.

위 온구시구 중 독맥 및 인체의 등쪽 부분 경혈 시구할 때는 한쪽 다리를 구부려 반대쪽 허벅지 위에 발을 올리고, … 발가락 부분 쪽은 몸쪽으로 당기는 자세를 취하여 시구하는 방법.(단 암환자나 임산부는 이 온구시구의 대상에서 제외됨)

[원고(출원인) 주장 요지]

1) 이 사건 출원발명에서 사용하는 편작온구기는 환부가 아닌 경혈에만 사용되므로 의료기기법에서 정하는 의료기기에 해당하지 않고, 안정성이 뛰어나고 잠재적 위해가능성이 거의 없어 이러한 편작온구기를 사용하는 행위는 의료인이 아니더라도 누구나 할 수 있으므로 이 사건 출원발명은 의료법에서 정한 의료행위에 해당하지 않는다.

2) 이 사건 출원발명은 편작온구기를 통해 아픈 곳이나 다친 곳이 아닌 사람의 경혈에 쑥의 기운이 스며들도록 하는 것으로 질병의 치료 또는, 치료를 위한 예비적 처치방법이나 건강 상태를 유지하기 위한 처치 방법이 아니며, 기와 혈의 소통이 강화되면서 일시적인 혈압강하, 허리측만증의 개선 등의 효과가 있는 것이므로 산업상 이용가능성이 있다.

[피고(특허청) 주장 요지]

이 사건 출원발명의 명세서에 따르면 이 사건 출원발명은 혈압 강하, 디스크 질환, 손·발 저림현상, 오십견류 현상, 초기 감기증세, 초중고생들의 허리측만증 등의 증상 완화 및 완쾌 등을 효과로 기재하고 있는 등 인간의 질병을 치료하는 방법이거나 적어도 건강상태를 유지하기 위한 예방적인 처치방법에 해당되는 것이므로 산업상 이용가능성이 없다.

II) 판결이유

[1] 특허법 제29조 제1항은 산업상 이용할 수 있는 발명으로서 신규성, 진보성이 있는 것은 특허를 받을 수 있다고 규정하고 있는 바, 사람의 질병을 진단, 치료, 경감하고 예방하거나 건강을 증진시키는 방법의 발명은 산업에 이용할 수 있는 발명이라 할 수 없으므로 특허를 받을 수 없고(대법원 1991. 3. 12. 선고 90후250 판결 참조), 사람을 치료하거나 건강상태를 증진시키는 방법의 효과는 반드시 영속적이어야 하는 것은 아니고, 일시적인 경우도 포함된다고 볼 것이다. 그와 같은 방법에 대하여 특허를 부여하지 아니하는 주된 이유는 인간의 생명이나 건강을 유지, 회복하기 위한 방법에 대하여 배타적, 독점적 지위를 부여함으로써 치료를 위한 진단, 질병 예방행위, 건강을 증진시키거나 유지하는 행위를 자유로이 할 수 없도록 하는 것은 특허제도의 목적에 우선하는 인간의 존엄이라는 절대적 가치에 반하기 때문이다.

[2] 이 사건 출원발명의 성질에 대하여 보건대, ① 이 사건 출원발명은 편작온구기를 이용한 온구시구에 관한 보다 효율적인 이용방법과 효과의 제시를 그 목적 및 기술적 과제로 하고 있는 점, ② 이 사건 출원발명의 내용은, 인체의 배 부분의 각 경혈들을 따라 순차로 시구하는 방법 및 시구를 받는 환자가 취해야할 자세에 대한 사항 등으로 구성되어 있는 점, ③ 이 사건 출원발명의 설명에 의하면, 디스크 질환, 손·발저림 현상, 오십견류 현상 등도 거의 같은 효과가 있음, 초중고교생들의 허리측만증 등도 1~2회의 시구 정도로 그 자리에서는 완쾌된 효과가 있는 것으로 기재하고 있는 점, ④ 원고는 제1차 변론기일에서 가족이나 주변 지인들을 대상으로 이 사건 출원발명에 따른 온구시구를 시행한 결과 일시적으로나마 혈압 하강 등의 효과가 있었다고 진술하고 있는 내용이 기재되어 있는 점 등을 종합하여 보면, 이 사건 출원발명은 목적과 기술적 과제, 구성과 효과 등에 비추어 보면, 사람의 질병을 치료 또는 예방하거나, 적어도 건강상태를 증진시키거나 유지하기 질병 예방 또는 치료행위에 관한 방법에 대한 것이라고 봄이 상당하므로 산업상 이용할 수 있는 발명이라고 할 수 없다.

[3] 위와 같이 특허법과 의료법의 목적 및 그 입법취지가 서로 다를 뿐 아니라 규율하는 대상에도 차이가 있으므로, 이 사건 출원발명이 산업상 이용가능성이 있

는 것이라고 할 수 없고, 설사 이 사건 출원발명에 이용되는 편작온구기가 의료기기에 해당하지 않고, 이 사건 출원발명과 같은 일정한 순서와 방법 등에 의한 온구시구행위가 보건위생상 위해가 생길 우려가 없어 의료법에서 정한 의료인이 아니면 할 수 없는 의료행위에는 해당하지 않는다고 하더라도, 앞서 본 바와 같이 이 사건 출원발명이 그 목적과 구성, 효과 등에 비추어보면 인간의 질병을 치료하거나 예방 또는 건강상태를 증진 내지 유지 등을 위한 처치방법에 관한 것에 해당하여 산업상 이용가능성이 없는 발명이고, 또한 특허권자는 그 특허발명을 실시할 권리를 독점하게 되는데(특허법 제94조), 이 사건 출원발명에서 온구시구의 주체와 대상을 한정하고 있지 아니하여, 의료인에 의한 고혈압 등의 질병을 가진 환자의 증상을 치료하거나 건강을 증진시키는 등의 의료행위에 대하여까지 이 사건 출원발명의 효력이 미치게 되어 결국 의료인의 의료행위를 제한하게 될 가능성이 크며, 앞서 살펴본 바와 같이 사람의 질병을 진단, 치료, 경감하고 예방하거나 건강을 증진시키는 방법의 발명을 산업에 이용할 수 있는 발명에서 제외하는 취지와 인간의 존엄이라는 절대적인 가치는 누가 시행하는지 여부와 무관하게 침해되어서는 아니 된다.[50]

2.9 관련판례(산업상 이용가능성: 의료행위가 아닌 미용에 관한 발명1)

Ⅰ) **사건개요**(모발 웨이브 방법 사건)

[1] '중간 헹굼 단계가 없는 케라틴 섬유의 영구적 세팅 방법'으로 한 발명에 관하여, 1997. 10. 10. 특허협력조약에 의하여 프랑스 특허청에 국제특허출원을 한 후(국제출원번호 PCT/FR1998/02131, 프랑스 출원번호 97/12713), 프랑스 특허출원을 기초로 우선권을 주장하여 2000. 4. 7. 우리나라 특허청에 번역문을 제출하였다(출원번호 제2000-7003736호).

[2] 특허청은 2002. 2. 28. 이 사건 출원발명의 청구항 제1항, 제3항, 제5항, 제7항, 제8항 및 제19항은 인체를 발명의 구성요건으로 하고 있어 산업상 이용할 수 없는 발명으로서 특허법 제29조 제1항 본문에 규정된 발명이 아니므로 특허를 받을 수 없다는 이유로 원고에게 의견제출통지를 하고, 이후 거절결정을 하였다.

[3] 이에 원고는 거절결정에 대한 불복심판을 청구하였고, 특허심판원은 일반적으로 모발웨이브 방법 발명은 인체를 구성요건으로 하는 발명으로서 그 방법에만

---

50) 특허법원 2013. 3. 21. 선고 2012허9587 판결.

특징이 있어 달리 기재할 수 없는 경우에만 산업상 이용할 수 있는 발명이라 할 것인데, 이 사건 출원발명은 중간 헹굼 단계뿐만 아니라 특정 환원조성물에도 그 특징이 있으므로 방법에만 특징이 있는 것이 아니고, 방법의 발명 이외로는 달리 기재할 수 없는 경우에도 해당하지 아니하므로 산업상 이용할 수 있는 발명이라고 할 수 없다는 이유로, 이 사건 출원발명은 특허법 제29조 제1항 본문의 규정을 충족시키지 못하였다는 취지에서 원고의 심판청구를 기각하는 이 사건 심결을 하였다.

II) 판결요지

이 사건 출원발명은 '일정한 단계를 특징으로 하는 케라틴 섬유의 영구적 형성방법'에 관한 발명이고, '케라틴 섬유(Keratin 纖維)'라 함은 경단백질(硬蛋白質)로 이루어진 길고 가늘며 연하여 굽힐 수 있는 물질로서 모발(毛髮)을 말하는 사실을 인정할 수 있는바, 위 인정사실에 의하면 이 사건 출원발명은 모발에 환원 조성물 및 산화 조성물을 사용하여 모발을 영구적으로 재형성하기 위한 처리 방법에 관한 발명(이른바 '모발의 웨이브방법'에 관한 발명)이라 할 것이다. 이러한 모발의 웨이브방법에 관한 발명은 인체를 필수 구성요건으로 하고는 있지만, 의료행위가 아니라 미용행위에 해당한다 할 것이고, 그 발명을 실행할 때 반드시 신체를 손상하거나 신체의 자유를 비인도적으로 구속하는 것이라고도 볼 수 없으므로 공공의 질서 또는 선량한 풍속을 문란하게 하거나 공중의 위생을 해할 염려가 있는 발명이라고도 할 수 없다 할 것이다. 따라서 모발의 웨이브방법에 관한 이 사건 출원발명은 특허법 제29조 제1항 본문 소정의 산업상 이용할 수 있는 발명에 속한다할 것이다.[51]

2.10 관련판례(산업상 이용가능성: 미용에 관한 발명이지만 인체를 대상으로 하는 발명)

I) 사건개요(초음파를 이용한 피부미용방법 및 미용장치 사건)

[발명의 요지]

본원발명은 초음파 진동을 이용하여 얼굴의 주름을 제거하고 바디 및 배 등의 단백질과 지방을 분해하여 비만을 치료하며 냉열을 발생하여 모공을 수축하는 방법을 특징으로 하고 있다.

---

51) 특허법원 2004. 7. 15. 선고 2003허6104 판결.

전원이 온 된 상태에서 얼굴 키, 바디/배 키 또는 모공수축 키가 입력되는지를 판단하는 제1과정, 상기 제1과정에서 얼굴 키가 입력될 경우에 주름제거모드를 설정하고 주름제거루틴을 수행 및 초음파로 얼굴주름을 제거하는 제2과정, 상기 제1과정에서 바디/배 키가 입력될 경우에 비만 치료모드를 설정하고 비만 치료루틴을 수행하여 초음파로 비만을 치료하는 제3과정, 및 상기 제1과정에서 모공수축 키가 입력될 경우에 냉열을 발생하여 얼굴의 모공을 수축시키는 제4과정으로 이루어짐을 특징으로 하는 초음파를 이용한 피부 미용방법.

[거절결정 이유]

본원발명은 피부미용방법을 청구하고 있으나 이는 인체에 직접적인 영향을 주기 위한 목적에서 인체를 발명의 필수구성요소로 하고 있기 때문에 산업상 이용할 수 있는 발명에 해당하지 않는다.

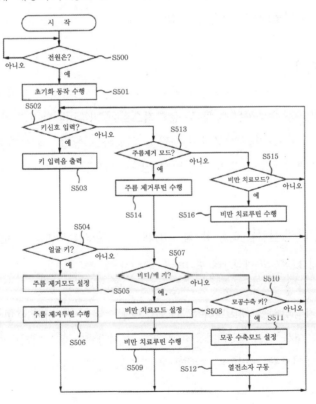

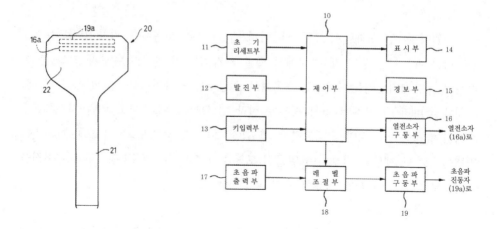

[청구인의 주장]

본원발명은 인체를 필수구성요소로 하는 것이 아니라 인체를 대상으로 하는 피부미용을 하는 방법에 그 기술적 특징이 있다.

II) 심결요지

본원발명이 초음파를 이용하여 얼굴의 주름을 제거하거나 배의 비만을 치료하고 얼굴의 모공을 수축하는 방법 등 문언적으로는 피부미용방법을 기재하고 있으나 실질적으로 물리치료기를 사용하여 사람을 치료하는 방법, 즉 물리적 요법에 해당한다. 따라서 본원발명은 인체를 발명의 필수구성요건으로 하기 때문에 산업상 이용가능성이 없다.[52]

2.11 관련판례(산업상 이용가능성: 여성의 가임여부를 판별하는 의료행위)

I) 사건개요(여성의 가임상태 모니터링 방법 사건)

[발명의 요지]

여성이 가임상태를 테스트하는 손쉬운 방법으로 소변 내에 포함되는 에스트라디올 또는 그 대사 산물 등을 사용하여 자신의 배란주기를 모니터링하고 그 결과를 통해 가임상태여부를 판별하는 방법을 특징으로 하고 있다.

---

52) 특허심판원 2003. 8. 28. 자 2002원2614 심결.

[청구항 제1항] 개개의 암포유류 객체의 가임 상태를 모니터링하는 방법에 있어서, 상기 객체로부터 얻을 수 있는 체액 내의 분석물(analyte)의 농도를 현재 주기의 제1일째 내지 제7일째 걸치는 기간 동안 －제1일 및 제7일을 포함한－ 적어도 한 번 테스트하고, 또한 배란이 임박했음을 나타내는 농도 변화가 발생하고 있는지 또는 이미 발생하였는지 여부를 결정하기 위하여, 상기 테스트를 현재 주기의 추후에 또 다시 수행하되,

(a) 상기 객체에서 하나 이상의 이전 배란 주기들 동안에 실제 배란이 발생하였던 평균일자를 결정하고;

(b) 상기 제1일째 내지 제7일째 걸치는 기간 동안 수행되었던 적어도 한 번의 테스트를 현재 주기에 대한 상기 객체의 기준 농도값 또는 테스트 신호를 설정하는 데 사용하며;

(c) 상기 현재 주기의 추후에 행하는 테스팅은 상기 평균 배란일자에 적어도 5일 앞선 날로부터 시작되는 소정의 기간 동안에 수행되는 일련의 테스트들을 포함하고, 상기 각 추후 테스트로부터 얻어진 농도값 또는 테스트 신호를 상기 기준 농도값 또는 테스트 신호와 비교하는 것을 특징으로 하는 <u>가임 상태 모니터링 방법</u>.

[거절결정의 이유]

본원발명은 인체를 대상으로 한 신난방법으로서 산업상 이용할 수 있는 발명에 해당하지 아니한다.

[청구인의 주장]

① 본원발명은 비전문가인 여성이 보다 손쉬운 테스트 방법을 통하여 자신의 배란주기를 모니터링하여 가임상태여부를 판별하는 방법일 뿐 피임, 분만 등과 같이 직접적인 의사의 의료행위가 수반되는 방법의 발명과 상이하다.

② 본원발명의 모니터링 방법은 소변을 사용하므로 인간으로부터 채취한 것을 분석하여 각종 데이터를 수집하는 방법에 불과하다.

II) **심결요지**

인체를 필수구성요소로 하지 않거나, 인체를 필수구성요소로 하더라도 의료목적 이외의 목적으로 각 기관의 구조·기능을 계측하는 방법 그 자체이거나, 혈액, 뇨, 피부, 머리카락 등 인체로부터 채취한 것을 처리하는 방법 및 이것을 분석하여

데이터를 수집하는 방법 등은 산업상 이용가능하다고 할 수 있으나, 그 측정방법이나 검사방법이 실질적으로 인간에 대한 진단과 직결되는 경우에는 인체의 진단방법에 해당하여 산업상 이용가능성이 없다할 것이다. 본원발명은 의사 또는 의사의 지시를 받은 자가 여성의 가임상태를 인식하거나 그 증상을 파악하는 방법으로 사용될 개연성이 충분하고, 그 측정방법이나 검사방법의 결과는 실질적으로 가임여부의 진단과 직결되는 경우라고 할 것이므로 산업상 이용가능성이 없다.[53]

2.12 관련판례(미완성 발명: 미생물을 기탁기관에 기탁하지 않은 경우)

I) 사건개요(인간 유전자 에리트로포이에틴 제조방법 사건)

원출원에는 기탁사실 등이 기재되어 있으나, 분할출원하면서 분할출원 명세서에는 기탁사실을 기재하지 않은 경우 미생물을 이용한 발명에 있어서, 그 발명이 속하는 기술분야에서 통상의 지식을 가진 자가 그 미생물을 용이하게 입수할 수 없는 경우에는 특허청장이 지정하는 기관에 그 미생물을 기탁하고, 명세서에 당해 미생물의 기탁번호·기탁기관의 명칭 및 기탁연월일을 기재하는 외에 그 기탁사실을 증명하는 서면을 출원서에 첨부하지 아니하면 그 발명이 완성되었다고 할 수 없다.

II) 판결이유

[1] 원심판결 이유에 의하면, 원심은 그 명칭을 '에리트로포이에틴의 제조방법'으로 하는 피고의 이 사건 특허발명(특허번호 제101875호)은 인간 EPO gDNA, 벡터, 숙주세포 등 미생물을 이용한 발명이고, 출원인이 기탁한 미생물은 인간 EPO gDNA를 함유한 람다-HEPO1, 람다-HEPO2, 람다-HEPO3 및 람다-HEPO6 등(이하 '이 사건 미생물'이라고 한다)이며, 이 사건 특허출원은 특허협력조약에 의한 국제출원(PCT/US85/02405)의 분할출원인바, 미생물 기탁요건을 만족시키기 위해서는 특허협력조약에 의한 국제출원에 대한 출원번역문 제출 기준일인 1986. 8. 4.(우선일인 1984. 12. 4.로부터 1년 8월)까지 특허청장이 지정하는 국내기탁기관에 재기탁하고, 그 기탁 사실을 증명하는 서면을 출원서에 첨부하여야 하는 한편, 명세서에 당해 미생물의 기탁번호, 기탁기관의 명칭 및 기탁연월일을 기재했어야 하였음에도 불구하고, 이 사건 특허발명의 출원인인 피고는 기준일인 1986. 8. 4.까지 당해 미

---

53) 특허심판원 2001. 2. 28. 자 2000원873 심결.

생물을 재기탁하지 아니하고 기준일 이후인 1986. 9. 12.에 이르러서야 국내기탁기관인 한국종균협회에 재기탁하였을 뿐만 아니라, 이 사건 특허발명은 원출원발명인 86-700525호로부터 분할출원된 별개의 출원이므로 분할출원서에 재기탁 사실을 증명하는 서면을 첨부하거나 원출원 시 제출한 서면을 원용한다는 기재가 있어야 함에도 불구하고, 이 사건 특허발명의 출원서에는 위와 같은 서면을 첨부하거나 원용한다는 기재도 없어, 이 사건 특허발명은, 이용한 미생물인 이 사건 미생물을 적법하게 기탁하지 아니한 것일 뿐 아니라, 이들 미생물을 그 발명이 속하는 기술분야에서 통상의 지식을 가진 자가 용이하게 입수할 수 있는 것이라는 점에 관한 아무런 증거도 없으므로, 이 사건 특허발명은 그 발명이 속하는 기술분야에서 통상의 지식을 가진 자가 반복 실시하여 목적하는 기술적 효과를 얻을 수 있을 정도까지 구체적, 객관적으로 구성되어 있는 완성된 발명으로 보기 어려워 이 사건 특허발명은 그 권리범위가 유효하지 아니하므로, 원고의 확인대상발명은 이 사건 특허발명의 권리범위와 대비할 필요도 없이 그 권리범위에 속하지 아니한다는 취지로 판단하였다.

[2] 구 특허법 시행령(1987. 7. 1. 대통령령 제12199호로 개정되기 전의 것, 이하 같다) 제1조 제2항, 제3항 특허법시행령(구) 제1조 제3항, 구 특허법 시행규칙(1985. 1. 29. 상공부령 제698호) 제31조의2 제1항의 규정을 종합하면, 미생물을 이용한 발명에 있어서 그 발명이 속하는 기술분야에서 통상의 지식을 가진 자가 그 미생물을 용이하게 입수할 수 없는 경우에는 특허청장이 지정하는 기관에 그 미생물을 기탁하고, 명세서에 당해 미생물의 기탁번호·기탁기관의 명칭 및 기탁연월일을 기재하는 외에 그 기탁사실을 증명하는 서면을 출원서에 첨부하지 아니하면 그 발명이 완성되었다고 할 수 없는 한편, 특허협력조약에 의한 국제출원으로서 특허절차를 위한 미생물 기탁의 국제적 승인에 관한 부다페스트조약에 따라 세계지적소유권기구(약칭: WIPO) 총장이 승인한 국제기탁기관에 기탁한 경우에는 1985. 2. 26.자 특허청 고시 제85-1호에 의하여 국제특허출원의 출원번역문 제출기간이 경과하였다고 하더라도 그 출원이 공개되기 전까지 그 미생물을 한국과학기술원 또는 사단법인 한국종균협회에 다시 기탁하고 그 기탁증명서를 제출하면 된다.

위 법리와 기록에 의하면, 이 사건 특허발명의 원 출원발명은 국제기탁기관인 미국의 ATCC에 이 사건 미생물을 기탁하였고, 국내에서는 그 출원 공개일인 1987.

2. 28. 이전임이 역수상 명백한 1986. 9. 12. 한국종균협회에 이 사건 미생물을 기탁하였으므로 위 기탁이 기탁 기준일 이후에 이루어진 것이라고 할 수 없음에도 불구하고 이와 달리 판단한 원심에는 미생물 기탁에 관한 법리를 오해한 위법이 있으나, 위 기탁일 이후에 원 출원발명에서 분할되어 출원된 이 사건 특허발명의 출원서에 위 기탁사실을 증명하는 서면이 별도로 첨부된 바는 없고, 이 사건 특허발명의 출원 시에 제출된 명세서가 기탁을 증명하는 서면에 해당한다고 할 수 없음은 아래에서 보는 바와 같으므로 원심의 이러한 잘못은 이 사건 특허발명이 미완성 발명이어서 그 권리범위를 인정할 수 없다는 원심의 결론에 아무런 영향이 없다.

[3] 구 특허법 시행령 제1조 제2항이 정한 '기탁사실을 증명하는 서면'은 미생물의 수탁기관이 발행하는 미생물수탁번호통지서나 수탁증 등과 같이 당해 미생물의 기탁사실을 객관적으로 증명하는 서면을 말하는 것이므로, 특허발명의 출원 시에 제출된 명세서에 당해 미생물의 기탁번호·기탁기관의 명칭 및 기탁연월일을 기재하였다고 하더라도, 이는 구 특허법 시행규칙 제31조의2 제2항의 명세서 기재요건을 충족한 것으로 볼 수 있을 뿐, 이러한 출원서의 제출을 들어 위 시행령 제1조 제2항의 '기탁사실을 증명하는 서면'이 제출되었다고 할 수는 없고, 이 사건 미생물이 미국의 ATCC에 기탁되어 있다는 사실만으로는 이 사건 특허발명의 우선일인 1984. 12. 4.경 이 발명이 속하는 기술분야에서 통상의 지식을 가진 자가 이 사건 미생물을 용이하게 얻을 수 있는 것이라고 할 수도 없으며, 특허발명의 심사단계에서 미생물 기탁증명서의 미제출을 간과한 채 특허가 되었다고 하여 그 출원절차상의 하자가 치유된다거나 출원에 있어서의 하자를 들어 특허의 효력을 부인하는 것이 금지된다고 보아야 할 아무런 근거가 없다.

[4] 따라서 미생물의 기탁에 관한 요건을 충족하지 못한 이 사건 특허발명은 미완성 발명에 해당하고, 미완성 발명의 경우는 특허무효심결의 확정 전이라도 그 권리범위를 인정할 수 없는 법리이므로, 원고의 확인대상발명이 이 사건 특허발명과 대비할 것도 없이 이 사건 특허발명의 권리범위에 속하지 않는다.[54]

---

54) 대법원 2005. 9. 28. 선고 2003후2003 판결.

2.13 관련판례(미완성 발명: 평균적 기술자가 용이하게 재현할 수 있도록 기재되어 있지 않은 경우)

Ⅰ) 사건개요(고양이과 동물의 전염성 복막염 와진 사건)

미생물을 이용한 발명에서 최종생성물이나 중간생성물이 기탁되어 있지 아니한 경우로서, 이를 생성하는 과정에 필요한 출발미생물을 용이하게 입수 가능한 것이고, 명세서에는 이를 이용하여 중간생성물이나 최종생성물을 제조하는 과정이 평균적 기술자가 용이하게 재현할 수 있을 정도로 기재되어 있다면 최종생성물이나 중간생성물을 반드시 기탁하여야 하는지 여부(부정)

[출원인의 주장]

이 사건 출원발명의 명세서에는 약독화된 FIP 바이러스를 자외선에 5분간 조사하여 돌연변이를 유도하고, 조사된 비루수 중에서 이 사건 출원발명의 특성을 갖는 바이러스를 스크리닝하는 방법 및 스크리닝된 바이러스를 세포배양을 통해 원하는 특성을 계속적으로 유지할 수 있음을 보장하는 확인 과정을 포함하는 실험 실시예를 통하여 이 사건 출원발명의 FIP바이러스가 제조되는 과정을 명백히 보여주고 있으므로, 당업자는 기술된 유도조건과 방향성 하에서 이 사건 출원발명의 FIP바이러스를 용이하게 얻을 수 있을 섯이므로 이 사건 출원발명의 설명이 당업자가 용이하게 실시할 수 있을 정도로 기재되어 있지 않음을 전제로 하는 이 사건 거절결정은 부당하다.

Ⅱ) 판결이유

구 특허법시행령(1990. 8. 28. 대통령령 제13078호로 전문 개정되기 전의 것) 제2조 제1항은 미생물관련 발명에 대하여 특허출원을 하고자 하는 자는 특허청장이 지정하는 기탁기관 또는 특허절차상 미생물기탁의 국제적 승인에 관한 부다페스트조약 제7조의 규정에 의하여 국제기탁기관으로서의 지위를 취득한 기관에 미생물을 기탁하여야 하고, 다만 그 미생물이 당해 발명이 속하는 기술분야에서 통상의 지식을 가진 자(이하 '평균적 기술자'라 한다)가 용이하게 얻을 수 있는 것인 때에는 이를 기탁하지 아니할 수 있다고 규정하고 있는 바, 이 규정의 취지는 극미의 세계에 존재하는 미생물의 성질상 그 미생물의 현실적 존재가 확인되고 이를 재차 입수할 수 있다는 보장이 없는 한 그 발명을 재현하여 산업상 이용할 수 없기 때문이라 할 것이고, 다만 최종생성물이나 중간생성물은 비록 그 자체가 기탁되어 있지 아니하더라도 이를 생성하는 과정에 필요한 출발미생물이 평균적 기술자가 용이하게 얻을 수 있는 것이고, 또 명세서에 이를 이용하여 중간생성물이나 최종생성물을 제조하는 과정이 평균적 기술자가 용이하게 재현할 수 있도록 기재되어 있는 경우라면 그 최종생성물이나 중간생성물 자체의 기탁을 요구할 것은 아니라 할 것이며(대법원 2002. 11. 8. 선고 2001후2238 판결 참조), 미생물의 기탁은 출원명세서의 기재를 보완하고자 하는 것이어서 평균적 기술자가 용이하게 얻을 수 있는 것인지 여부는 명세서 제출 당시인 출원시를 기준으로 판단하여야 한다(대법원 1997. 3. 25. 선고 96후658 판결 참조).

이 사건 출원발명의 명세서에는 출발미생물인 FIP 바이러스를 용이하게 얻을 수 있도록 기재되어 있기는 하지만 그 명세서에 출발미생물인 FIP 바이러스를 이용하여 이 사건 출원발명의 특허청구범위 제20항의 감온성 약독화된 FIP 바이러스를 제조하는 과정이 출원 당시를 기준으로 하여 볼 때 평균적 기술자로 하여금 용이하게 재현할 수 있도록 기재되어있지 아니하고, 다만 명세서에 의하면 이 사건 출원발명의 특허청구범위 제20항의 감온성 약독화된 FIP 바이러스는 자외선을 쬐는 돌연변이 유발단계를 시행한 후 마지막 선별 및 확인단계를 거쳐서 얻도록 기재되어 있지만 이 선별 및 확인단계는 돌연변이 유발단계에서 유발된 이 사건 출원발명의 특허청구범위 제20항의 감온성 약독화된 FIP 바이러스를 선별하고 확인하는 기준에 불과하고 돌연변이 유발단계에서 평균적 기술자로 하여금 이 사건 출원발명의 특허청구범위 제20항의 감온성 약독화된 FIP 바이러스를 용이하게 유발할 수 있는 방향성을 제시한 것이라고 할 수는 없으므로, 결국 이 사건 출원발명의 명세서에는 평균적 기술자가 용이하게 실시할 수 있을 정도로 기재되어 있다고 볼 수 없으니, 같은 취지의 원심의 판단은 정당한 것으로 수긍이 가고, 거기에 상고이유로 주장하는 바와 같은 명세서의 기재요건 및 미생물의 기탁에 관한 법리오해, 심리미진, 판단누락 등의 위법이 있다고 할 수 없다.[55]

---

55) 대법원 2004. 6. 25. 선고 2003후원847 판결.

2.14 관련판례(미완성 발명의 유형, 해당 법조문)

Ⅰ) 판결요지

[1] 발명의 완성 여부는 명세서 기재요건의 충족 여부와는 구별되어야 할 것인바, 완성된 발명에 이르지 못한 이른바 미완성 발명은 발명의 과제를 해결하기 위한 구체적인 수단이 결여되어 있거나, 또는 제시된 과제해결수단만에 의하여는 과제의 해결이 명백하게 불가능한 것으로서, ① 발명이 복수의 구성요건을 필요로 할 경우에는 어느 구성요건을 결여한 경우[56], ② 해결하고자 하는 문제에 대한 인식은 있으나 그 해결수단을 제시하지 못한 경우, ③ 해결과제·해결수단이 제시되어 있어도 그 수단으로 실행하였을 때 효과가 없는 경우[57], ④ 용도를 밝히지 못한 경우, ⑤ 발명의 기술적 사상이 실현가능하도록 완성된 것이지만 그 실시의 결과가 사회적으로 용납되지 않는 위험한 상태로 방치되는 경우[58] 등에 해당하면 일반적으로 그 발명은 미완성 발명으로 볼 것이며, 어떤 특허출원이 특허법 제42조 제3항에서 정한 명세서의 기재요건을 충족하지 못하였다고 하여 이를 미완성 발명이라고 단정할 수는 없다(제29조 제1항 본문, 제42조 제3항).

[2] 의약발명인 출원발명은 발명의 과제를 해결하기 위한 구체적인 수단이 결여되어 있거나 제시된 수단만으로는 과제의 해결이 명백하게 불가능한 것 등에 해당한다고 볼 수 없어 그 출원 당시에 완성된 발명이라고 봄이 상당하다고 한 사례

---

56) 특허법원 2000. 9. 29. 선고 99허6015 판결: 「**전도성 박막이 형성된 안경렌즈**」 안경 착용시 정전기가 발생하는 경우 이를 전도성 박막에서 안경다리와 인체를 통하여 접지로 흐르게 되므로 정전기 발생을 방지한다고 기재하고 있으나, 발명의 설명에는 전도성 박막에서 인체를 통하여 접지할 수 있는 구성이 기재되어 있지 않음.

57) 특허법원 1998. 11. 20. 선고 98허2146 판결: 「**양변기 좌판용 보조좌판의 제조방법**」 발명의 설명 및 청구항에는 폴리에틸렌으로 이루어진 보조좌판을 70~80℃ 온도에서 열압착한다고 기재되어 있으나, 폴리에틸렌의 성형온도는 100~120℃이상이어야 하므로 이선 특허의 온도인 70~80℃에서는 폴리에틸렌의 접착현상이 일어나지 않을 것이므로 미완성발명이라고 판단함.

58) 특허법원 2001. 11. 9. 선고 2001허1471 판결: 「**팽항공기**」 이 사건 출원발명은 공중에 수지으로 뜨기만 하는 상태에서는 아래 방향으로 작용하는 무게중심과 위 방향으로 작용하는 양력중심이 일치하므로 기체의 안정이 유지될 수 있을 것으로 보여지지만, 기체의 무게중심을 이동하게 되면 아래 방향으로 작용하는 무게중심과 위 방향으로 작용하는 양력중심 사이에 거리가 생기는 결과, 크기가 동등하고 서로 반대방향에 평행으로 작용하는 우력(偶力)이 발생되게 되고 그로 인하여 기체가 회전함으로써 곧 전복되어 추락하게 될 것이므로, 이 사건 출원발명은 무게중심의 이동에 의한 기체회전을 방지할 수 있는 수단이 결여되어 정상적인 비행의 목적을 달성할 수 없는 미완성발명에 해당한다.

(제29조 제1항 본문, 제42조 제3항).

[3] 미완성 발명(제29조 제1항 본문)과 명세서 기재불비(제42조 제3항)는 법적 근거가 상이한 거절사유일 뿐 아니라, 미완성 발명에 해당되는 경우에는 보정에 의해서도 그 하자를 치유할 수 없고, 그와 같은 이유로 거절된 경우에는 선원으로서의 지위도 인정되지 않는 것임에 반하여, 명세서 기재불비에 해당되는 경우에는 보정에 의하여 그 하자를 치유할 수 있는 경우도 있고 그 출원에 선원으로서의 지위도 인정되는 것이어서 법률적 효과가 상이하므로, 양자의 거절사유를 혼용할 수 없다(제29조 제1항 본문, 제42조 제3항).[59)]

2.15 관련판례(반복 재현성)

Ⅰ) 사건개요(하이브리드 장미식물[60)] 사건)

[발명의 요지]

본 발명에 따라 주홍색의 꽃을 피우며, 잎은 광택이 있고, 줄기는 약 75㎝ 길이로 균일하고, 튼튼하며, 병충해에 대한 내성이 우수하고 화병에서의 수명이 긴 새로운 하이브리드 티 장미 식물 변종이 제공된다. 꽃 색상이 중간 적색(RHS Red Group 46B)인 점을 제외하고 모든 면에서 한국특허출원 제13995/1997호로 출원된 하이브리드 티 장미 식물 No.965와 동일한 특성을 갖는 하이브리드 티 온실 장미 식물 변종.

---

59) 특허법원 2001. 7. 20. 선고 2000허7038 판결.
60) 본 사건과 관련이 없지만 장미 꽃 식물특허의 예: 등록번호 제1004305420000호(코레이스탄이라는 명칭의 플로리분다 장미 식물),
[청구항 1] 모친 식물(종자 교배친)인 코르실모를, 부친 식물(화분 교배친)인 코르다바의 화분으로 수분시켜 육종하며,
(1) 오렌지색(RHS 그룹 33B 및 32B)의 꽃,
(2) 컵 모양 및 오렌지 적색(RHS 32A 및 33A)의 꽃봉오리,
(3) 약한 향기,
(4) 장식적이고 가죽 같은 느낌이며 줄기 및 꽃과 어울리는 잎,
(5) 직립이고 단단하고 상당히 균일하며 약 60 내지 70cm 길이의 줄기,
(7) 병충해에 대한 내성이라는 특성의 조합을 특징으로 하는, 경삽 및 접목 또는 아접에 의해 무성생식되는 플로리분다 클래스 온실 장미 변종 식물.

[청구항 제1항]

꽃색상이 중간적색(RHS Red GROUP 46B, KS No. 0072 시그널레드)이고, 잎은 윤기가 있고 줄기는 견고하며, 잎모양은 톱니 꼴이고, 줄기 길이는 약 70cm이며, 가시의 양이 적고, 절화 수명이 14일이며, 만개 후 제7일까지도 퇴색되지 않는 것이 특징인 수분(受粉)에 의해 육종되고 아접(芽椄)에 의해 무성번식되는 새로운 하이브리드 티 온실 장미식물 변종.

[출원인의 주장]

교배육종 과정을 통하여 원하는 특성이 안정되게 발현되도록 인위적인 노력을 기울인 변종 식물의 발명으로 이를 단순한 발견이라 할 수 없고, 무성번식 방법이 기재되어 있으면 유전형질이 동일한 개체로 반복 재현할 수 있다.

Ⅱ) 판결요지

변종식물을 얻는 그 첫째 단계에서는 먼저 'Innocencia'와 'Robina'를 교배시킬 경우 암수의 유전자가 합쳐지는 과정에서 무수한 변화가 일어날 뿐 아니라, 그 명세서에는 교배된 교배친의 개체 수, 교배에 의하여 얻어진 자손의 개체 수, 반복된 세대 수, 재배조건 등 교배육종을 수행하기 위한 구체적인 사항이 기재되어 있지 않아서 그 기술 분야에서 통상의 지식을 가진 사람이 이러한 명세서의 기재에 따라 반복 실시하더라도 목적하는 이 사건 변종식물을 얻을 수 있을 것이라고 볼 수 없어 반복 재현성이 인정되지 않는다.[61]

Ⅱ. 신규성

Ⅰ. 관련규정

특허를 받을 수 있는 요건으로, 산업상 이용할 수 있는 발명으로서, **특허출원** 전에 국내 또는 국외에서 공지(公知)되었거나 공연(公然)히 실시된 발명이거나, 또는, 특허출원 전에 국내 또는 국외에서 반포된 간행물에 게재되었거나 전기통신회선을 통하여 공중(公衆)이 이용할 수 있는 발명을 제외하고는 그 발명에 대하여 특허를

---

61) 대법원 2004. 10. 28. 선고 2002후2488 판결. 이 판례는 6회 피인용되었다.

받을 수 있다(제29조(특허요건) 제1항).

특허권은 발명의 공개대가로서 독점권을 부여하는 것이므로 이미 공지되어 있는 발명에 대하여 독점권을 부여하지 않는다. 이 규정은 신규성이 없는 4가지를 형태를 규정하고 이외의 발명에 대하여는 신규성이 있는 것으로 인정한다. 신규성 상실 사유는 ① 공지, ② 공연실시(공용), ③ 간행물 기재(문헌공지), ④ 전기통신회선을 통한 공중의 이용가능의 4가지로서, 이러한 형태로 알려진 기술과 동일한 발명은 특허를 받을 수 없다. 즉, 신규성은 출원된 발명과 종래 알려진 기술과의 동일성을 판단하는 규정이다. 신규성 판단의 시간적 기준은 당해 특허출원 시이다. 출원 시란 출원일이 아니라 출원 시각을 의미한다. 신규성 판단의 지역적 기준은 공지와 공연실시(공용) 및 간행물 기재 모두 외국에서 이루어진 것도 포함하는 국제주의를 채택하고 있다.

Ⅰ) 공지

특허출원 전에 국내에서 그 내용이 비밀상태를 벗어나 불특정인에게 알려지거나 알려질 수 있는 상태의 발명을 의미한다. 그 발명을 안 사람이 비밀유지의무를 지고 있는 경우에는 공지로 되지 않으며, 비록 소수의 특정한 사람이 알았던 경우라도 그 사람에게 비밀유지의무가 없으면 공지로 된다. 또한 비밀유지의무가 있는 사람이 그 의무를 위반하여 타인에게 발명을 누설한 경우에도 그 발명은 공지로 된다.

Ⅱ) 공연실시(공용)

공지와 달리 공용을 별도로 구분한 것은 공연히 실시한 경우 대부분 공지이겠지만, 공지로 되지 않는 발명이 있을 수 있기 때문이다. 그러나 공연실시도 당업자가 그 발명의 내용을 용이하게 알 수 있는 것이어야 함은 물론이다. 예컨대, 코카콜라가 시중에 판매되고 있다고 하더라도 그 제법을 알지 못하면 공연실시라고 볼 수 없는 것이다. 물건 발명은 공연실시로 되는 것이 많지만 분해하더라도 당업자가 그 내용을 용이하게 알 수 없는 것은 공용으로 되지 않는다. 최근의 물건들은 분해하면 완전해체되어 원래의 상태로 되돌리 수 없도록 만드는 것도 이와 같은 이유가 많다. 물건을 생산하는 방법의 발명은 그 물건으로부터 당업자가 용이하게 그 방법을 알 수 있는 것과 같은 경우 이외에는 물건이 양도되어도 공연실시로 되지 않는다.

Ⅲ) 반포된 간행물

반포란 당해 간행물이 불특정 다수의 일반 대중에 의하여 열람이 가능한 상태로 배포되는 것을 의미한다. 열람이 가능하면 충분하고 현실적으로 누군가가 열람했다는 사실은 필요하지 않다. 도서관에 문헌이 입수되어 공중의 열람이 가능하면 단 한 사람도 대출실적이 없다하더라도 신규성을 상실한 발명이다.

간행물이란 반포에 의하여 공개됨을 목적으로 하여 인쇄, 전자적 복제, 생물학적 복제, 기계적 복제, 화학적 방법에 의하여 복제된 문서·도화·사진 등의 정보전달 매체를 말한다. 간행물이기 위해서는 반포 되었는가 아닌가에 구애되지 않고 반포되어야 할 목적을 가지고 복제된 것이면 충분하다.

Ⅳ) 전기통신회선

최근 컴퓨터의 발달로 인터넷에 개시된 기술정보가 범람하여 전기통신회선에 의하여 공중이 이용가능하게 된 발명에 대해서도 신규성 및 진보성 부정의 근거로 하고 있다. 전기통신회선은 주로 인터넷을 의미하지만, 인터넷이 아닌 경우도 있으므로 포괄적으로 포함하기 위하여 전기통신회선이라고 한 것이다.

2. 관련판례

2.1 관련판례(공지: AM무전기세트를 군부대에 납품한 것이 공지인지 여부)

Ⅰ) 사건개요(AM 무전기 군부대 납품 사건)

당사자의 주장을 통해 정리되는 이 사건의 쟁점은 이 사건 등록고안이 비교대상고안에 의해 신규성·진보성이 부정되는지와 관련하여 비교대상고안이 이 사건 등록고안의 출원 전에 공지 또는 공연히 실시되었는지 여부이다.

Ⅱ) 판결요지

[1] 실용신안법 제4조 제1항 제1호는 산업상 이용할 수 있는 물품의 형상·구조 또는 조합에 관한 고안이라고 하더라도 그 고안이 실용신안등록출원 전에 국내 또는 국외에서 공지되었거나 또는 공연히 실시된 고안에 해당하는 경우에는 실용신안 등록을 받을 수 없도록 규정하고 있는데, 여기에서 '공지되었다'고 함은 반드시 불특정다수인에게 인식되었을 필요는 없다 하더라도 적어도 불특정다수인이 인식할

수 있는 상태에 놓인 것을 의미하고(대법원 2002. 6. 14. 선고 2000후1238 판결 참조), '공연히 실시되었다'고 함은 고안의 내용이 비밀유지약정 등의 제한이 없는 상태에서 양도 등의 방법으로 사용되어 불특정다수인이 인식할 수 있는 상태에 놓인 것을 의미한다(대법원 2012. 4. 26. 선고 2011후4011 판결 등 참조).

[2] ① 방위산업체나 연구기관 등에서 방산물자의 생산연구에 종사하거나 종사하였던 자는 구 방위산업에관한특별조치법 제16조에 따라 법령상 비밀유지 의무를 부담하고 있는 점, ② 비교대상고안에 대한 국방과학연구소 승인 및 비공개 관리, 고정 인덕터 물품의 납품 과정, 서약서 제출 등의 사정에 비추어 볼 때 피고로서도 비교대상고안에 따른 고정 인덕터물품이 방산업체로 지정된 원고에 의해 제작, 납품되는 방산물자인 AM무전기세트의 부품으로서 군부대에 납품되는 사정을 알고 있었던 점, ③ 피고는 원고의 요청에 의해 위 고정 인덕터 물품의 납품과 관련하여 피고의 직원들로부터 비밀준수를 서약하는 취지의 서약서를 제출받았으므로, 피고 또는 그 직원들은 원고에게 위 서약서에 따른 비밀유지의무를 부담한다거나 적어도 비밀유지를 하여야 한다는 것에 대한 인식은 있었다고 할 수 있는 점 … 등을 종합하여 보면, 이 사건 등록고안 출원 전에 비교대상디자인에 따른 고정 인덕터 물품 등을 포함한 AM무전기세트가 제작되어 군부대 등에 납품되었다고 하더라도 불특정 다수인이 비교대상디자인을 인식할 수 있는 상태에 이르러 공지되었거나 공연히 실시되었다고 할 수는 없다.

[3] 비교대상고안은 법령상, 계약상 또는 사회통념상 이 사건 등록고안의 출원일 전에 비밀유지의무가 있는 특정인인 군부대의 군인, 군무원, 국방조달본부의 공무원 및 원·피고의 담당직원들에게 공개되거나 납품되어 사용되었고, 이를 넘어서 불특정 다수인이 인식할 수 있는 상태에 놓여 있었다고 보기 어려우며 달리 그 공지 또는 공연실시를 인정할 만한 증거가 없으므로, 이 사건 등록고안의 신규성과 진보성 판단의 근거가 되는 선행기술이 될 수 없다고 할 것이다.[62]

---

62) 특허법원 2014. 1. 17. 선고 2013허5162 판결.

2.2 관련판례(공지: 해양경찰 함정에 설치된 기계장치가 공지인지 여부)

Ⅰ) **사건개요**(함정에 설치된 통신선로 절연 감시장치 사건)

원심은, 명칭을 '비접지 통전선로의 절연 감시장치'로 하는 이 사건 정정발명(특허등록번호 제290575호로 등록되고 2011. 5. 5. 정정청구된 것)에 대하여, 그 특허출원일인 1998. 9. 22. 전에 해양경찰청 소속 함정인 창원 116정의 주배전반에 설치된 절연저항 감시기인 비교대상발명 6에 의하여 공연히 실시되어 그 신규성이 부정된다고 판단하였다.

Ⅱ) **판결요지**

창원 116정은 1996. 7. 15. 건조되었고, 1996. 7. 27. 취역 당시에 최초 탑재된 비교대상발명 6이 현재까지 교체 없이 사용되고 있으며, 비교대상발명 6에 대한 정비창수리 실적이 없고, 주배전반은 '주배전반 기계경력카드'에 1996. 7. 27.부터 4차례의 절연상태 점검 결과 이상이 없었던 것으로 기재되어 있다. 그리고 창원 116정의 주배전반에 설치되어 있는 비교대상발명 6의 측면에 일련번호가 '951124'라고 기재된 스티커와 검사일이 '1995년 11월 24일'라고 기재된 스티커가 부착되어 있는데, 시간의 경과로 인한 자연적 들뜸 현상 이외에는 훼손이나 변조의 흔적이 발견되지 않는다.

원심의 검증 및 감정결과에 의하면, 비교대상발명 6은 통상의 기술자가 간단한 공구를 이용하여 쉽게 분해할 수 있고, 기본적 회로분석 장비와 회로도 작성 프로그램을 이용하여 내부 부품의 결합관계를 어렵지 않게 확인할 수 있는 제품이다.

해양경찰서 소속 경찰관들에게 본연의 업무와는 상관없는, 함정에 설치된 기계장치의 내용에 대하여 비밀로 해야 할 직무나 계약 또는 상관습상의 의무는 없으므로, 비교대상발명 6은 창원 116정에 설치되어 인도된 것만으로 불특정다수인이 인식할 수 있는 상태에 놓였다고 할 것이고, 창원 116정이 외부인 누구나가 마음대로 들어갈 수 있는 곳이 아니라고 하더라도 이를 달리 볼 것은 아니다. 원심판결 이유를 앞서 본 법리와 기록에 비추어 살펴보면, 원심의 위와 같은 판단은 정당하다.[63][64][65]

---

63) 대법원 2015. 5. 14. 선고 2015후239 판결.

2.3 관련판례(공지: 기업의 기술이전 교육용 자료의 공지 여부)

Ⅰ) 사건개요(통신케이블 접속 외함 사건)

기술이전 교육용 자료가 배포되었다는 사정만으로 발명의 내용이 공지된 것으로 볼 수 있는지 여부(부정)

선행발명은 한국전기통신공사(이하 '한국통신'이라 한다)가 "선로접속자재 개량기술개발"(1993. 12. 발행, 갑8호증의 1, 2)이라는 명칭으로 기술이전 대상업체의 직원들을 위한 교육용자료로서 배포한 것으로서, 조립식 접속관 분야의 기술개발관련 내용을 소개하고 있다.

Ⅱ) 판결요지

원심은, "선로접속자재 개량기술개발"이라는 명칭의 자료(갑 제8호증의 1, 2)는 원고가 기술이전계약을 체결하게 될 접속관 시작품(始作品) 제작업체를 상대로 '조립식 접속관'에 관한 기술이전을 교육하기 위하여 1992. 12.경 작성한 교육용 자료로서 1994. 1. 26.~27. 2일간 원고에 의하여 실시된 기술이전교육에서 원고와 사이에 이미 기술이전계약을 체결한 금성전선 주식회사, 대한전선 주식회사, 주식회사 럭키, 유신전자공업 주식회사, 제일엔지니어링에게 배포된 것인 사실, 한편 원고는 1993. 12. 27.경 금성전선 주식회사와 사이에 조립식 접속관 기술전수계약을 체결하면서 위 회사는 기술이전과 관련된 모든 기술 및 노하우에 대하여 원고의 사전 서면동의 없이 제3자에게 유출하지 아니하기로 약정하였는데, 다른 참가업체인 제일엔지니어링 등도 그 무렵 원고와 사이에 위 조립식 접속함 제작기술과 관련하여 위와 동일한 취지의 비밀유지의무를 약정한 것으로 보이는 사실, 피고는 제일엔지니어링으로부터 위 조립식 접속함을 제작·납품할 것을 하청받았는데 당시 금형 제

---

64) (국가기록원에 비치된 자료의 공지여부) 국가기록원 나라기록관의 직원들이 비밀유지의무를 부담하지 않는 이상, 비교대상발명은 국가기록원 나라기록관에 설치되어 인노된 셋만으로 불특정 다수인이 인식할 수 있는 상태에 놓였다고 할 것이고, 국가기록원 나라기록관이 외부인 누구나가 마음대로 들어갈 수 있는 곳이 아니라고 하더라도 이를 달리 볼 것은 아니다(대법원 2012. 4. 26. 선고 2011후4011 판결).

65) (테스트 과정에서 실시된 기술의 공지여부) 테스트 과정에 원고 회사의 직원이 아닌 이 사건 차량의 소유자들이 참여한 점으로 보아 위 필드테스트 과정이 비밀리에 진행되었다고 볼 수 없으므로, 비교대상발명의 테스트에 참여한 사람들에게 비밀유지의무가 있었다고 보기 어렵다(특허법원 2010. 7. 23. 선고 2010허197 판결).

작기술을 보유하고 있지 않았으므로 태백정밀이란 상호의 업체에게 위 조립식 접속함에 대한 금형제작 의뢰를 하였고, 피고를 포함한 위 제일엔지니어링, 태백정밀은 일의 진행 결과를 팩스 등을 통해서 서로 주고받은 사실을 인정한 다음, 피고와 태백정밀은 제일엔지니어링으로부터 이 사건 조립식 접속함 제작과 관련하여 지정된 하청업체들로써 제일엔지니어링의 필요한 지시에 따라야 할 위치에 있었을 뿐만 아니라, 위 제일엔지니어링이 시작품제작에 관여하게 된 경위 등에 관하여 잘 알고 있었거나 알 수 있었던 상태에 있었다고 추정함이 상당하므로 적어도 위 제일엔지니어링이 비밀 유지 의무를 지고 있음을 잘 알고 있었다고 보이고, 피고나 태백정밀 또한 위 제일엔지니어링이나 피고에 대하여 상관습상 이러한 비밀유지의무를 부담한다 할 것이므로 위 기술개발자료는 비밀 유지 의무를 지고 있는 특정인에게만 배포된 것으로서 결국 명칭을 "통신케이블 접속용 접속관 외함"으로 하는 피고의 이 사건 특허발명(특허번호 제148093호)이 출원되기 전에 공지된 것이라 할 수 없다는 취지로 판단하였다.

원심판결 이유를 기록에 비추어 살펴보면, 원심의 위와 같은 판단은 정당하고 거기에 상고이유에서 지적하는 바와 같은 간행물의 공지에 관한 법리오해나 채증법칙 위반 등의 위법이 있다고 할 수 없다.[66]

2.4 관련판례(공지: 카탈로그의 공지 여부)

Ⅰ) **사건개요**(접지 전도체 디자인 사건)

등록디자인의 등록이 무효로 될 수 있는 유일한 증거자료인 비교대상디자인이 게재된 카탈로그의 진정성립을 인정하기 어려운 경우, 비교대상디자인은 등록디자인의 출원 전 공지되었다고 볼수 있는지 여부(부정)

원심인 특허법원에서 등록 디자인의 무효심판에서 청구인이 제출한 카탈로그는 중국 청도 래서시에 소재한 청도해천탄소창이 제작한 카탈로그로서, 이를 중국 내 거래처에 이를 배부하였다고 인정하고 이를 공지되었다고 판단하였다.

Ⅱ) **판결요지**

이 사건 카탈로그의 표지 뒷면 아래쪽에 중국 황해인쇄창이 2001. 7.경에 인쇄

---

66) 대법원 2005. 2. 18. 선고 2003후2218 판결.

한 것으로 기재되어 있기는 하나, 원심에서 원고는 기차표 등의 각종 문서가 중국에서 위조되고 있다는 신문기사 자료를 제출하면서 이 사건 카탈로그의 발행일자가 임의로 변경되었을 가능성이 있다고 일관되게 주장하고, 이 사건 카탈로그의 진정성립 여부에 대하여 '부지'라고 진술하여 이를 다투었으며, 이 사건 카탈로그에 기재된 소외 회사의 다른 기재 부분과 위발행일자 부분은 각 글씨 모양, 글자색 등에서 서로 확연히 다른 점 등을 알 수 있는바, 이러한 사정들에 의하면 이 사건 카탈로그가 그와 같이 기재된 발행일자에 실제로 제작된 것인지에 대하여 석연치 않은 점이 있었다고 할 것이다.

그리고 문서에 대한 진정성립의 인정 여부는 법원이 모든 증거자료와 변론 전체의 취지에 터잡아 자유심증에 따라 판단하는 것이라고 하더라도, 이 사건에서 이 사건 카탈로그 외에 그 진정성립을 인정할 아무런 자료가 없을 뿐 아니라, 이 사건 카탈로그에 게재된 원심 판시 비교대상디자인이 이 사건 등록디자인과 유사함은 당사자 사이에 다툼이 없어서 이 사건 카탈로그가 그 진정성립이 인정될 경우에는 이 사건 등록디자인의 등록이 무효로 될 수 있는 중요한 결과를 가져오는 유일한 증거자료임을 감안하면, 원심은 이 사건 카탈로그에 기재된 소외 회사의 설립등기일이나 소외 회사의 전화번호 개설 시점 등에 대하여 더 심리하는 등의 방법으로 이 사건 카탈로그의 발행일자를 인정함에 있어 신중하였어야 할 것이다.

그럼에도, 원심이 이 사건 카탈로그가 그것에 기재된 발행일자인 2001. 7.경에 제작되었음을 전제로 이 사건 등록디자인이 그 출원 전에 수록된 원심 판시 비교대상디자인에 의해 그 등록이 무효로 되어야 한다고 판단한 데에는 문서의 발행일자에 관한 심리미진 등의 잘못이 있다고 할 것이고, 이 점을 지적하는 원고의 상고이유의 주장은 이유 있다.[67)68)]

---

67) 대법원 2009. 5. 14. 선고 2008후5083 판결.
68) (도서관에 입고된 논문의 반포된 간행물의 인정) 특허법 제29조 제1항 제2호의 '반포'된 간행물이란 불특정 다수의 일반 공중이 그 기재내용을 인식할 수 있는 상태에 이른 간행물을 의미하고, 박사학위나 석사학위 논문은 논문심사에 통과된 이후에 인쇄 등의 방법으로 복제된 다음 공공도서관 또는 대학도서관 등에 입고(서가에 진열)되거나 주위의 불특정 다수인에게 배포됨으로써 비로소 일반 공중이 그 기재 내용을 인식할 수 있는 반포된 상태에 놓이게 되거나 그 내용이 공지되는 것이다(대법원 2002. 9. 6. 선고 2000후1689 판결 참조). 한양대학교 백남학술정보관장에 대한 사실조회결과에 의하면, 비교대상발명 논문은 2002. 8.경 한양대학교 백남학술정보관에 입고되어 서가에 진열된 사실을 인정할 수 있다. 위 인정사실에 의하면, 비교대상발명은 한양대학교 백남학술정보관의 서가에 진열됨으로써, 이 사건 특허발명의 출원일인 2002. 11. 22. 이전

2.5 관련판례(청구항의 전제부에 기재된 발명에 대한 해석)

Ⅰ) **사건개요**(세면기 배관파이프 조절장치 사건)

[요약](실용신안등록번호 제125198호)

본 고안은 양변기나 세면기등에 배관파이프를 연결할 경우에 사용되는 위생기용 조절대에 관한 것이다. 종래의 위생기용 조절대는 시공 시에 너트(105)를 체결할 때 누수를 방지하기 위하여 무리하게 너트(105)를 조이다 보면 고정구(103)(103a)가 쉽게 소손되는 경우와, 고정구의 제조공정이 복잡하여 제조원가가 상승되는 단점이 있는 것이다.

따라서 본 고안은 상기와 같은 단점을 해결하기 위하여, 고무파이프(101)의 양단에 삽입 고정되는 고정구(1)를 플라스틱으로 사출 성형하고, 고정구(1)의 상부에 금속재의 고정관(2)을 삽입하여 이를 프레스로 가압하여 제조하여 제조공정의 단순하로 제조원가를 현저히 감소케하고, 시공 시에나 시공후에 고정구(1)가 전혀 소손되지 않는 위생기용 조절대를 제공하기 위한 것이다.

[청구항 1]

금속제의 망체(102)가 씌워진 고무파이프(101)의 양쪽 끝에 둘레에 돌출편(6)이 형성되고 상기 돌출편(6)의 상부로는 돌출턱(4)이 형성되어 상기 돌출턱(4)에 패킹(9)이 삽착된 고정구(1)가 삽입되고[이하, '구성부분 ①'이라 한다], 상기 고정구(1)가 삽입된 고무파이프(101)의 양쪽 끝은 상단에 외측으로 걸림턱(3)이 형성된 금속재의 고정관(2)에 삽입되고[이하, '구성부분 ②'라 한다], 상기 고정관(2)에는 체결너트(105)가 결합되어 상기 걸림턱(3)에 걸리도록 된 상태에서 상기 고정관(2)이 프레스에 의하여 가압되어 상기 고정구(1)와 상기 고정관(2)이 상기 고무파이트(101)["고무파이프"의 오기로 보인다]의 양쪽 끝에 고정되도록 된[이하, '구성부분 ③'이라 한다] 공지의 위생기용 조절대에 있어서,

상기 돌출턱(4)은 동일한 굵기로 형성되어 그 상단에 외측으로 걸림턱(5)이 형성되고, 상기 패킹(9)은 상기 돌출턱(4)에 삽착되어 그 하단부는 상기 돌출편(6)에 걸리고, 그 상단부는 내측 일부가 상기 걸림턱(5)에 걸려서 빠지지 않도록 된 것[이

에 일반 공중이 그 기재 내용을 인식할 수 있는 반포된 상태에 놓이게 되거나 그 내용이 공지되었다고 할 것이다(특허법원 2007. 8. 7. 선고 2006허7771 판결).

하, '구성부분 ④'라 한다]을 특징으로 하는 위생기용 조절대.

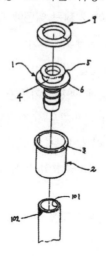

II) 판결요지

원고는, 이 사건 등록고안의 전제부(구성부분 ① 내지 ③)는 피고가 공지의 기술임을 인정하여 보정 등을 통하여 의식적으로 이 사건 등록고안의 보호범위로부터 제외한 구성이므로, 전제부를 제외한 구성부분 ④만으로 이 사건 등록고안의 신규성을 판단하여야 한다고 주장한다.

고안의 청구범위를 전제부와 특징부로 나누어 기재하는 방식{통상 젭슨 형식 (Jepson type)으로 부르는 방식}에 있어서, 전제부의 의미는, ㉮ 고안의 기술분야를 한정하는 경우, ㉯ 고안의 기술이 적용되는 대상물품을 한정하는 경우, ㉰ 공지의 기술로 생각하여 권리의 보호범위에서 제외하는 경우 등 여러 가지 형태가 있을 수 있다. 그 중 출원인이 공지의 기술 부분을 전제부로, 새로이 창안한 기술 부분을 특징부로 나누어 청구범위를 기재한 경우에, 출원인이 출원과정에서 선행기술과의 관계에서 신규성 및 진보성 결여의 거절이유를 극복하기 위하여, 구성요소 중 일부를 전제부로 돌리는 방법에 의하여 전제부에 대하여는 권리의 보호범위로 주장하지 않겠다는 의사를 분명히 한 때에는, 특징부를 포함하지 않고 단지 전제부만으로 구성된 기술, 특히 상위 개념 또는 다양한 실시예를 포함할 수 있는 구성요소를 전제부로 돌리고, 특징부에서 당해 구성요소를 더욱 한정하여 다양한 실시예 중 일부만을 선택하여 기재한 경우에 있어서 특징부에는 해당하지 않고 전제부에만 해당하는 균등한 구성요소를 포함하는 기술의 실시에 대하여는 자신의 권리를 주장하지 않겠다는 의사로 볼 수 있을 것이다(대법원 2002. 6. 14. 선고 2000후2712 판결 등 참조). 그러나 위와 같은 법리는 출원 또는 등록된 고안에 대한 권리의 보호범위에 관한 문제일 뿐이고, 출원된 고안이 선행기술에 비하여 신규성 또는 진보성이 있는지를 판단함에 있어서 어떠한 구성요소가 출원 전에 공지된 것인지 여부는 사실관계의 문제로서, 고안의 청구범위의 기재 형식에 따라 역사적 사실관계가 확정되는 것은 아니며, 권리의 보호범위로부터 제외한다는 의사가 있다고 하여 반드시 이를 공지의 기술로 인정한다는 취지로 볼 수도 없다.

이 사건 등록고안의 청구범위의 기재가 전제부와 특징부로 나뉘어 기재되어 있고, 구성부분 ① 내지 ③이 포함된 전제부의 말미에 "공지의 위생기용 조절대에 있어서"라고 기재되어 있으나, 위 기재 부분은, 이 사건 등록고안의 대상이 '위생기용 조절대'에 관한 것(대상물품 내지 기술분야를 특정한 것)이라는 점과 이러한 '위생기용 조절대' 자체는 공지된 것이라는 점을 의미하는 것으로 해석될 여지도 충분히 있어, 전제부에 기재된 모든 구성요소가 공지된 것임을 인정하는 취지로 볼 수 없고, 위에서 살펴본 바와 같이 피고가 청구범위의 전제부에 어떠한 구성요소가 '공지'라고 기재하였다고 하여, 나아가 심판 또는 소송 단계에서 그러한 사실을 인정하지 않는 한(피고는 이를 다투고 있다), 그러한 '구성요소의 공지'라는 사실관계가 확정되는 것도 아니므로, 이 사건 등록고안의 신규성 여부를 판단함에 있어서 전제부의 구성요소를 제외하고 특징부만으로 판단하여야 한다는 원고의 위 주장은 이유 없다.[69][70]

---

69) 특허법원 2007. 10. 5. 선고 2007허2469 판결.
70) (명세서에 기재된 종래기술이 공지인지 여부) 명세서에 종래기술을 기재하는 경우에는 출원된 고안의 출원 이진에 그 기술분야에서 알려진 기술에 비하여 출원된 고안이 신규성과 진보성이 있음을 나타내기 위한 것이라고 할 것이어서, 그 종래기술은 특별한 사정이 없는 한 출원된 고안의 신규성 또는 진보성이 부정되는지 여부를 판단함에 있어서 같은 법 제5조 제1항 각 호에 열거한 고안들 중 하나로 보아야 할 것이다(대법원 2005. 12. 23. 선고 2004후2031 판결). 그러나 명세서에서 종래의 기술이라고 기재되어 있으나, 그 종래 기술로 기재된 것이 공지되지 않았다는 증거가 있으면 그것을 공지된 기술하여 선행기술로 사용할 수 없다(특허법원 2000. 12. 23. 선고 2000허4565 판결).

2.6 관련판례(특허공보의 공지일자)

[1] 고안이 출원 전에 국내에서 공지되었거나 또는 공연히 실시된 고안에 해당하는 경우에는 실용신안등록을 받을 수 없도록 규정하고 있는바, 여기에서 '공지되었다'고 함은 불특정 다수인이 인식할 수 있는 상태에 놓여 있음을 의미할 뿐, 반드시 불특정 다수인이 현실적으로 그 내용을 인식하고 있어야 한다거나 또는 가장 편리한 방법으로 그 내용을 인식할 수 있어야만 하는 것은 아니라고 할 것이다.

[2] 그런데 구 실용신안법 제82조는 특허청직원 등이 직무상 알게 된 실용신안등록 출원 중의 고안에 관하여 비밀누설행위 등을 처벌하도록 규정하고 있는바, 여기서 고안이 출원 중이라 함은 그 고안이 출원되어 설정등록이 되기 전까지의 상태를 의미한다고 할 것이므로, 특허청 직원 등의 비밀유지의무는 출원 중인 고안이 설정등록 됨으로써 소멸되어 고안의 설정등록일을 기준으로 특허청 직원 등을 포함한불특정 다수인이 고안의 내용을 객관적으로 인식할 수 있는 상태에 놓이게 된다고 봐야 할 것이어서, 앞서 본 공지의 의미에 관한 법리에 비추어 볼 때, 고안의 설정등록일 이후에는 당해 고안의 내용이 공지되었다고 봄이 타당하다.[71][72]

2.7 관련판례(전기통신회선에 의한 공지)

Ⅰ) 사건개요(고철 컨테이너 적출장치 사건)

[요약](등록번호 제10-0911758호)

본 발명은 고철 컨테이너 적출장치에 관한 것으로서, 적출 시 고철이 내입된 컨테이너(20)를 70도 이상 기울어지게 들 수 있으므로 고철 적출을 단시간에 행할 수 있고, 내입된 고철이 자중에 의해 자연스럽게 적출되므로 종래와 같이 트레일러(20)

---

71) 특허법원 2009. 11. 27. 선고 2009허4872 판결.
72) (디자인공보의 공지일) "의장공보가 발행되기 이전에는 현실적으로 의장의 등록번호를 알 수 없어 의장서류에 관한 열람이나 복사가 사실상 불가능하다."는 취지의 피고들의 주장에 대하여는, 의장의 물품 분류, 명칭, 출원인 등에 의한 검색을 통하여 등록의장의 번호나 내용 등에 대한 접근이 가능하고 또한 그 정보에 근거하여 의장서류의 열람이나 복사의 신청이 가능하며, 나아가 공지라 함은 불특정다수인이 현실적으로 그 내용을 인식하고 있어야 한다거나 또는 가장 편리한 방법으로 그 내용을 인식할 수 있어야만 하는 것은 아니므로 의장공보가 발행되어야만 비로소 그 의장이 공지되었다고 볼 수는 없다는 이유를 들어 배척한 다음, 이 사건에 있어서 인용의장은 이 사건 등록고안이 출원되기 전인 1994. 2. 7. 이미 등록되었으니 인용의장의 설명과 도면에 나타난 고안은 이 사건 등록고안의 출원 전에 공지되었다는 취지로 판단하였다.

가 전복되는 등의 문제점을 일소할 수 있다.

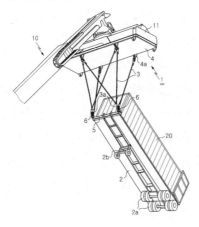

[원고 주장]

갑 제9 내지 14호증은 리치스태커 관련 인터넷 자료로 추정되나, 이 사건 특허 발명의 출원일 전에 반포되었는지의 여부가 불명하므로 증거력이 없고, 외국어로 된 자료임에도 번역문의 제출이 없으므로 증거로 사용할 수 없다.

II) 판결요지

갑 제13호증의 1, 2는 검색사이트인 구글(Geogle)에서 reach stacker를 입력하고 검색된 이미지 파일 중에서 인용된 것으로 원고가 비교대상으로 삼고자하는 갑 제13호증의 2는 그 촬영일자가 2004. 5. 12.이라고 기재되어 있으나 게재된 사이트(www.port‒cherbourg.com)의 홈페이지에서 그 게재일자를 알 수 없고, 파일의 속성이 http://www.port‒cherbourg.com/wp‒content/uploads/2009/06/ppm1‒8006001.jpg로 이미지 파일의 업로드 일자가 2009. 6.경인 사실을 알 수 있으며, 인터넷 게시물의 이력 검색 사이트(www.archive.org)에서 사이트(www.port‒cherbourg.com)의 과거이력 검색시 2009. 11. 업데이트 자료부터 갑 제13호증의 2 리치스태커 이미지가 www.port‒cherbourg.com의 Port Equipment에 게재된 이미지 파일임을 알 수 있으므로, 결국 갑 제13호증의 1, 2는 이 사건 특허발명이 출원일 전에 공개된 자료라고 볼 수 없다.

갑 제14호증은 위키피디아(http://en.wikipedia.org)에서 reach stacker로 검색된 File:Portoflongview project3.jpg의 출력물로서, 위 이미지 자료는 촬영년도, 생성

일 또는 편집일이 Summary, file history, metadata에 기재되어 있는데, the Port of Longview에서 이미지 촬영년도는 2006년, Metadata의 자료 생성일은 2007. 1. 11., file history의 current는 2007. 10. 18. 편집된 것으로 나타나 있으며, 검색된 이미지 파일과 file history 및 Metadata를 포함하는 전체 페이지의 최종 편집일은 2011. 12. 30.로 기재되어 있으며, current의 Date/Time에서 17:35, 18 October 2007을 클릭하면 File:Portoflongview project3.jpg과 같은 이미지 파일이 생성되고 파일의 속성이 http://upload.wikimedia.org/wikipedia/en/a/aa/Portoflongview_project3.jpg이므로(current의 Date/Time을 클릭하면 그 시간 때의 이미지 파일을 보여준다), 결국 갑 제14호증은 이 사건 특허발명의 출원일 이전인 2007. 10. 18. 인터넷 웹사이트에 공개된 자료임을 알 수 있다.

한편, 위키피디아 사이트에 등재되는 정보는 인터넷 사용자가 누구나 자유롭게 글을 쓸 수 있고 편집할 수 있어 정보의 공신력이 없으며, 그 때문에 악의적인 편집과 부정확한 내용, 내용의 질, 책임성과 권위의 부족 등이 논란이 되어 왔다고 세계적으로 널리 인식하고 있는 것이므로 이 사건 특허발명의 무효증거로 부적법하다고 주장하나, 위키피디아의 정보의 공신력에 관한 문제는 게재된 문서의 진실성, 의미의 명확성, 편집 내용의 정확성과 주로 관련된 것이며, 위키피디아 자체는 비영리기관에 의해 운영되고 관리되는 사이트로서 문서의 최초 등록이 엄격한 원칙에 따라 관리되어 등재하고 있음을 위키피디아 사이트(ko.wikipedia.org)의 소개, 도움말이나 정책 등에 의해서 확인할 수 있는바, 갑 제14호증의 자료 등록 및 편집과 관련된 날짜의 고의적인 수정이나 편집 등을 제출된 자료에서는 찾아볼 수 없고, 달리 데이터의 생성일(Date and time of data generation)이나 편집일(current Date/Time)을 부정할만한 근거도 없다.73)

2.8 관련판례(미완성 발명의 선행기술 지위 인정: 골다공증 예방 · 치료 약학제제 사건)

[1] 명칭을 "뼈 손실 예방에 유용한 벤조티오펜"으로 하는 이 사건 특허발명(특허번호 제161300호)의 특허청구범위 제5항은 "랄옥시펜 화합물 또는 약제학적으로 허용되는 그의 염을 함유하며, 폐경기 후 여성의 에스트로겐 결핍에 기인한 뼈 손실을 억제함으로써 폐경기 후 골다공증을 예방 또는 치료하는데 사용하기 위한 약

---

73) 특허법원 2012. 6. 20. 선고 2012허276 판결.

학제제"에 관한 것인데, 비교대상발명에는 '난소 절제한 쥐에 타목시펜 또는 랄옥시펜을 투여한 결과 난소 적출에 의한 뼈 밀도의 감소를 현저하게 지연시킨다'라는 내용이 개시되어 있음을 알 수 있다. 한편 비교대상발명에는 타목시펜이 난소절제로 야기된 뼈 밀도의 감소를 현저하게 억제한다는 실험결과를 근거로 타목시펜을 폐경기 후 여성의 골다공증 치료제로 사용할 수 있음을 시사하고 있고, 랄옥시펜도 타목시펜과 같이 난소절제로 야기된 뼈 밀도의 감소를 현저하게 억제한다는 실험결과를 함께 제시하고 있으므로, 이 사건 제5항 발명은 그 기술분야에서 통상의 지식을 가진 자라면 비교대상발명의 위 대응구성으로부터 용이하게 도출할 수 있어서 구성의 곤란성이 없다.

[2] 그리고 이 사건 제5항 발명은 랄옥시펜 화합물을 투여하여 골다공증 등 뼈 손실을 억제하면서 다른 부작용을 피할 수 있는 것을 그 효과로 하고 있는데, 비교대상발명도 골다공증의 예방 또는 치료를 하면서 자궁내막암 또는 유방암의 위험을 감소시키는 효과에 대하여 기재하고 있으므로, 이 사건 제5항 발명은 그 효과에서 비교대상발명과 차이가 없거나 통상의 기술자가 예측 가능한 정도에 불과하다고 할 것이다.

[3] 나아가 상고이유에서 주장하는 바와 같이 랄옥시펜의 생체이용률이 낮다는 것이 이 사건 특허발명의 우선권주장일 당시 알려져 있다는 점만으로는 통상의 기술자가 이를 의약으로 개발할 만한 동기가 없었다고 단정할 수 없고, 비교대상발명에 사용된 동물모델 및 뼈 손실 측정방법이 부적절하다고 보이지도 않으며 설사 그렇다 하더라도, 발명의 진보성 판단에 제공되는 대비 발명은 반드시 그 기술적 구성 전체가 명확하게 표현된 것뿐만 아니라, 미완성 발명 또는 자료의 부족으로 표현이 불충분한 것이라 하더라도 통상의 기술자가 경험칙에 의하여 극히 용이하게 기술내용의 파악이 가능하다면 그 대상이 될 수 있으므로(대법원 2000. 12. 8. 선고 98후270 판결 참조), 비교대상발명이 이 사건 특허발명의 진보성을 부정하는 선행기술이 되지 못한다고 할 수 없고, 갑 제7호증의 논문 기재 내용으로 인하여 비교대상발명을 신뢰할 수 없다고 할 수도 없으므로, 이에 관한 상고이유의 주장은 모두 이유 없다.

따라서 이 사건 제5항 발명은 통상의 기술자가 비교대상발명으로부터 용이하게 발명할 수 있어서 진보성이 부정된다고 할 것이다.[74][75]

---

74) 대법원 2011. 1. 13. 선고 2009후1972 판결. 이 판례는 4회 피인용되었다.
75) (확대된 선출원주의에서 미완성 발명의 선행기술 지위 불인정) 제29조 제3항은 특허출원한 발명

2.9 관련판례(동일성)

특허법 제29조 제1항의 발명의 동일성 여부의 판단은 양 발명의 기술적 구성이 동일한가 여부에 의하여 판단하되 그 효과도 참작하여야 하고, 기술적 구성에 차이가 있는 경우 그 차이가 과제 해결을 위한 구체적 수단에서 주지관용기술의 부가, 삭제, 변경 등으로 새로운 효과의 발생이 없는 정도의 미세한 차이를 넘어선다면 양 발명은 서로 동일하다고 볼 수 없다 할 것이다(대법원 2004. 10. 15. 선고 2003후472 판결 등 참조).

2.10 관련판례(정당한 권리자의 출원과 신규성)

Ⅰ) **사건개요**(음성인식 전화번호 구축과 자동전화연결 시스템 사건)

[쟁점]

정당한 권리자의 출원인지 여부

선행발명에 의하여 신규성이 있는지 여부

[원고 주장]

1) 선행발명 출원은 주식회사 케이티의 업무범위에 속하나 원고의 직무와는 무관한 자유발명이므로 선행발명 출원은 무권리자에 의한 특허출원이고, 이를 근거로 한 이 사건 출원발명은 특허법 제34조에 따른 정당한 권리자의 출원에 해당한다.

2) 이 사건 출원발명의 출원 당시 선행발명 출원은 출원 계속 중이었으므로 특허청 심사관은 선행발명 출원이 무권리자의 출원인지 여부를 판단할 수 있었음에도 이를 판단하지 아니한 것인데, 선행발명 출원이 무권리자의 출원이라는 이유로 거절결정되지 아니하였음을 근거로 이 사건 출원발명이 정당한 권리자의 출원이 아니라고 판단하여서는 아니된다.

이 당해 특허출원을 한 날 전에 한 타 특허출원으로서 당해 특허출원 후에 출원공고 또는 출원공개된 출원서에 최초에 첨부한 명세서 또는 도면에 기재된 발명과 동일한 때에 그 발명에 대하여는 같은 법 제29조 제1항의 규정에 불구하고 특허를 받을 수 없다고 규정하고 있는바, 여기에서 타 특허출원서에 첨부한 명세서 또는 도면에 기재된 발명이란 그 기술내용이 타 특허출원서에 첨부한 명세서 또는 도면에 기재되어 있는 것으로서 그 기재정도는 당해 기술분야에 있어서 통상의 지식을 가진 자가 반복 실시하여 목적하는 기술적 효과를 얻을 수 있을 정도까지 구체적, 객관적으로 개시되어 있는 완성된 발명을 말한다(대법원 1992. 5. 8. 선고 91후1656 판결 참조).

3) 이 사건 출원발명은 2014. 2. 26. 특허심판원의 취소환송 심결(2012원5771)에서 그 진보성을 인정받았으므로, 이와 동일한 발명인 선행발명 출원이 진보성이 부정된다고 판단한 심사 및 심판은 근거를 잃은 것이다.

4) 원고는 선행발명 출원이 계속 중이던 2008. 3. 19. 정보제출서(갑 제8호증)를 특허청에 제출하였으나 특허청 심사관은 선행발명 출원의 심사에 이를 고려하지 않은 채 진보성이 부정된다는 이유만으로 그 등록을 거절한 절차상의 잘못이 있다.

II) 판결요지

[이 사건 출원발명이 정당한 권리자에 의한 출원인지 여부]

[1] 관련 규정 및 법리

(가) 발명진흥법 제2조 제2호는 "직무발명"이란 종업원, 법인의 임원 또는 공무원(이하 "종업원 등"이라 한다)이 그 직무에 관하여 발명한 것이 성질상 사용자·법인 또는 국가나 지방자치단체(이하 "사용자 등"이라 한다)의 업무 범위에 속하고 그 발명을 하게 된 행위가 종업원 등의 현재 또는 과거의 직무에 속하는 발명을 말한다고 규정하고 있다.

(나) 여기서 '발명을 하게 된 행위가 종업원 등의 현재 또는 과거의 직무에 속하는 것'이라 함은 종업원 등이 담당하는 직무내용과 책임범위로 보아 발명을 꾀하고 이를 수행하는 것이 당연히 예정되거나 또는 기대되는 경우를 뜻한다(대법원 1991. 12. 27. 선고 91후1113 판결 참조).

[2] 인정사실

(가) 원고는 1991. 1. 31. 주식회사 케이티에 통신기술직으로 입사하여 1994. 7. 26.~1995. 2. 5. 및 1995. 9. 14.~1999. 2. 21. 기간에 포항전화국 교환기술과에 근무하였고, 2001. 3. 19.부터 선행발명의 출원일인 2001. 9. 4.까지 연구개발본부가입자망연구소 차세대무선연구팀 무선시스템연구2실에서 근무하였다.

(나) 원고는 2001. 7. 28.경 주식회사 케이티의 연구과제관리시스템이 '나의 연구과제' 항목에 연구기간은 '2001. 1. 1.~2001. 12. 31.', 연구기관은 '가입자망연구소', 수행과제명은 '차세대이동통신 서비스 기술개발 연구'로 하여 업무실적을 입력하여 결재를 받았는데, 총 4개의 세부과제 중 4순위(가중치는 0%)로 입력된 '개인전화번호부 구축 및 이를 이용한 음성자동연결 서비스 구축방안'의 목표설정(과제명)

에는 추진실적이 포함되어 있다.

(다) 선행발명은 원고가 발명한 것으로 발명 당시 원고의 사용자였던 주식회사 케이티의 업무범위에 속한 것이었고, 원고는 선행발명에 대한 특허를 받을 수 있는 권리를 주식회사 케이티에 승계한다는 양도증에 직접 날인하였다.

(라) 주식회사 케이티는 2001. 9. 4. 자신의 명의로 선행발명을 특허출원하였으나, 2009. 1. 9. 진보성이 부정된다는 이유로 특허청 심사관에 의하여 그 등록이 거절되어 2009. 2. 9. 특허심판원에 거절결정불복심판을 청구하였으나, 2010.11. 9. 심판청구가 기각되어 그 심결이 그대로 확정되었다.

(마) 한편 원고는 2009. 2. 11. 무권리자의 출원 후에 한 정당한 권리자의 출원이라는 주장을 하며 특허출원을 하였으나(출원번호 제10-2009-11190호), 특허청에 의하여 취하(간주) 처리되었고, 2010. 2. 22. 이 사건 출원발명을 출원하였다.

[3] 구체적인 판단

앞서 본 관련 법리와 인정사실 및 다음과 같은 사정 등에 비추어, 선행발명을 꾀하고 이를 수행하는 것이 원고의 직무범위로부터 당연히 기대되는 경우에 해당하여, 선행발명은 원고의 직무범위에 속하는 직무발명에 해당한다고 할 것이고, 원고가 선행발명에 대한 특허를 받을 수 있는 권리를 주식회사 케이티에 적법하게 양도하였으므로, 이 사건 출원발명은 특허법 제34조에 의한 정당한 권리자의 출원이 아닌 통상의 출원으로 보아야 할 것이다.

[4] 원고의 주장에 대한 판단

이에 대하여 원고는, 원고가 선행발명을 발명할 당시의 담당직무를 주식회사 케이티가 '무선서비스'로 지나치게 넓게 지정한 것은 단위직무를 구체적으로 지정하여야 한다는 내부규정을 무시한 것이며, 원고가 연구과제관리시스템에 선행발명을 연구성과로 입력한 이유는 단지 좋은 인사고과를 받기 위한 것으로서 총 4개의 세부과제 중 순위가 4순위이고 가중치가 0%로 기재된 점에서 선행발명이 원고의 직무와 무관하다는 취지로 주장한다.

그러나 주식회사 케이티의 직무관리 규정에는 개인의 직무를 어느 수준까지 구체적으로 지정하여야 하는지에 대한 기준이 명확하지 않으므로 원고에 대한주식회사 케이티의 직무지정이 잘못된 것이라고 보기 어렵고, 설령 원고의 직무가 원고의 연구과제인 '차세대이동통신 서비스 기술개발 연구'로 구체적으로 지정되어야 한다고 가정하더라도 선행발명이 위 연구과제와 관련이 없다고 단정할 수 없으며, 연구과제관리시스템에 입력된 선행발명에 관련된 연구과제의 우선순위가 가장 낮고 가중치가 0%로 되어 있다는 점만으로는 그것이 곧바로 위 연구과제와 관련성이 없다고 할 수는 없고, 선행발명을 연구성과로 입력한 것이 단지 좋은 인사고과를 받기 위한 것이라고 보기 어려우므로, 원고의 위 주장은 이를 받아들이지 아니한다.

[이 사건 제1항 발명의 신규성 여부]

앞서 살펴본 바와 같이 이 사건 출원발명은 정당한 권리자의 특허출원이 아닌 통상의 특허출원에 해당하므로, 이 사건 제1항 발명이 그 출원일인 2010. 2. 22.이전에 공지된 선행발명에 의하여 신규성이 부정되는지 여부를 살핀다. (중략) 위 구성요소 대비표에서 알 수 있는 바와 같이, 이 사건 제1항 발명의 구성요소 1 내지 3은 선행발명에 동일하게 포함되어 있음이 명백하므로(이 점에 대하여는 당사자 간에 다툼이 없다), 이 사건 제1항 발명은 선행발명에 의해 신규성이 부정된다.[76]

III. 확대된 선원, 선원주의

1. 관련규정

1.1 법 규정

제29조(특허요건) ① 산업상 이용할 수 있는 발명으로서 다음 각 호의 어느 하나에 해당하는 것을 제외하고는 그 발명에 대하여 특허를 받을 수 있다.
　1. 특허출원 전에 국내 또는 국외에서 공지(公知)되었거나 공연(公然)히 실시된 발명
　2. 특허출원 전에 국내 또는 국외에서 반포된 간행물에 게재되었거나 전기통신회선을 통하여 공중(公衆)이 이용할 수 있는 발명
② 특허출원 전에 그 발명이 속하는 기술분야에서 통상의 지식을 가진 사람이 제1항 각 호의 어느 하나에 해당하는 발명에 의하여 쉽게 발명할 수 있으면 그 발명에 대해서는 제1항에도 불구하고 특허를 받을 수 없다.
③ 특허출원한 발명이 다음 각 호의 요건을 모두 갖춘 다른 특허출원의 출원서에 최초로 첨부된 명세서 또는 도면에 기재된 발명과 동일한 경우에 그 발명은 제1항에도 불

---

76) 특허법원 2017. 1. 12. 선고 2016허2119 판결.

구하고 특허를 받을 수 없다. 다만, 그 특허출원의 발명자와 다른 특허출원의 발명자가 같거나 그 특허출원을 출원한 때의 출원인과 다른 특허출원의 출원인이 같은 경우에는 그러하지 아니하다.

1. 그 특허출원일 전에 출원된 특허출원일 것
2. 그 특허출원 후 제64조에 따라 출원공개되거나 제87조 제3항에 따라 등록공고된 특허출원일 것

④ 특허출원한 발명이 다음 각 호의 요건을 모두 갖춘 실용신안등록출원의 출원서에 최초로 첨부된 명세서 또는 도면에 기재된 고안(考案)과 동일한 경우에 그 발명은 제1항에도 불구하고 특허를 받을 수 없다. 다만, 그 특허출원의 발명자와 실용신안등록출원의 고안자가 같거나 그 특허출원을 출원한 때의 출원인과 실용신안등록출원의 출원인이 같은 경우에는 그러하지 아니하다.

1. 그 특허출원일 전에 출원된 실용신안등록출원일 것
2. 그 특허출원 후「실용신안법」제15조에 따라 준용되는 이 법 제64조에 따라 출원공개되거나「실용신안법」제21조 제3항에 따라 등록공고된 실용신안등록출원일 것

제36조(선출원) ① 동일한 발명에 대하여 다른 날에 둘 이상의 특허출원이 있는 경우에는 먼저 특허출원한 자만이 그 발명에 대하여 특허를 받을 수 있다.

② 동일한 발명에 대하여 같은 날에 둘 이상의 특허출원이 있는 경우에는 특허출원인 간에 협의하여 정한 하나의 특허출원인만이 그 발명에 대하여 특허를 받을 수 있다. 다만, 협의가 성립하지 아니하거나 협의를 할 수 없는 경우에는 어느 특허출원인도 그 발명에 대하여 특허를 받을 수 없다.

③ 특허출원된 발명과 실용신안등록출원된 고안이 동일한 경우 그 특허출원과 실용신안등록출원이 다른 날에 출원된 것이면 제1항을 준용하고, 그 특허출원과 실용신안등록출원이 같은 날에 출원된 것이면 제2항을 준용한다.

④ 특허출원 또는 실용신안등록출원이 다음 각 호의 어느 하나에 해당하는 경우 그 특허출원 또는 실용신안등록출원은 제1항부터 제3항까지의 규정을 적용할 때에는 처음부터 없었던 것으로 본다. 다만, 제2항 단서(제3항에 따라 준용되는 경우를 포함한다)에 해당하여 그 특허출원 또는 실용신안등록출원에 대하여 거절결정이나 거절한다는 취지의 심결이 확정된 경우에는 그러하지 아니하다.

1. 포기, 무효 또는 취하된 경우
2. 거절결정이나 거절한다는 취지의 심결이 확정된 경우

⑤ 발명자 또는 고안자가 아닌 자로서 특허를 받을 수 있는 권리 또는 실용신안등록을 받을 수 있는 권리의 승계인이 아닌 자가 한 특허출원 또는 실용신안등록출원은 제1

항부터 제3항까지의 규정을 적용할 때에는 처음부터 없었던 것으로 본다.

⑥ 특허청장은 제2항의 경우에 특허출원인에게 기간을 정하여 협의의 결과를 신고할 것을 명하고, 그 기간에 신고가 없으면 제2항에 따른 협의는 성립되지 아니한 것으로 본다.

1.2 규정 해설

Ⅰ) 확대된 선출원

법 제29조 제1항은 신규성, 제2항은 진보성, 제3항과 제4항은 확대된 선출원 규정이며, 제36조는 선출원주의를 규정하고 있다. 확대된 선출원은 출원 전에 이미 알려져 있지는 않지만 동일한 기술을 먼저 개발하고 이를 발명의 설명에 기재하여 특허출원(또는 실용신안등록출원)한 사람이 있는 경우에도 특허를 받을 수 없다는 취지이다. 확대된 선출원이라는 용어는 법에 없는 용어로서, "확대된"이란 말은 선출원과 후출원의 청구범위에 기재되어 있는 발명을 대비하는 제36조 선출원주의에 대응하여 청구범위보다 더 확대하여 선출원의 발명의 설명이나 도면에 기재되어 있는 것까지 비교 대비하여 후출원의 특허여부를 판단한다는 의미로 사용된 것이다.

제29조 제3항은 특허출원한 발명이 선출원의 출원서에 최초로 첨부한 명세서 또는 도면에 기재되어 있는 발명과 동일한 경우에 있어서, 선출원 후에 후출원이 출원되고, 그 이후에 그 선출원이 출원공개 또는 등록공고된 때에는 후출원한 발명은 특허를 받을 수 없다는 의미이다. 이를 선출원범위의 확대라고 하는데 그 실질은 선출원범위의 확대보다는 신규성, 진보성, 선출원의 요건 외에 새로이 후출원을 거절할 사유를 정하고 있는 것이다.

최근과 같이 기술이 고도화되고 복잡화됨에 따라 하나의 특허출원에서 어떤 발명에 관해 특허를 구하기 위해서는 여러 개의 발명을 설명할 필요성이 생긴다. 이 때문에 선출원의 출원서류에서 기재되어 있는 발명 중에는 그 선출원에서는 특허를 요구하지 않은 발명이 있고, 그 특허를 요구하지 않은 발명에 관해서 후출원이 제출된 경우의 처리를 어떻게 할 것인가 하는 문제가 발생되었다. 즉, 출원내용이 공개되기까지는 출원일로부터 1년 6월(조기공개 시 조기공개 신청 후 약 2-3주)이 소요되는데, 출원 후 출원내용의 공개까지의 사이에 선출원에서 기재되고 있는 발명과 동일한 발명에 관한 후출원이 제출된 경우 후출원을 어떻게 취급할 지가 문제된다.

이에 따라 특허출원의 발명의 설명 또는 도면에 기재되어 있는 발명은 그 출원이 일반에게 공개되는 것을 조건으로, 그와 동일한 발명에 대한 후출원을 거절할 효력을 가지게 한 것이다. 그렇게 함으로써 선원의 명세서 등에 기재되어 있는 발명이기는 하지만 특허를 요구하지 않은 발명에 대해 후출원을 거절함으로써 후출원자만이 독점하게 되는 문제를 방지한 것이다.

또한 심사청구제도와 관련으로, 선출원이 출원심사청구가 되어 있지 않은 때에는 그 선출원은 그 후의 보정에 의해 특허청구범위가 변경될 여지가 있고, 후출원을 배제할 수 있는 범위를 특허청구범위로 한정하는 경우에는 선출원이 출원심사청구되어 청구범위가 확정될 때까지 후원에 대해 심사를 진행할 수 없게 된다. 그러나 당초의 명세서와 도면에 기재되어 있는 발명 전부에 후출원을 배제할 수 있는 효과를 부여하면 선출원에 관한 출원심사청구 여부에 상관없이 후원을 처리할 수 있게 되는 장점이 있게 된다.

또 소위 방어출원 등이 심사청구를 하지 않아도 방어출원으로서의 역할을 충분히 할 수 있도록 하여 불필요한 심사부담을 경감시키는 역할도 할 수 있다. 어떤 주변발명을 특허청구범위에 기재하지 않거나 그 특허출원에 관해 심사청구를 하지 않더라도 출원 당초의 발명의 설명과 도면에 기재되어 있는 발명에 대해서는 후원을 배제할 수 있도록 하여 심사청구를 하지 않아도 되도록 하는 장점도 아울러 가지게 된다.

제29조 제4항은 특허와 실용신안과의 관계를 규정하고 있으며 내용은 제3항과 같다.

II) **확대된 선출원 적용예외**

후출원의 특허청구범위에 기재되어 있는 발명과 선출원의 발명의 설명 또는 도면에 기재되어 있는 발명이 동일한 경우에 있어서, 선후원의 발명자가 동일한 때에는 특허를 받을 수 있다. 이는 발명자가 자기의 발명에 의해 거절되는 일이 없도록 하고, 선출원의 특허청구범위에 있는 발명을 기재하지 않은 것이 곧 그 발명에 관한 권리를 포기한 것이라고 보지 않는 경우가 있는 것 등을 고려한 결과이다. 발명자가 동일한 경우라고 말하기 위해서는 엄격히 해석해야 하므로 공동발명의 경우에는 전원이 일치해야 하고, 한 사람이라도 일치하지 않는 사람이 있는 때에는 동일한 발명자가 아니다.

후출원의 출원 시에 선출원과 후출원의 출원인이 동일한 경우에도 마찬가지이다. 이는 최근의 발명은 집단연구의 산물인 경우가 많고, 더욱이 그 집단의 구성원에서는 인원변동이 자주 있는 점을 감안하여 발명자가 동일한 경우의 구제만으로는 불충분하다는 점 및 모든 특허출원의 약 80%가 직무발명으로서 발명자 개인이 아니라 발명자가 속한 회사 등이 출원인으로 되어 있는 점 등도 고려한 것이다.

Ⅲ) 선원주의

동일(同日)출원에 관해서는 제36조의 선출원 규정이 적용된다. 1개의 발명에 대해서는 한 개의 특허만을 부여해야 하는 것이 원칙이며 이를 1발명 1특허 원칙이라고 한다. 중복특허를 배제하기 위하여 하나의 발명에 대하여 복수의 출원이 있을 때에는 선출원주의에 의하여 먼저 출원한 사람만이 특허를 받을 수 있다는 것을 규정하고 있다. 동일(同日)출원일 경우에는 협의에 의하는 것으로 하고(제2항), 특허법과 실용신안법은 그 보호대상을 모두 자연법칙을 이용한 기술적 사상의 창작으로 하고 있으므로 이를 특허출원과 실용신안등록출원의 사이에도 적용하고 있다(제3항 및 제4항).

선출원주의는 동일한 발명에 대하여 복수의 출원이 있을 경우 출원한 날짜의 선후만을 비교하여 먼저 출원한 자에게 특허를 부여하는 제도이다. 이에 비하여 선발명주의는 출원이 언제 되었는지는 문제시하지 않고 그 발명이 된 시점을 비교하여 먼저 발명을 한 자에게 특허를 인정하는 제도이다. 과거에 미국이 대표적으로 선발명주의 제도를 운영했으나 현재는 선발명주의 제도를 운영하고 있는 국가는 없다.

이 규정은 선출원의 특허청구범위에 기재된 발명과 동일한 발명을 후출원이 청구범위에 기재한 경우 이 조항을 근거로 후출원을 거절할 수 있지만, 제29조 제3항의 확대된 선출원의 규정은 선출원의 특허청구범위 뿐 아니라 출원 당초의 명세서 또는 도면에 기재된 발명 모두를 근거로 거절할 수 있고, 출원공개만 있으면 청구범위의 확정을 기다릴 필요도 없으며, 공개된 후에는 선원이 취하될 경우에도 거절의 근거로 할 수 있다.

IV) **선출원 대상이 되는 출원**(선출원의 지위)

선출원의 지위를 갖지 못하는 출원은 출원 후에 무효(무효심판에 의한 무효가 아니고 절차무효이다)·취하 또는 포기되거나 거절결정이나 거절한다는 취지의 심결이 확정된 출원의 경우에도 제1항 내지 제3항의 적용에 대해서는 처음부터 없었던 것으로 간주되어 이 조의 대상이 되지 않는다(제4항). 또한 정당한 권리자가 아닌 자에 의한 출원도 이 규정의 적용에 대해서는 특허출원이 아닌 것으로 간주된다(제5항).

2. 관련판례

2.1 관련판례(확대된 선출원에서 발명의 동일성 판단 기준)

Ⅰ) **판시사항**(염색용 보빈 사건)

[1] 확대된 선출원에 관한 구 특허법 제29조 제3항에서 규정하는 '발명의 동일성'을 판단하는 기준

[2] 명칭이 "염색용 보빈"인 특허발명과 비교대상발명은 기술적 구성에 차이가 있고, 그 차이로 인하여 특허발명에는 비교대상발명과 달리 염색용 보빈의 견고성을 향상시키는 새로운 작용효과가 발생하므로 두 발명을 동일하다고 할 수 없음에도, 이와 달리 본 원심판결에 법리를 오해한 위법이 있다고 한 사례

Ⅱ) **판결요지**

[1] 확대된 선출원에 관한 구 특허법(2006. 3. 3. 법률 제7871호로 개정되기 전의 것) 제29조 제3항에서 규정하는 발명의 동일성은 발명의 진보성과는 구별되는 것으로서 두 발명의 기술적 구성이 동일한가 여부에 의하되 발명의 효과도 참작하여 판단할 것인데, 기술적 구성에 차이가 있더라도 그 차이가 과제해결을 위한 구체적 수단에서 주지·관용기술의 부가·삭제·변경 등에 지나지 아니하여 새로운 효과가 발생하지 않는 정도의 미세한 차이에 불과하다면 두 발명은 서로 실질적으로 동일하다고 할 것이나, 두 발명의 기술적 구성의 차이가 위와 같은 정도를 벗어난다면 설사 그 차이가 해당 발명이 속하는 기술분야에서 통상의 지식을 가진 사람이 쉽게 도출할 수 있는 범위 내라고 하더라도 두 발명을 동일하다고 할 수 없다.

[2] 명칭이 "염색용 보빈"인 특허발명의 '심체'와 그에 대응하는 비교대상발명의 '상하측 플레이트'는 기술적 구성에 차이가 있고, 그 차이가 과제해결을 위한 구

체적 수단에서 주지·관용기술의 부가·삭제·변경 등에 불과하다고 할 수 없을 뿐
만 아니라, 그 차이로 인하여 특허발명에는 비교대상발명과 달리 염색용 보빈의 견
고성을 향상시키는 새로운 작용효과가 발생하므로 두 발명을 동일하다고 할 수 없
음에도, 이와 달리 본 원심판결에 법리를 오해한 위법이 있다고 한 사례.[77]

2.2 관련 일본판례(확대된 선출원에서 발명의 동일성 판단 기준)

원고는 양 발명의 동일성은 양자의 대비만으로 판단할 사항이지 다른 증거에
의한 기술상식을 원용해 판단하는 것은 허용되지 않는다는 취지로 주장한다. 그러
나 명세서는 해당 발명에 관한 모든 기술을 망라하고 이를 설명하고 있는 것이 아
니라 출원 당시의 당업자의 기술 상식을 전제로 한 뒤 작성되는 것이 보통이므로
특히 명세서에 기재가 없더라도 해당 발명을 이해함에 있어서 당업자가 가지는 기
술 상식을 증거로 인정하고 이를 참작해야 한다.

또한, 원고는 심결이 양 발명이 '실질적으로 동일'하다고 판단한 것에 대하여,
특허법 제29조의 2에서 사용하지 않은 '실질적'이라는 문구를 사용하여 양자의 동일
성을 판단하는 것은 허용되지 않는다고 주장한다. 그러나 대비해야 할 복수의 발명
간에 그 구성, 이에 의해 나타나는 효과가 모두 형식적으로 합치된다는 것은 일반
적으로 있을 수 없다. 중요한 것은 양 발명에 형식적인 차이가 있어서도 이 차이가
단순한 표현상의 것이거나, 설계상의 미세한 차이이거나, 효과에 현저한 차이가 없
으면 양 발명은 기술적 사상의 창작에 있어서 동일하다고 인정하는 데 지장 없다.
이런 경우에 양 발명이 '실질적으로 동일'하다고 칭하는 것이므로 특허법 제29조의
2도 동조 소정의 선원 발명과 후원발명이 위와 같은 의미에서 실질적으로 동일할
때에는 후원 발명은 특허를 받을 수 없다는 취지로 해석해야 한다.[78]

2.3 관련 일본판례(확대된 선출원에서 발명의 동일성 판단 기준)

실용신안법 제3조의2 세1항 단서규정은 일반적으로 선출원 명세서 기재의 후출
원 배제를 규정하는 동조 본문의 예외이기 때문에, 확장 해석하지 않고 문구대로 해
석하는 것이 원칙이며, 동항 단서는 "해당 실용신안등록 출원 시에 그 출원인과 해

---

77) 대법원 2011. 4. 28. 선고 2010후2179 판결. 이 판례는 28회 피인용되었다.
78) 액정디스플레이 반사장치 사건, 東京高裁 소화 61년 (行ケ) 제29호(소화 61. 9. 29. 판결).

당 타 실용신안등록 출원 또는 특허 출원의 출원인이 동일한 자일 때에는"으로 규정하고 있으므로 해당 타 실용신안등록 출원이 단독 출원인에 의해 이루어졌고, 해당 실용신안등록 출원이 공동 출원인에 의해 이루어진 경우는 동항 단서에 규정하는 '동일한 자'의 요건을 만족하지 못하는 것으로 해석하는 것이, 동항 단서의 내용이다.

또한, 동항 단서는 "해당 실용신안 등록출원 시에"로 규정하여 후원의 출원 시를 기준으로 선원과 후원의 출원인이 '동일한 자'에 해당하는지를 판단한다는 내용을 규정한 것이고, 해당 타 고안의 출원인과 해당 고안의 출원인과의 실질적인 관계를 고려하지 말고, 후원 출원 시의 해당 고안의 출원인이 누구인지에 따라 형식적으로 그 적용 유무가 결정되는 취지의 규정이라고 해석된다.

따라서 선원의 해당 타 실용신안등록 출원이 단독 출원인에 의해 이루어지고, 후원의 해당 실용신안등록 출원이 공동 출원인에 의해 이루어진 경우는 그 공동 출원인 중의 한명이 선원의 출원인과 동일하더라도, 동항 단서에 규정하는 '동일한 자'의 요건을 만족시키지 못한다.[79]

Ⅳ. 진보성

1. 관련규정

출원된 발명의 신규성에 대한 규정으로, 산업상 이용할 수 있는 발명으로서, 특허출원 전에 국내 또는 국외에서 공지(公知)되었거나 공연(公然)히 실시된 발명이거나, 또는, 특허출원 전에 국내 또는 국외에서 반포된 간행물에 게재되었거나 전기통신회선을 통하여 공중(公衆)이 이용할 수 있는 발명과 동일한 발명에 대하여는 특허를 부여하지 않는 것으로 규정하고 있다(제29조(특허요건) 제1항). 특허는 이와 같이 새로운 발명일 조건(신규성, 동일성)을 만족할 뿐만 아니라 종래의 기술로부터 용이하게 발명할 수 없을 것이라는 진보성 특허요건도 갖추어야 한다(제29조(특허요건) 제2항).

특허권은 발명의 공개대가로서 독점권을 부여하는 것이므로 이미 공지되어 있는 발명에 대하여 독점권을 부여하지 않는다. 이 규정은 신규성이 없는 4가지를 제

---

79) 렌즈 첨부 필름 유닛 사건, 東京高裁 평성11년 (行ケ) 제31호(평성 12. 10. 11. 판결).

시하고 이외의 발명에 대하여는 신규성이 있는 것으로 인정한다. 진보성 상실 사유로 ① 공지, ② 공연실시(공용), ③ 간행물 기재(문헌공지), ④ 전기통신회선을 통한 공중이 이용가능하게 된 발명으로부터 그 발명이 속하는 기술분야에서 통상의 지식을 가진 사람(당업자)이 용이하게 발명할 수 있는 발명은 진보성이 상실된다.

즉, 특허법 제29조 제2항에서는 이미 알려진 기술로부터 용이하게 발명할 수 있는 정도 수준의 발명에 대해서도 특허가 부여되지 않는다는 진보성에 대하여 규정하고 있다. 진보성이란 용어를 특허법에서 직접 표현하고 있지는 않지만, 제1항 각호의 1에 규정된 발명에 의하여 용이하게 발명할 수 있는 발명을 진보성이 없는 발명이라 한다. 진보성이 없는 발명에 특허를 부여하지 않는 이유는 공지기술로부터 용이하게 생각해 낼 수 있는 발명에 특허를 부여하는 것은 산업발전에 기여하는 것을 목적으로 하는 특허제도의 취지에 반하기 때문이다. 진보성 판단은 당업자의 수준에서 이루어진다. 당업자란 용어도 특허법에서 직접 표현하고 있지는 않지만, 제2항의 "그 발명이 속하는 기술분야에서 통상의 지식을 가진 자"를 당업자라고 하고 있다. 당업자란 당해 발명이 속하는 기술분야에 대한 식견과 기술상식을 가진 자를 의미한다. 또한 진보성은 출원 시의 기술수준에 의하여 판단되어야 한다는 것이 일반적인 기준이다. 출원발명이 속하는 기술분야와 공지기술이 속하는 기술분야와의 관련성도 진보성 판단에 영향을 미친다. 특허발명의 진보성은 신규성이 있음을 전제로 한다. 실무적으로는 진보성이 특허출원뿐 아니라, 특허분쟁 사건에서도 가장 많이 부딪치는 문제이다.

2. 관련판례

2.1 관련판례(진보성 판단에서 동일기술 분야인지 여부)

Ⅰ) 사건개요(산소수 정수기 사건)

[이 사건 등록고안(특허출원 제2002-2236호의 이중출원)]

여과, 흡착, 분리필터 등의 정수처리공정에 산소 발생공정 및 산소용해공정을 접목시킴으로써 정수 처리된 물 속에 산소를 강제 용해시켜 고농도 용존 산소수를 얻을 수 있도록 한 산소수 정수기를 제공하기 위한 발명

[비교대상고안 1]

등록특허공보 제199338호 '역삼투 냉, 온 정수기의 음용수 취출장치'(웅진코웨이)

하나의 배출구로 냉수, 온수, 상온수를 선택하여 취출할 수 있게 하고, 냉수와 상온수용 저장탱크를 하나의 통체로 일체화시켜 구조의 단순화를 기하는 동시에, 저장탱크 내의 저장수를 일정 주기로 자동 순환시켜 살균과 정수의 취출장치를 증가시키는 정수기의 음용수 취출장치를 제공하기 위한 발명

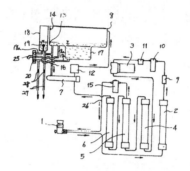

[비교대상고안 2]

공개특허공보 제2001-67951호 '수조의 산소 공급장치'

양어장, 활어운반용 수조, 진열보존용 활어수족관 등과 같은 각종 수조의 용수에 산소를 공급하여 산소용존효율을 향상시키는 산소공급장치를 제공하기 위한 발명(도면은 산소 용해조 수단)

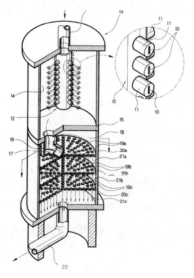

[비교대상고안 3]

일본 공개특허공보 특개2000-245295호 '산소수공급장치'

수성 생물을 사육하거나 운반하는 수조의 물에 고효율 및 고농도로 산소를 공급하는 산소수공급장치를 제공하기 위한 발명

II) **판결요지**

이 사건 등록고안과 비교대상고안 1은 정수처리공정을 거쳐 저장되어 있는 물을 순환시키고 순환되는 물 속에 용존 산소량을 증가시키는 정수기를 제공하는 점에서 그 기술분야가 동일하고 목적의 공통점이 있다.

이 사건 등록고안과 비교대상고안 2, 3은 모두 저장되어 있는 물을 순환시키고 산소발생장치에서 발생된 산소를 순환되는 물에 공급하여 산소용해장치에서 용해시켜 물의 용존 산소량을 증가시키는 점에서 기술분야가 인접하여 있고, 목적의 공통점이 있으며, 물 속에 고농도의 산소를 용해시키고자 하는 기술적 과제를 공유하고 있다. 다만, 이 사건 등록고안은 정수기에 관한 것이고 비교대상고안 2, 3은 양어장, 활어운반용의 수조에 관한 것이라는 점에서, 그 기술이 적용되는 구체적인 분야 및 달성하고자 하는 구체적인 목적에 있어서는 일부 차이가 있다.

이에 대하여 원고는, 비교대상고안 2, 3은 이 사건 등록고안과 산업상 이용분야가 상이하고 목적도 이질적이어서 비교대상고안으로 삼을 수 없다는 취지로 주장한다.

그러나 구 실용신안법 제5조 제2항 소정의 "그 고안이 속하는 기술분야"란 당해 고안이 이용되는 산업분야로서 그 범위를 정함에 있어서는 고안의 목적, 기술적 구성, 작용효과의 면을 종합하여 객관적으로 판단하여야 할 것이고(대법원 2003. 4. 25. 선고 2002후987 판결 등 참조), 문제로 된 비교대상고안의 기술적 구성이 특정 산업분야에만 적용될 수 있는 구성이 아니고 당해 등록고안의 산업분야에서 통상의 기술을 가진 자가 등록고안의 당면한 기술적 문제를 해결하기 위하여 별다른 어려움 없이 이용할 수 있는 구성이라면 이를 당해 등록고안의 진보성을 부정하는 선행기술로 삼을 수 있다고 할 것이다(대법원 2008. 7. 10. 2006후2059 판결 등 참조).

이 사건에서 보면, ① 이 사건 등록고안과 비교대상고안 2, 3은 모두 저장되어 있는 물을 순환시키고 물 속에 용존 산소량을 증가시키는 기술에 관한 고안이라 할 수 있는데, 이러한 기술은 특정 산업분야에 국한되는 것이 아니라 이 사건 등록고

안에 개시된 선행기술들(모두 이 사건 등록고안의 출원인이 출원하여 특허등록받은 명칭이 '다용도 혼합용해기'인 기술들로서, 산소와 물을 혼합용해기에 공급하여 산소와 물의 접촉을 증대시켜 물 속에 용존 산소량을 높이는 기술에 관한 것이다)에 기재되어 있는 바와 같이 '폐수처리, 정수처리, 수경양액재배, 양식장, 산업현장 등'에 사용될 뿐만 아니라, 정수기, 음료수 등 생활용품 분야에서 흔히 사용되는 기술이라 할 것이고, ② 비교대상고안 2, 3에서 산소발생장치와 산소용해장치를 구비하여 순환되는 물 속에 용존 산소량을 증가시키는 것은 이 사건 등록고안과 동일한 기술적 과제를 해결하기 위한 것으로 보이므로, 고안의 과제 해결을 위하여 관련된 인접 기술분야의 기술수단의 적용을 시도하는 것은 통상의 기술자에게 통상적인 창작능력의 발휘에 해당하는 것이며, ③ 여러 기술분야에서 공통적으로 사용될 수 있는 기술의 진보성 여부를 판단함에 있어서는 그 사용분야나 기술의 인접성 여부 등을 종합적으로 고려하여 판단하여야 하고, 반드시 해당 기술이 적용되는 물건이나 방법의 종류까지 동일하여야 하는 것은 아니라고 할 것이므로, 비교대상고안 1뿐만 아니라 비교대상고안 2, 3 역시 이 사건 등록고안의 진보성을 판단하는 선행기술이 될 수 있다.[80]

2.2 관련판례(진보성 판단에서 통상의 기술자의 의미)

Ⅰ) "뼈의 고정에 관련한 외과적 처치를 위한 개선된 팽창 기구"(등록번호 제0355207호) 사건

특허법 제29조 제2항 소정의 그 발명이 속하는 기술분야란 출원발명이 이용되는 산업분야로서 그 범위를 정함에 있어서는 발명의 목적, 기술적 구성, 작용효과의 면을 종합하여 객관적으로 판단하여야 할 것이고(대법원 2003. 4. 25. 선고 2002후987 판결 등 참조), 통상의 기술자란 특허발명의 출원 시를 기준으로 국내외를 막론하고, 출원 시 당해 기술분야에 관한 기술수준에 있는 모든 것을 입수하여 자신의 지식으로 할 수 있으며, 연구개발을 위하여 통상의 수단 및 능력을 자유롭게 구사할 수 있다고 가정한 자연인을 말하는 것이다.[81]

---

80) 특허법원 2009. 9. 18. 선고 2009허115 판결.
81) 특허법원 2010. 3. 19. 선고 2008허8150 판결.

II) **"다이싱 다이본드 시트"**(등록번호 제723980호) **사건**

　[비교대상발명 1]

　명칭: 반도체 웨이퍼 다이싱용 점착 테이프

　[비교대상발명 2]

　명칭: 접착제 조성물, 그 제조 방법, 이것을 이용한 접착 필름, 반도체 탑재용
기판 및 반도체 장치

　피고들은 이 사건 특허발명의 출원 시에 점착제층과 접착제층에 대한 많은 선
행기술들이 있어 점착제층과 접착제층을 조합할 수 있는 경우의 수가 엄청나게 많
으므로, 통상의 기술자가 이 사건 특허발명과 같은 점착제층과 접착제층의 조합을
용이하게 도출할 수 없다는 취지로 주장하나, 통상의 기술자는 특허발명의 출원 시
에 그 기술분야의 기술상식을 보유하고 있고, 연구개발을 위하여 통상의 수단 및
능력을 자유롭게 구사할 수 있으며, 출원 시의 기술수준에 있는 모든 것을 입수하
여 자신의 지식으로 습득하고 결합을 시도해볼 수 있는 것이므로, 통상의 기술자가
수많은 점착제층과 접착제층에 대한 선행기술 중에서 비교대상발명 1, 2를 선택함
에 있어 곤란성이 있다고 보기 어려우므로, 피고들의 주장은 이유 없다.[82]

2.3 관련판례(투여용법 등 새로운 의약용도가 부가된 발명의 신규성·진보성의 인정, 전원합의체)

Ⅰ) **판시사항**(브리스톨－마이어스 VS 제일약품: 의약 투여용법 사건)

　[1] 의약이라는 물건의 발명에서 대상 질병 또는 약효와 함께 투여용법과 투여
용량을 부가하는 경우, 투여용법과 투여용량이 발명의 구성요소인지 여부(적극) 및

　[2] 투여용법과 투여용량이라는 새로운 의약용도가 부가되어 신규성과 진보성
등의 특허요건을 갖춘 의약에 대해서 새롭게 특허권이 부여될 수 있는지 여부(적극)

　[3] 이 법리가 권리범위확인심판에서 심판청구인이 심판의 대상으로 삼은 확인
대상발명이 공지기술로부터 용이하게 실시할 수 있는지를 판단할 때에도 마찬가지
로 적용되는지 여부(적극)

---

82) 특허법원 2014. 9. 26. 선고 2013허9201 판결.

II) 판결요지

의약이 부작용을 최소화하면서 효능을 온전하게 발휘하기 위해서는 약효를 발휘할 수 있는 질병을 대상으로 하여 사용하여야 할 뿐만 아니라 투여주기·투여부위나 투여경로 등과 같은 투여용법과 환자에게 투여되는 용량을 적절하게 설정할 필요가 있는데, 이러한 투여용법과 투여용량은 의약용도가 되는 대상 질병 또는 약효와 더불어 의약이 효능을 온전하게 발휘하도록 하는 요소로서 의미를 가진다. 이러한 투여용법과 투여용량은 의약물질이 가지는 특정의 약리효과라는 미지의 속성의 발견에 기초하여 새로운 쓰임새를 제공한다는 점에서 대상 질병 또는 약효에 관한 의약용도와 본질이 같다.

그리고 동일한 의약이라도 투여용법과 투여용량의 변경에 따라 약효의 향상이나 부작용의 감소 또는 복약 편의성의 증진 등과 같이 질병의 치료나 예방 등에 예상하지 못한 효과를 발휘할 수 있는데, 이와 같은 특정한 투여용법과 투여용량을 개발하는 데에도 의약의 대상 질병 또는 약효 자체의 개발 못지않게 상당한 비용 등이 소요된다. 따라서 이러한 투자의 결과로 완성되어 공공의 이익에 이바지할 수 있는 기술에 대하여 신규성이나 진보성 등의 심사를 거쳐 특허의 부여 여부를 결정하기에 앞서 특허로서의 보호를 원천적으로 부정하는 것은 발명을 보호·장려하고 그 이용을 도모함으로써 기술의 발전을 촉진하여 산업발전에 이바지한다는 특허법의 목적에 부합하지 아니한다.

그렇다면 의약이라는 물건의 발명에서 대상 질병 또는 약효와 함께 투여용법과 투여용량을 부가하는 경우에 이러한 투여용법과 투여용량은 의료행위 자체가 아니라 의약이라는 물건이 효능을 온전하게 발휘하도록 하는 속성을 표현함으로써 의약이라는 물건에 새로운 의미를 부여하는 구성요소가 될 수 있고, 이와 같은 투여용법과 투여용량이라는 새로운 의약용도가 부가되어 신규성과 진보성 등의 특허요건을 갖춘 의약에 대해서는 새롭게 특허권이 부여될 수 있다.

이러한 법리는 권리범위확인심판에서 심판청구인이 심판의 대상으로 삼은 확인대상발명이 공지기술로부터 용이하게 실시할 수 있는지를 판단할 때에도 마찬가지로 적용된다.[83]

---

83) 대법원 2015. 5. 21. 선고 2014후768 전원합의체 판결.

Ⅲ) 일본판례: ABS계 수지 조성물의 용도한정에 대한 판단

'ABS 수지는 사출 성형·압출 성형·진공 성형 블로우 성형 안내 가공 등 모든 가공을 할 수 있고, 또한 가공성이 좋은 것이 특징이다'고 기재가 있는 것이 인정된다. … 그렇다면, 당업자는 본원 발명에서 말하는 'ABS계 수지'의 용도를 생각함에 있어서는, 그것이 당업자에 있어서, 'ABS 수지'는 '압출 성형, 블로우 성형, 발포 성형, 진공 성형' 용도에 유용하다는 것은 당연하다. … 본원 발명에서 말하는 'ABS계 수지'가 폴리테트라플루오르에틸렌 포함여부에 따라 ABS 수지 본래의 성질이 없어지는 등 특별한 사정이 없는 한, 'ABS계 수지'라고 하는 범위에 있으며, 그 범위 내에서는 여전히 'ABS계 수지'로서, '압출 성형, 블로우 성형, 발포 성형, 진공 성형'라고 하는 용도에 유용한 것이다. 따라서 원고의 용도발명 주장은 받아들일 수 없고 이 사건 출원발명의 신규성을 인정할 수 없다.[84]

2.4 관련판례(선행기술들에 청구항의 모든 구성요소가 기재되어 있는 결합발명의 진보성 판단)

Ⅰ) 사건개요(궤도차량 정보 표시 시스템 사건)

본 발명은 지하철, 전철 혹은 철도차량과 같이 궤도 상에서 운행되는 궤도 차량용 정보 서비스 표시 시스템에 관한 것으로서, 더 상세하게는 궤도 차량내에 설치되어 승하차역 안내와 같은 역정보 안내와, 뉴스·스포츠·증시·경제·일기예보 등과 같은 일반정보 및 정지영상 혹은 동영상 광고를 포함한 멀티미디어 정보를 제공할 수 있도록 된 액정표시장치(LCD: Liquid Crystal Display)와 이를 제어하고 운영하는 운영장치를 갖추어 궤도 차량의 운행 편의성 및 대고객 서비스를 향상시키고 광고 운영수익과 같은 수익을 창출할 수 있도록 된 궤도차량용 정보 서비스 표시 시스템에 관한 것이다.

[청구항 1항]

지하철 전동차 및 철도 차량과 같이 궤도 상에서 운행되는 궤도 차량용 정보 서비스 표시 시스템에 있어서,

상기 궤도차량의 차륜에 설치된 센서의 신호를 통해 운행속도와 운행거리를 검출하는 속도거리 검출수단;

---

84) 東京高裁 평성 11년 (行ケ) 제345호(평성 13. 10. 25. 판결).

인공위성으로부터 상기 궤도차량의 위치정보를 수신하여 궤도차량의 현재 위치를 검출하는 위치정보수신수단;

상기 속도거리 검출수단과 위치정보수신수단에서 속도거리 데이터와 위치정보 데이터를 각각 입력받으며, 상기 속도거리 데이터 및 위치정보 데이터를 그 내부에 미리 입력저장된 역간거리 데이터와 비교하여 이를 통해 역안내 정보 데이터를 출력하고, 상기 궤도차량의 운행과 관련한 각종 정보 데이터를 처리하고 제어하며 출력하는 중앙처리 제어수단;

상기 궤도 차량 내부에 설치되며, 상기 중앙처리 제어수단에서 출력된 역안내 정보와 같은 데이터를 표출하기 위한 디스플레이 수단;

원격지에서 상기 디스플레이 수단에 표출될 수 있는 역안내 화면 영상신호와 동영상/정지영상 광고 및 생활정보 신호를 무선통신 방식으로 송출하는 원격지 정보제공 수단;

상기 원격지 정보제공 수단에서 송출한 내용을 입력받아 이들 내용이 상기 디스플레이 수단에서 분할되어 표출되도록 상기 디스플레이 수단의 화면을 분할시키는 화면분할 처리수단;

을 포함하여 된 것을 특징으로 하는 궤도 차량용 정보 서비스 표시 시스템.

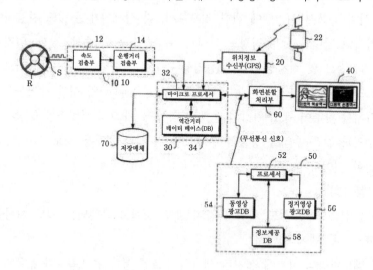

[심결요지]

제1항의 구성요소는 모두 인용발명 1, 2, 3에 기재되어 있는 구성과 동일하므로 인용발명들의 결합에 의하여 이 사건 특허발명은 특허법 제29조 제2항에 위배되어 특허된 것이어서 그 등록이 무효로 되어야 할 것이다.

II) 판결요지

특허청구범위에 기재된 청구항이 복수의 구성요소로 되어 있는 경우에는 각 구성요소가 유기적으로 결합한 전체로서의 기술사상이 진보성 판단의 대상이 되는 것이지 각 구성요소가 독립하여 진보성 판단의 대상이 되는 것은 아니므로, 그 특허발명의 진보성 여부를 판단함에 있어서는 청구항에 기재된 복수의 구성을 분해한 후 각각 분해된 개별 구성요소들이 공지된 것인지 여부만을 따져서는 안 되고, 특유의 과제 해결원리에 기초하여 유기적으로 결합된 전체로서의 구성의 곤란성을 따져 보아야 할 것이며, 이 때 결합된 전체 구성으로서의 발명이 갖는 특유한 효과도 함께 고려하여야 한다(대법원 2007. 9. 6. 선고 2005후3277 판결 참조).

원심이 명칭을 "궤도차량용 정보서비스 표시 시스템"으로 하는 원고의 이 사건 특허발명(제372320호)을 그 판시의 비교대상발명들과 대비하여, 이 사건 특허발명의 청구항 1은 비교대상발명들에 비하여 목적에 특이성이 있고 구성의 곤란성이 있으며 효과의 현저성도 있으므로 그 진보성이 부정되지 않고, 청구항 1의 진보성이 부정되지 않는 이상, 그 종속항인 청구항 2 내지 9 역시 진보성이 부정되지 않는다고 판단하였음은 정당한 것이다.[85]

2.5 관련판례(명세서의 전제부 종래기술이 공지기술인지 여부, 전원합의체)

I) 사건개요(폐수여과기 사건)

[고안의 설명]

폐수에 포함되어 있는 부유 고형물과 같은 비용해성 이물질을 여과하여 제거할 수 있도록 된 스크린장치에 관한 것으로, 더 상세하게는 브러쉬와 레이크를 회동 가능하게 설치하여 제거할 수 없는 정도의 큰 이물질의 위치에서는 기구의 파손을 방지하고 원활한 구동이 지속적으로 이루어질 수 있도록 고안된 것이다.

---

85) 대법원 2007. 11. 29. 선고 2006후2097 판결.

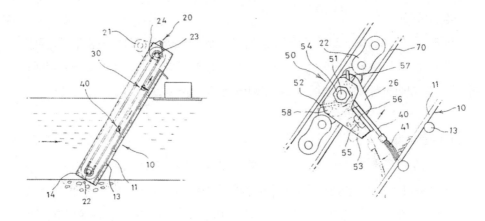

[청구항 1항]

양측에 세워지는 프레임(14)의 사이에 다수의 와이어(11)들이 일정 간극을 두고 나란히 배열되어, 그 하부에 용착되는 지지봉(13)에 의해 고정되는 스크린판(10)과; 상기 프레임(14)의 내측 상 하부에 체인기어(22)(23)에 치차 결합되는 체일(24)을 모터(21)의 회전으로 구동토록 하는 구동부(20)와; 상기 구동부(20)의 체인(24)에 고정 부착된 어테치판(26)으로 결합되어 상기 스크린판(10)을 따라 이동되며, 와이어(11)에 걸려진 큰 이물질을 긁어 이동시키는 레이크판(30)과; 상기 레이크판(30)과 거리를 두고 체인(24)에 고정 부착된 어테치판(26)으로 결합되어 일정거리를 유지하며, 상기 와이어(11)들의 간극 사이에 탄력적으로 끼워져 간극 사이와, 스크린판(10)의 표면으로 부착되는 작은 크기의 이물질들을 브러쉬(41)로 제거시키는 브러쉬판(40)으로 구성된 것에 있어서; 상기 레이크판(30)에는 체인(24)에 부착된 어테치판(26)의 일측으로 힌지핀(61)을 돌출 성형하여, 이 힌지핀(61)에 회동 가능하게 끼워진 브라켓트(63)를 코일스프링(62)으로 탄력 설치시키고, 레이크판(30)을 이 브라켓트(63)에 고정시키는 레이크회동수단(60)이 구비됨을 특징으로 하는 폐수여과기의 레이크보호장치.

II) 판시사항

[1] 특허발명의 신규성 또는 진보성 판단과 관련하여 특허발명의 구성요소가 출원 전에 공지된 것인지에 관한 증명책임의 소재 및 공지사실의 증명 방법/ 특허발명의 구성요소가 청구범위의 전제부에 기재되었거나 명세서에 배경기술 또는 종

래기술로 기재되었다는 사정만으로 공지기술로 인정할 수 있는지 여부(소극)/ 청구범위의 전제부에 기재된 구성요소를 출원 전 공지된 것으로 사실상 추정할 수 있는 경우 및 추정이 번복되는 경우/ 이러한 법리가 실용신안의 경우에도 마찬가지로 적용되는지 여부(적극)

　　[2] 특허나 실용신안의 등록무효심판청구에 관하여 종전에 확정된 심결이 있으나 종전 심판에서 청구원인이 된 무효사유 외에 다른 무효사유가 추가된 경우, 새로운 심판청구가 일사부재리의 원칙에 위배되는지 여부(소극) 및 이 경우 종전 심결과 다른 결론을 내리기 위해서는 종전에 확정된 심결에서 판단이 이루어진 청구원인과 공통되는 부분에 대해서 확정된 심결을 번복할 수 있을 정도로 유력한 증거가 새로 제출되어야 하는지 여부(적극)

Ⅲ) 판결요지

　　[1] 특허발명의 신규성 또는 진보성 판단과 관련하여 특허발명의 구성요소가 출원 전에 공지된 것인지는 사실인정의 문제이고, 공지사실에 관한 증명책임은 신규성 또는 진보성이 부정된다고 주장하는 당사자에게 있다. 따라서 권리자가 자백하거나 법원에 현저한 사실로서 증명을 필요로 하지 않는 경우가 아니라면, 공지사실은 증거에 의하여 증명되어야 하는 것이 원칙이다.

　　그리고 청구범위의 전제부 기재는 청구항의 문맥을 매끄럽게 하는 의미에서 발명을 요약하거나 기술분야를 기재하거나 발명이 적용되는 대상물품을 한정하는 등 목적이나 내용이 다양하므로, 어떠한 구성요소가 전제부에 기재되었다는 사정만으로 공지성을 인정할 근거는 되지 못한다. 또한 전제부 기재 구성요소가 명세서에 배경기술 또는 종래기술로 기재될 수도 있는데, 출원인이 명세서에 기재하는 배경기술 또는 종래기술은 출원발명의 기술적 의의를 이해하는 데 도움이 되고 선행기술 조사 및 심사에 유용한 기존의 기술이기는 하나 출원 전 공지되었음을 요건으로 하는 개념은 아니다. 따라서 **명세서에 배경기술 또는 종래기술로 기재되어 있다고 하여 그 자체로 공지기술로 볼 수도 없다.**

　　다만 특허심사는 특허청 심사관에 의한 거절이유통지와 출원인의 대응에 의하여 서로 의견을 교환하는 과정을 통해 이루어지는 절차인 점에 비추어 보면, 출원 과정에서 명세서나 보정서 또는 의견서 등에 의하여 출원된 발명의 일부 구성요소가 출원 전에 공지된 것이라는 취지가 드러나는 경우에는 이를 토대로 하여 이후의 심사절차가 진행될 수 있도록 할 필요가 있다.

그렇다면 명세서의 전체적인 기재와 출원경과를 종합적으로 고려하여 출원인이 일정한 구성요소는 단순히 배경기술 또는 종래기술인 정도를 넘어서 공지기술이라는 취지로 청구범위의 전제부에 기재하였음을 인정할 수 있는 경우에만 별도의 증거 없이도 전제부 기재 구성요소를 출원 전 공지된 것이라고 사실상 추정함이 타당하다. 그러나 이러한 추정이 절대적인 것은 아니므로 출원인이 실제로는 출원 당시 아직 공개되지 아니한 선출원발명이나 출원인의 회사 내부에만 알려져 있었던 기술을 착오로 공지된 것으로 잘못 기재하였음이 밝혀지는 경우와 같이 특별한 사정이 있는 때에는 추정이 번복될 수 있다.

그리고 위와 같은 법리는 실용신안의 경우에도 마찬가지로 적용된다.

[2] 명칭을 '폐수여과기의 레이크보호장치'로 하는(최종 보정사항이 반영된 등록공보에 기재된 명칭이다) 이 사건 등록고안(실용신안등록번호 1 생략)의 출원경과를 살펴보면, 출원인인 소외인이 이 사건 등록고안의 심사과정 중에 특허청 심사관으로부터 진보성이 부정된다는 취지로 거절이유통지를 받고, 1997. 6. 24.경 원심 판시 구성 1 내지 4를 전제부 형식으로 보정하면서 종래에 알려진 구성을 공지로 인정하여 전제부 형식으로 바꾸어 기재하였다는 취지가 담긴 의견서를 제출한 사실을 알 수 있다. 이러한 사정에 비추어 보면, 이 사건 등록고안의 전제부에 기재된 구성 1 내지 4가 공지기술에 해당한다고 사실상 추정할 수는 있다.

그러나 원심판결 이유에 의하면, 소외인의 의견서 기재는 실제로는 의견서 제출 당시에만 공개되었을 뿐 이 사건 등록고안의 출원 당시에는 공개되지 않았던 선출원고안을 착오로 출원 당시 공지된 기술인 양 잘못 기재한 것에 불과함을 알 수 있으므로, 위와 같은 추정은 번복되었다고 보아야 한다.

원심이 이 사건 등록고안의 청구범위 중 전제부에 기재된 구성 1 내지 4를 공지된 것으로 취급하지 않고 나아가 증거에 의하여 그 공지 여부를 판단한 것은 위 법리에 따른 것이다.

[3] 특허나 실용신안의 등록무효심판청구에 관하여 종전에 확정된 심결이 있더라도 종전 심판에서 청구원인이 된 무효사유 외에 다른 무효사유가 추가된 경우에는 새로운 심판청구는 그 자체로 동일사실에 의한 것이 아니어서 일사부재리의 원

칙에 위배되지는 아니한다. 그러나 모순·저촉되는 복수의 심결이 발생하는 것을 방지하고자 하는 일사부재리 제도의 취지를 고려하면, 위와 같은 경우에도 종전에 확정된 심결에서 판단이 이루어진 청구원인과 공통되는 부분에 대해서는 일사부재리의 원칙 위배 여부의 관점에서 확정된 심결을 번복할 수 있을 정도로 유력한 증거가 새로이 제출되었는지를 따져 종전 심결에서와 다른 결론을 내릴 것인지를 판단하여야 한다.[86]

2.6 관련판례(주지관용기술을 결합한 발명의 진보성)

Ⅰ) **사건개요**(인슐린 및 콜레스테롤 개선 조성물 사건)

이 사건 출원발명 중 청구항 1은 그 발명이 속하는 기술분야에서 통상의 지식을 가진 사람이 선행발명 및 주지관용기술(활성 성분을 포함하는 결합제 용액을 희석제, 붕해제 등의 부형제 분말에 분무하는 유동층 조립법)에 의하여 용이하게 도출할 수 있으므로 그 진보성이 부정되고, 특허출원에 있어 어느 하나의 청구항에라도 거절이유가 있으면 그 출원은 일체로서 거절되어야 한다는 이유로 원고의 심판청구를 기각하는 이 사건 심결을 하였다.

Ⅱ) **판결요지**

이상의 내용을 종합하여 보면, 이 사건 제1항 발명은 선행발명에 주지관용기술을 결합하여 용이하게 발명할 수 있는 것으로서 그 진보성이 인정되지 않는다고 할 것이다.

결국, 이 사건 제1항 발명은 진보성이 인정되지 않는 경우에 해당하여 특허법 제29조 제2항에 따라 특허받을 수 없고, 하나의 특허출원에 여러 개의 청구항이 있는 경우 어느 하나의 청구항이라도 거절 이유가 있는 때에는 그 특허출원 전부가 거절되어야 한다.[87]

---

86) 대법원 2017. 1. 19. 선고 2013후37 전원합의체 판결.
87) 특허법원 2016. 4. 8. 선고 2015허3221 판결.

2.7 관련판례(단순 설계변경사항에 해당하므로 등록발명에 진보성이 없다고 판단한 사례)

Ⅰ) **사건개요**(유모차 보호덮개 사건)

[발명의 요약(특허 10-0468418)]

본 발명은 유아를 유모차에 태우고 외출할 때 사용하는 유모차 보호덮개에 관한 것이다.

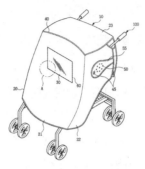

[청구항 1항]

유모차에 설치되는 유모차 보호덮개에 있어서, 상기 유모차 보호덮개는 비닐, 방수직물, PVC의 적어도 어느 하나의 재질로 이루어지는 보호덮개 몸체와 승차하고 있는 유아의 시선이 집중되는 전면 상부에 85~95%의 광투과율과 1.45~1.55의 절대굴절률을 가지며 평면성을 유지할 수 있는 경질의 투시창을 구비하는 것을 특징으로 하는 유모차 보호덮개.

Ⅱ) **판결요지**

등록발명이 투시창의 광투과율과 절대굴절률을 수치한정한 것은 통상의 판유리와 유사하거나 그보다 좋은 광투과율과 절대굴절률을 가지는 재질로 투시창을 만든다는 정도의 의미에 불과한 것으로, 이는 비교대상발명들의 투시창을 투명한 플라스틱 등의 재질로 한다는 구성으로부터 용이하게 도출될 수 있을 것으로 보일 뿐 아니라, 등록발명에서 한정한 수치범위 내의 광투과율과 절대굴절률을 가져야만 유아의 시력을 보호할 수 있다는 등의 임계적 의의나 기술적 의의를 인정할 만한 자료도 없으므로, 이 부분 구성은 단순한 수치한정에 불과하다. 따라서 투시창의 광투과율과 절대굴절률의 수치를 어느 정도로 할 것인지는 이 기술이 속하는 분야에서 통상의 지식을 가진 사람이 필요에 따라 선택할 수 있는 단순 설계변경사항에 해당

하므로 등록발명에 진보성이 없다고 판단한 사례.[88)]

2.8 관련판례(수치한정 발명의 진보성 판단1)

Ⅰ) **판시사항**(고휘도 광원 작동방법 사건)

[1] 출원발명이 공지된 발명의 구성요소의 범위를 수치한정하여 표현한 경우 진보성의 판단 기준

[2] 명칭을 "고휘도의 무전극 저압력 광원 및 이를 작동하는 방법"으로 하는 특허발명의 청구범위 제1항 내지 제17항의 발명은 통상의 기술자가 비교대상발명들에 의하여 용이하게 발명할 수 없어 그 진보성이 부정되지 아니한다고 한 사례

Ⅱ) **판결요지**

[1] 특허등록된 발명이 그 출원 전에 공지된 발명이 가지는 구성요소의 범위를 수치로써 한정하여 표현한 경우에 있어, 그 특허발명의 과제 및 효과가 공지된 발명의 연장선상에 있고 수치한정의 유무에서만 차이가 있는 경우에는 그 한정된 수치범위 내외에서 현저한 효과의 차이가 생기지 않는다면 그 특허발명은 그 기술분야에서 통상의 기술자가 통상적이고 반복적인 실험을 통하여 적절히 선택할 수 있는 정도의 단순한 수치한정에 불과하여 진보성이 부정된다. 다만, 그 특허발명에 진보성을 인정할 수 있는 다른 구성요소가 부가되어 있어서 그 특허발명에서의 수치한정이 보충적인 사항에 불과하거나, 수치한정을 제외한 양 발명의 구성이 동일하더라도 그 수치한정이 공지된 발명과는 상이한 과제를 달성하기 위한 기술수단으로서의 의의를 가지고 그 효과도 이질적인 경우라면, 수치한정의 임계적 의의가 없다고 하여 특허발명의 진보성이 부정되지 아니한다.

[2] 명칭을 "고휘도의 무전극 저압력 광원 및 이를 작동하는 방법"으로 하는 특허발명의 청구범위 제1항 발명은 통상의 기술자가 비교대상발명들에 의하여 용이하게 발명할 수 없어 그 진보성이 부정되지 않고, 그 구성 5의 방전전류의 범위에 관한 구성과 동일하거나 실질적으로 동일한 구성을 포함하고 있는 위 특허발명의 청구범위 제2항 내지 제17항 발명의 진보성 역시 부정되지 아니한다고 한 사례[89)]

---

88) 특허법원 2007. 3. 28. 선고 2006허6877 판결.
89) 대법원 2010. 8. 19. 선고 2008후4998 판결. 이 판례는 38회 피인용되었다.

2.9 관련판례(수치한정 발명의 진보성 판단2)(돼지 불임 바이러스 백신 사건)

명칭을 불가사의한 돼지의 질병과 관련된 바이러스 물질로 하는 이 사건 출원발명(출원번호 10-1997-708184호)의 특허청구범위 제3항(이하 '이 사건 제3항 발명'이라 한다)과 원심 판시의 비교대상발명은 ATCC-VR2332 바이러스를 원숭이 신장세포인 MA-104 배양물에서 계대배양하여 이를 약독화시킨 ATCC-VR2332 바이러스로 PRRS 바이러스 백신을 만든 점에서 같고, 다만 비교대상발명은 계대배양 횟수가 37회인 반면에, 이 사건 제3항 발명은 계대배양 횟수가 70회 이상인 점에서 차이가 있으나, 이 사건 출원발명의 명세서에는 ATCC-VR2332 바이러스를 원숭이 신장세포인 MA-104 배양물에서 계대배양하는 횟수를 70회 이상으로 한정함에 따른 현저한 효과를 인정할 만한 아무런 기재가 없을 뿐만 아니라, 이 사건 출원발명의 특허청구범위 제10항 등에서는 그 계대배양 횟수를 70회 이상이 아닌 50회 이상으로 한정하고 있어서, 이 사건 제3항 발명에서 한정한 계대배양 횟수 70회 이상이 그 한정한 수치범위 내외에서 현저한 효과의 차이가 생긴다고 보기 어렵다.[90]

2.10 관련판례(제조방법이 기재된 물건발명의 경우 제조방법이 기재되어 있다고 하더라도 발명의 대상은 그 제조방법이 아니라 최종적으로 얻어지는 물건 자체이므로 '물건의 발명'이라는 판례)

I) **판시사항**(편광필름 제조방법 사건)

제조방법이 기재된 물건발명의 특허요건을 판단하면서 제조방법의 기재를 포함하여 특허청구범위의 모든 기재에 의하여 특정되는 구조나 성질 등을 가지는 물건으로 파악하여 신규성, 진보성 등이 있는지를 살펴야 하는지 여부(적극)

II) **판결이유**

[1] 이 사건 제9, 10항 발명에 관한 상고이유에 대하여

특허법 제2조 제3호는 발명을 '물건의 발명', '방법의 발명', '물건을 생산하는 방법의 발명'으로 구분하고 있는바[91], 특허청구범위가 전체적으로 물건으로 기재되

---

90) 대법원 2007. 11. 16. 선고 2007후1299 판결. 이 판례는 42회 피인용되었다.

어 있으면서 그 제조방법의 기재를 포함하고 있는 발명(이하 '제조방법이 기재된 물건발명'이라고 한다)의 경우 제조방법이 기재되어 있다고 하더라도 발명의 대상은 그 제조방법이 아니라 최종적으로 얻어지는 물건 자체이므로 위와 같은 발명의 유형 중 '물건의 발명'에 해당한다. 물건의 발명에 관한 특허청구범위는 발명의 대상인 물건의 구성을 특정하는 방식으로 기재되어야 하는 것이므로, 물건의 발명의 특허청구범위에 기재된 제조방법은 최종 생산물인 물건의 구조나 성질 등을 특정하는 하나의 수단으로서 그 의미를 가질 뿐이다.

따라서 제조방법이 기재된 물건발명의 특허요건을 판단함에 있어서 그 기술적 구성을 제조방법 자체로 한정하여 파악할 것이 아니라 제조방법의 기재를 포함하여 특허청구범위의 모든 기재에 의하여 특정되는 구조나 성질 등을 가지는 물건으로 파악하여 출원 전에 공지된 선행기술과 비교하여 신규성, 진보성 등이 있는지 여부를 살펴야 한다.

한편 생명공학 분야나 고분자, 혼합물, 금속 등의 화학 분야 등에서의 물건의 발명 중에는 어떠한 제조방법에 의하여 얻어진 물건을 구조나 성질 등으로 직접적으로 특정하는 것이 불가능하거나 곤란하여 제조방법에 의해서만 물건을 특정할 수밖에 없는 사정이 있을 수 있지만, 이러한 사정에 의하여 제조방법이 기재된 물건발명이라고 하더라도 그 본질이 '물건의 발명'이라는 점과 특허청구범위에 기재된 제조방법이 물건의 구조나 성질 등을 특정하는 수단에 불과하다는 점은 마찬가지이므로, 이러한 발명과 그와 같은 사정은 없지만 제조방법이 기재된 물건발명을 구분하여 그 기재된 제조방법의 의미를 달리 해석할 것은 아니다.

이와 달리, 제조방법이 기재된 물건발명을 그 제조방법에 의해서만 물건을 특정할 수밖에 없는 등의 특별한 사정이 있는지 여부로 나누어, 이러한 특별한 사정

---

91) 제2조(정의) 이 법에서 사용하는 용어의 뜻은 다음과 같다.
　1. "발명"이란 자연법칙을 이용한 기술적 사상이 창작으로서 고도(高度)한 것을 말한다.
　2. "특허발명"이란 특허를 받은 발명을 말한다.
　3. "실시"란 다음 각 목의 구분에 따른 행위를 말한다.
　가. 물건의 발명인 경우: 그 물건을 생산·사용·양도·대여 또는 수입하거나 그 물건의 양도 또는 대여의 청약(양도 또는 대여를 위한 전시를 포함한다. 이하 같다)을 하는 행위
　나. 방법의 발명인 경우: 그 방법을 사용하는 행위
　다. 물건을 생산하는 방법의 발명인 경우: 나목의 행위 외에 그 방법에 의하여 생산한 물건을 사용·양도·대여 또는 수입하거나 그 물건의 양도 또는 대여의 청약을 하는 행위

이 없는 경우에만 그 제조방법 자체를 고려할 필요가 없이 특허청구범위의 기재에 의하여 물건으로 특정되는 발명만을 선행기술과 대비하는 방법으로 진보성 유무를 판단해야 한다는 취지로 판시한 대법원 2006. 6. 29. 선고 2004후3416 판결, 대법원 2007. 5. 11. 선고 2007후449 판결, 대법원 2007. 9. 20. 선고 2006후1100 판결, 대법원 2008. 8. 21. 선고 2006후3472 판결, 대법원 2009. 1. 15. 선고 2007후1053 판결, 대법원 2009. 3. 26. 선고 2006후3250 판결, 대법원 2009. 9. 24. 선고 2007후4328 판결 등을 비롯한 같은 취지의 판결들은 이 판결의 견해에 배치되는 범위 내에서 모두 변경하기로 한다.

앞서 본 법리에 비추어 볼 때, 제조방법이 기재된 물건발명에 해당하는 이 사건 제9, 10항 발명에 관하여는 그 제조방법의 기재를 포함한 특허청구범위의 모든 기재에 의하여 특정되는 구조나 성질을 가진 물건의 발명만을 비교대상발명들과 대비하여 진보성 유무를 판단하였어야 함에도, 원심은 그에 이르지 아니한 채 제조방법에 관한 발명의 진보성이 부정되지 않는다는 이유만으로 곧바로 그 제조방법이 기재된 물건의 발명인 이 사건 제9, 10항 발명의 진보성도 부정되지 않는다고 판단하였으니, 이러한 원심판결에는 제조방법이 기재된 물건발명의 진보성 판단에 관한 법리를 오해하여 판결에 영향을 미친 위법이 있다.[92][93][94]

2.11 관련판례(사후적으로 통상의 기술자가 발명을 쉽게 발명할 수 있는지를 판단할 수 있는지 여부)

Ⅰ) 사건개요(화장품 분배장치 사건)

[발명의 요약(특허 10-1103188)]

화장품 또는 약품을 분배하기 위한 장치이다.

---

92) 원심판결: 특허법원 2011. 4. 8. 선고 2008허6239 판결.
93) [참조판례]
　　대법원 2006. 6. 29. 선고 2004후3416 판결(공2006하, 1445)(변경)
　　대법원 2007. 5. 11. 선고 2007후449 판결(변경)
　　대법원 2007. 9. 20. 선고 2006후1100 판결(변경)
　　대법원 2008. 8. 21. 선고 2006후3472 판결(변경)
　　대법원 2009. 1. 15. 선고 2007후1053 판결(공2009상, 171)(변경)
　　대법원 2009. 3. 26. 선고 2006후3250 판결(변경)
　　대법원 2009. 9. 24. 선고 2007후4328 판결(변경).
94) 대법원 2015. 1. 22. 선고 2011후927 전원합의체 판결.

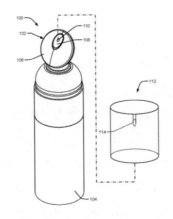

[청구항 1항]

디스펜서이며,

제품을 내장하기 위한 저장소를 구비한 하우징과,

하우징에 결합되고, 금속 또는 세라믹을 포함하고, 제품을 표면에 인가하기 위한 인가면을 구비하는 열 저장 팁과,

열 저장 팁의 인가면 내에 배치되고, 저장소와 연통하는 제품 이송 통로를 형성하는 인서트를 포함하고,

제품 이송 통로는 열 저장 팁을 통해 연장되고 인가면의 개구 내에서 종결하고, 인서트는 열가소성 폴리머를 포함하는 디스펜서.

II) 판시사항

[1] 구 특허법 제133조의2, 제136조 제3항의 취지 및 특허무효심판절차에서 허용되는 오류 정정의 범위

[2] 발명의 설명에 기재된 모든 기술적 사상이 특허청구범위에 포함되어야 하는지 여부(소극) 및 특허청구범위에 기재되어 있지 아니한 사항이 발명의 발명의 설명에 포함되어 있는 경우, 발명의 설명과 특허청구범위가 일치하지 아니하거나 모순이 있는 경우인지 여부(원칙적 소극)

[3] 발명의 진보성 유무를 판단하는 방법/ 진보성 판단의 대상이 된 발명의 명세서에 개시되어 있는 기술을 알고 있음을 전제로 하여 사후적으로 통상의 기술자가 발명을 쉽게 발명할 수 있는지를 판단할 수 있는지 여부(소극)

III) 판결이유

[1] 무효심판에서 정정의 범위

구 특허법(2009. 1. 30. 법률 제9381호로 개정되기 전의 것) 제133조의2, 제136조 제3항의 규정 취지는 무효심판의 피청구인이 된 특허권자에게 별도의 정정심판을 청구하지 않더라도 그 무효심판절차 내에서 정정청구를 할 수 있게 해주되, 특허청구범위를 실질적으로 확장하거나 변경하는 것은 허용하지 아니하고, 제3자의 권리를 침해할 우려가 없는 범위 내에서의 특허청구범위의 감축이나, 오기를 정정하고 기재상의 불비를 해소하여 바르게 하는 오류의 정정은 허용하는 데 있다고 할 것이다. 이러한 규정 취지에 비추어 보면, 이와 같은 오류의 정정에는 특허청구범위에 관한 기재 자체가 명료하지 아니한 경우 그 의미를 명확하게 하든가 기재상의 불비를 해소하는 것 및 발명의 설명과 특허청구범위가 일치하지 아니하거나 모순이 있는 경우 이를 통일하여 모순이 없게 하는 것 등이 포함된다고 해석된다(대법원 2006. 7. 28. 선고 2004후3096 판결, 대법원 2013. 2. 28. 선고 2011후3193 판결 등 참조). 한편 특허청구범위는 발명의 설명에 기재된 기술적 사상의 전부 또는 일부를 특허발명의 보호범위로 특정한 것이고, 발명의 설명에 기재된 모든 기술적 사상이 반드시 특허청구범위에 포함되어야 하는 것은 아니므로, 특별한 사정이 없는 한 특허청구범위에 기재되어 있지 아니한 사항이 발명의 설명에 포함되어 있다고 하여 발명의 설명과 특허청구범위가 일치하지 아니하거나 모순이 있는 경우라고 보기는 어렵다.

(가) 명칭을 '열 저장 팁을 구비한 디스펜서'로 하는 이 사건 특허발명(특허등록번호 생략)에 대한 특허무효심판절차에서 피고는 원심 판시 정정사항 1 내지 4와 같은 내용으로 이 사건 정정청구를 하였다.

(나) 이 사건 특허발명의 특허청구범위 제1항(이하 '이 사건 제1항 발명'이라 하고, 다른 청구항도 같은 방식으로 표시한다) 등에는 열 저장 팁의 재질로서 금속 또는 세라믹이 기재되어 있는데, 발명의 설명에는 열 저장 팁의 재질로서 금속 또는 세라믹뿐만 아니라, 고밀도 플라스틱, 복합물 등도 포함되는 것으로 기재되어 있다. 이 사건 정정청구는 이와 같이 열 저장 팁의 재질로서 특허청구범위에 기재되어 있지 아니한 고밀도 플라스틱, 복합물 등을 발명의 발명의 설명에서 삭제하는 것을 내용으로 한다.

(다) 그런데 발명의 설명에 기재된 고밀도 플라스틱, 복합물 등은 그 기재 자체가 명료하지 아니한 것이라고 볼 수 없다. 또한 특허청구범위에 기재되어 있지 아

니한 고밀도 플라스틱, 복합물 등이 발명의 설명에 포함되어 있다고 하여 발명의 설명과 특허청구범위가 일치하지 아니하거나 모순이 있는 경우라고 보기도 어렵다.

이와 같은 사정과 앞서 본 법리에 비추어 원심판결 이유를 살펴보면, 원심이 이 사건 정정청구는 '분명하지 아니한 기재를 명확하게 하는 경우'에 해당하지 아니한다고 판단한 것은 정당하다.

[2] 발명의 사후적 고찰에 대하여

발명의 진보성 유무를 판단함에 있어서는, 적어도 선행기술의 범위와 내용, 진보성 판단의 대상이 된 발명과 선행기술의 차이 및 그 발명이 속하는 기술분야에서 통상의 지식을 가진 사람(이하 '통상의 기술자'라고 한다)의 기술수준에 대하여 증거 등 기록에 나타난 자료에 기하여 파악한 다음, 이를 기초로 하여 통상의 기술자가 특허출원 당시의 기술수준에 비추어 진보성 판단의 대상이 된 발명이 선행기술과 차이가 있음에도 그러한 차이를 극복하고 선행기술로부터 그 발명을 쉽게 발명할 수 있는지를 살펴보아야 하는 것이다. 이 경우 진보성 판단의 대상이 된 발명의 명세서에 개시되어 있는 기술을 알고 있음을 전제로 하여 사후적으로 통상의 기술자가 그 발명을 쉽게 발명할 수 있는지를 판단하여서는 아니 된다(대법원 2007. 8. 24. 선고 2006후138 판결, 대법원 2009. 11. 12. 선고 2007후3660 판결 등 참조).

(가) 이 사건 제1항 발명 중 '하우징에 결합되고, 금속 또는 세라믹을 포함하고, 제품을 표면에 인가하기 위한 인가면을 구비하는 열 저장 팁'은 원심 판시 비교대상발명 1의 '튜브용기(10)에 결합되고, 제품을 표면에 인가하기 위한 경사면(121)을 구비하는 실리콘팁(120)'에 대응하는데, 이들 구성은 열 저장 팁과 실리콘팁이 모두 하우징이나 튜브용기에 결합되고, 제품을 표면에 인가하기 위한 인가면 또는 경사면을 구비하고 있다는 점에서는 동일하다. 그러나 이 사건 제1항 발명의 열 저장 팁은 금속 또는 세라믹을 포함하는 것임에 비하여, 비교대상발명 1의 실리콘팁은 실리콘을 재질로 하는 것이라는 점에서 차이가 있다.

(나) 그런데 이 사건 제1항 발명은 피부에 냉기 또는 온기를 인가하여 통증이나 불편한 느낌을 완화할 수 있는 디스펜서를 제공하고자 하는 기술적 과제를 해결하기 위하여 열을 저장 및 전달할 수 있는 특성을 가진 금속 또는 세라믹 재질의 열 저장 팁을 그 해결수단으로 채택한 것인데, 비교대상발명 1에는 이러한 기술적 과제 및 그 해결원리에 관한 기재나 암시가 없다. 또한 비교대상발명 1은 입술에

립스틱 또는 립글로스를 바를 때 손가락으로 바르는 듯한 부드러운 느낌을 느낄 수 있도록 하는 것을 기술적 과제의 하나로 삼고 있는데, 비교대상발명 1에서 실리콘 팁의 재질을 피부에 이질감을 제공하는 금속 또는 세라믹으로 변경하는 시도는 이러한 비교대상발명 1의 기술적 과제에 반하는 것이거나 비교대상발명 1 본래의 기술적 의미를 잃게 하는 것이 되어 쉽게 생각해내기 어렵다. 나아가 이 사건 제1항 발명은 금속 또는 세라믹 재질의 열 저장 팁에 관한 구성이 나머지 구성들과 유기적으로 결합함으로써 피부에 냉기 또는 온기를 인가하여 통증이나 불편한 느낌을 완화할 수 있게 되는 특유한 효과를 가지게 되는데, 이러한 효과는 비교대상발명 1로부터 예측하기 어렵다.

(다) 그렇다면 이 사건 특허발명의 명세서에 개시된 발명의 내용을 이미 알고 있음을 전제로 하여 사후적으로 판단하지 아니하는 한, 통상의 기술자가 비교대상발명 1로부터 이 사건 제1항 발명의 열 저장 팁을 쉽게 도출할 수 없다고 할 것인데, 그러한 사후적 판단은 앞에서 본 것처럼 허용되지 아니하므로, 결국 이 사건 제1항 발명의 진보성이 부정된다고 할 수 없다. 그리고 이 사건 제1항 발명의 진보성이 부정되지 아니하는 이상, 그 종속항인 이 사건 제2항 내지 제9항 발명 역시 진보성이 부정된다고 할 수 없다.[95)]

2.12 관련판례(미완성 발명의 선행기술 지위 인정)(제주조릿대 추출물사건)

[1] 선행발명에는 제주조릿대 추출물이 대사성 질환에 활성이 있는지에 관한 어떠한 실험 결과도 기재되어 있지 않고, 관련 논문, 특허를 인용하고 있지도 아니하며, 선행발명의 출원 전에 제주조릿대 추출물의 항비만 활성, 항당뇨 활성 등에 대하여 약리기전이나 약리효과가 밝혀져 있지도 아니하였는바, 선행발명은 명백히 미완성 발명에 해당하므로, 이를 이 사건(특허출원번호 2012-0073647) 제13항 발명의 진보성을 부정하는 근거가 되는 선행기술로 고려할 수 없다고 주장한다.

[2] 발명의 신규성 또는 진보성 판단에 제공되는 대비발명은 그 기술적 구성 전체가 명확하게 표현된 것뿐만 아니라, 미완성 발명 또는 자료의 부족으로 표현이 불충분하거나 일부 내용에 오류가 있더라도 통상의 기술자가 발명의 출원 당시 기술상식을 참작하여 기술내용을 용이하게 파악할 수 있다면 선행기술이 될 수 있다

---

95) 대법원 2016. 11. 25. 선고 2014후2184 판결. 이 판례는 5회 피인용되었다.

(대법원 2006. 3. 24. 선고 2004후2307 판결 등 참조).

　　[3] 살피건대, 선행발명에는 제주조릿대 추출물이 대사증후군에 효과가 있다는 것을 뒷받침하는 실험 결과가 기재되어 있지는 아니하다. 그러나 ① 위에서 본 바와 같이 선행발명에는 제주조릿대 추출물의 대사증후군 예방 또는 치료용 용도가 명확하게 기재되어 있고(청구항 10, 11, 식별번호 <22>), ② 을 제12호증의 기재에 의하면 이 사건 출원발명의 우선일 전에 제주조릿대가 예로부터 민간요법으로 당뇨 등의 치료에 사용되었다고 널리 알려졌음이 인정되므로, 통상의 기술자는 선행발명의 명세서에 기재된 위 내용으로부터 제주조릿대 추출물이 대사증후군 예방 또는 치료에 유용하다는 것을 쉽게 인식할 수 있는바, 이러한 사정을 위 법리에 비추어 보면, 선행발명을 이 사건 제13항 출원발명의 진보성 판단을 위한 선행기술로 삼을 수 있다고 할 것이다.[96]

2.13 관련판례(작용효과에 의한 진보성 판단)

Ⅰ) **사건개요**(교통신호 제공 장치 및 방법 사건)

　[발명의 요약]

　　차량 운행 시 운전자는 교차로에 설치된 복수의 신호등 중에서 차로에 대응하는 신호등을 확인하는 것이 쉽지 않을 수 있고, 운전자의 차량 앞에 대형 차량이 위치하는 경우, 대형 차량으로 인해 신호등이 가려져, 신호등에서의 시그널의 변화를 인지하기 어렵다.

　　이 사건 출원발명은 교차로에서 차량의 차로정보를 선택하고, 식별된 차량의 차로정보에 의해 지정되는 신호등으로 출력되는 신호등 정보를, 차량에 탑재된 내비게이션 시스템을 통해, 교차로를 포함하는 지도에 표시할 수 있는 교통신호 제공 장치 및 방법을 제공하는 것을 목적으로 한다.

Ⅱ) **판결요지**

　[관련 법리]

　　청구범위는 특허출원인이 특허발명으로 보호받고자 하는 사항을 기재한 것이므로, 신규성·진보성 판단의 대상이 되는 발명의 확정은 청구범위에 기재된 사항에

---

96) 특허법원 2016. 10. 21. 선고 2016허2065 판결. 이 판례는 5회 피인용되었다.

의하여야 하고, 발명의 설명이나 도면 등 다른 기재에 의하여 청구범위를 제한하거나 확장하여 해석하는 것은 허용되지 않는다. 그러나 청구범위에 기재된 사항은 발명의 설명이나 도면 등을 참작하여야 그 기술적인 의미를 정확하게 이해할 수 있는 것이어서, 청구범위에 기재된 사항은 그 문언의 일반적인 의미를 기초로 하면서도 발명의 설명 및 도면 등을 참작하여 그 문언에 의하여 표현하고자 하는 기술적 의의를 고찰한 다음 객관적·합리적으로 해석하여야 한다.

　[작용효과]

　구성요소 3은 차량의 현재 위치에 대응하는 교차로의 식별정보와 차량의 현재 위치가 신호등 정보와 일치하는 지 여부에 따라 유효 또는 무시하는 내비게이션 시스템의 기능에 관한 것이다. 그러나 이는 선행발명 1에서 신호등의 고유 ID와 차량의 현재 위치를 지도데이터에 매칭시켜 교차로까지의 소요시간과 현재 주행속도를 고려하여 교차로를 통과할 수 있는지 여부를 안내하는 기능과 비교할 때 기능적으로 현저한 작용효과가 있다고 보기도 어렵다.

　따라서 통상의 기술자라면 차량이 위치한 교차로 내 직진차로에서 현재 위치의 신호등 정보의 일치 여부를 내비게이션 화면을 통해 표시해 주는 주지관용기술을 참작하여 차량의 현재 위치에 대응하는 교차로의 식별정보와 차량의 현재 위치가 신호등 정보와 일치하는 지 여부에 따라 유효 또는 무시하는 기능을 내비게이션에 부가하는 것은 단순한 설계변경 사항에 지나지 않는다고 보아야 한다.

　이상에서 살핀 바를 종합하면, 청구항 1은 이 사건 출원발명의 출원 당시 해당 기술분야에서의 주지관용기술 내지 기술상식을 참작한 통상의 기술자가 선행발명 1에 의하여 쉽게 발명할 수 있는 것에 불과하여, 그 진보성이 부정된다고 보아야 한다.[97]

2.14 관련판례(작용효과에 의한 진보성 판단2)

Ⅰ) 사건개요(코리아 포크 사건)

　[청구항 1(등록번호 20-0070893)]

　결착부분 1, 3이 동그라미 형상의 핀 2로 결합된 스테인레스 스틸 재질의 젖가락에 있어서,

　손잡이 부분이 한국인들 및 외국인들의 세째, 네째 손가락에도 끼어지도록 결

---

97) 특허법원 2017. 8. 11. 선고 2016허8858 판결.

착부분 4(제7도)를 반지름 75mm 타원형 곡선으로 되어 있는 것을 특징으로 하는 일체형 젓가락.

본 원고안	선행기술(인용발명)

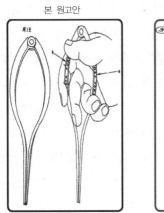 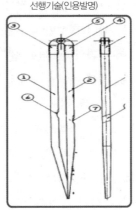

[심결이유]

본원고안은 'KOREA FORK'라는 명칭으로 통상의 젓가락과는 다른 형상의 젓가락에 관한 것인데, 본원고안을 그 출원 전에 반포된 일본국 공개실용신안공보 소53-130077호 (1978. 10. 16. 공개)에 기재된 소아용편리저의 고안과 대비해 보면, 양 고안은 젓가락 두 개를 핀으로 결합하는 구성과 젓가락에 손가락을 닿는 면을 형성한 기술구성이 거의 동일하고, 젓가락 사용이 서툰 외국인이나 어린아이들이 편리하게 젓가락을 사용할 수 있도록 하여 그 작용효과가 거의 동일하며, 다만 본원고안의 재질을 스테인레스스틸로 한다는 점이 다르나 이는 출원 전부터 널리 관용되어 오고 있는 것이 주지의 사실이고, 본원고안에서 손가락이 들어가는 결착부분이 타원형으로 크게 형성되어 있는 데 비하여 인용고안은 젓가락의 중간부분에 손가락이 닿는 굴곡면이 형성되어 있을 뿐인 점이 다르기는 하나 이는 미차로서 단순한 형상변경의 설계변경정도에 지나지 아니하는 것이므로 본원고안은 그 고안이 속하는 기술분야에서 통상의 지식을 가진 자가 인용고안으로부터 용이하게 고안해 낼 수 있는 것이다.

Ⅱ) 판결요지

본원고안은 그 젓가락 두 짝의 윗부분을 핀으로 접합시키는 점은 인용고안과 같지만 종래에 직선으로 되어 있는 젓가락 두 짝의 각 상단부를 타원형의 곡선으로 형성하여 젓가락 두 짝이 형성한 타원형 부분이 만든 공간 안에 셋째, 넷째 손가락을 완전히 집어넣어 젓가락 한 짝은 넷째, 새끼손가락 사이에 끼워 고정을 시키고, 다른 한 짝은 둘째, 셋째손가락 사이에 끼워 이 둘째, 셋째 손가락 사이에 끼워진 젓가락을 움직여서 음식을 집도록 하여 이때에 사용되는 손가락도 둘째, 셋째, 넷째, 새끼손가락을 모두 사용하도록 고안되어 있는 것이어서 … 그 기술적 구성이 다르다고 보이고, 그 작용효과 면을 보더라도 … 본원고안은 통상의 젓가락질을 배우기 위한 전 단계에서 사용되는 것이 아니라 일생 동안 젓가락을 사용하지 아니한 서양인이 동양을 방문하여 동양식식사를 할 기회가 있을 때에, 음식을 찍어 먹게 되어 있는 포크와는 달리 통상의 젓가락과 유사한 방법으로 음식을 집어먹는 동양의 관습에 친숙할 수 있도록 하는 것이고, 이것이 통상의 젓가락질을 익히기 위한 훈련의 일환으로 사용된다고 볼 수 없어서 그 작용효과가 다르다고 할 것이며, 젓가락질을 해 보지 아니한 초심자가 사용하는 데 있어서도 네 손가락을 모두 사용하는 본원고안이 세 손가락을 사용하는 인용고안보다 훨씬 용이하게 음식을 집을 수 있을 것이라고 보이므로 그 작용효과가 인용고안보다 향상되었다고 할 것이어서 본원고안은 그 고안이 속하는 기술분야에서 통상의 지식을 가진 자가 인용고안으로부터 용이하게 고안할 수 있는 것이라고는 할 수 없다.[98]

2.15 관련판례(선택발명의 작용효과 기재와 진보성)

Ⅰ) 판결이유(머크 VS 중외제약 : 대머리 및 전립선비대증을 위한 카바모일 약제학적 조성물 사건)

[1] 선택발명이라 함은 선행 또는 공지의 발명에 구성요건이 상위개념으로 기재되어 있고 위 상위개념에 포함되는 하위개념만을 구성요건 중의 전부 또는 일부로 하는 발명을 말하는바(대법원 2003. 10. 10. 선고 2002후2846 판결 등), 위 1. 가.에서 본 바와 같이 이 사건 제16항 발명은 상위개념의 물질인 비교대상발명의 '4-아자-17-치환된-5-안드로스탄-3-온'의 하위개념에 해당하는 '17β(부틸카바모일)-4-아자-안드로스트-1-엔-3-온' 화합물로 이루어진 선택발명이다.

---

98) 대법원 1992. 1. 17. 선고 91후1090 판결.

[2] 선택발명의 명세서상 효과의 기재와 관련된 두 가지의 입장(특히, 선택발명이 물질발명인 경우)

선택발명의 명세서상 효과 기재와 관련하여서는,

① 선택발명으로서의 특징에 중심을 두어, 선행발명과의 효과의 질적 혹은 양적인 차이를 구체적으로 알 수 있도록 명세서에 그 내용을 명확히 기재하거나, 나아가 이를 확인할 수 있도록 선행발명과 효과를 대비한 실험 데이터까지 포함되어 있어야만 명세서 기재요건을 갖춘 것으로 보는 입장과,

② 비록 선택발명이라고 하더라도 물질발명인 이상, 발명의 효과는 산업상 유용한 목적 화합물이 성공적으로 제조됨으로써 달성되는 것으로 볼 수 있으므로 명세서의 효과 기재 또한 발명자가 선행발명과의 차이를 인식하였음을 보이는 정도로 족하며, 그 구체적인 효과는 차후 선택발명의 진보성이 문제되었을 때 실험데이터의 제출 등을 통하여 입증되면 되는 것이고, 그 과정에서 진보성 판단의 근거가 되는 '효과의 현저성' 기준을 엄격하게 적용하면 된다는 입장이 있다(이 사건에서 원고는 ①의 입장, 피고는 ②의 입장에 서 있다).

[3] 대법원판례의 태도

판례 가운데 선택발명의 명세서 기재요건을 정면으로 다룬 대법원 2003. 4. 25. 선고 2001후2740 판결[99](이하 '2740 판례'라고 한다)은, "선행 또는 공지의 발명에 구성요건이 상위개념으로 기재되어 있고 위 상위개념에 포함되는 하위개념만을 구성요건 중의 전부 또는 일부로 하는 이른바 선택발명은, 첫째 선행발명이 선택발명을 구성하는 하위개념을 구체적으로 개시하지 않고 있으면서, 둘째 선택발명에 포함되는 하위개념들 모두가 선행발명이 갖는 효과와 질적으로 다른 효과를 갖고 있거나, 질적인 차이가 없더라도 양적으로 현저한 차이가 있는 경우에 한하여 특허를 받을

---

99) 선행 또는 공지의 발명에 구성요건이 상위개념으로 기재되어 있고 위 상위개념에 포함되는 하위개념만을 구성요건 중의 전부 또는 일부로 하는 이른바 선택발명은, 첫째, 선행발명이 선택발명을 구성하는 하위개념을 구체적으로 개시하지 않고 있으면서, 둘째, 선택발명에 포함되는 하위개념들 모두가 선행발명이 갖는 효과와 질적으로 다른 효과를 갖고 있거나, 질적인 차이가 없더라도 양적으로 현저한 차이가 있는 경우에 한하여 특허를 받을 수 있고, 이 때 선택발명의 발명의 설명에는 선행발명에 비하여 위와 같은 효과가 있음을 명확히 기재하면 충분하고, 그 효과의 현저함을 구체적으로 확인할 수 있는 비교실험자료까지 기재하여야 하는 것은 아니며, 만일 그 효과가 의심스러울 때에는 출원일 이후에 출원인이 구체적인 비교실험자료를 제출하는 등의 방법에 의하여 그 효과를 구체적으로 주장·입증하면 된다.

수 있고, 이 때 선택발명의 발명의 설명에는 선행발명에 비하여 위와 같은 효과가 있음을 명확히 기재하면 충분하고, 그 효과의 현저함을 구체적으로 확인할 수 있는 비교실험자료까지 기재하여야 하는 것은 아니며, 만일 그 효과가 의심스러울 때에는 출원일 이후에 출원인이 구체적인 비교실험자료를 제출하는 등의 방법에 의하여 그 효과를 구체적으로 주장·입증하면 된다."고 하고 있는바, 이에 따르면, ① 선택발명의 명세서에는 그 발명이 선행발명에 비하여 질적으로 다른 효과를 갖고 있거나, 질적인 차이가 없더라도 양적으로 현저한 차이가 있음을 명확히 기재할 것이 필요하고, ② 명세서에 기재된 효과의 현저함이 의심스러울 때는 출원일 이후에 출원인이 구체적인 비교실험자료를 제출하는 등의 방법에 의하여 그 효과를 구체적으로 주장·입증하면 되고, 반드시 명세서에 그 효과를 구체적으로 입증하는 자료가 포함되어 있어야 하는 것은 아니다.

[4] 선택발명의 경우 명세서상 효과 기재에 관한 기준

선택발명자는 선행발명에 비하여 이질적인 효과를 가지는 선택발명의 경우에는 그 이질적인 효과의 구체적 내용을 기재하고, 동질이면서 현저한 효과를 가지는 선택발명의 경우에는 선행발명에 비하여 우수한 효과를 객관적으로 인식할 수 있는 적어도 하나의 구체적 대비 결과를 명세서에 제시함으로써, 자신이 선택발명의 출원 당시에 실제로 발명의 완성에 이르렀음을 당업자가 알 수 있도록 해야 한다고 봄이 상당하다.

다시 말하면, 적어도 발명자가 자신의 발명이 선택발명에 해당한다는 것을 인식하고 있는 이상, 선택발명인 물질발명에 있어 발명자가 선택발명의 효과를 인식했다는 것은 일반 물질발명의 경우와 같이 특정한 물질이 실제로 생성 가능하다는 점을 인식한 것만으로 충분한 것이 아니라, 그 물질이 선행발명과 대비하여 구체적으로 어떠한 이질적인 효과가 있거나, 양적으로 어느 정도의 현저한 효과 차이가 있는지 까지를 명확히 인식하고, 그 이질적인 효과를 명시적으로 밝히거나 양적으로 현저한 효과의 차이가 있음을 수량적 기재를 통해 구체적으로 밝혀야만 명세서에 선택발명으로서의 효과를 적법하게 기재한 것이 되는 것이다. 그 이유는 다음과 같다.

(가) 선택발명의 본질

일반적으로 발명의 명세서에 기재되는 발명의 효과는, 당해 발명의 구성에 따라 인과적으로 나타나는 결과를 개시하는 것으로 족하고(이 점에서 그 효과가 선행발명

에 비하여 현저하게 우수한 것인가를 따지는 진보성 판단시 고려되는 발명의 효과와는 개념을 달리한다), 특히 화학물질발명은 그 속성상 물질 자체가 발명의 구성에 해당하고, 그 물질을 실제로 제조하였다는 것이 발명의 효과에 해당하는 경우가 많으며, 발명자가 실시예나 원소분석치, 융점, 굴절률 등 그와 같은 구성을 가진 물질을 실제로 제조할 수 있다는 점을 보이기만 하면 명세서 기재요건으로서의 발명의 효과기재가 있는 것으로 보는 경우가 많다.

그러나 한편, 선택발명은 본질적으로는 선행발명에 대한 중복발명에 해당하여 특허받을 수 없는 것임에도 기초발명의 활용과 개선을 촉진하여 산업의 발달과 공익의 증진을 도모하기 위하여 상위개념인 선행발명이 특별히 인식하지 못한 우수한 효과를 가진 하위개념으로 이루어진 발명에 관하여 예외적으로 특허를 부여하는 것이기 때문에, 명세서 기재의 적법 여부를 판단함에 있어 위와 같은 일반적인 기준을 그대로 적용하는 것은 타당하지 아니하고, 선행발명이 미처 인식하지 못한 각별하고 현저한 효과를 명확히 인식하고 있는지 여부가 명세서에 명확히 드러나야만 그 기재요건을 만족한 것으로 볼 것이다. '2740 판례'가 앞서 본 바와 같이 선택발명에 관하여 명세서에 '선행발명이 갖는 효과와 ㉠ 질적으로 다른 효과를 갖고 있거나, ㉡ 질적인 차이가 없더라도 양적으로 현저한 차이가 있음을 명확히 기재할 것'을 요구하여 명세서상 효과 기재의 정도를 일반적인 물질발명에 비하여 한층 엄격하게 요구하고 있는 것 또한 같은 맥락으로 이해된다.

(나) 선택발명에 있어 발명의 성립과 진보성 판단의 구별

선택발명에 대한 출원 당시, 발명자가 그 발명이 선행발명과 대비되는 이질적이거나 양적으로 현저한 효과가 있다는 점을 구체적으로 인식하는 한편 이를 명세서에 명확히 표현하여 당업자로 하여금 그 선택발명의 기술적 의의를 알 수 있게 한다는 것과 선택발명을 포함한 물질발명에 있어 발명의 진보성이 문제되는 경우 발명자가 출원 이후에 자신의 선택발명의 효과를 뒷받침하는 실험데이터를 사후에 수집, 제출함으로써 발명의 진보성을 입증할 수 있다는 것은 개념상 명확히 구분되어야 한다.

선택발명의 진보성을 인정하기 위한 효과의 현저성 기준은 일반적인 발명에 비하여 매우 엄격하여, 선행발명에 나타난 모든 실시예의 경우보다 선택발명의 실시예가 우수하다는 것을 입증하여야 한다. 따라서 그와 같은 조건을 만족시키는 모든 데이터를 출원할 때에 명세서에 모두 포함시키도록 하는 것은 무리이고, 발명자는 나중에 선택발명의 진보성이 문제 된 경우 자신의 선택발명이 우수한 효과를 가지는 것이라는 점을 비교데이터의 제출을 통하여 입증할 수 있는 것이다. 선택발명에 있어 데이터의 추후 제출이 가능하다는 것은 어디까지나 위와 같은 의미일 뿐이고, 그것이 곧 명세서에 막연히 발명자가 효과의 차이를 인식하였음을 알 수 있는 정도의 추상적인 표현만 있더라도 발명의 효과 기재 요건이 충족된 것을 의미한다고 볼 수는 없다.

(다) 출원일 소급 및 특허기간의 부당한 연장 우려

발명은 출원 당시 완성되어 있어야 하고, 미완성 발명을 출원하여 특허등록을 받은 이후에 발명을 완성하는 것은 부당하게 출원일의 소급을 인정하는 것이 되어 허용될 수 없다. 만약, 명세서에 선택발명의 효과로 선행발명에 비하여 이질적인 효과가 있다는 것을 알 수 있는 구체적 내용을 기재하지 않거나 막연히 '선행발명에 비하여 우수하다'는 정도의 효과만을 기재하고 달리 이를 뒷받침할 수 있는 객관적인 근거를 전혀 기재하지 아니한 발명을 선택발명으로서 완성된 것이라거나 명세서 기재요건을 충족한 것이라고 보아 특허를 부여한다면, 실제로는 공지된 선행발명을 기초로 하여 그 하위개념에 속하는 특정의 물질만을 발명하였을 뿐, 그 산업상 이용가능성이나 선행발명과 차별되는 이질적이거나 현저한 효과의 유무를 전혀 확인하지 못한 발명자가 일응 하위개념에 속하는 다수의 물질들에 대하여 특허를 선점한 뒤, 사후에 그 선택발명의 진보성이 문제되면 비로소 발명의 효과를 뒷받침하는 실험을 행하여 그 중 진보성 입증에 성공하는 물질에 관하여 '진보성이 있는 선택발명'임을 주장하여 특허를 유지하고, 그나마 위와 같이 선점한 물질특허에 관하여 별도로 진보성이 문제되지 않는 경우에는 그대로 선점특허를 유지하게 되는 부당함을 막을 수 없다. 또한, 선행의 물질발명에 관한 특허권자와 선택발명의 특허권자가 동일인인 경우라면 위와 같은 방법은 선행발명의 특허권이 존속기간만료로 소멸되는 경우, 실질적으로 선행발명의 특허기간을 연장하는 방편으로 사용될 수 있어 불합리하다.

(라) 명세서상 효과를 정량적으로 대비, 기재하는 것의 현실적 가능성

의약물질의 경우, 통상적으로 물질→약리활성→의약용도의 규명의 단계로 발명이 이루어지는바, 물질→약리활성의 단계는 시험관 내 시험(in vitro test) 또는 동물

시험, 기관시험, 세포시험 등 각종 생체 내 시험(in vivo test)을 통해 밝혀내며, 약리 활성→의약용도의 단계는 동물시험을 사용하는 것이 일반적이다. 시험관 내 시험은 대체로 수치로 그 결과를 나타낼 수 있고, 생체 내 시험 역시 반응의 유, 무를 통계적으로 표시하거나 선행 의약물질과 비교한 상대적 수치로 표시함으로써 정량적인 결과로 표시하는 것이 가능하다. 따라서 적어도 선택발명의 효과로 '선행발명에 비하여 우수하다'라는 기재를 하는 발명자는, 효과에 대한 객관적 인식 없이 그와 같은 기재를 한 것이 아니라 출원 당시 양적으로 현저한 효과를 명확히 인식하여 선택발명을 완성한 상태라면, 자신이 그와 같은 판단에 이르게 된 근거가 된 자료를 반드시 가지고 있을 것이므로 이를 정량적인 수치로 표시하여 명세서에 기재할 수 있다.

(마) 선택발명 이외의 유형의 발명에 요구되는 효과 기재 정도와의 균형

대법원판례는, 의약에 있어서는 그 작용효과(의학적 효과)에 대한 객관적인 기재가 명세서 기재의 필수적인 요건이므로 발명의 설명에 특허청구범위를 이루는 발명의 의학적 효과에 대한 기재가 없다면 명세서의 기재불비에 해당한다고 하고(대법원 1996. 6. 14. 선고 94후869 판결), 수치한정발명의 경우, 명세서에 수치한정으로 인한 임계적 효과가 명확히 기재되어 있어야 한다고 하며(대법원 2005. 4. 15. 선고 2004후448 판결 등 다수), 의약의 용도발명의 경우 그 출원 전에 명세서 기재의 약리효과를 나타내는 약리기전이 명확히 밝혀진 경우와 같은 특별한 사정이 있지 않는 이상 명세서에 특정 물질에 그와 같은 약리효과가 있다는 것을 약리데이터 등이 나타난 실험예로 기재하거나 또는 이에 대신할 수 있을 정도로 구체적으로 기재할 것을 요구하고 있다(대법원 2004. 12. 23. 선고 2003후1550 판결 등 다수). 수치한정발명이나 의약의 용도발명의 경우 물질발명인 선택발명과 카테고리를 달리하지만 어느 경우이든 기존 공지기술의 범위에 속하는 것임에도 예외적으로 특허성이 인정되는 발명이라는 점에서 본질적인 공통점을 가지고 있는바, 판례가 전자의 두 경우는 모두 명세서에 발명의 이질적이거나 현저한 효과를 명확히 기재할 것을 요구하거나 이를 뒷받침하는 객관적인 데이터까지 포함시킬 것을 요구하고 있음에 비추어 보면, 선택발명으로서의 물질발명의 경우에는 비록 발명의 효과를 뒷받침하는 실험데이터는 이를 명세서에 기재하도록 할 필요가 없다고 하더라도 적어도 발명의 효과를 일반적인 경우보다 한층 구체적으로 기재하도록 함이 균형 있는 태도라 할 것이다. 나아가 우리와

법제 및 실무가 유사한 일본의 판례{東京高判 1981. 7. 30.(가스정제방법 사건)}가, '선택발명의 명세서에는 선행발명에서 전혀 교시한 바 없는 현저한 작용 효과가 직접적이고도 명료하게 개시되어야 한다'는 취지로 판시(선택발명의 일반적인 성립요건외에, 명세서 기재요건을 정면으로 다룬 판례로는 위 판결이 유일한 것으로 보인다.)하고 있음 또한 참고할만하다.

  (바) 구 특허법 제8조 제3항과의 조화

  앞서 본 바와 같이 선택발명의 효과로서, '선행발명에 비하여 우수한 효과가 있다'는 정도의 기재만이 있고 달리 이를 뒷받침 할 아무런 객관적인 자료가 없이도 이를 명세서상 효과의 기재 요건을 충족한 것으로 보는 것은, (특히 물질발명의 경우) 발명의 명세서는 발명의 '구성'을 핵심으로 하고 '효과'의 기재는 지극히 형식적으로만 이루어지더라도 무방하다는 입장과 실질적으로 다름없다 할 것이다. 이는 특허 명세서에 효과의 기재를 별도로 요구하지 않고 있는 미국, 유럽 및 현행의 일본과 같은 입법례 아래에서라면 가능한 것일지 몰라도, 명백히 발명의 목적, 구성, 효과를 명세서의 구성요소로 요구하고 있는 구 특허법 제8조 제3항(현행 특허법 제42조 또한 같다)과는 조화되지 아니한다.

  [5] 이 사건에 대한 판단

  이 사건으로 돌아와, 이 사건 제16항 발명에 관하여 명세서의 기재요건을 충족할 정도로 발명의 효과가 기재되어 있는지를 살펴보기로 한다.

  이 사건 특허발명의 명세서에는 이 사건 제11항 발명 및 이 사건 제16항 발명의 화합물 구조와 이를 제조하는 방법에 관한 기재가 있을 뿐, 통상적인 선택발명의 명세서에서 볼 수 있는 바와 같이 당해 화합물이 선행발명에 비하여 어떠한 이질적이거나 양적으로 현저한 효과를 가지고 있는지에 관한 기재가 전혀 없어 선택발명의 명세서 형태라기보다는 전형적인 물질발명의 명세서 형태를 취하고 있는 사정을 보태어 보면, 당초 피고는 이 사건 제16항 발명을 비교대상발명의 선택발명으로서 발명한 것이 아니라, 비교대상발명 화합물의 하위개념으로서 수많은 화합물을 포함하는 이 사건 제11항 발명에 관하여 물질특허를 취득하였다가 이 사건 제11항 발명이 무효로 될 처지에 이르자 그 종속항으로서 하나의 화합물을 특정한 이 사건 제16항 발명을 비교대상발명의 선택발명으로 내세우고 있는 사정이 엿보일 뿐이다. 따라서 이 사건 특허발명의 발명자는 출원 당시 앞서 본 이 사건 특허발명의 구체

적인 효과를 인식하지 못하였다고 보는 것이 상당하다.[100]

2.16 관련판례(상업적 성공에 대한 진보성 여부)

Ⅰ) 사건개요(목기제작 절삭장치 사건)

[발명의 요약(특허 10-0368432)]

통상적으로 목기를 제작하기 위해서는 원자재를 톱으로 자른 뒤 스케치 형식으로 그릇구조를 잡는 초가리를 하고, 음지에서 건조시킨 다음 그릇모양을 형성하는 재가리를 하여 제작하였다.

그러나 이러한 절삭장치에서 절삭날은 그 절삭면을 목기의 외형과 동일한 형상으로 구성하고 목기의 제작시, 절삭면이 절삭날과 수평을 이루고 접하면서 절삭함으로 인해 원자재의 표면이 거칠어질 뿐만 아니라 목재결에 절삭날이 걸려 원자재 또는 절삭날의 파손까지 발생 할 수 있는 문제점이 있었다.

본 발명은 이러한 종래의 제반 문제점 해결하고자, 목기제작용 절삭장치의 절삭날을 목기의 형상에 따라 다수개의 절삭날을 한 뭉치가 되도록 조합한 절삭뭉치로 구성되며, 상기 절삭날은 그 중앙에 축삽입공을 형성하고 그 외둘레로 소정의 형상을 갖는 절삭면을 구비한 절삭편을 구성시켜고, 상기 절삭편의 절삭면은 축삽입공의 중심선을 기준으로 소정의 각을 갖도록 형성하여, 목기의 표면이 매끄럽게 절삭되도록 하는 목기제작용 절삭장치를 제공하는데 있다.

[청구항 1항]

목기제작용 절삭장치에 있어서, … 상기 절삭뭉치(31)는,

절삭대(30)의 외측에 연결된 샤프트로 삽입될 수 있도록 축삽입공(38a, 38b, 38c, 38d)이 형성되며, 상기 축삽입공(38a, 38b, 38c, 38d)의 외주면에 바람개비 형식으로 절삭편(36a, 36b, 36c, 36d)이 다수개 형성되고, 상기 절삭편(36a, 36b, 36c, 36d)에 원자재를 가공할 수 있도록 상기 축삽입공(38a, 38b, 38c, 38d)을 중심선 기준으로 절삭면(37a, 37b, 37c, 37d)이 비스듬히 소정을 각을 이루어 형성되는 제1, 제2, 제3 및 제4절삭날(32, 33, 34, 35)로 이루어진 것을 특징으로 하는 목기제작용 절삭장치.

---

100) 특허법원 2005. 11. 3. 선고 2004허6521 판결.

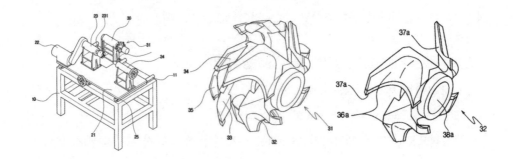

Ⅱ) 판결요지

특허의 요건을 판단하기 위한 발명의 기술구성은 특별한 사정이 없는 한 특허청구범위의 기재를 기초로 확정하여야 하며, 발명의 설명이나 도면 등 다른 기재에 의하여 특허청구범위를 제한 해석하는 것은 허용되지 않는다(대법원 2006. 10. 13. 선고 2004후776 판결, 대법원 2007. 6. 14. 선고 2007후807 판결 등 참조).

원심판결 이유에 의하면, 원심은 특허청구범위의 기재 자체에 의해 이 사건 제1, 2항 발명의 기술구성을 확정한 후, 이 사건 제1, 2항 발명은 각 그 판시의 이유에 의하여 이 사건 비교대상발명 1, 6으로부터 이 기술분야에서 통상의 지식을 가진 자가 용이하게 발명할 수 있는 것이어서 진보성이 없다고 판시하였는바, 기록에 비추어 보면 원심의 위와 같은 판단은 정당하고, 거기에 상고이유의 주장과 같은 심리미진이나 판례위반의 잘못이 없다.

한편 특허발명이 상업적으로 성공을 하였다는 점은 진보성을 인정하는 하나의 자료로 참고할 수 있지만, 위에서 본 바와 같이 이 사건 특허발명의 명세서를 토대로 한 기술적 검토 결과 이 사건 제1, 2항 발명이 선행기술보다 향상 진보된 것으로 인정되지 아니하는 이 사건에서, 설령 원고가 이 사건 특허발명의 실시에 의하여 상업적으로 성공을 거두었다고 하더라도 그 점만으로 이 사건 특허발명의 진보성을 인정할 수는 없다.[101]

---

101) 대법원 2010. 1. 28. 선고 2007후3752 판결.

2.17 관련 미국 판례(상업적 성공에 대한 진보성 판단)(Crocs 신발 사건)

[1] Crocs는 The United States International Trade Commission(ITC)[102]에 Crocs 신발을 모방한 제품을 다른 회사들이 수입, 판매하지 못하도록 소송을 제기 하였고, ITC에서는 Crocs의 신발 구조에 관한 미국특허 제6,993,858호('858 특허)가 선행기술인 미국특허 제6,237,249호('249 특허) 및 Aqua Clog에 의하여 진보성이 부정되어 무효라고 판단하였다. 이에 대하여 Crocs는 CAFC에 항소하였고, CAFC는 진보성을 인정하여 ITC의 판결을 파기환송하였다.

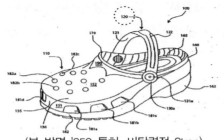

(본 발명 '858 특허, 비탄력적 Strap)

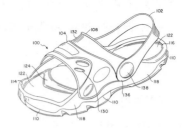

(선행기술 '249 특허, 탄력적 Strap)

[2] CAFC는 '858 특허에는 Foam Base와 Foam Strap의 결합이 나타나 있고, 선행기술인 '249 특허에 비하여 빌뒤꿈치에 거는 Strap(120)이 비탄력적인 Foam Strap을 이용함으로써 선행기술의 탄력적인 끈의 불편함을 해결하여 전 세계적인 상업적 성공을 가져왔고, 다른 반증이 없으므로 상업적 성공이 발명의 진보성을 인 정하는 중요한 근거가 된다고 판시하였다.[103][104]

---

102) ITC: The United States International Trade Commission의 약칭으로서 1974년의 통상법에 의 거하여 종전의 관세위원회(Tariff Commission)가 개편된 기관이다. 통상위원회는 대통령 및 의 회의 요청에 따라 국내산업에 심각한 피해를 줄 우려가 있는 수입품의 생산원가를 조사하거나 불공정의 조사, 외국의 차별대우 등의 조사를 하고 대통령에 대하여 관세인상 등을 권고한다.
103) Crocs, Inc. v. International Trade Com'n No. 2008–1596 (Fed. Cir. 2010).
104) 특허청 심사2국, 주요국 특허판례 100선.

2.18 관련 미국 판례(진보성 판단 기준; TSM(Teaching-Suggestion-Motivation) TEST → KSR 사건)

Ⅰ) 사건개요

원고 시리우스 이노베이티브 액세서리즈 주식회사(Seirus Innovative Accessories, Inc.)는 US PAT 5,214,804(이하, '804 특허) 및 US PAT 6,272,690(이하, '690 특허)에 대한 특허권자로서, 경쟁업체인 피고 고디니 유에스에이 주식회사(Gordini U.S.A. Inc.)를 상대로 특허 침해 및 트레이드 드레스 침해 주장을 하며 소를 제기함. '804 특허는 착용자의 입과 목을 보호하기 위한 마스크를 포함하는 의류에 관한 것이고, '690 특허는 스포츠 고글과 보호 의류의 결합에 관한 것임. 이후, 피고는 '804 특허에 대한 무효와 비침해, '690 특허에 대한 비침해를 주장하며 약식판결을 신청함.

Ⅱ) 본안쟁점

[1] '804 특허가 유효한지 여부. 피고는 '804 특허는 진보성 요건을 만족하지 못하므로 무효이고, 이에 따라 자신의 실시행위는 '804 특허에 대한 침해를 구성하지 않는다고 주장하면서, 특허청에서 인용하지 않았던 새로운 선행문헌을 증거로 제출하였고, 특허청에서의 진보성 판단은 종래의 TSM 기준(Teaching-Suggestion-Motivation test)[105]를 적용한 것이라고 주장함.

[2] 피고의 실시행위가 '690 특허에 대한 침해를 구성하는지 여부. 특히, '690 특허는 보호 의류와 스포츠 고글의 결합에 특징이 있는데, 피고의 침해 대상품이 '690 특허의 특징을 포함하는지 여부가 문제가 됨. 원고는 피고의 웹사이트를 증거로 제출하면서, 피고가 웹사이트에서 고글, 바클라바 등을 함께 판매하는 행위는 '690 특허의 침해를 구성한다고 주장함.

[3] 원고의 상품이 트레이드 드레스로서 보호되는지 여부. 원고는 자신의 상품이 트레이드 드레스로서 보호되어야 하고, 피고가 자신의 트레이드 드레스를 침해한다고 주장함. 트레이드 드레스는 '상품의 외장'이라 할 수 있는데, 상품의 사이즈

---

105) Graham v. John Deere Co., 383 U.S. 1, 17-18 (1966).
   TSM 테스트는 비자명성의 판단에 있어서 2 이상의 선행기술의 조합(combination)의 경우 그 선행기술에 그 조합에 관하여 가르침(Teaching), 암시(Suggestion) 또는 동기(Motivation)가 존재하는지를 따지는 테스트이다.

나 모양, 색체, 무늬, 심지어 독특한 판매기법 등의 특징을 포함하는 상품의 전체적인 이미지를 의미함. 이에 피고는 약식판결을 신청하면서, 원고의 상품은 트레이드드레스 보호요건을 만족하지 못한다고 주장함.

III) 판결요지

[1] 법원은 'KSR 판례[106]에 따르면, 특허의 비자명성의 판단은 ⅰ) 선행기술의 범위와 내용이 먼저 결정되어야 하고, ⅱ) 선행기술과 현재 문제가 되고 있는 청구항들과의 차이를 살펴보아야 하고, ⅲ) 해당 기술에 대한 기술수준이 파악되어야 한다고 판단함. 피고가 제출한 선행문헌을 통해, ⅰ) 선행기술의 범위 및 해당 기술의 기술수준이 결정되었고, ⅱ) 제출한 선행기술에 개시되어 있는 유사한 구성요소의 결합을 통해 '804 특허의 청구항에 기재된 발명이 예측되므로 '804 특허의 진보성을 인정할 수 없다고 판단함.

[2] 법원은 특허 침해는 침해 대상물이 해당 특허의 구성요소를 모두 포함하는 경우에 발생 한다고 하며, '690 특허는 의류와 고글이 결합된 것을 주된 구성으로 하는데, 의류와 고글이 결합된 상품을 전시, 판매하는 경우에 침해가 성립된다고 판단함. 원고가 제출한 증거를 살펴보면, 웹사이트 상에서 고글과 의류가 함께 판매되는 사실은 인정되나, 고글과 의류가 결합된 상품이 판매되는 사실은 인정되지 않음. 따라서 피고는 '690 특허를 침해하지 않았다고 판단함.

---

106) KSR International Co. v. Teleflex Inc., 127 S.Ct. 1727 (2007. 4. 30.).
미국 심사관들은 비자명성에 의한 거절이유(office action)을 발부할 시에 반드시 당업자 입장에서 선행시술의 결합에 이르게 되는 가르침, 암시 또는 동기가 무엇인지를 밝혀야 한다는 것이 그간의 CAFC 판례의 주류였다. 이 때문에 자명하다는 것을 입증하기 위하여 심사관은 선행기술에서 찾아내야만 하는 부담감이 존재하였고, 이를 입증하지 못하면 심사관은 특허를 부여해 줄 수밖에 없었나. 결국 TSM 테스트에 의한 자명성 판단은 수많은 질 낮은 특허를 양산하게 되었다.
KSR 사건에서 연방대법원은 자명성을 판단 할 때에 아래 3가지 요소들을 고려하여 자명성을 판단하도록 히였다.
① 다수의 특허들의 상호 관계가 있는 가르침
② 시장에 존재하거나 디자인 업계에 공지된 요구
③ 당업자가 가지고 있는 배경 지식
이 판결에 따라 인용예에 TSM에 대한 기재가 없더라도 심사관은 기술상식, 시장요구 등을 고려해 비자명성을 부정할 수 있게 되었다. KSR 사건은 지나치게 엄격하고 마치 공식처럼 사용해 온 TSM 테스트를 유연하게 적용하도록 한 일대 전환기 판결이었다.

[3] 법원은 ⅰ) 원고 상품 디자인이 그 상품의 기능을 보호하기 위해 불가결한 형상이므로 기능적이고, ⅱ) 그 상품의 형상이 특이하고 주목할 만한 것이라 볼 수 없고, 상품의 출처를 가리키는 역할을 수행한다고 볼 수 없으므로 식별력이 없으므로, 혼동 가능성 여부에 대해서는 더 이상 논의할 필요도 없이, 원고의 상품은 트레이드 드레스로서의 보호 요건을 만족하지 못한다고 판단함.[107]

---

107) 사건명: 시리우스 이노베이티브 액세서리즈 주식회사 vs 고디니 유에스에이 주식회사, 캘리포니아 남부 지방법원 2012. 2. 3. 선고 No. 10-CV-0892 H(WMC).

제
4
장

특허권 및
특허권자의 보호

제4장 특허권 및 특허권자의 보호

I. 특허권

    I-1. 특허권의 등록과 성질

    I-2. 특허권의 공유

    I-3. 특허권의 효력이 미치지 않는 범위

    I-4. 의약품·농약품 허가 등에 따른 특허권 존속기간의 연장

    I-5. 직무발명에서의 통상실시권 허부

    I-6. 직무발명 보상금

II. 특허권자의 보호

    II-1. 특허권침해

    II-2. 생산방법의 추정

    II-3. 손해배상 청구

    II-4. 특허권침해금지(과실, 손해배상)

    II-5. 특허권침해듬지(자유실시기술)

제4장

특허권 및 특허권자의 보호

I. 특허권

I-1. 특허권의 등록과 성질

1. 관련규정

특허권의 설정등록을 받으려는 자는 설정등록일부터 3년분의 특허료를 내야하고, 특허권자는 그 다음 해부터의 특허료를 해당 권리의 설정등록일에 해당하는 날을 기준으로 매년 1년분씩 내야 한다. 물론 특허권자는 그 다음 해부터의 특허료는 그 납부연도 순서에 따라 수년분 또는 모든 연도분을 함께 낼 수 있다(제79조(특허료)).

특허권의 설정등록을 받으려는 자 또는 특허권자는 납부기간이 지난 후에도 6개월 이내("추가납부기간")에 특허료를 추가로 낼 수 있다. 추가납부기간에 특허료를 내지 아니한 경우(추가납부기간이 끝나더라도 보전기간이 끝나지 아니한 경우에는 그 보전기간에 보전하지 아니한 경우를 말한다)에는 특허권의 설정등록을 받으려는 자의 특허출원은 포기한 것으로 보며, 특허권자의 특허권은 낸 특허료에 해당되는 기간이 끝나는 날의 다음 날로 소급하여 소멸된 것으로 본다(제81조(특허료의 추가납부 등)).

특허청장은 특허권의 설정등록을 받으려는 자 또는 특허권자가 특허료 납부기간 또는 추가납부기간에 특허료의 일부를 내지 아니한 경우에는 특허료의 보전(補塡)을 명하여야 하고, 보전명령을 받은 자는 그 보전명령을 받은 날부터 1개월 이내("보전기간")에 특허료를 보전할 수 있다(제81조의2(특허료의 보전)).

특허권은 반드시 설정등록에 의하여 발생하며(제87조(특허권의 설정등록 및 등록공고)), 특허권의 존속기간은 특허권을 설정등록한 날부터 특허출원일 후 20년이 되는 날까지이다. 실무적으로는 특허권이 20년까지 가는 경우는 몇 % 되지 않으며, 우리나라 특허의 평균 수명기간은 약 8년 정도이다. 그 이후로는 아무나 사용할 수 있는 자유기술이 된다.

무권리자가 한 특허출원이 특허를 받지 못하게 된 경우에는 그 무권리자의 특허출원 후에 한 정당한 권리자의 특허출원은 무권리자가 특허출원한 때에 특허출원한 것으로 본다(제34조(무권리자의 특허출원과 정당한 권리자의 보호)). 정당권리자의 특허권의 존속기간은 무권리자의 특허출원일의 다음 날부터 기산한다(제88조(특허권의 존속기간) 제2항). 만약, 무권리자가 특허를 받지 못하게 된 날부터 30일이 지난 후에 정당한 권리자가 특허출원을 한 경우에는 정당권리자는 특허를 받을 수 없다(제34조 (무권리자의 특허출원과 정당한 권리자의 보호) 단서).

2. 관련판례(흡착용 자석장치 사건)

[실용신안의 상세한 설명]

본 고안은 자성체의 흡착 유지에 관한 것으로, 종래에는 환봉 마그네틱 외경의 중심을 반으로 N, S극이 형성되어 있어 이는 공정이 까다롭고, 가공비가 고가이며, 또한 자력의 손실이 많았다.

본 고안의 요지는 종래의 환봉 마그네틱과는 달리 원통상의 마그네틱을 구성함으로서 다(多)극을 형성시킬 수 있음은 물론. 제작이 용이하며, 또한 원통상으로 된 마그네틱 측면의 양자극 부재가 평면이므로 양자극 부재 사이의 접속 밀도도 우수하며, 자력의 손실이 없고 소형으로서 여러 개를 병열로 연결하여 흡착력을 증대시키기에 매우 용이하다.

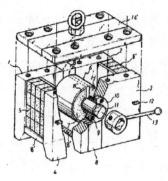

Ⅰ) 사건의 개요

청구인과 청구 외 정형은 "흡착용 자석장치"를 고안하여 1988. 7. 22. 특허청에 실용신안등록출원을 하고 1991. 2. 21. 출원공고가 된 후 같은 해 5. 17. 제1내지 제3년분의 등록료를 납부하고 같은 날 실용신안등록번호 제56701호로 등록을 마친 실용신안권자이다. 실용신안권자는 실용신안법이 정하는 바에 따라 제4년분 이후의 등록료를 출원공고일을 기준으로 매년 그 전년도에 납부하여야 하는데 청구인은 1994. 6. 8. 제4년분의 등록료를 납부한 것을 비롯하여 1998. 7. 20. 제8년분의 등록료를 납부한 때까지 매년 실용신안법에 정하여진 납부기간 또는 추가납부기간 내에 이를 납부하였으나, 제9년분의 등록료를 납부기한인 1999. 2. 21.과 추가납부기간의 만료일인 같은 해 8. 21.까지도 납부하지 아니하였다. 청구인은 그 후인 같은 해 9. 21. 제9년분의 등록료와 납부기간 경과로 인한 할증료를 납부하려 하였으나, 특허청장은 이를 수리하지 아니하고 청구인의 실용신안권이 등록료를 납부할 기간이 경과한 때인 같은 해 2. 22.로 소급하여 소멸되었다는 이유로 같은 해 9. 27. 청구인의 실용신안권을 소멸등록하였다.

이에 청구인은 실용신안법 제29조 제3항에서 등록료와 그 납부방법 및 납부기간을 산업자원부령에 위임한 것이 포괄위임금지원칙에 위배되고, 제34조 중 실용신안권자의 실용신인권은 등록료를 납부할 기간이 경과한 때에 소급하여 그 실용신안권이 소멸된 것으로 본다는 부분이 과잉금지의 원칙에 반하여 자신의 재산권 및 평등권을 침해한다고 주장하면서 1999. 10. 30. 이 사건 헌법소원심판을 청구하였다.

Ⅱ) 심판의 대상

이 사건 심판의 대상은 실용신안법(1998. 9. 23. 법률 제5577호로 전문개정된 것, 이하 "법"이라 줄여 쓴다) 제29조 제3항 및 제34조 중 "실용신안권자의 실용신안권은 등록료를 납부할 기간이 경과한 때에 소급하여 그 실용신안권이 소멸된 것으로 본다"는 부분이 청구인의 기본권을 침해하였는지 여부이고 그 규정 및 관련조문의 내용은 다음과 같다.

법 제29조(등록료) 제35조 제1항의 규정에 의한 실용신안권의 설정등록을 받고자 하는 자 또는 실용신안권자는 등록료를 납부하여야 한다. 제1항의 규정에 의한 등록료 중 최초 1년분의 등록료는 실용신안등록출원(제16조의 규정에 의한 분할출원 및 제17조의 규정에 의한 이중출원의 경우에는 각각 분할출원 또는 이중출원을 말한다)과 동시에 납부하여야 한다.

법 제34조(특허법의 준용) 특허법 제80조·제81조 및 동법 제83조의 규정은 등록료 및 실용신안등록에 관하여 이를 준용한다. 이 경우 동법 제81조 제1항 중 "특허권의 설정 등록을 받고자 하는 자 또는 특허권자"는 "실용신안권자"로 보며, 동법 제81조 제3항 중 "특허권의 설정등록을 받고자 하는 자의 특허출원은 이를 포기한 것으로 보며, 특허권자의 특허권은 특허료를 납부할 기간이 경과한 때에 소급하여 그 특허권이 소멸된 것으로 본다"는 "실용신안권자의 실용신안권은 등록료를 납부할 기간이 경과한 때에 소급하여 그 실용신안권이 소멸된 것으로 본다"로 본다.

특허법 제81조(특허료의 추가납부) 특허권의 설정등록을 받고자 하는 자 또는 특허권 자는 제79조 제2항의 규정에 의한 특허료 납부기간이 경과한 후에도 6월 이내에 특허료를 추가납부할 수 있다. 제1항의 규정에 의하여 특허료를 추가납부할 때에는 납부하여야 할 특허료의 2배의 금액을 납부하여야 한다. 제1항의 규정에 의한 납부기간 내에 특허료를 추가납부하지 아니한 때에는 특허권의 설정등록을 받고자 하는 자의 특허출원은 이를 포기한 것으로 보며, 특허권자의 특허권은 특허료를 납부할 기간이 경과한 때에 소급하여 그 특허권이 소멸된 것으로 본다.

Ⅲ) 청구인의 주장

[1] 등록료와 그 납부방법 및 납부기간 등에 관한 사항은 실용신안권의 소멸사유를 정한 것이므로 법률에 규정하여야 할 성질의 것인데도 이를 산업자원부령에 포괄적으로 위임하고 있는 법 제29조 제3항은 포괄위임금지의 원칙에 위반되고, 이에 의하여 등록료 등에 관한 사항을 정한 산업자원부령이 빈번하게 개정되어 납부의무자의 등록료 납부에 혼란을 초래한 것은 청구인의 법적 안정성을 침해한다.

[2] 등록료를 납부하지 않은 경우에도 조세체납의 경우와 같이 납부고시를 하고 가산금을 징수하며 압류 등 체납절차에 의하여 등록료 납부의무의 이행을 강제할 수 있고, 나아가 권리소멸 후에 권리회복을 위한 절차를 두는 등 실용신안권자의 권리를 보호할 수단이 있음에도 이러한 절차없이 실용신안권을 소멸시키는 것은 과잉금지원칙에 위배하여 청구인의 재산권과 평등권을 침해한 것이다.

IV) **판단**

법령에 대한 헌법소원은 그 법령이 시행된 사실을 안 날로부터 60일 이내에, 법령이 시행된 날로부터 180일 이내에 청구하여야 하나(헌법재판소법 제69조 제1항, 제68조 제1항), 법령이 시행된 뒤에 비로소 그 법령에 해당하는 사유가 발생하여 기본권의 침해를 받게 된 자는, 그 사유가 발생하였음을 안 날로부터 60일 이내에, 그 사유가 발생한 날로부터 180일 이내에 헌법소원을 청구하여야 한다. …

그 청구기간이 경과된 후인 1999. 10. 30.에야 헌법소원심판을 청구하였으니, 이 사건 헌법소원심판청구는 부적법하다.[108]

I – 2. 특허권의 공유

1. 관련규정(특허권 공유 확인 등 · 특허등록명의 이전)

발명을 한 사람 또는 그 승계인은 이 법에서 정하는 바에 따라 특허를 받을 수 있는 권리를 가지며, 2명 이상이 공동으로 발명한 경우에는 특허를 받을 수 있는 권리를 공유한다(제33조(특허를 받을 수 있는 자)).

특허를 받을 수 있는 권리는 이전할 수 있으며, 특허를 받을 수 있는 권리가 공유인 경우에는 각 공유자는 다른 공유자 모두의 동의를 받아야만 그 지분을 양도할 수 있다. 특허를 받을 수 있는 권리는 질권의 목적으로 할 수 없다(제37조(특허를 받을 수 있는 권리의 이전 등)).

2. 관련판례(특허권 공유확인 등 · 특허등록명의 이전)

I) **사건개요**(항암제 조성물 사건)

[발명의 내용](메타아르세나이트 염을 함유한 항암제 조성물. 특허 제1004568310000호, 특허권자 주식회사 코미팜 , 양** . 이**)

본 발명은 삼산화비소(As_2O_3)의 생체 내 대사산물인 아르세닉신니트륨, 메타아르세나이트 염 또는 이의 혼합물을 함유한 항암제 조성물에 관한 것으로, 이는 직접적인 세포독성으로 종양을 완벽하게 치료하는 항암제로서 뛰어난 효과가 있다.

---

108) 헌법재판소 2000. 11. 30. 선고 99헌마624 전원재판부 [실용신안법 제29조 제3항 등 위헌확인].
    이 판례는 6회 피인용되었다.

[청구항 1]

메타아르세나이트 염을 유효성분으로 함유하는 것을 특징으로 하는 항암제 조성물.

II) 사건과정

피고 회사는 1972. 7.경 '한국미생물연구소 주식회사'라는 상호로 설립되어 2004. 9. 3. 주식회사 코미팜이고, 피고는 2001. 3. 21.부터 현재까지 피고 회사의 대표이사로 근무하고 있다.

원고는 독성학 중 환경독성학을 주전공으로 하여 1980년 서울대학교 보건대학원에서 석사학위를, 1984년 성균관대학교 약대에서 '납 및 카드뮴 독성에 미치는 Na−Alginate의 영향'이라는 논문으로 박사학위를 받은 경력이 있다. 원고는 일성신약에 근무하던 1998년 무렵부터 항암제 개발과 관련하여 네덜란드의 소외 1과 접촉을 하기 시작한 후 광동제약에 근무하던 2000년 무렵에도 소외 1과의 연락을 담당해왔다. 그리고 원고는 2001. 3. 21.부터 2004. 3. 21.까지 피고 회사의 감사, 2004. 3. 21.부터 2006. 3. 21.까지 피고 회사의 이사로 각 재직하였다.

피고 회사는 2001. 2. 25. 원고의 소개로 소외 1이 대표이사로 있는 레파톡스사(Rephartox BV)와 '비소화합물을 이용한 항암제 개발에 관한 약정'(이하 '이 사건 개발약정'이라 한다)을 체결하였다. 위 약정의 주된 내용은, 피고 회사가 이 사건 개발약정에 필요한 연구자금을 부담하고, 위 연구개발 과정에서 발생하는 모든 발견 및 특허 가능한 발명 일체는 원칙적으로 피고 회사의 자산에 귀속시키는 것이다. 그리고 원고는 이 사건 개발약정에 따른 피고 회사의 연구감시자(Study Monitor)로 지정되었다.

원고와 피고들은 소외 1의 연구성과를 기초로 2001. 4. 28. 특허청에 원고와 피고를 공동 발명자로, 원고와 피고들을 공동 출원인으로 하여 '아르세닉산나트륨염, 소디움 메타아르세나이트 또는 이의 혼합물을 함유한 항암제 조성물'에 관한 발명을 특허출원(이하 '제1출원'이라 한다)하였다.

원고와 피고들은 소외 1의 추가 연구성과를 기초로 2002. 4. 25.경 특허청에 원고와 피고를 공동 발명자로, 원고와 피고들을 공동 출원인으로 하여 제1출원을 기초로 국내우선권주장을 하며 '메타아르세나이트를 함유한 항암제 조성물'에 관한 발명을 특허출원(이하 '제2출원'이라 한다)하였고, 그 후 제1출원은 특허법 제56조 제1

항에 따라 취하 간주되었으며, 제2출원은 심사를 거쳐 2004. 11. 3.경 별지 1 목록 기재 특허권과 같이 등록되었다(이하 '이 사건 특허'라 한다).

Ⅲ) 판결요지

[1] 특허법 제33조 제1항 본문은 발명을 한 자 또는 그 승계인은 특허법에서 정하는 바에 의하여 특허를 받을 수 있는 권리를 가진다고 규정하고 있는데, 특허법 제2조 제1호는 '발명'이란 자연법칙을 이용한 기술적 사상의 창작으로서 고도한 것을 말한다고 규정하고 있으므로, 특허법 제33조 제1항에서 정하고 있는 '발명을 한 자'는 바로 이러한 발명행위를 한 사람을 가리킨다. 따라서 발명자(공동발명자를 포함한다)에 해당한다고 하기 위해서는 단순히 발명에 대한 기본적인 과제와 아이디어만을 제공하였거나 연구자를 일반적으로 관리하고 연구자의 지시로 데이터의 정리와 실험만을 한 경우 또는 자금·설비 등을 제공하여 발명의 완성을 후원·위탁하였을 뿐인 정도 등에 그치지 않고, 발명의 기술적 과제를 해결하기 위한 구체적인 착상을 새롭게 제시·부가·보완하거나, 실험 등을 통하여 새로운 착상을 구체화하거나, 발명의 목적 및 효과를 달성하기 위한 구체적인 수단과 방법의 제공 또는 구체적인 조언·지도를 통하여 발명을 가능하게 한 경우 등과 같이 기술적 사상의 창작행위에 실질적으로 기여하기에 이르러야 한다. 한편 이른바 실험의 과학이라고 하는 화학발명의 경우에는 당해 발명 내용과 기술수준에 따라 차이가 있을 수는 있지만 예측가능성 내지 실현가능성이 현저히 부족하여 실험데이터가 제시된 실험예가 없으면 완성된 발명으로 보기 어려운 경우가 많이 있는데, 그와 같은 경우에는 실제 실험을 통하여 발명을 구체화하고 완성하는 데 실질적으로 기여하였는지의 관점에서 발명자인지 여부를 결정해야 한다.

[2] 특허를 받을 수 있는 권리는 발명의 완성과 동시에 발명자에게 원시적으로 귀속되지만, 이는 재산권으로 양도성을 가지므로 계약 또는 상속 등을 통하여 전부 또는 일부 지분을 이전할 수 있고(특허법 제37조 제1항), 그 권리를 이전하기로 하는 계약은 명시적으로는 물론 묵시적으로도 이루어질 수 있고, 그러한 계약에 따라 특허등록을 공동출원한 경우에는 출원인이 발명자가 아니라도 등록된 특허권의 공유 지분을 가진다.

[3] 특허발명의 발명자인 甲에게서 특허받을 수 있는 권리를 승계한 乙 회사가

丙을 출원인에 포함시켰는데, 丙이 乙 회사 등을 상대로 특허권의 공유자임의 확인을 구한 사안에서, 특허 출원에 이르기까지 丙의 역할과 기여도 및 丙과 甲 회사 등의 관계, 특허 출원의 경위 등을 고려하면 乙 회사가 출원인에 丙을 포함시킴으로써 丙에게 특허받을 수 있는 권리의 일부 지분을 양도하여 장차 취득할 특허권을 공유하기로 하는 묵시적 합의가 출원 당시 이미 있었다고 볼 여지가 있다는 이유로, 이에 관하여 심리를 하지 아니한 채 丙의 청구를 기각한 원심판결에 특허를 받을 수 있는 권리의 이전에 관한 법리 오해의 위법이 있다고 한 사례.

[4] 이 사건 특허 출원 당시 특허를 받을 수 있는 권리의 이전 합의가 있었다는 점과 관련한 상고이유 주장에 대한 판단

(가) 특허를 받을 수 있는 권리는 발명의 완성과 동시에 발명자에게 원시적으로 귀속되지만, 이는 재산권으로 양도성을 가지므로 계약 또는 상속 등을 통하여 그 전부 또는 일부 지분을 이전할 수 있고(특허법 제37조 제1항), 그 권리를 이전하기로 하는 계약은 명시적으로는 물론 묵시적으로도 이루어질 수 있고, 그러한 계약에 따라 특허등록을 공동출원한 경우에는 그 출원인이 발명자가 아니라도 등록된 특허권의 공유지분을 가진다 할 것이다.

(나) 기록에 의하면, 원고는 위 [2]항에서 본 상고이유에 포함된 일부 주장과 같이 원심에서도 '이 사건 공유계약은 원고와 피고들 3자 공동명의로 특허등록이 완료된 후인 2005. 5. 16. 체결된 것으로서 이 사건 특허권에 관한 공유관계가 형성된 이후에 사후적으로 그 권리관계를 확인하는 의미로 체결된 것에 불과하고, 결코 위 공유계약을 직접 원인으로 하여 피고 회사의 권리가 원고에게 이전된 것으로 볼 수 없다'는 취지로 주장하였는바, 이러한 주장의 취지는 이 사건 공유계약과 별개로 이 사건 특허 출원 당시 이미 피고 회사가 이 사건 특허발명에 관하여 특허받을 수 있는 권리의 일부 지분을 원고에게 이전하기로 하는 합의가 있어 그 권리를 승계하였다는 주장을 한 것으로 선해될 수 있다.

(다) 그런데 원심이 그 채용 증거에 의하여 적법하게 인정한 사실관계 및 기록에 의하면, 비록 원고가 이 사건 특허발명의 기술적 사상의 창작행위에 실질적으로 기여하였다고 볼 수 없어 이를 단독 또는 공동으로 발명한 자에는 해당하지 않는다 하더라도, 원고는 당초 소외인에게 이 사건 특허발명에 대한 기본적인 과제와 아이디어를 제공한 바 있고, 그 후 레파톡스사와 피고 회사 사이의 이 사건 개발약정 체

결을 주선함으로써 이 사건 특허권 등 이 사건 개발약정에 따른 연구개발 과정에서 발생하는 모든 연구성과 및 특허 가능한 발명 일체를 피고 회사의 자산으로 귀속시키는 데 상당한 기여를 하였을 뿐만 아니라, 이 사건 개발약정이 체결된 후에는 연구감시자 및 피고 회사의 책임자로서 소외인의 연구개발 과정을 전반적으로 관리하면서 그 실험연구를 보조하기도 하였음을 알 수 있다.

이와 같은 사실관계에서 알 수 있는 이 사건 특허 출원에 이르기까지의 원고의 역할과 기여도 및 원고와 피고들 사이의 관계, 이 사건 특허 출원의 경위 등을 앞서 본 법리에 비추어 보면, 이 사건 특허발명의 발명자인 소외인으로부터 특허받을 수 있는 권리를 승계한 피고 회사가 그 출원인에 원고를 포함시킴으로써 원고에게 특허를 받을 수 있는 권리의 일부 지분을 양도하여 장차 취득할 특허권을 공유하기로 하는 묵시적 합의가 출원 당시 이미 있었다고 볼 여지가 없지 않은 것으로 보인다.[109]

I - 3. 특허권의 효력이 미치지 않는 범위

1. 관련규정

특허권자는 업으로서 특허발명을 실시할 권리를 독점한다. 다만, 그 특허권에 관하여 전용실시권을 설정하였을 때에는 선용실시권사가 그 득허발명을 실시할 권리를 독점하는 범위에서는 그러하지 않는다(제94조(특허권의 효력)). 특허권을 독점으로 실시할 특허발명의 보호범위는 청구범위에 적혀 있는 사항에 의하여 정하여진다(제97조(특허발명의 보호범위)).

특허권의 효력은 일정한 사항에 대하여 효력이 미치지 않는 것으로 규정하고 있는데, (i) 연구 또는 시험(「약사법」에 따른 의약품의 품목허가·품목신고 및 「농약관리법」에 따른 농약의 등록을 위한 연구 또는 시험을 포함한다)을 하기 위한 특허발명의 실시, (ii) 국내를 통과하는데 불과한 선박·항공기·차량 또는 이에 사용되는 기계·기구·장치, 그 밖의 물건, (iii) 특허출원을 한 때부터 국내에 있는 물건에 대하여는 효력이 미치지 않는다고 규정하고 있다(제96조(특허권의 효력이 미치지 아니하는 범위)). 또한 둘 이상의 의약[사람의 질병의 진단·경감·치료·처치(處置) 또는 예방을 위하여 사용되는 물건을 말한다. 이하 같다]이 혼합되어 제조되는 의약의 발명 또

---

109) 대법원 2012. 12. 27. 선고 2011다67705, 67712 판결. 이 판례는 25회 피인용되었다.

는 둘 이상의 의약을 혼합하여 의약을 제조하는 방법의 발명에 관한 특허권의 효력은 「약사법」에 따른 조제행위와 그 조제에 의한 의약에는 미치지 않는다(제96조(특허권의 효력이 미치지 아니하는 범위)).

법률 제3891호(시행 1987. 7. 1.) 개정법에서 공업소유권제도에 관한 국제적 추세에 따라 물질특허제도를 인정하는 등 특허받을 수 있는 발명의 보호범위를 넓히기 위하여 (ⅰ) 특허대상에서 제외되던 의약 또는 의약조제방법의 발명, 물질 또는 물질용도의 발명을 특허받을 수 있는 발명으로 하고, (ⅱ) 의약 및 의약조제방법의 발명에 관한 특허권의 효력은 사람의 질병치료에 관련된 사항이므로 약사법에 의한 조제행위와 그 조제에 의한 의약에는 미치지 아니하는 것으로 개정하였다.

이에 따라 불특허 대상으로 하였던 둘 이상의 의약 혼합발명에 대하여 현재와 같이 특허권의 효력이 미치지 않는 것으로 규정하게 되었다.

2. 관련판례(2 이상의 의약 혼합)

구 특허법 제4조는 "다음 각 호의 1에 해당하는 발명에 대하여는 제6조의 규정에 불구하고 특허를 받을 수 없다."고 규정하고 그 제2호 후단에 "2 이상의 의약을 혼합하여 1의 의약을 제조하는 방법의 발명"을 규정하고 있는바, 그 취지는 위와 같이 2 이상의 의약을 혼합하여 1의 의약을 조제하는 것은 의료인의 진료행위에 속하는 것이므로 국민 복지를 위하여 위와 같은 의료인의 조제행위에 대하여는 누구도 그 권리를 독점하지 않게 함으로써 결과적으로 의사 등이 환자의 상태에 따라 행하는 치료행위 또는 의사나 치과의사의 처방에 의한 약사의 조제행위의 자유를 해치지 않기 위한 것인바, 이 사건 특허발명이 "2 이상의 의약을 혼합하여 1의 의약을 제조하는 방법의 발명"에 해당하는지 여부에 관하여 살핀다. …

따라서 이 사건 특허발명은 구 특허법상 불특허 사유의 하나인 "2 이상의 의약을 혼합하여 1의 의약을 제조하는 방법의 발명"에 해당하지 아니하므로 그 권리범위를 부정할 수 없고, 확인대상발명이 구 특허법상 불특허 사유의 하나인 '의약'에 해당한다거나 또는 확인대상발명의 사용방법이 구 특허법상 불특허 사유의 하나인 "2 이상의 의약을 혼합하여 1의 의약을 제조하는 방법의 발명"에 해당한다는 이유로 당연히 확인대상 발명이 이 사건 특허발명의 권리범위에 속하지 않는다고 할 수 없으며, 나아가 살펴보면 확인대상 발명은 이 사건 제1 내지 5, 7항 발명의 제조방법의 실시에만 사용하는 물건이라 할 것이므로 이를 업으로 생산·판매하는 피고의 행위는 구 특허법 제64조에 의하여 이 사건 제1 내지 5, 7항 발명의 특허권을 침해한 것이 되므로 확인대상 발명은 그 권리범위에 속한다고 볼 것인바, 이와 결론을 달리 한 이 사건 심결은 위 인정범위 내에서 위법하다.[110]

Ⅰ-4. 의약품·농약품 허가 등에 따른 특허권 존속기간의 연장

1. 관련규정

특허발명을 실시하기 위하여 다른 법령에 따라 허가를 받거나 등록 등을 하여야 하고, 그 허가 또는 등록 등(이하 "허가등"이라 한다)을 위하여 필요한 유효성·안전성 등의 시험으로 인하여 장기간이 소요되는 대통령령으로 정하는 발명인 경우에는 특허존속기간 20년을 초과하여 그 실시할 수 없었던 기간에 대하여 5년의 기간까지 그 특허권의 존속기간을 한 차례만 연장할 수 있다. 다만, 허가등을 받은 자에게 책임있는 사유로 소요된 기간은 "실시할 수 없었던 기간"에 포함되지 아니한다(제89조(허가등에 따른 특허권의 존속기간의 연장)).

의약품, 농약품과는 달리 특허출원에 대하여 특허출원일부터 4년과 출원심사청구일부터 3년 중 늦은 날보다 지연되어 특허권의 설정등록이 이루어지는 경우에는 특허존속기간 20년을 초과하여 그 지연된 기간만큼 해당 특허권의 존속기간을 연장할 수 있다(제92조의2(등록지연에 따른 특허권의 존속기간의 연장)). 이는 기술 분야별로 심사기간이 상이하여 어떤 기술 분야는 심사기간이 빨라 1년, 어느 분야는 2년이 소요되는 경우도 있어 이에 대한 불균형을 해소하기 위한 것으로 한미 FTA 결과로 도입된 제도이다.

이해관계인 또는 심사관은 특허권의 존속기간의 연장등록이 (ⅰ) 특허발명을 실시하기 위하여 허가등을 받을 필요가 없는 출원에 대하여 연장등록이 된 경우, (ⅱ) 그 특허권자 또는 그 특허권의 전용실시권 또는 등록된 통상실시권을 가진 자가 제89조의 허가등을 받지 아니한 출원에 대하여 연장등록이 된 경우, (ⅲ) 연장등록에 따라 연장된 기간이 그 특허발명을 실시할 수 없었던 기간을 초과하는 경우 중 어느 하나에 해당하는 경우에는 무효심판을 청구할 수 있다(제134조(특허권 존속

---

110) 특허법원 2004. 5. 21. 선고 2002허3962 판결.

기간의 연장등록의 무효심판)).

2. 관련판례(특허권의 연장등록 여부)

Ⅰ) 사건개요(과활동방광 치료제 사건)

[발명의 설명](아세트산 아닐리드 유도체를 유효성분으로 하는 과활동방광 치료제, 등록번호 10-0967070, 특허권자; 아스텔라스세이야쿠 가부시키가이샤)

본 발명의 유효성분인 아세트산 아닐리드 또는 이의 염은 과활동 방광의 치료제로서 사용할 수 있다. 또한, 전립선 비대에 따르는 과활동 방광 이외에 요의 절박감, 요실금이나 빈뇨를 수반하는 과활동 방광의 치료제로서 사용할 수 있다.

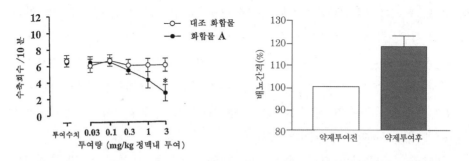

[청구항 1]
(R)-2-(2-아미노티아졸-4-일)-4'-[2-[(2-하이드록시-2-페닐에틸)아미노]에틸]아세트산 아닐리드 또는 이의 염을 유효성분으로 하는 과활동 방광의 치료제.

Ⅱ) 판결이유

[1] 의약품 등의 발명을 실시하기 위해서는 국민의 보건위생을 증진하고 안전성 및 유효성을 확보하기 위해 약사법 등에 따라 허가 등을 받아야 하는데, 특허권자는 이러한 허가 등을 받는 과정에서 그 특허발명을 실시하지 못하는 불이익을 받게 된다. 따라서 위와 같은 불이익을 구제하고 의약품 등의 발명을 보호·장려하기 위해 구 특허법(2014. 6. 11. 법률 제12753호로 개정되기 전의 것, 이하 같다) 제89조 제1항은 "특허발명을 실시하기 위하여 다른 법령의 규정에 의하여 허가를 받거나 등록

등을 하여야 하고, 그 허가 또는 등록 등(이하 "허가 등"이라 한다)을 위하여 필요한 활성·안전성 등의 시험으로 인하여 장기간이 소요되는 대통령령이 정하는 발명인 경우에는 제88조 제1항의 규정에 불구하고 그 실시할 수 없었던 기간에 대하여 5년의 기간 내에서 당해 특허권의 존속기간을 연장할 수 있다"라고 규정하여 약사법 등에 의한 허가 등을 받기 위하여 특허발명을 실시할 수 없었던 기간만큼 특허권의 존속기간을 연장해주는 제도를 마련하였다.

다만, 구 특허법 제89조 제2항은 "제1항을 적용함에 있어서, 특허권자에게 책임 있는 사유로 소요된 기간은 제1항의 '실시할 수 없었던 기간'에 포함되지 아니한다"라고 규정하고 있으므로, 허가 등을 받은 자의 귀책사유로 약사법 등에 따라 허가 등의 절차가 지연된 경우에는 그러한 귀책사유가 인정되는 기간은 특허권 존속기간 연장의 범위에 포함되어서는 안 된다. 한편, 특허권 존속기간의 연장등록을 받는 데에 필요한 허가 등을 신청할 수 있는 자의 범위에는 특허권자 외에 전용실시권자 및 통상실시권자가 포함되므로, 위 규정의 '특허권자에게 책임 있는 사유'를 판단할 경우에도 위 허가 등을 신청한 전용실시권자와 통상실시권자에 관한 사유가 포함된다고 해석함이 타당하다.

[2] … 원심은 이와 같은 사실관계 등을 바탕으로 하여 다음과 같이 판단하였다.

위 수입품목허가 경위에 의하면, 이 사건 특허발명을 실시할 수 없었던 기간은 특허권 설정등록일인 2010. 6. 23.부터 임상시험종료일인 2010. 8. 10.까지의 48일 및 수입품목허가 신청서 제출일인 2013. 1. 31.부터 수입품목허가 결정이 신청인에게 도달한 날인 2013. 12. 31.까지의 334일을 기초로 산정하여야 한다.

식품의약품안전처 내 각 심사부서에서 심사가 중단된 기간은 ㉠ 안전성·유효성, 기준·시험방법에 대한 보완자료 요청일인 2013. 3. 20.부터 보완자료 제출일인 2013. 5. 29.까지(이하 '기간 1'이라 한다) 및 ㉡ GMP 보완자료 요청일인 2013. 7. 25.부터 보완자료 제출일인 2013. 12. 12.까지(이하 '기간 2'라 한다)이다.

그런데, 위 '기간 1' 동안에는 GMP 평가 심사부시의 심사가 계속 이루어지고 있었으므로 그 보완기간은 통상실시권자의 귀책사유와 허가 등의 지연 사이에 상당인과관계가 인정되지 아니하여 특허권자의 책임 있는 사유로 인하여 지연된 기간이라고 볼 수 없다. 또한 DMF 심사에 관하여 원료 협의회신이 2013. 12. 4.에 있었으므로, '기간 2' 중 2013. 7. 25.부터 2013. 12. 3.까지는 DMF 심사부서의 심사가 이루어지고 있었다고 할 것이고, 따라서 위 기간 역시 통상실시권자의 귀책사유와 허가 등 지연 사이에 상당인과관계가 인정되지 아니하여 위 기간도 특허권자의 책임 있는 사유로 인하여 지연된 기간이라고 볼 수 없다. 다만 '기간 2' 중 나머지 2013. 12. 4.부터 2013. 12. 12.까지의 기간 동안에는 GMP 평가 심사부서의 심사가 중단되었다고 볼 여지는 있으나, 위 기간 동안에도 의약품심사조정과의 품목허가 및 DMF 등록의 타당성 검토가 이루어지고 있었다고 보아야 할 것이므로, 결국 위 기간과 관련해서도 통상실시권자의 귀책사유와 허가 등 지연 사이에 상당인과관계가 인정되지 아니한다.

따라서 이 사건 연장등록에 구 특허법 제134조 제1항 제3호의 무효사유가 존재하지 아니한다.

[3] 앞에서 본 법리를 비롯한 원심 판시 관련 법령 등과 기록에 비추어 살펴보면 다음과 같이 판단된다.

식품의약품안전처의 의약품 제조판매·수입품목 허가는 그 허가신청에 대하여 의약품 등의 안전에 관한 규칙 제4조 제1항에서 정한 사항별로 해당 심사부서에서 심사를 진행하고 이에 따라 보완요구를 비롯한 구체적인 심사 절차도 해당 심사부서의 내부 사정에 따라 진행된다. 그렇지만 이러한 해당 심사부서별 심사는 식품의약품안전처 내의 업무 분장에 불과하고, 또한 그 심사 등의 절차가 모두 종결되어야 허가가 이루어질 수 있다. 결국 심사부서별 심사 등의 절차 진행은 최종 허가에 이르는 중간 과정으로서, 전체적으로 허가를 위한 하나의 절차로 평가할 수 있다.

이러한 사정에 비추어 보면, 식품의약품안전처 내 어느 심사부서에서 보완요구가 이루어지고 그 결과 보완자료를 제출할 때까지 그 보완요구 사항에 대한 심사가 진행되지 못하였다 하더라도, 그 동안 식품의약품안전처의 다른 심사부서에서 그 의약품의 제조판매·수입품목 허가를 위한 심사 등의 절차가 계속 진행되고 있었던 경우에는 다른 특별한 사정이 없는 한 그 기간 역시 허가를 위하여 소요된 기간으로 볼 수 있으므로, 이를 가지고 허가 등을 받은 자의 귀책사유로 인하여 허가 등의 절차가 지연된 기간이라고 단정할 수 없다.

따라서 이 사건 연장등록에 그와 같은 무효사유가 없다고 판단한 원심의 결론은 수긍할 수 있고, 거기에 상고이유 주장과 같이 존속기간 연장기간 산정에 관련된 특허권자의 귀책사유 및 주의의무, 귀책사유와 허가 등에 소요된 기간 사이의 상당인과관계, 헌법 및 법률에서 정한 평등원칙 등에 관한 법리를 오해하고 이유가 모순되는 등의 사유로 판결에 영향을 미친 위법이 없다.

[4] 구 특허법 제134조 제1항 제2호가 연장등록의 무효사유로서 '등록된 통상실시권을 가진 자가 제89조의 허가 등을 받지 아니한 출원에 대하여 연장등록이 된 경우'라고 규정한 것은, 특허권 존속기간의 연장등록을 받는 데에 필요한 허가 등을 신청할 수 있는 자의 범위에 통상실시권자도 포함되지만, 그 통상실시권의 등록이 연장등록출원서의 필수적 기재사항 및 증명자료임에 비추어 그것이 누락된 채로 연장등록이 이루어진 경우에는 적법한 연장등록 요건을 갖추지 못한 것이므로 그 등록을 무효로 하겠다는 취지라고 해석함이 상당하다. 이와 달리 위 법률 조항이 허가 등을 신청한 통상 실시권자가 그 신청 당시부터 통상실시권의 등록을 마치고 있어야만 한다는 취지를 규정한 것이라고 볼 수는 없다.

한국아스텔라스제약이 위 수입품목허가 신청 당시 이 사건 특허발명을 적법하게 실시할 수 있는 통상실시권자의 지위에 있었고, 특허청 심사관의 이 사건 연장등록결정 등본 송달 전에 통상실시권 등록 및 그에 대한 증명자료 제출이 모두 이루어졌으므로, 이 사건 연장등록에는 등록무효사유가 없다.

따라서 상고이유 주장과 같이 구 특허법 제134조 제1항 제2호의 해석에 관한 법리를 오해하는 등의 위법이 없다.[111]

I-5. 직무발명에서의 통상실시권 허부

1. 관련규정

직무발명의 규정은 종전에는 특허법에 규정되어 있었으나, 현재는 발명진흥법에 규정되어 있다.[112] 직무발명에 대하여 종업원등이 특허, 실용신안등록, 디자인등

---

111) 대법원 2017. 11. 29. 선고 2017후844, 2017후851(병합), 2017후868(병합), 2017후875(병합) 판결 [존속기간연장무효(특), 존속기간연장무효(특), 존속기간연장무효(특), 존속기간연장무효(특)].
112) 제39조(직무발명) ① 종업원·법인의 임원 또는 공무원(이하 "종업원등"이라 한다)이 그 직무에 관하여 발명한 것이 성질상 사용자·법인 또는 국가나 지방자치단체(이하 "사용자등"이라 한다)의 업무범위에 속하고, 그 발명을 하게 된 행위가 종업원등의 현재 또는 과거의 직무에 속하는 발명(이하 "직무발명"이라 한다)에 대하여 종업원등이 특허를 받았거나 특허를 받을 수 있는 권리를 승계한 자가 특허를 받았을 때에는 사용자등은 그 특허권에 대하여 통상실시권을 가진다.
*직무발명이 과거에는 특허법에 규정되어 있었으나, 2006. 9. 4. 이후부터는 발명진흥법에 규정되어 있다.

록(이하 "특허등")을 받았거나 특허등을 받을 수 있는 권리를 승계한 자가 특허등을 받으면 사용자등은 그 특허권, 실용신안권, 디자인권(이하 "특허권등")에 대하여 통상실시권(通常實施權)을 가진다(발명진흥법 제10조(직무발명)). 직무발명 관련 규정은 1994년 발명진흥법이 제정(1994. 3. 24. 법률 제4757호)된 이래 특허법의 규정과 발명진흥법에 각각 일부 중복되어 규정되어 있었으나, 이를 통합하여 특허법에서 삭제하고 발명진흥법에 반영한 것이다.

2. 관련판례(자동차용 와이퍼 고무 블레이드 사건)

I) 사건개요

[발명의 내용]

본 발명은 자동차용 와이퍼에 관한 것으로, 특히 차의 윈도우 글래스에 밀착되는 고무 블레이드의 구조와 형상을 변경하여 와이퍼의 고무 블레이드가 자체적으로 윈도우 글래스와 안정적으로 밀착 될 수 있도록 하기 위한 것이다.

본 발명의 목적은, 와이퍼 전체적으로 일정한 기울기를 유지하는데 적합하도록 하여 와이퍼의 들뜸이나 떨림을 방지하고 안정적인 정착성을 유지할 수 있는 와이퍼의 고무 블레이드를 제공하는 것이다.

본 발명의 또 다른 목적은, 와이퍼 구성에서 윈도우 글래스에 대한 원하는 분포하중을 균등하게 유지할 수 있도록 하여 세척효과를 향상시키고, 정착성을 향상시켜 주행시 떨림이나 들뜸에 의한 노이즈를 줄일 수 있게 하는 와이퍼의 고무 블레이드를 제공하는 것이다.

발명진흥법 제10조(직무발명) ① 직무발명에 대하여 종업원등이 특허, 실용신안등록, 디자인등록(이하 "특허등"이라 한다)을 받았거나 특허등을 받을 수 있는 권리를 승계한 자가 특허등을 받으면 사용자등은 그 특허권, 실용신안권, 디자인권(이하 "특허권등"이라 한다)에 대하여 통상실시권(通常實施權)을 가진다. 다만, 사용자등이 「중소기업기본법」 제2조에 따른 중소기업이 아닌 기업인 경우 종업원등과의 협의를 거쳐 미리 다음 각 호의 어느 하나에 해당하는 계약 또는 근무규정을 체결 또는 작성하지 아니한 경우에는 그러하지 아니하다.
1. 종업원등의 직무발명에 대하여 사용자등에게 특허등을 받을 수 있는 권리나 특허권등을 승계시키는 계약 또는 근무규정
2. 종업원등의 직무발명에 대하여 사용자등을 위하여 전용실시권을 설정하도록 하는 계약 또는 근무규정

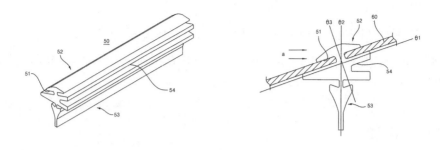

(특허 제1006626290000호)

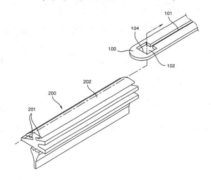

(실용신안 제2004068240000호)

[사건의 경과]

원고는 자동차 부품 중 와이퍼를 전문으로 제조, 판매하는 회사이고, 피고는 원고 회사에 입사하여 2005. 6. 23. 퇴직한 사람으로서, 원고가 경기지방중소기업청(아래에서는 '중기청'이라 한다)의 지원을 받아 다기능 와이퍼개발사업자로 선정되자, 위 사업의 과제책임자로서 다기능 와이퍼개발사업을 총괄하였다.

피고는 원고회사를 퇴직한 직후인 2005. 7. 1.경 및 그로부터 4개월가량 경과한 2005. 11. 4.경 이 사건 발명 및 고안에 관하여 자신을 단독 발명자(또는 고안자)로 하여 특허 및 실용신안등록 출원을 히여, 특허권(와이퍼 고무 블레이드; 특허 제1006626290000호) 및 실용신안 설정등록(와이퍼의 고무 블레이드 조립 구조; 실용신안 등록 제2004068240000호)을 받았다.

한편 피고는 위 각 출원에 기초하여 우선권을 주장하여 외국(캐나다 등)에 특허출원 또는 실용신안등록출원을 하여 현재에 이르고 있다.

원고와 피고의 발명내용은 모두 다음과 같다.

『고무블레이드가 길이방향으로 삽입되는 프레임으로서 그 일단부 및 중앙에 각 1개의 안내홈이 형성되어 있어, 고무블레이드는 위 안내홈을 통해 1방향으로 삽입된다.』

II) 판결이유 1

국제사법 제2조 제1항은 "법원은 당사자 또는 분쟁이 된 사안이 대한민국과 실질적 관련이 있는 경우에 국제재판관할권을 가진다. 이 경우 법원은 실질적 관련의 유무를 판단함에 있어 국제재판관할 배분의 이념에 부합하는 합리적인 원칙에 따라야 한다."고 규정하고, 제2항은 "법원은 국내법의 관할 규정을 참작하여 국제재판관할권의 유무를 판단하되, 제1항의 규정의 취지에 비추어 국제재판관할의 특수성을 충분히 고려하여야 한다."고 규정하고 있다. 따라서 법원은 당사자 사이의 공평, 재판의 적정, 신속 및 경제를 기한다는 기본이념에 따라 국제재판관할을 결정하여야 하고, 구체적으로는 소송당사자들의 공평, 편의 그리고 예측 가능성과 같은 개인적인 이익뿐만 아니라 재판의 적정, 신속, 효율 및 판결의 실효성 등과 같은 법원 내지 국가의 이익도 함께 고려하여야 하며, 이러한 다양한 이익 중 어떠한 이익을 보호할 필요가 있을지는 개별 사건에서 법정지와 당사자의 실질적 관련성 및 법정지와 분쟁이 된 사안과의 실질적 관련성을 객관적인 기준으로 삼아 합리적으로 판단하여야 한다(대법원 2010. 7. 15. 선고 2010다18355 판결 등 참조).

직무발명에서 특허를 받을 권리의 귀속과 승계, 사용자의 통상실시권의 취득 및 종업원의 보상금청구권에 관한 사항은 사용자와 종업원 사이의 고용관계를 기초로 한 권리의무 관계에 해당한다. 따라서 직무발명에 의하여 발생되는 권리의무는 비록 섭외적 법률관계에 관한 것이라도 성질상 등록이 필요한 특허권의 성립이나 유·무효 또는 취소 등에 관한 것이 아니어서, 속지주의의 원칙이나 이에 기초하여 지식재산권의 보호에 관하여 규정하고 있는 국제사법 제24조의 적용대상이라 할 수 없다. 직무발명에 대하여 각국에서 특허를 받을 권리는 하나의 고용관계에 기초하여 실질적으로 하나의 사회적 사실로 평가되는 동일한 발명으로부터 발생한 것이며, 당사자들의 이익보호 및 법적 안정성을 위하여 직무발명으로부터 비롯되는 법률관계에 대하여 고용관계 준거법 국가의 법률에 의한 통일적인 해석이 필요하다.

이러한 사정들을 종합하여 보면, 직무발명에 관한 섭외적 법률관계에 적용될 준거법은 발생의 기초가 된 근로계약에 관한 준거법으로서 국제사법 제28조 제1항, 제2항 등에 따라 정하여지는 법률이라고 봄이 타당하다. 그리고 이러한 법리는 실용신안에 관하여도 마찬가지로 적용된다.

Ⅲ) 판결이유 2

[1] 직무발명에서 특허를 받을 권리의 귀속과 승계, 사용자의 통상실시권의 취득 및 종업원의 보상금청구권에 관한 사항은 사용자와 종업원 사이의 고용관계를 기초로 한 권리의무 관계에 해당한다. 따라서 직무발명에 의하여 발생되는 권리의무는 비록 섭외적 법률관계에 관한 것이라도 그 성질상 등록이 필요한 특허권의 성립이나 유·무효 또는 취소 등에 관한 것이 아니어서, 속지주의의 원칙이나 이에 기초하여 지식재산권의 보호에 관하여 규정하고 있는 국제사법 제24조의 적용대상이라 할 수 없다. 직무발명에 대하여 각국에서 특허를 받을 권리는 하나의 고용관계에 기초하여 실질적으로 하나의 사회적 사실로 평가되는 동일한 발명으로부터 발생한 것이며, 당사자들의 이익보호 및 법적 안정성을 위하여 직무발명으로부터 비롯되는 법률관계에 대하여 고용관계 준거법 국가의 법률에 의한 통일적인 해석이 필요하다. 이러한 사정들을 종합하여 보면, 직무발명에 관한 섭외적 법률관계에 적용될 준거법은 그 발생의 기초가 된 근로계약에 관한 준거법으로서 국제사법 제28조 제1항, 제2항 등에 따라 정하여지는 법률이라고 봄이 타당하다. 그리고 이러한 법리는 실용신안에 관하여도 마찬가지로 적용된다고 할 것이다.

[2] 원고는 대한민국 법률에 의하여 설립된 법인이고 피고도 대한민국 국민으로서 원고와의 근로계약을 수행한 곳이 대한민국임은 앞서 본 것과 같고, 이러한 사정 등을 고려한 당사자들의 합리적인 의사 등에 비추어 보면, 원고와 피고는 그 근로계약 체결에 관하여 대한민국 법률을 준거법으로 하려는 묵시적인 의사가 있다고 보아야 하고, 설령 그렇지 않더라도 피고가 일상적으로 노무를 제공한 곳이 대한민국이므로 원·피고 사이의 근로계약에 관한 준거법은 국제사법 제28조 제1항 또는 제2항에 따라 대한민국 법률로 보아야 한다.

그리고 위에서 본 법리에 의하면, 위 근로계약에 따라 완성된 이 사건 직무발명에 기초하여 외국에서 등록되는 특허권 및 실용신안권에 대하여 원고가 통상실시권을 취득하는지 여부에 관한 준거법도 위 근로계약에 관한 준거법인 대한민국 법률이라고 할 것이며, 이 법률은 기록에 의하여 알 수 있는 이 사건 직무발명의 완성당시에 시행 중이던 구 특허법(2006. 3. 3. 법률 제7869호로 개정되기 전의 것, 이하 '구 특허법'이라 한다) 제39조 제1항 및 구 특허법을 준용하는 구 실용신안법(2006. 3. 3. 법률 제7872호로 개정되기 전의 것, 이하 '구 실용신안법'이라 한다) 제20조 제1항이다.

따라서 피고가 원고와 사이에 체결된 근로계약에 따라 완성된 이 사건 직무발명에 기초하여 외국에서 특허권 및 실용신안권을 등록받는다고 하더라도, 원고는 그에 대하여 구 특허법 제39조 제1항 및 이를 준용하는 구 실용신안법 제20조 제1항에 의하여 통상실시권을 가진다고 할 것이다.[113]

Ⅰ-6. 직무발명 보상금

1. 관련규정

직무발명에 대하여 특허법에서 규정하고 있었으나, 현재는 발명진흥법에서 규정하고 있다. 종업원등의 직무발명이 제삼자와 공동으로 행하여진 경우 계약이나 근무규정에 따라 사용자등이 그 발명에 대한 권리를 승계하면 사용자등은 그 발명에 대하여 종업원등이 가지는 권리의 지분을 갖는다(발명진흥법 제14조(공동발명에 대한 권리의 승계)).

종업원등은 직무발명에 대하여 특허등을 받을 수 있는 권리나 특허권등을 계약이나 근무규정에 따라 사용자등에게 승계하게 하거나 전용실시권을 설정한 경우에는 정당한 보상을 받을 권리를 가지며, 사용자등은 위 따른 보상에 대하여 보상형태와 보상액을 결정하기 위한 기준, 지급방법 등이 명시된 보상규정을 작성하고 종업원등과 협의하여 정당한 보상을 하여야 한다. 만약 그 보상액이 직무발명에 의하여 사용자등이 얻을 이익과 그 발명의 완성에 사용자등과 종업원등이 공헌한 정도를 고려하지 아니한 경우에는 정당한 보상으로 볼 수 없다((발명진흥법 제15조(직무발명에 대한 보상)).

제16조(출원 유보시의 보상) 사용자등은 직무발명에 대한 권리를 승계한 후 출원(出願)하지 아니하거나 출원을 포기 또는 취하하는 경우에도 제15조에 따라 정당한

---

113) 대법원 2015. 1. 15. 선고 2012다4763 판결 [영업방해금지].

보상을 하여야 한다. 이 경우 그 발명에 대한 보상액을 결정할 때에는 그 발명이 산업재산권으로 보호되었더라면 종업원등이 받을 수 있었던 경제적 이익을 고려하여야 한다.

2. 관련판례(전화기 다이얼정보 그룹별 검색방법 사건)

Ⅰ) 발명의 설명

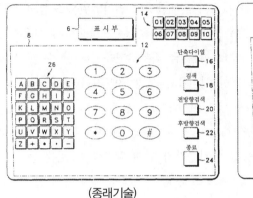
(종래기술)

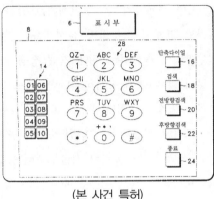
(본 사건 특허)

본 발명은 별도의 문자키를 사용치 않고 다이얼키에 문자를 할당하여 다이얼정보를 검색함으로써 전화단말장치의 구성을 긴단하게 할 수 있으며 제조비용을 낮출 수 있는 이점이 있다.

특허1은 전화단말장치에서 다이얼정보 그룹별 검색방법(등록번호: 100106458, 출원일자: 1993.05.31., 존속기간만료 소멸: 2013. 06. 01.)이며, 특허2는 전화단말장치에서 다이얼키를 이용한 다이얼정보 검색방법(등록번호: 100106457, 출원일: 1993. 05. 31., 존속기간만료 소멸: 2013. 06. 01.)이다.

Ⅱ) 판결이유 1

[1] 구 특허법(2006. 3. 3. 법률 제7869호로 개정되기 전의 것) 제40조 제2항은 사용자가 종업원으로부터 직무발명을 승계하는 경우 종업원이 받을 정당한 보상액을 결정함에 있어서는 그 발명에 의하여 사용자가 얻을 이익액과 그 발명의 완성에 사용자 및 종업원이 공헌한 정도를 고려하도록 하고 있는데, 같은 법 제39조 제1항에 의하면 사용자는 직무발명을 승계하지 않더라도 그 특허권에 대하여 무상의 통상실

시권을 가지므로, 위의 '사용자가 얻을 이익'이라 함은 통상실시권을 넘어 직무발명을 독점적·배타적으로 실시할 수 있는 지위를 취득함으로써 얻을 이익을 의미한다(대법원 2011. 9. 8. 선고 2009다91507 판결 참조). 한편 여기서 사용자가 얻을 이익은 직무발명 자체에 의해 얻을 이익을 의미하는 것이지 수익·비용의 정산 이후에 남는 영업이익 등의 회계상 이익을 의미하는 것은 아니므로 수익·비용의 정산 결과와 관계없이 직무발명 자체에 의한 이익이 있다면 사용자가 얻을 이익이 있는 것이고, 또한 사용자가 제조·판매하고 있는 제품이 직무발명의 권리범위에 포함되지 않더라도 그것이 직무발명 실시제품의 수요를 대체할 수 있는 제품으로서 사용자가 직무발명에 대한 특허권에 기해 경쟁 회사로 하여금 직무발명을 실시할 수 없게 함으로써 그 매출이 증가하였다면, 그로 인한 이익을 직무발명에 의한 사용자의 이익으로 평가할 수 있다(대법원 2011. 7. 28. 선고 2009다75178 판결 참조).

그리고 사용자가 종업원으로부터 승계하여 특허등록을 한 직무발명이 이미 공지된 기술이거나 공지된 기술로부터 통상의 기술자가 쉽게 발명할 수 있는 등의 특허무효사유가 있고 경쟁관계에 있는 제3자도 그와 같은 사정을 용이하게 알 수 있어서 사용자가 현실적으로 그 특허권으로 인한 독점적·배타적 이익을 전혀 얻지 못하고 있다고 볼 수 있는 경우가 아닌 한 단지 직무발명에 대한 특허에 무효사유가 있다는 사정만으로는 특허권에 따른 독점적·배타적 이익을 일률적으로 부정하여 직무발명보상금의 지급을 면할 수는 없고, 이러한 무효사유는 특허권으로 인한 독점적·배타적 이익을 산정할 때 참작요소로 고려할 수 있을 뿐이다.

[2] 원심은, 원고가 피고 회사(삼성전자) 재직 중에 한 직무발명으로서 피고가 승계하여 특허등록을 받은 원심 판시 이 사건 제1, 2 특허발명(이하, 합하여 '이 사건 각 특허발명'이라 한다)은 전화단말장치에서 전화번호를 검색하는 방법에 관한 발명으로서, 휴대전화기 제품의 경우 하드웨어와 소프트웨어 등에 수많은 첨단 기술이 고도로 집약된 것인 점, 이 사건 각 특허발명은 휴대전화기 구동을 위한 소프트웨어 분야에서도 극히 일부의 기술에 해당하는 점, 휴대전화기 매출에는 상표 등의 고객 흡인력, 디자인의 우수성, 홍보 및 마케팅 활동 등 비기술적 요소 역시 기여하는 점 등을 들어 휴대진화기 완성품인 피고 제품에 대한 이 사건 각 특허발명의 기여도를 2%로 산정하는 한편, 아래와 같은 사정 등을 들어 이 사건 각 특허발명의 독점권 기여율을 0.2%로 산정하였다.

이 사건 제1 특허발명은 원심 판시 비교대상발명 1, 2 및 주지관용기술을 결합하여 쉽게 도출할 수 있다고 볼 여지가 있으므로 그 진보성이 부정되어 무효로 될 가능성이 있다. 그러나 위와 같은 무효사유의 존재만으로는 이 사건 제1 특허발명이 전혀 보호가치가 없다거나 그에 따른 피고의 독점적 이익이 전혀 없어 피고가 보상금의 지급의무를 완전히 면하게 된다고 볼 수는 없고, 단지 이러한 사정을 독점권 기여율을 정하는 데 참작할 수 있다. 한편 이 사건 제2 특허발명에 무효사유가 있다거나 위 발명이 경쟁관계에 있는 제3자에게까지 알려진 공지기술이었다고 볼 수 없으므로 이에 따른 피고의 독점적 이익을 부정할 수 없다.

현재 피고 제품은 입력된 문자 키의 자릿수와 관계없이 다이얼정보를 검색한다는 점에서, 검색 모드가 선택되면 다이얼정보를 먼저 이름을 기준으로 재배열한 후 입력된 다이얼키에 할당된 문자 중 하나를 첫 번째 문자로 가지는 이름의 다이얼정보를 검색하여 표시하는 이 사건 제1 특허발명의 구성이나, 이를 전제로 다이얼키가 입력될 때마다 키 입력 횟수를 증가 카운트한 후 입력된 다이얼키에 할당된 문자를 키입력카운트값 번째 문자로 가지는 이름의 다이얼정보를 검색하여 표시하는 이 사건 제2 특허발명의 구성과는 분명한 차이가 있으므로, 피고가 이 사건 각 특허발명을 현재 직접 실시하고 있다고 단정할 수 없다. 그러나 피고 제품은 이 사건 각 특허발명에 대하여 선화번호의 검색 순서 또는 방법을 달리 적용한 것으로서 이 사건 각 특허발명 실시제품의 수요 대체품으로 볼 수 있어서 이 사건 각 특허발명의 특허권에 기하여 경쟁 회사로 하여금 직무발명을 실시할 수 없게 함으로써 피고 제품의 매출 증가에 어느 정도 영향이 있다고 추인할 수 있으므로, 설령 피고가 이 사건 각 특허발명을 직접 실시하지 않았다고 하더라도 그러한 사정만으로 보상금 지급의무를 전부 면할 수는 없으나 이는 독점권 기여율의 산정에서 고려할 수 있고, 한편 피고의 경쟁 회사들도 이 사건 각 특허발명과 다른 독자적인 방법으로 전화번호를 검색하는 제품을 생산하고 있는 것으로 보이므로, 경쟁 회사들이 이 사건 각 특허발명을 실시할 수 없게 함으로써 얻은 피고의 이익이 전혀 없다고 평가할 수는 없으나 그 액수는 상당히 적을 것으로 보인다.

이러한 사정들을 종합해 보면 이 사건 각 특허발명의 가치는 매우 낮은 편으로서 그 독점권 기여율 역시 미미하다고 보인다.

[3] 앞서 본 법리와 기록에 비추어 살펴보면, 원심의 위와 같은 판단은 정당하

고, 거기에 상고이유 주장과 같이 독점권 기여율이나 독점적·배타적 이익의 산정에 관한 법리를 오해하고 논리와 경험의 법칙에 반하여 자유심증주의의 한계를 벗어나거나 변론주의 원칙에 반하는 등의 위법이 없다.

III) 판결이유 2

관련 법리와 기록에 비추어 살펴보면, 원심이 이 사건 각 특허발명에 관한 직무발명보상금에 '등록된 권리의 실시결과가 회사경영에 현저하게 공헌하였을 경우, 그 공헌한 정도에 따라 위원회의 심의를 거쳐 대표이사의 재가를 받아 실적보상금을 지급한다'고 규정하고 있는 피고의 직무발명보상지침 제16조 제3호가 적용됨을 전제로 하여 원고의 소 제기 당시에 보상금청구권의 소멸시효가 완성되지 않았다고 판단한 것은 정당하고, 거기에 보상금청구권의 소멸시효에 관한 법리오해나 이유모순 등의 위법이 없다.

IV) 판결이유 3

원심판결 이유에 의하면 원심은, 이 사건 각 특허발명이 채용될 수 있는 피고 제품의 생산량 및 휴대전화기 가격 등에 근거하여 국내 매출액을 계산한 후 여기에 정보통신분야에서 전용실시권이나 통상실시권을 설정할 때의 실시료율 등을 감안하여 이 사건 각 특허발명의 실시료율을 2%로 보고, 위에서 본 직무발명의 기여도 및 독점권 기여율까지 감안하여 이 사건 각 특허발명으로 인하여 사용자가 얻을 이익을 계산한 다음, 여기에 원고가 피고 회사에 재직하면서 피고의 각종 자재 및 시설들을 이용하여 이 사건 각 특허발명의 완성에 이른 점과 피고가 오랜 기간 누적하여 온 전화기 제조에 관한 기법과 첨단 기술도 이 사건 각 특허발명의 완성에 상당한 영향을 미친 것으로 보이는 점 등의 사정을 고려하여 발명자 공헌도를 20%로 보고, 원고가 이 사건 각 특허발명을 단독 발명하여 발명자 기여율이 100%라고 보아, 피고가 이 사건 각 특허발명과 관련하여 원고에게 지급하여야 할 직무발명보상금 액수를 산정하였다.[114]

---

114) 이 사건 원심의 판결: 서울고등법원 2014. 7. 17. 선고 2013나2016228 판결 [직무발명 보상금 청구의 소].
주문: 제1심판결 중 아래에서 지급을 명하는 금원에 해당하는 원고 패소 부분을 취소한다. 피고는 원고에게 10,925,590원 및 이에 대한 2012. 1. 31.부터 2014. 7. 17.까지는 연 5%의, 그 다

관련 법리와 기록에 비추어 살펴보면, 원심의 위와 같은 판단은 정당하다.[115]

3. 관련판례(한국산 고령토 사건)

Ⅰ) 사건개요

[발명의 설명]

본 발명은 한국산 고령토를 산처리 및/또는 염화 암모늄 처리하여 얻어진 촉매 및 에스테르의 제조 방법을 제공하며, 최종 생성물인 PTMEG 디에스테르는 스판덱스, 인공피혁 등에 사용되는 폴리우레탄 등에 사용되는 공업적으로 매우 유용한 폴리머이다. 근래에는 의료용 고분자로도 주목을 받고 있다(발명자 김**, 특허권자 신화**주식회사, 등록번호 10-0219792, 출원일 1995. 06. 02., 존속기간만료 소멸 2015. 06. 03.)

[사건경과]

원고는 신화** 상무이사로 근무하던 1995년경 한국산 고령토를 산 처리 또는 염화암모늄 처리 등으로 디에스테르('PTMEA')를 제조하는 방법에 관한 발명 완성하였다. 1997. 1. 17.경 원고를 발명자로 PCT 국제출원을 하여, 1999. 7.경 미국과 유럽, 일본에 특허등록이 되었다(원고는 1999. 7. 8.경 미국에서 특허를 받을 권리를 신화**에게 양도하였고, 현재 위 각 특허권자는 피고로 되어 있다).

원고는 이 사건 발명의 출원 이후 신화건설의 상무에서 전무, 부사장으로 차례로 승진하여 2000. 8. 28.경까지 근무하다가 신화건설을 퇴직하고, 2000. 10.경부터 피고의 기술연구소 소장으로 재직하여 왔는데, 이후 보상금 액수에 관하여 협의하

음 날부터 다 갚는 날까지는 연 20%의 각 비율로 계산한 돈을 지급하라.
산출내역:

연도	국내 생산량(대)	전체 생산량(대)	국내 생산 비중(%)	전체 생산 증가율(%)	국내 매출액(원)
2012년	126,348,568	421,161,895	30	22.6	17,786,863,657,2923
...	...	...	...	...	...
합계	...	...	...	...	...

보상금 = 사용자가 얻을 이익(사용자의 매출액 × 직무발명의 기여도 × 실시료율 × 독점권 기여율) × 발명자 공헌도 × 발명자 기여율(이 사건의 경우 단독발명이므로 100%)

115) 대법원 2017. 1. 25. 선고 2014다220347 판결 [직무발명보상금청구의소]. 이 판례는 3회 피인용되었다.

였으나, 합일점을 찾지 못하였고, 이 사건 소송을 제기하였으며, 2005. 12.경 피고 회사를 퇴직하였다.

II) 판결이유

구 특허법 제40조 제2항(현행 발명진흥법 제15조 제3항 참조)은 사용자가 종업원으로부터 직무발명을 승계하는 경우 종업원이 받을 정당한 보상액을 결정함에 있어서는 그 발명에 의하여 사용자가 얻을 이익액과 그 발명의 완성에 사용자가 공헌한 정도를 고려하도록 하고 있는데, 같은 법 제39조 제1항(현행 발명진흥법 제10조 제1항 참조)에 의하면 사용자는 직무발명을 승계하지 않더라도 그 특허권에 대하여 무상의 통상실시권을 가지므로, 위의 '사용자가 얻을 이익'이라 함은 통상실시권을 넘어 직무발명을 배타적·독점적으로 실시할 수 있는 지위를 취득함으로써 얻을 이익을 의미한다. 그리고 공동발명자가 되기 위해서는 발명의 기술적 과제를 해결하기 위한 구체적인 착상을 새롭게 제시·부가·보완한 자, 실험 등을 통하여 새로운 착상을 구체화한 자, 발명의 목적 및 효과를 달성하기 위한 구체적인 수단과 방법의 제공 또는 구체적인 조언·지도를 통하여 발명을 가능하게 한 자 등과 같이 기술적 사상의 창작행위에 실질적으로 기여하기에 이르러야 하고, 한편 이른바 실험의 과학이라고 하는 화학발명의 경우에는 당해 발명의 내용과 기술수준에 따라 차이가 있을 수는 있지만 예측가능성 내지 실현가능성이 현저히 부족하여 실험데이터가 제시된 실험예가 없으면 완성된 발명으로 보기 어려운 경우가 많이 있는데, 그와 같은 경우에는 실제 실험을 통하여 발명을 구체화하고 완성하는데 실질적으로 기여하였는지 여부의 관점에서 공동발명자인지 여부를 결정해야 한다(대법원 2011. 7. 28. 선고 2009다75178 판결 참조).

원심판결 이유에 의하면 원심은, 그 채택 증거에 의하여 인정되는 판시와 같은 사정들에 비추어, 원고가 1995. 6. 2.경 신화피티지 주식회사(이하 '신화피티지'라 한다)에 원심 판시 이 사건 발명에 관하여 특허를 받을 수 있는 권리(이하 '이 사건 권리'라 한다)를 양도한 데 따른 양도대금(이하 '이 사건 양도대금'이라 한다)으로 적어도 '이 사건 발명을 직무발명으로 가정하여 산정한 직무발명 보상금 상당액'을 지급하기로 하는 묵시적인 약정이 있었다고 보았다. 그리고 이처럼 이 사건 양도대금을 직무발명 보상금에 준하여 산정하기로 약정한 이상, 이 사건 권리를 양도받은 신화피티지 및 이를 합병한 신화유화 주식회사(이하 '신화유화'라 하고, 신화피티지와 통칭하여 '신화유화 등'이라 한다)가 이 사건 발명으로부터 얻은 전체 이익 중 통상실시권으로 인한 이익 50%를 공제한 나머지만을 이 사건 양도대금의 산정에 고려할 신화유화 등이 얻은 이익으로 보고, 그 판시와 같은 이 사건 발명의 경위 및 이 사건 발명을 완성하는 데 원고와 소외 1, 2 등이 수행한 역할에 비추어 이 사건 발명의 공동발명자 중 한 명인 원고의 기여도는 80%라고 보아, 피고가 상법 제44조의 채무인수를 광고한 양수인으로서 원고에게 지급해야 할 이 사건 양도대금의 액수를 산정[116]하였다.

원심의 위와 같은 사실인정과 판단은 정당하고, 이 사건 양도대금의 산정 및 공동발명자 인정에 관한 법리오해 등의 위법이 없다.[117]

II. 특허권자의 보호

II-1. 특허권침해

1. 관련규정

특허법에서 정의하는 "실시"란 물건의 발명인 경우 그 물건을 생산·사용·양도·대여 또는 수입하거나 그 물건의 양도 또는 대여의 청약(양도 또는 대여를 위한 전시를 포함한다)을 하는 행위, 방법의 발명인 경우 그 방법을 사용하는 행위를 의미한다(제2조(정의)).

특허권의 권리침해에 대한 금지청구권으로 특허권자 또는 전용실시권자는 자기의 권리를 침해한 자 또는 침해할 우려가 있는 자에 대하여 그 침해의 금지 또는 예방을 청구할 수 있으며, 특허권자 또는 전용실시권자가 침해의 금지 또는 예방을 청구를 할 때에는 침해행위를 조성한 물건(물건을 생산하는 방법의 발명인 경우에는 침해행위로 생긴 물건을 포함한다)의 폐기, 침해행위에 제공된 설비의 제거, 그 밖에 침해의 예방에 필요한 행위를 청구할 수 있다(제126조(권리침해에 대한 금지청구권 등)).

손해배상청구권으로는 특허권자 또는 전용실시권자는 고의 또는 과실로 자기의 특허권 또는 전용실시권을 침해한 자에 대하여 침해로 인하여 입은 손해의 배상을 청구할 수 있으며, 손해배상을 청구하는 경우 그 권리를 침해한 자가 그 침해행위

---

116) 원심인 서울고등법원 2010. 2. 11. 선고 2008나106190 판결에서 "피고는 원고에게 2,582,582,756원을 지급하라"고 판결하였다.
117) 대법원 2013. 5. 24. 선고 2011다57548 판결 [손해배상].

를 하게 한 물건을 양도하였을 때에는 그 물건의 양도수량에 특허권자 또는 전용실시권자가 그 침해행위가 없었다면 판매할 수 있었던 물건의 단위 수량 당 이익액을 곱한 금액을 특허권자 또는 전용실시권자가 입은 손해액으로 할 수 있다(제128조(손해배상청구권 등)).

2. 관련판례(iPhone 모뎀칩 침해 사건)

[원고의 주장]

1) 원고는 등록번호 제330234호, 제922975호, 제933144호, 제913900호, 제273973호에 관한 특허권(이하 '이 사건 특허'라 한다)을 보유하고 있고, 그 중 제273973호를 제외한 나머지 4개의 특허는 모두 이동통신분야의 3GPP/UMTS(이하 "3GPP"라 한다) 표준으로 채택되었다.

2) 그런데 피고는 휴대전화인 "iPhone 3GS", "iPhone 4"와 태블릿 컴퓨터인 "iPad Wifi＋3G(이하 "iPad"라 한다, "iPad 1"과 "iPad 2" 포함)"(위 각 제품을 합하여 이하 "피고 제품"이라 한다)를 판매하고 있는데, 피고 제품은 모두 등록번호 제330234호 특허발명, 제913900호 특허발명의 내용에 해당하는 3GPP 표준에 따라 생산되고 있고, 피고 제품 중 iPhone 4, iPad 2 제품은 등록번호 제922975호 특허, 제933144호 특허의 내용에 해당하는 3GPP 표준에 따라 생산되고 있고, 피고 제품 중 iPhone 3GS, iPhone 4는 비표준특허인 제273973호 특허의 구성요소를 모두 포함하고 있다.

3) 피고는 이와 같이 이 사건 특허를 실시하고 있는 피고 제품을 판매함으로써 원고의 특허권을 침해하고 있으므로, 원고에게 위 특허의 침해행위에 대하여 별지 제1 목록 제품의 양도 등 금지와 별지 제2 목록에 기재된 방법이 구현될 수 있는 제품의 사용, 양도 등 금지 및 보관 중인 각 제품, 반제품 등에 대한 폐기 등의 의무가 있고, 특허 침해로 원고가 입은 손해액 중 원고가 일부 청구로서 구하는 100,000,000원 및 이에 대한 지연손해금 상당을 지급할 의무가 있다.

[피고의 주장]

1) 피고 제품은 원고의 이 사건 특허 발명의 권리범위에 속하지 않는 방법에 의해 만들어진 것이므로 원고의 특허권을 침해하지 않는다.

2) 원고의 이 사건 특허는 신규성 또는 진보성이 인정되지 않는 발명으로서 무효임이 명백하므로, 이 사건 특허에 기하여 피고에게 침해금지 및 손해배상 등의

권리를 행사하는 것은 권리남용에 해당하여 허용될 수 없다.

3) 가사 원고의 이 사건 특허가 유효하고, 피고 제품이 원고의 이 사건 특허를 침해한 것이라고 하더라도, ① 2011. 5. 1. 이후 피고 제품에 사용된 모뎀칩은 원고와 인텔 사이의 라이선스 계약의 적용 대상 제품으로서 원고의 모든 특허에 대해서는 이미 적법한 실시권이 허여되어 원고의 특허권이 소진되었으므로 이 사건 청구는 허용될 수 없고, ② 원고의 이 사건 특허 중 표준으로 채택된 특허(제330234호, 제922975호, 제933144호, 제913900호 특허)에 대한 FRAND 확약으로, 피고의 실시행위 등에 의해 라이선스 계약이 성립되었고, FRAND 확약 이후 표준특허의 침해를 원인으로 금지청구를 하는 것은 금반언의 원칙에 반하며, 성실한 협상의무를 준수하지 않고 FRAND 조건에 부합하지 않는 과도한 실시료를 요구하면서 침해금지청구권을 행사하는 것은 권리남용이므로 원고의 표준특허에 기한 침해금지청구는 허용될 수 없고, ③ 이 사건 특허 중 표준특허에 기한 원고의 침해금지청구는 독점규제 및 공정거래에 관한 법률(이하 '공정거래법'이라 한다)에서 정한 (i) 필수설비의 거래 거절행위, (ii) 거래상대방에 대한 부당한 거래조건의 요구행위, (iii) 기만적 방법 또는 위계에 의한 고객 유인행위에 해당하는 시장지배적 사업자의 지위남용행위 또는 불공정거래행위로서, 공정거래법에 위반되는 권리남용행위이므로 허용될 수 없다.

[판결 주문]

1) (i) 피고는 별지 제1 목록 중 제1항 기재 제품을 양도, 대여, 수입하거나 위 제품의 양도 또는 대여를 청약, 전시하여서는 아니된다.

(ii) 피고는 별지 제2 목록 중 제4, 6, 7항에 기재된 방법이 구현될 수 있는 제품을 사용, 양도, 대여 또는 수입하거나 그 제품의 양도 또는 대여를 위하여 청약, 전시하여서는 아니된다.

2) 피고는 그 본점, 지점, 사업소, 영업소 및 창고에 보관 중인, 별지 제1 목록 중 제1항 기재 제품과 별지 제2 목록 중 제4, 6, 7항에 기재된 방법이 구현될 수 있는 제품 및 그 반제품을 모두 폐기하라.

3) 피고는 원고에게 40,000,000원 및 이에 대한 2011. 5. 3.부터 2012. 8. 24.까지는 연 5%의, 그 다음날부터 다 갚는 날까지는 연 20%의 각 비율에 의한 금원을 지급하라.[118]

---

118) 대법원 2011. 5. 13. 선고 2010다58728 판결 [특허전용실시권침해금지등]. 이 판례는 6회 피인용되었다.

Ⅱ-2. 생산방법의 추정(특허출원 전 공지·공연실시 물건에 해당하는 경우)

1. 관련규정

물건을 생산하는 방법의 발명에 관하여 특허가 된 경우에 그 물건과 동일한 물건은 그 특허된 방법에 의하여 생산된 것으로 추정한다. 다만, 그 물건이 특허출원 전에 국내에서 공지되었거나 공연히 실시된 물건, 또는 특허출원 전에 국내 또는 국외에서 반포된 간행물에 게재되었거나 전기통신회선을 통하여 공중이 이용할 수 있는 물건 중 어느 하나에 해당하는 경우에는 그러하지 아니하다(제129조(생산방법의 추정)).

2. 관련판례(발열성 보온팩용 직포 또는 부직포 사건)

Ⅰ) 사건개요

통기성 직포 또는 부직포와 필름을 서로 중합시키어 열을 가해 누름 접착시키는 공정 등의 여러 공정을 거쳐야하는 번거러움으로 생산 능률이 저하됨은 물론 생산비용이 고가로 되는 불합리한 결점이 있는 것이다.

또한, 통기성 직포 또는 부직포에 통기구멍이 뚫린 필름을 중합시키어 접착시킬 때에 통기구멍이 막혀 버릴 염려가 있는 것이며, 또한 산소량의 조절 기능에 중요한 역할을 하는 통기구멍을 다양하게 처리할 수 없는 관계로, 발열성 보온팩의 온도와 지속 시간을 사용자의 기호에 맞도록 유지할 수 없는 문제점 등이 있었던 것이다.

본 발명은, 상기의 문제점들을 해소하기 위한 것으로, 본 발명의 목적은, 비통기성 수지필름이 한쪽 면에 열융착되어 코팅된 코팅층을 갖는 직포 또는 부직포에 니이들 구멍을 연속적으로 형성할수 있음과 동시에, 니이들 구멍의 수를 자유로이 선택하여 형성할 수 있는 니이들 구멍이 천공된 발열성 보온팩의 니이들 장치 및 방법을 제공함에 있다.

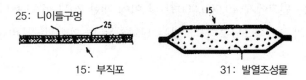

25: 니이들구멍　　25

15: 부직포　　　15　　31: 발열조성물

II) 판결이유

특허법 제129조에 의하면, 물건을 생산하는 방법의 발명에 관하여 특허가 된 경우에 그 물건과 동일한 물건은 그 특허된 방법에 의하여 생산된 것으로 추정하되, 다만 그 물건이 특허출원 전에 국내에서 공지되었거나 공연히 실시된 물건 또는 특허출원 전에 국내 또는 국외에서 반포된 간행물에 게재된 경우에는 그러하지 아니하다고 규정하고 있어 동일한 물건이 위 규정에 따라 생산방법의 추정을 받으려면, 그 출원 전에 공개되지 아니한 신규한 물건이라야 할 것이다.

기록에 의하면, 이 사건 특허발명의 청구범위 제7항 내지 제9항은 그 보호받고자 하는 대상을 '니이들 구멍이 천공된 발열성 보온팩의 니이들 방법'으로 하고 있는데, 그 특허발명의 명세서의 기재에 의하면, 특허권자가 이 사건 특허방법을 이용하여 제조·생산하고자 하는 물건은 '발열성 보온팩용 직포 또는 부직포'를 대상으로 하고 있는 점을 알 수 있어 이 사건 특허발명의 청구범위 제7항 내지 제9항은 물건을 생산하는 방법에 해당한다고 할 것이나, 한편 이 사건 특허발명의 상세한 설명에는 종래의 기술로서 일정한 크기의 통기 구멍을 형성한 비통기성 필름에 통기성 직포 또는 부직포를 접착시켜 만든 발열성 보온팩용 통기성 있는 직포 또는 부직포를 만드는 방법이 자세히 기재되어 있고, 이 사건 특허발명의 목적은 위와 같은 종래 기술의 문제점을 해소하기 위하여 비통기성 수지필름이 한쪽 면에 열융착되어 코팅된 직포 또는 부직포에 니이들 구멍을 연속적으로 형성할 수 있음과 동시에, 니이들 구멍의 수를 자유로이 선택하여 형성할 수 있는 발열성 보온팩의 니이들 장치 및 방법을 제공함을 그 목적으로 하고 있다고 기재하고 있는 점에 비추어 볼 때, 이 사건 부직포와 같이 비통기성 수지 필름이 한쪽 면에 열융착되어 코팅된 코팅층을 갖고 통기구멍이 연속적으로 형성된 것을 주된 기술사상으로 하는 <u>직포 또는 부직포는</u> <u>이미</u> 이 사건 특허출원 전에 공지되었거나 공연히 실시되었던 것임이 분명하므로, 이 사건 특허발명에는 특허법 제129조의 추정 규정을 적용할 수 없다 할 것이다.

따라서 이 사건 특허권의 침해를 주장하는 채권자로서는 채무자가 이 사건 특허발명인 니이들 장치 또는 니이들 방법을 사용하여 이 사건 부직포 등을 생산하였다는 점을 입증하여야 할 것이나, 채권자가 제출한 모든 자료에 의하더라도 이를 인정하기에 부족하고 달리 이 점을 인정할 만한 증거가 없다(오히려 원심이 합리적인 이유 없이 배척한 증거를 모아보면, 채무자는 1994.경부터 일본 마타이 주식회사로부터 이 사건 특허방법과 다른 방법인 핀이 박힌 로울러의 회전에 의하여 통기구멍을 천공하는 방법으로 제조한 직포 또는 부직포를 수입하여 사용하고 있는 사실이 엿보일 뿐이다).

그렇다면 원심판결에는 특허법 제129조의 생산방법에 관한 법리를 오해하고 채증법칙을 위반하여 사실을 오인한 위법이 있다고 할 것이므로, 이 점을 지적하는 상고이유의 주장은 정당하다.[119]

3. 관련판례(생산방법의 추정, 전원합의체, 편광필름 제조방법 사건)

Ⅰ) 사건개요

이 사건 특허발명은 발명의 명칭이 '폴리비닐알코올계 중합체 필름 및 편광필름(2007. 3. 13. 등록 제696918호)'으로서 10cm 정사각형의 폴리비닐알코올계 중합체 필름을 50℃의 1ℓ 수중에 4시간 방치했을 때의 폴리비닐알코올계 중합체의 용출량이 1 내지 100ppm인 폴리비닐알코올계 중합체 필름이다. 또한, 폴리비닐알코올계 필름 및 이것을 사용하여 제작한 편광필름을 제공하는 것이다.

Ⅱ) 판시사항

제조방법이 기재된 물건발명의 특허요건을 판단하면서 제조방법의 기재를 포함하여 특허청구범위의 모든 기재에 의하여 특정되는 구조나 성질 등을 가지는 물건으로 파악하여 신규성, 진보성 등이 있는지를 살펴야 하는지 여부(적극)

Ⅲ) 판결이유

[1] 원심은, 아래와 같은 이유를 들어, 명칭을 '폴리비닐알코올계 중합체 필름 및 편광필름'으로 하는 이 사건 특허발명 중 특허청구범위 제6항은 원심 판시 비교대상발명들에 의하여 그 진보성이 부정된다고 할 수 없고, 이 사건 제6항 발명을 인용하고 있는 종속항 발명인 이 사건 제7항 발명 역시 비교대상발명들에 의하여 그 진보성이 부정된다고 할 수 없다고 판단하였다.

(가) 이 사건 제6항 발명의 원심 판시 구성 2, 3은 서로 유기적으로 결합하여 '1 이상 100 미만의 중량 욕조비의 30~90℃의 온수에서 세정한 폴리비닐알코올(PVA) 팁(tip)을 원료로 사용하여 PVA 필름을 제조하여, 10cm 정사각형이고 두께가

---

119) 대법원 2005. 10. 27. 선고 2003다37792 판결 [가처분이의].

30~90㎛인 PVA 필름을 50℃의 1ℓ 수중에 4시간 방치했을 때의 PVA의 용출량이 10~60 ppm이 되도록 함'을 기술내용으로 하는 것으로서, 편광필름의 제조공정 전에 팁 상태의 PVA 원료를 물로 세정하여 PVA 필름의 제조과정에서 용출되기 쉬운 PVA를 미리 일정 범위 내로 제거함으로써 그 용출된 PVA로 인하여 편광필름에 결점이 생기는 것을 방지하여 결점이 적은 편광필름을 높은 수율로 얻을 수 있는 작용효과를 가지는 구성이다.

(나) 그런데 비교대상발명 1에 개시되어 있는 '최종적으로 제조된 PVA 막의 용출률' 구성이나 비교대상발명 3, 4, 5에 개시되어 있는 'PVA 세정' 구성은 '일정 범위의 PVA 용출량 달성을 위해 편광필름의 제조공정 전에 PVA 팁을 세정하는 공정'인 구성 2, 3과는 그 기술적 의미가 전혀 다르다. 그리고 비교대상발명들에는 그 외에 구성 2, 3에서와 같이 PVA 필름의 제조과정에서 용출되기 쉬운 PVA를 미리 일정 범위 내로 제거함으로써 결점이 적은 편광필름을 높은 수율로 얻을 수 있다는 기술사상은 전혀 개시 또는 암시되어 있지 아니하다.

(다) 따라서 이 사건 제6항 발명은 구성 2, 3을 비롯하여 그 각각의 구성이 유기적으로 결합한 전체로 볼 때 그 발명이 속하는 기술분야에서 통상의 지식을 가진 사람이 비교대상발명들로부터 용이하게 도출할 수 있다고 할 수 없다.

관련 법리와 기록에 비추어 살펴보면, 원심의 위와 같은 판단은 정당하고, 거기에 상고이유의 주장과 같은 발명의 진보성 판단에 관한 법리오해나 판단누락 등의 위법이 없다.

[2] 특허법 제2조 제3호는 발명을 '물건의 발명', '방법의 발명', '물건을 생산하는 방법의 발명'으로 구분하고 있는바, 특허청구범위가 전체적으로 물건으로 기재되어 있으면서 그 제조방법의 기재를 포함하고 있는 발명(이하 '제조방법이 기재된 물건발명'이라고 한다)의 경우 제조방법이 기재되어 있다고 하더라도 발명의 대상은 그 제조방법이 아니라 최종적으로 얻어지는 물건 자체이므로 위와 같은 발명의 유형 중 '물건의 발명'에 해당한다. 물건의 발명에 관한 특허청구범위는 발명의 대상인 물건의 구성을 특정하는 방식으로 기재되어야 하는 것이므로, 물건의 발명의 특허청구범위에 기재된 제조방법은 최종 생산물인 물건의 구조나 성질 등을 특정하는 하나의 수단으로서 그 의미를 가질 뿐이다.

따라서 제조방법이 기재된 물건발명의 특허요건을 판단함에 있어서 그 기술적 구성을 제조방법 자체로 한정하여 파악할 것이 아니라 제조방법의 기재를 포함하여 특허청구범위의 모든 기재에 의하여 특정되는 구조나 성질 등을 가지는 물건으로 파악하여 출원 전에 공지된 선행기술과 비교하여 신규성, 진보성 등이 있는지 여부를 살펴야 한다.

한편 생명공학 분야나 고분자, 혼합물, 금속 등의 화학 분야 등에서의 물건의 발명 중에는 어떠한 제조방법에 의하여 얻어진 물건을 구조나 성질 등으로 직접적으로 특정하는 것이 불가능하거나 곤란하여 제조방법에 의해서만 물건을 특정할 수밖에 없는 사정이 있을 수 있지만, 이러한 사정에 의하여 제조방법이 기재된 물건발명이라고 하더라도 그 본질이 '물건의 발명'이라는 점과 특허청구범위에 기재된 제조방법이 물건의 구조나 성질 등을 특정하는 수단에 불과하다는 점은 마찬가지이므로, 이러한 발명과 그와 같은 사정은 없지만 제조방법이 기재된 물건발명을 구분하여 그 기재된 제조방법의 의미를 달리 해석할 것은 아니다.

이와 달리, 제조방법이 기재된 물건발명을 그 제조방법에 의해서만 물건을 특정할 수밖에 없는 등의 특별한 사정이 있는지 여부로 나누어, 이러한 특별한 사정이 없는 경우에만 그 제조방법 자체를 고려할 필요가 없이 특허청구범위의 기재에 의하여 물건으로 특정되는 발명만을 선행기술과 대비하는 방법으로 진보성 유무를 판단해야 한다는 취지로 판시한 대법원 2006. 6. 29. 선고 2004후3416 판결, 대법원 2007. 5. 11. 선고 2007후449 판결, 대법원 2007. 9. 20. 선고 2006후1100 판결, 대법원 2008. 8. 21. 선고 2006후3472 판결, 대법원 2009. 1. 15. 선고 2007후1053 판결, 대법원 2009. 3. 26. 선고 2006후3250 판결, 대법원 2009. 9. 24. 선고 2007후4328 판결 등을 비롯한 같은 취지의 판결들은 이 판결의 견해에 배치되는 범위 내에서 모두 변경하기로 한다.

[3] 원심은, 이 사건 제6항 발명의 방법에 의하여 제조된 물건인 '편광필름'을 그 특허청구범위로 하여 제조방법이 기재된 물건발명에 해당하는 이 사건 제9, 10항 발명을 비교대상발명들과 대비함에 있어서, 이 사건 제6항 발명의 진보성이 부정되지 않는다고 판단한 다음 곧바로 그에 따라 이 사건 제9, 10항 발명의 진보성도 부정되지 않는다고 판단하였다.

앞서 본 법리에 비추어 볼 때, 제조방법이 기재된 물건발명에 해당하는 이 사건 제9, 10항 발명에 관하여는 그 제조방법의 기재를 포함한 특허청구범위의 모든 기재에 의하여 특정되는 구조나 성질을 가진 물건의 발명만을 비교대상발명들과 대비하여 진보성 유무를 판단하였어야 함에도, 원심은 제조방법에 관한 발명의 진보성이 부정되지 않는다는 이유만으로 곧바로 그 제조방법이 기재된 물건의 발명인 이사건 제9, 10항 발명의 진보성도 부정되지 않는다고 판단하였으니, 이러한 원심판결에는 제조방법이 기재된 물건발명의 진보성 판단에 관한 법리를 오해하여 판결에영향을 미친 위법이 있다. 이를 지적하는 상고이유의 주장은 이유가 있다.[120]

II - 3. 손해배상청구

1. 관련규정

특허법에서는 타인의 특허권 또는 전용실시권을 침해한 자는 그 침해행위에 대하여 과실이 있는 것으로 추정한다(제130조(과실의 추정))고 규정하고 있고, 민법에서는 불법행위로 인한 손해배상의 청구권은 피해자나 그 법정대리인이 그 손해 및 가해자를 안 날로부터 3년간 이를 행사하지 아니하면 시효로 인하여 소멸한다(제766조(손해배상청구권의 소멸시효)).

특허권 침해에 대한 손해배상청구에 있어서 침해자의 고의·과실의 입증책임은특허권자에게 있지만(제128조, 민법 제750조) 일반적으로 이를 입증하기는 매우 어려우므로 특허공보, 특허등록원부 등에의 특허권의 공시를 전제로 침해자의 과실을법률상 추정함으로써 그 입증책임을 침해자에게 전환시킨 것이다.

2. 관련판례(납골묘 사건)

I) 사건개요

[고안의 설명(납골묘, 등록번호: 2001210760000)]

본 고안은 유골을 담은 납골함을 다량 안치시켜 영구 보존하는 납골묘의 개량에 관한 것으로, 종래의 납골묘는 지하에 설치하여 대개 상면에 형성된 개폐문을열고 아래로 내려가 납골함을 인치하는 구조로 된 것이므로 환기와 채광이 완전 차단되어 습기가 많이 차고 부패되어 악취가 많이 발생할 뿐 아니라, 이로 인해 납골함을 장기간 보관하는데 많은 어려움이 있었다. 본 고안은 이와 같은 점을 감안하

---

120) 대법원 2015. 1. 22. 선고 2011후927 전원합의체 판결 [등록무효(특)]. 이 판례는 19회 피인용되었다.

여 채광 및 환기 장치가 가능한 납골묘를 제공하므로써 종래의 결점을 일소한 고안이다.

등록된 이후 일본 공개실용신안공보 소59-142348에 의해 진보성이 없다는 이유로 무효심판이 청구(심판 2004 당 2175)되었고, 2005. 06. 30. 무효로 확정되었다.

[청구항 1]

벽돌(1)(1')로써 돔형상의 납골묘(2)를 구축함에 있어서 벽체(3)를 구성하는 저단의 벽돌(1)(1')을 위로 갈수록 축소되는 것으로써 피라밋 형상으로 축조하고 납골묘(2)의 전면에 환기관(4)을 내외 연통되게 설치하며, 상부에는 환기통(5)을 돌설시켜 그 상면에 채광창(6)을 설치하고 측면에는 하향 경사지는 커버(7)(7')를 씌운 환기공(8)(8')을 뚫어 설치하여서 되는 납골묘.

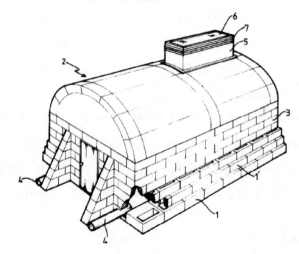

II) 판결이유

[1] 원심판결 이유를 기록에 비추어 살펴보면, 원심이 명칭을 '납골묘'로 하는 이 사건 등록고안(등록번호 제121076호)과 피고들의 원심 판시 '채광창이 형성된 납골묘'(이하 '이 사건 실시고안'이라 한다)를 비교한 다음, 피고들의 이 사건 실시고안은 이 사건 등록고안에 기재된 구성과 동일하거나 균등한 구성을 구비하고 있어서 이 사건 등록고안의 실용신안권을 침해한다는 취지로 판단하였음은 정당하고, 거기에 상고이유로 주장하는 바와 같은 등록고안의 권리범위에 관한 법리오해 등의 위법이 없다.

[2] 구 실용신안법(2006. 3. 3. 법률 제7872호로 전문 개정되기 전의 것) 제46조가 준용하는 구 특허법 제130조는 타인의 특허권 또는 전용실시권을 침해한 자는 그 침해행위에 대하여 과실이 있는 것으로 추정한다고 규정하고 있고, 위 규정에도 불구하고 타인의 등록고안을 허락 없이 실시한 자에게 과실이 없다고 하기 위해서는 실용신안권의 존재를 알지 못하였다는 점을 정당화할 수 있는 사정이 있다거나 자신이 실시하는 기술이 등록고안의 권리범위에 속하지 않는다고 믿은 점을 정당화할 수 있는 사정이 있다는 것을 주장·입증하여야 할 것이다(대법원 2006. 4. 27. 선고 2003다15006 판결 참조).

기록에 비추어 살펴보면, 원고가 피고들에게 피고들이 제작, 판매하는 이 사건 실시고안은 원고의 실용신안권을 침해한다는 경고장을 발송하여 그 제조 금지 등을 요구하자, 피고들은 이 사건 실시고안은 등록받은 피고 1의 실용신안권에 기하여 제작, 판매된 것이라고 주장하면서 원고의 제조 금지 등의 청구에 응하지 않았고, 이에 원고가 피고 1의 실용신안권에 대한 등록무효심판을 제기하여 결국 위 실용신안권의 등록을 무효로 하는 심결이 확정된 사실을 인정할 수 있다. 따라서 이 사건 실시고안과 동일한 기술이 실용신안권으로 등록받았더라도 구 실용신안법 제49조 제3항에 의해 그 실용신안권은 처음부터 없었던 것으로 보게 되었고, 피고들 자신이 위 침해 당시 이 사건 실시고안을 등록된 자신의 실용신안권에 기해 제작한 것이라고 믿었더라도 그러한 점만으로는 이 사건 실시고안이 이 사건 등록고안의 권리범위에 속하지 않는다고 믿었던 점을 정당화할 수 있는 사정 등에 해당한다고 할 수 없다.

그렇다면 이 사건 실시고안이 실용신안권으로 등록받았던 점을 내세워 위 과실추정이 번복되어야 한다는 피고들의 주장은 이유가 없어 배척될 경우임이 명백하고, 당사자의 주장에 대한 판단누락의 위법이 있다 하더라도 그 주장이 배척될 경우임이 명백한 때에는 판결 결과에 영향이 없다고 할 것인바(대법원 2002. 12. 26. 선고 2002다56116 판결 참조), 따라서 원심의 위와 같은 판단누락은 판결의 결과에 영향을 미치는 것이라 할 수 없으므로, 이 점에 관한 상고이유의 수장은 받아들일 수 없다.

[3] 불법행위로 인한 손해배상청구권의 단기소멸시효의 기산점이 되는 민법 제766조 제1항의 '손해 및 가해자를 안 날'은 손해의 발생, 위법한 가해행위의 존재, 가해행위와 손해의 발생과의 사이에 상당인과관계가 있다는 사실 등 불법행위의 요건사실에 관하여 현실적이고도 구체적으로 인식하였을 때를 의미하고, 피해자 등이 언제

불법행위의 요건사실을 현실적이고도 구체적으로 인식한 것으로 볼 것인지는 개별 사건의 여러 객관적 사정을 참작하고 손해배상청구가 사실상 가능하게 된 상황을 고려하여 합리적으로 인정하여야 한다(대법원 2008. 1. 18. 선고 2005다65579 판결 참조).[121]

Ⅱ-4. 특허권침해금지(과실, 손해배상)

1. 관련규정

발명의 설명은 그 발명이 속하는 기술분야에서 통상의 지식을 가진 사람이 그 발명을 쉽게 실시할 수 있도록 명확하고 상세하게 적어야 하고, 그 발명의 배경이 되는 기술을 적어야 한다(제42조(특허출원) 제2항).

특허권자 또는 전용실시권자는 고의 또는 과실로 자기의 특허권 또는 전용실시권을 침해한 자에 대하여 침해로 인하여 입은 손해의 배상을 청구할 수 있다. 손해배상을 청구하는 경우 그 권리를 침해한 자가 그 침해행위를 하게 한 물건을 양도하였을 때에는 그 물건의 양도수량에 특허권자 또는 전용실시권자가 그 침해행위가 없었다면 판매할 수 있었던 물건의 단위 수량 당 이익 액을 곱한 금액을 특허권자 또는 전용실시권자가 입은 손해액으로 할 수 있다(제128조(손해배상청구권 등)).

타인의 특허권 또는 전용실시권을 침해한 자는 그 침해행위에 대하여 과실이 있는 것으로 추정한다(제130조(과실의 추정)).

2. 특허침해판단기준

특허발명의 보호범위는 특허청구범위에 기재된 사항에 의하여 정하여지는 것이 원칙이고, 다만 그 기재만으로 특허발명의 기술적 구성을 알 수 없거나 알 수는 있더라도 기술적 범위를 확정할 수 없는 경우에는 명세서의 다른 기재에 의한 보충을 할 수는 있으나, 그 경우에도 명세서의 다른 기재에 의하여 특허청구범위의 확장해석은 허용되지 아니함은 물론 특허청구범위의 기재만으로 기술적 범위가 명백한 경우에는 명세서의 다른 기재에 의하여 특허청구범위의 기재를 제한 해석할 수 없다(대법원 2004. 10. 28. 선고 2003후2447 판결 등 참조).

구 특허법(2016. 2. 29. 법률 제14035호로 개정되기 전의 것, 이하 같다) 제42조 제3

---

121) 대법원 2009. 1. 30. 선고 2007다65245 판결 [손해배상(지)].

항은 발명의 상세한 설명에는 통상의 기술자가 용이하게 실시할 수 있을 정도로 그 발명의 목적·구성 및 효과를 기재하여야 한다고 규정하고 있는바, 이는 특허출원된 발명의 내용을 제3자가 명세서만으로 쉽게 알 수 있도록 공개하여 특허권으로 보호받고자 하는 기술적 내용과 범위를 명확하게 하기 위한 것이므로, 위 조항에서 요구하는 명세서 기재의 정도는 통상의 기술자가 출원시의 기술수준으로 보아 과도한 실험이나 특수한 지식을 부가하지 아니하고서도 명세서의 기재에 의하여 당해 발명을 정확하게 이해할 수 있고 동시에 재현할 수 있는 정도를 말한다(대법원 2011. 10. 13. 선고 2010후2582 판결 등 참조).

3. 관련판례(플라즈마 챔버의 오염 방지 장치 및 방법 사건)

Ⅰ) 이 사건 특허발명

① 발명의 명칭: 셀프 플라즈마 챔버의 오염 방지 장치 및 방법

② 출원일/ 등록일/ 등록번호: 2008. 7. 29./ 2009. 6. 22./ 제905128호

③ 특허권자: 원고 주식회사 나노텍

본 발명이 이루고자 하는 기술적 과제는 셀프 플라즈마 챔버 내벽 및 윈도우에 오염 유발 물질이 침착되는 것을 차단하는 오염 방지 장치 및 방법을 제공하는 것을 목적으로 한다. 또한, 셀프 플라즈마 챔버 내로 오염 유발 물질의 유입을 차단하는 오염 방지 장치 및 방법을 제공하는 것을 목적으로 한다. 뿐만 아니라, 셀프 플라즈마 챔버 방전시에 내부의 오염 유발 물질을 클리닝하는 오염 방지 장치 및 방법을 제공하는 것을 목적으로 한다.

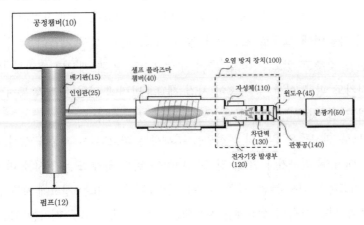

II) **특허권 침해 여부**

이 사건 특허발명의 청구범위에 대한 해석에 기초하여 위 인정사실에 따른 아래와 같은 이 사건 제1항 발명과 피고 실시 제품의 대비표에 의하면, 피고 실시 제품은 이 사건 제1항 발명의 구성요소를 모두 구비하고 있는 사실이 인정되므로, 피고 실시 제품은 이 사건 제1항 발명에 관한 원고의 특허권을 침해하고 있다고 봄이 타당하다.

피고들은 먼저, 피고 실시 제품의 1차 차단벽 및 2차 차단벽으로 배출되는 플라즈마의 유속을 빠르게 하기 위한 구성으로 단순히 플라즈마의 진행을 차단하는 물리적 장벽의 기능을 하는 이 사건 제1항 발명의 차단벽과는 그 구성 및 과제해결원리가 달라 서로 동일한 것으로 평가될 수 없다고 주장한다.

다음으로 피고들은, 이 사건 제1항 발명의 차단벽은 전자기장 발생부의 뒤쪽에 이격되어 형성되어 있는 반면, 피고 실시 제품의 1, 2차 차단벽은 자성체 내부에 형성되어 있는 점에서 차이가 있다고 주장한다.

살피건대, 이 사건 제1항 발명의 청구범위 해석상 차단벽은 공정 챔버의 뒤에서부터 셀프 플라즈마 윈도우에 이르기까지의 위치에 형성되는 것으로 해석함이 상당하므로, 이와 달리 이 사건 제1항 발명의 차단벽이 전자기장 발생부의 뒤쪽에 이격되어 형성되어 있음을 전제로 한 피고들의 위 주장도 이유 없다.

마지막으로 피고들은, 피고 실시 제품은 연결관을 필수적인 구성요소로 하고 있고, 이는 이 사건 제1항 발명에 존재하지 않는 구성요소이므로, 피고 실시 제품은 이 사건 제1항 발명의 권리범위에 속하지 않는다고 주장한다. 그러나 앞서 본 바와 같이 이 사건 제1항 발명의 모든 구성요소와 그 구성요소 간의 유기적 결합관계가 피고 실시 제품명에 그대로 포함되어 있는 이상, 피고 실시 제품이 추가 구성요소인 연결관을 갖추고 있고, 이러한 추가 구성요소로 인해 개선된 효과를 일부 갖는다고 하더라도 피고 실시 제품은 이 사건 제1항 발명에 관한 원고의 특허권을 침해하고 있다고 할 것이다. 따라서 피고들의 위 주장도 이유 없다.

그러므로 피고들은 원고의 특허권을 침해하는 피고 실시 제품을 생산, 사용, 판매, 양도, 대여, 수입하거나 판매, 양도나 대여를 위한 청약 또는 전시를 하여서는 아니 되고, 피고들의 회사 본점, 지점, 사무소, 영업소, 공장 또는 창고에 보관 중인 피고 실시 제품과 해당 제품의 생산에만 사용되는 설비 일체를 모두 폐기할 의무가 있다.

Ⅲ) 실시불가능 또는 기재불비로 인한 특허등록 무효 주장에 대하여

[1] 이 사건 특허발명의 실시불가능 발명 여부

이 사건 특허발명은 통상의 기술자라면 과도한 실험이나 특수한 지식을 부가하지 아니하고서도 이 사건 특허발명의 명세서 기재만으로 그 기술사상을 정확하게 이해할 수 있고 이를 재현할 수 있다고 봄이 타당하다.

따라서 이 사건 특허발명은 실시불가능한 미완성발명에 해당한다고 할 수 없으므로, 이와 다른 전제에 선 피고들의 이 부분 주장은 이유 없다.

[2] 이 사건 특허발명의 명세서 기재불비 여부

살피건대, 이 사건 특허발명의 위와 같은 명세서 기재와 [도 1]의 내용을 종합하여 보면 … 출원 당시의 기술수준으로 보아 과도한 실험이나 특수한 지식을 부가하지 않고서도 정확하게 이해할 수 있다고 봄이 상당하다.

[3] 진보성 결여로 인한 특허등록 무효 주장에 대하여

이상과 같은 사정을 종합하면, 이 사건 제1항 발명은 선행발명 7에 의하여 그 진보성이 부정된다고 할 수 없다. … 선행발명 1, 2, 4, 5의 결합에 의하여 그 진보성이 부정된다고 할 수 없다.

Ⅳ) 특허권 침해로 인한 손해배상청구

[1] 구 특허법 제128조 제1항은 특허권자 또는 전용실시권자는 고의나 과실로 자기의 특허권 또는 전용실시권을 침해한 자에 대하여 그 침해에 의하여 자기가 입은 손해의 배상을 청구하는 경우 그 권리를 침해한 자가 그 침해행위를 하게 한 물건을 양도하였을 때에는 그 물건의 양도수량에 특허권자 또는 전용실시권자가 그 침해행위가 없었다면 판매할 수 있었던 물건의 단위 수량 당 이익액을 곱한 금액을 특허권자 또는 전용실시권자가 입은 손해액으로 할 수 있다. 이와 같이 규정하고 있는바, 여기서 단위 수량 당 이익액은 침해가 없었다면 특허권자가 판매할 수 있었을 것으로 보이는 특허권자 제품의 단위 당 판매가액에서 그 증가되는 제품의 판매를 위하여 추가로 지출하였을 것으로 보이는 제품 단위 당 비용을 공제한 금액을 말한다(대법원 2006. 10. 13. 선고 2005다36830 판결 등 참조).

[2] 갑 제4, 8, 9호증의 각 기재 및 변론 전체의 취지에 의하면, 피고들은 2013. 4. 12., 2013. 10. 25. 및 2013. 11. 28. 주식회사 원익아이피에스에게 피고 실시 제

품을 각 1대씩 총 3대를 판매하였고, 2015. 7. 31. 주식회사 에스케이하이닉스에게 피고 실시 제품 10대를 판매한 사실) 피고 주식회사 프라임솔루션이 피고 엠아이티에스 솔루션으로부터 공급받아 판매한 것이다.

위 인정사실에 의하면 원고는 피고들의 위 특허권 침해행위가 없었다면 위 기간 동안 이 사건 특허발명을 실시하여 제조한 제품을 13대 더 판매할 수 있었다고 봄이 경험칙에 부합한다 할 것이고, 피고들의 특허권 침해가 없었다면 원고가 판매할 수 있었을 것으로 보이는 원고 제품의 단위당 판매가액에서 그 증가되는 제품의 판매를 위하여 추가로 지출하였을 것으로 보이는 제품 단위당 비용을 공제한 금액은 위 인정의 한계이익액으로 봄이 상당하므로, 구 특허법 제128조 제1항에 따라 산정한 피고들의 위 특허권 침해행위로 인한 원고의 손해액은 57,660,000원[＝(2013년도 한계이익액 4,920,000원 3대)＋(2015년도 한계이익액 4,290,000원 10대)＝14,760,000원＋42,900,000원]이 된다.

[3] 따라서 피고들은 공동하여 원고에게 손해배상금 57,660,000원 및 이에 대하여 침해행위일 이후로서 원고가 구하는 바에 따라 피고 주식회사 엠아이티에스솔루션은 이 사건 소장 부본 송달 다음날인 2015. 9. 19.부터, 피고 주식회사 프라임솔루션은 이 사건 소장 부본 송달 다음날인 2015. 9. 18.부터 각 이 판결 선고일인 2017. 4. 28.까지는 민법이 정한 연 5%, 그 다음날부터 다 갚는 날까지는 소송촉진 등에 관한 특례법이 정한 연 15%의 각 비율에 의한 지연손해금을 지급할 의무가 있다.[122]

II-5. 특허권침해금지(자유실시기술)

1. 관련 판단기준

Ⅰ) 균등론에 관한 판단기준

특허발명의 청구항이 복수의 구성요소로 구성된 경우에는 그 각 구성요소가 유기적으로 결합한 전체로서의 기술사상이 보호되는 것이지 각 구성요소가 독립하여 보호되는 것은 아니라 할 것이므로, 특허발명과 대비되는 발명이 특허발명의 청구항에 기재된 필수적 구성요소 중의 일부만을 갖추고 있고 나머지 구성요소가 결여된 경우에는 원칙적으로 대비되는 발명은 특허발명의 권리범위에 속하지 아니하므로, 그 대비되

---

122) 특허법원 2017. 4. 28. 선고 2016나1424 판결 [특허권침해금지등].

는 발명을 실시하더라도 특허발명의 특허권 침해에 해당하지 아니한다(대법원 2001. 12. 24. 선고 99다31513 판결, 대법원 2006. 1. 12. 선고 2004후1564 판결 등 참조).

　　어느 발명이 특허발명의 권리범위에 속한다고 할 수 있기 위해서는 특허발명의 각 구성요소와 구성요소 간의 유기적 결합관계가 그 대비대상발명에 그대로 결합되어 있어야 할 것이고, 다만 대비대상발명에 구성요소의 치환이나 변경이 있더라도 양 발명에서 과제의 해결원리가 동일하며, 그러한 치환에 의하더라도 특허발명에서와 같은 목적이 달성될 수 있고 실질적으로 동일한 작용효과를 나타내며, 그와 같이 치환하는 것을 그 발명이 속하는 기술분야에서 통상의 지식을 가진 자가 용이하게 생각해 낼 수 있을 정도로 자명하다면, 그 대비대상발명의 치환된 구성요소는 특허발명의 대응되는 구성요소와 균등관계에 있는 것으로 보아 그 대비대상발명은 여전히 권리범위에 속한다고 보아야 한다(대법원 2000. 7. 28. 선고 97후2200 판결, 대법원 2002. 9. 6. 선고 2001후171 판결 등 참조). 다만 여기서 말하는 양 기술에서 과제의 해결원리가 동일하다는 것은 대비대상기술에서 치환된 구성이 특허발명의 비본질적인 부분이어서 대비대상기술이 특허발명의 특징적 구성을 가지는 것을 의미하고, 특허발명의 특징적 구성을 파악함에 있어서는 특허청구범위에 기재된 구성의 일부를 형식적으로 추출할 것이 아니라 명세서의 발명의 상세한 설명의 기재와 출원 당시의 공지기술 등을 참작하여 선행기술과 대비하여 볼 때 특허발명에 특유한 해결수단이 기초하고 있는 과제의 해결원리가 무엇인가를 실질적으로 탐구하여 판단하여야 한다(대법원 2009. 6. 25. 선고 2007후3806 판결, 대법원 2009. 10. 15. 선고 2009다46712 판결).

II) 자유실시기술에 관한 판단기준

　　어느 발명이 특허발명의 권리범위에 속하는지를 판단함에 있어서 특허발명과 대비되는 발명이 공지의 기술만으로 이루어지거나 그 기술분야에서 통상의 지식을 가진 자가 공지기술로부터 용이하게 실시할 수 있는 경우에는 특허발명과 대비할 필요도 없이 특허발명의 권리범위에 속하지 않게 되는데, 이때 대비되는 발명을 특허발명의 특허청구범위에 기재된 구성과 대응되는 구성으로 한정하여 파악할 것은 아니고, 원고가 특정한 대비대상발명의 구성 전체를 가지고 그 해당 여부를 판단하여야 한다(대법원 2004. 9. 23. 선고 2002다60610 판결, 대법원 2008. 7. 10. 선고 2008후64 판결 등 참조).

2. 관련 판례(쓰레기 종량제 봉투 진공 수거 시스템 사건)

Ⅰ) 이 사건 제1특허

① 발명의 명칭: 진공 쓰레기 수거 시스템의 쓰레기 투입구

② 특허등록번호: B

③ 등록일(등록공고일): 2008. 12. 12.(2008. 12. 19.)

종래, 쓰레기 투입구는 다중 사용자가 이용하므로 손잡이를 잡고 투입구 문을 개방할 때 위생상으로 문제가 있으며, 쓰레기 투입 문을 손으로 개방하는 경우, 쓰레기봉투가 무거울 때 투입이 불편하고, 쓰레기를 양손으로 투입할 경우 손에 쓰레기 국물이 묻어 사용자가 불쾌하게 되는 문제가 있다.

또한, 종래의 쓰레기 투입구는 종량제 봉투를 사용하지 않은 사용자에게도 투입구 문을 개방하게 되어, 각각의 지역에서 사용하고 있는 쓰레기 종량제에 적절하게 대응할 수 없다.

본 발명의 목적은 상기한 종래의 문제점 등을 고려하여 사용하기 편리하고 외관상으로도 보기 좋으며 쓰레기 종량제에 부합하고, 외부로의 음식물 냄새를 완전 차단할 수 있고, 추가 비용 없이 간단하게 저장 용량을 변경시킬 수 있는 쓰레기 투입구를 제공하는 것이다.

[청구항 1]

쓰레기를 종량제 쓰레기봉투 인식 시스템(4-1)에 접촉시켜면 쓰레기 투입구 문(4-4)의 잠금 장치가 해제되고(이하 '구성 1'이라 한다), 풋 스위치 (4-2)를 발로 밟으면 안전커버 (3-2)가 회전하여 슈트 내부를 폐쇄하며, 상기 안전커버 (3-2)가 회전한 후에 투입구 문(4-4)이 개방되어 쓰레기를 투입하게 되며(이하 '구성 2'라 한다), 풋 스위치 (4-2)를 놓으면 투입구 문(4-4)은 폐쇄되고, 안전커버 (3-2)가 원위치로 복귀되면서 하부로 투입된 쓰레기는 쓰레기 투입구의 하부(지하측) 밸브(3)의 슈트에 임시 저장되며(이하 '구성 3'이라 한다), 집하장에서 각각의 쓰레기를 자동으로 수거할 때 각각의 배출밸브(3-3)가 개방되고(이하 '구성 4'라 한다), 이때 보조 공기 흡입구(3-4)는 상기 쓰레기 배출밸브 개방 시 부압이 걸려서 압력차로 인해 자동으로 개방되며(이하 '구성 5'라 한다), 상기 밸브가 개방되면 슈트에 임시 저장 중이던 쓰레기는 진공을 형성하는 공기 유동이 이루어지고 있는 이송 파이프(1)를 통해 집

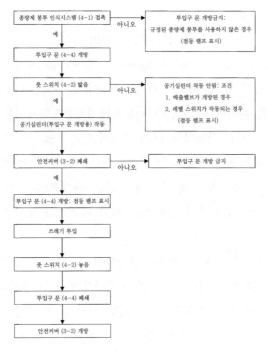

〈쓰레기 투입 동작 흐름도〉

하장으로 이동되며(이하 '구성 6'이라 한다), 배출밸브(3-3)가 폐쇄되면 보조 공기 흡입구도 자동으로 폐쇄되도록 되고(이하 '구성 7'이라 한다), 쓰레기 투입구의 하부(지하측) 밸브(3)는 외부와 내부에 특수 도료로 도장하고(이하 '구성 8'이라 한다), 투입구 하부 밸브(3)와 투입구 하부 연결부(2)의 조립시 플랜지 체결에 있어 절연체를 사이에 제공하고 볼팅하여, 하부 연결부의 이송 파이프(1)와 밸브가 직접적으로 접촉하지 않도록 서로 격리함으로써 부식을 방지하고(이하 '구성 9'라 한다), 상기 하부 밸브(3)의 하부(3-5)와 상부는 완전 밀봉하여 슈트에 임시 저장되는 쓰레기의 냄새가 외부로 배출되지 않도록 된 진공 쓰레기 수거 시스템의 쓰레기 투입구(이하 '구성 10'이라 한다)

II) 피고들 실시제품

피고 지멘스 주식회사(이하 '피고 지멘스'라 한다)는 자동제어기기 설치공사와 서비스업, 자동제어시스템 및 기기의 제조업 등을 영위하는 회사이고, 피고 주식회사

수현지엘에스(이하 '피고 수현'이라 한다)는 쓰레기 오토 크린넷 시스템 설계 시공업 및 관련기기의 개발 제조업 등을 영위하는 회사이다.

대한주택공사(2009. 10. 1. 한국토지공사와 합병하여 한국토지주택공사가 되었다)는 2006년 12월경 사업공고를 시작으로 D지역에 대규모 주택단지를 조성하면서, 주거 및 생활환경 개선을 위하여 위 사업지구에 쓰레기자동집하시설을 도입하기로 결정하였는데, 위 공사가 직접 시행하는 14개 블록과 민간사업자가 시행하는 20개 블록 중 12개 블록에는 모두 원고가 제작한 쓰레기이송설비기자재가 설치되었고, 민간사업자가 시행하는 나머지 8개 블록 중 5개 블록은 아직 발주가 이루어지지 않고 있으며, 3개 블록 즉, A7, A9, A11 블록에는 피고 지멘스가 제작한 피고들 실시제품이 설치되었다.

피고 수현은 위 D지구 A11 블록의 민간사업자로 선정된 동문건설 주식회사가 발주한 쓰레기자동집하시설 말단투입시설 설치공사에 관한 경쟁입찰을 통해 위 공사에 관한 도급계약을 체결한 뒤 피고 지멘스로부터 피고 지멘스가 제작한 피고들 실시제품을 납품받아 이를 위 블록에 설치한 것을 비롯하여, A7, A9블록에 대하여도 해당 블록 관련 업체들과 도급계약을 체결하고 피고 지멘스로부터 피고들 실시제품을 납품받아 이를 설치하였다. E지구 A1, A3 블록의 쓰레기자동집하시설 설치공사현장에도 피고 지멘스가 제작한 피고들 실시제품이 설치되었다.

III) 원고의 주장

피고들 실시제품은 이 사건 제1특허 제1~4, 7항 발명 및 이 사건 제2특허 제1, 3, 5, 6항 발명과 동일하거나 이와 균등한 관계에 있고 피고들이 D지구 E지구의 쓰레기자동집하시설 설치공사현장에 피고들 실시제품을 제작하여 납품하거나 이를 납품받아 설치 시공함으로써 원고의 특허권을 침해하였으므로, 원고는 피고들에 대하여 그 침해행위의 금지와 침해물건의 폐기 및 특허권 침해로 인한 손해의 배상을 구한다.

IV) 이 사건 제1 특허의 침해에 관한 판단

원고는 피고들 실시제품은 투입구 문의 개폐를 조작하기 위한 입력수단인 풋스위치를 생략하고 주지관용기술에 불과한 센서 등을 부가하여 사용자가 쓰레기봉투를 인식시키는 등의 입력과정을 거쳐 투입구 도어 및 용적제한밸브의 개폐를 조작하는 것이므로 양 구성은 실질적으로 동일하거나 피고들 실시제품은 이 사건 제1특허 제1항 발명과 균등관계에 있다는 취지의 주장을 한다.

이 사건 제1특허 제1항 발명의 '투입구 문 및 안전커버의 개폐를 위한 구성'은 이를 치환한 피고들 실시제품의 '투입구 도어 및 용적제한밸브의 개폐를 위한 구성'과 그 작동원리와 효과가 달라 서로 실질적으로 동일한 구성으로 볼 수 없음은 앞서 판단한 바와 같다.

나아가 피고들 실시제품이 위와 같은 구성요소의 치환이 있더라도 양 발명에서 과제의 해결원리가 동일하고, 그러한 치환에 의하더라도 특허발명에서와 같은 목적이 달성될 수 있고 실질적으로 동일한 작용효과를 나타내며, 그와 같이 치환하는 것을 통상의 기술자가 용이하게 생각해 낼 수 있을 정도로 자명한지에 관하여 살펴본다.

이 사건 제1특허의 명세서에는 그 기술적 과제의 해결원리와 관련하여, "종래, 쓰레기 투입구는 다중 사용자가 이용하므로 손잡이를 잡고 투입구 문을 개방할 때 위생상으로 문제가 있으며, 쓰레기 투입 문을 손으로 개방하는 경우, 쓰레기봉투가 무거울 때 투입이 불편하고, 쓰레기를 양손으로 투입할 경우 손에 쓰레기 국물이 묻어 사용자가 불쾌하게 되는 문제가 있다."(식별번호 21), "본 발명에서는 상기 목적을 성취하기 위해, 쓰레기를 종량제 쓰레기봉투 인식 시스템에 접촉시키면 쓰레기 투입구 문의 잠금 장치가 해제되고, 풋 스위치를 발로 밟으면 안전커버가 회전하여 슈트 내부를 폐쇄하며, 상기 안전커버가 회전한 후에 투입구 문이 개방되어 쓰레기를 투입하게 되며, 풋 스위치를 놓으면 투입구 문은 폐쇄되고"(식별번호 27)라고 기재되어 있다. 위 명세서의 기재에 의하면, 이 사건 제1특허에 있어서 '투입구 문 및 안전커버의 개폐를 위한 구성'은 쓰레기 투입구 문을 손으로 개방하는 경우의 문제점을 해결하기 위한 구성으로서 이 사건 제1특허의 본질적인 부분이라고 할 수 있으므로 이러한 구성 부분을 '투입구 도어 및 용적제한밸브의 개폐를 위한 구성'으로 치환한 피고들 실시제품은 이 사건 제1특허 제1항 발명과 과제해결의 원리가 동일하다고 볼 수 없고, 위에서 살펴본 바와 같이, 위의 양 대비구성은 그 작동원리와 효과가 서로 달라 그와 같이 치환하는 것을 통상의 기술자가 용이하게 생각해 낼 수 있을 정도로 자명하다고 볼 수도 없다.

결국, 이 사건 제1특허 제1항 발명과 피고들 실시제품은 서로 균등관계에 있다고 볼 수 없으므로 원고의 위 주장은 받아들이지 않는다.

앞서 본 바와 같이 피고들 실시제품은 이 사건 제1특허 제1항 발명과 동일하지 아니하므로, 이 사건 제1특허 제1항 발명의 구성을 모두 포함하면서 다른 기술적 사항이 부가되어 있는 종속항인 이 사건 제1특허 제2~4항 및 7항 발명과도 동일하지 아니하여 그 권리범위에 속한다고 볼 수 없다.

V) 이 사건 제2특허의 침해에 관한 판단(피고들 실시제품과 선행기술의 대비)

피고들 실시제품의 '공기 흡입구'는 선행기술 1의 '보조 공기 흡입구'에 대응되는데, 양자는 모두 쓰레기를 이송하는 데 필요한 공기를 흡입하는 장치라는 점에서 동일하다.

피고들 실시제품의 '배출밸브'는 선행기술 1의 '배출밸브'에 대응되는데, 양자는 모두 지하부 슈트에서 관로로 쓰레기를 투입하는 장치라는 점에서 동일하다.

선행기술 1에는 앞서 살펴본 바와 같이 투입구 문과 안전커버가 서로 동시에 열려있지 않도록 제어되는 '인터록 기능'과 쓰레기봉투 '인식 시스템'(센서) 및 투입구 문의 잠금장치를 해제하는 '제어장치'가 개시되어 있다.

선행기술 2에는, 지상부 슈트 쓰레기양을 측정하는 '레이저 센서', 제어장치로서 '컨트롤러'와 이에 의하여 개폐되는 도어 등의 장치가 개시되어 있다.

선행기술 3에는 쓰레기의 수위를 감지하는 '수위감지센서' 개폐장치와 쓰레기 투입가이드의 동작을 제어하는 '제어유닛'이 개시되어 있다

선행기술 4에는, 투입구의 개폐를 감지하기 위한 '리미트스위치', 센서들로부터 발생되는 신호를 수신하고 해당 신호에 따른 동작을 지시하는 '제어 메커니즘'이 개시되어 있다.

결국, 피고들 실시제품은 통상의 기술자가 공지된 선행기술 1과 선행기술 2, 3 또는 공지기술에 의하여 용이하게 실시할 수 있는 것이므로 자유실시기술에 해당한다.[123]

---

123) 서울고등법원 2012. 4. 19. 선고 2011나45820 판결 [특허권침해금지 등].

제
5
장

심 판

제5장 심 판

제5장

심 판

I. 특허침해 유형

I-1. 문언침해

1. 관련규정

특허발명의 보호범위는 청구범위에 적혀 있는 사항에 의하여 정하여진다(제97조 (특허발명의 보호범위)). "보호범위"와 유사한 용어로 기술적 범위, 권리범위, 효력범위 등의 용어가 사용되고 있으나 모두 타인의 침해로부터 보호되는 특허권의 범위를 나타내는 것이라고 할 수 있다. 일본에서는 주로 '기술적 범위'라는 용어를 사용하고 있다.

특허권자는 업으로서 특허발명을 실시할 권리를 독점한다. 다만, 그 특허권에 관하여 전용실시권을 설정하였을 때에는 전용실시권자가 그 특허발명을 실시할 권리를 독점하는 범위에서는 그러하지 아니하다(제94조(특허권의 효력)). "업으로서"는 사업적 목적을 가지는 것으로 해석되므로, 반드시 영리를 목적으로 하는 경우를 의미하는 것은 아니다. 따라서 사업적 목적의 실시가 아닌 개인적 또는 가정에서의 일상적인 실시는 '업'에 해당되지 아니한다고 할 것이나. 즉, 세탁소에서 전기세탁기를 사용하는 것은 '업'이나 전기세탁기를 가정의 주부가 사용하는 것은 '업'에 해당하지 않는다.

특허권자 또는 전용실시권자는 자기의 권리를 침해한 자 또는 침해할 우려가 있는 자에 대하여 그 침해의 금지 또는 예방을 청구할 수 있고, 그 청구를 할 때에는 침해행위를 조성한 물건(물건을 생산하는 방법의 발명인 경우에는 침해행위로 생긴 물건을 포함한다)의 폐기, 침해행위에 제공된 설비의 제거, 그 밖에 침해의 예방에 필요한 행위를 청구할 수 있다(제126조(권리침해에 대한 금지청구권 등)).

2. 관련판례(문언침해, 농업용 비닐피복기 사건)

Ⅰ) 사건개요

발명의 명칭이 농업용 비닐피복기 인 이 사건 특허발명(2005. 10. 14. 등록 제637046호)은 농업용 비닐피복기에 관한 것으로서, 견인차량에 의해 견인되어 두둑과 고랑이 반복되도록 이랑을 성형한 후에 성형된 두둑의 상부에 경작비닐을 피복하고, 피복에 따라 해당 두둑 양측의 고랑측에 위치되는 해당 비닐의 양측 가장자리 부분을 흙으로 덮는 복토를 하여 해당 비닐이 지면으로부터 이탈되지 않도록 고정하게 된다. 또한 피복된 비닐상의 중앙부에도 또한 흙을 복토하여 비닐이 들뜨지 않도록 하면서 해당 흙에 의해 차광효과도 제공되도록 하는 경우도 많다.

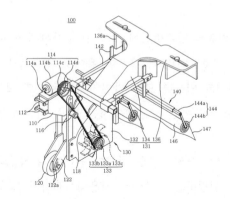

Ⅱ) 판결이유

[1] 판단기준

특허발명의 보호범위는 특허청구범위에 기재된 사항에 의하여 정하여지고, 특별한 사정이 없는 한 발명의 상세한 설명이나 도면 등에 의하여 특허청구범위를 제한하거나 확장하여 해석하는 것은 허용되지 않지만, 특허청구범위에 기재된 사항은 발명의 상세한 설명이나 도면 등을 참작하여야 그 기술적인 의미를 정확하게 이해할 수 있으므로, 특허청구범위에 기재된 사항의 해석은 그 문언의 일반적인 의미내용을 기초로 하면서도 발명의 상세한 설명 및 도면 등을 참작하여 그 문언에 의하여 표현하고자 하는 기술적 의의를 고찰한 다음 객관적 합리적으로 하여야 한다(대법원 2007. 11. 29. 선고 2006후1902 판결 참조).[124]

[2] 확인대상발명이 자유실시기술인지 여부

기술분야 대비에 있어서, 확인대상발명은 농업용 견인차량에 의해 견인되어 밭의 고랑을 따라 이동하면서 양측 두둑에 비닐을 피복함과 동시에 피복된 비닐을 복토하여 고정하는 농업용 비닐피복기에 관한 것이고, 비교대상발명 1은 다양한 규격의 밭이랑에 적용할 수 있는 비닐피복 및 복토장치에 관한 것이며, 비교대상발명 2는 경지의 지면 상태에 관계없이 흙이 보다 더 잘 파헤쳐질 수 있도록 한 트랙터용 복토기에 관한 것으로 모두 밭이랑을 형성하고 비닐을 피복하는 데 사용될 수 있는 장치라는 점에서 기술분야가 동일하다.

확인대상발명의 프레임부 구성부의 동력전달수단(270) 구성 등 그 구성 및 작용효과가 동일하다. 다만, 프레임부의 앞바퀴(400)는 비교대상발명 1 또는 2에 나타나 있지 아니하나, 이는 농업용 트랙터의 후미에 부착하는 작업기에서 필요에 따라 흔히 채용되는 주지관용의 구성에 불과하다. 비닐공급부 구성의 구성은 비교대상발명 1의 구성과 그 구성 및 작용효과가 동일하다.

로터리복토부 중 슬라이드판, 양측분기관부, 삼각벤딩부는 비교대상발명들과 상이하나, 통상의 기술자가 용이하게 구성할 수 있으므로, 그 구성의 곤란성이 없다고 주장한다. 그러나 확인대상발명과 같이 흙을 좌우로 이송하는 기능 및 흙이 낙하되는 위치를 조절하는 기능을 기대할 수 없어 그 구성의 곤란성이 인정되고 그로 인한 작용효과도 현저하므로, 원고의 위 주장은 이유 없다.

따라서 원고는 확인대상발명이 이 사건 특허발명의 출원 전에 공지, 공연실시된 것이므로 자유실시기술에 해당한다고 주장하나, 확인대상발명의 일부 구성은 비교대상발명들에 비하여 그 구성의 곤란성 및 작용효과의 현저성이 인정되므로, 확

---

124) 특허발명의 권리범위 내지 보호범위는 특허청구범위에 기재된 사항에 의하여 정하여야 할 것이되, 거기에 기재된 문언의 의미내용을 해석함에 있어서는 문언의 일반적인 의미내용을 기초로 하면서도 그 발명의 상세한 설명의 기재 및 도면 등을 참작하여 객관적·합리적으로 하여야 하고, 특허청구범위에 기재된 문언으로부터 기술적 구성의 구체적 내용을 알 수 없는 경우에는 명세서의 다른 기재 및 도면을 보충하여 그 문언이 표현하고자 하는 기술적 구성을 확정하여 특허발명의 권리범위 내지 보호범위를 정하여야 한다(대법원 2006. 12. 22. 선고 2006후2240 판결, 대법원 2007. 6. 14. 선고 2007후883 판결 참조).

인대상발명은 통상의 기술자가 비교대상발명들로부터 용이하게 실시할 수 있는 자유실시기술이라고 볼 수 없다.

　　[3] 확인대상발명이 이 사건 특허발명의 권리범위에 속하는지 여부(문언침해인지 여부)

　　이 사건 제1 내지 4, 7구성은 확인대상발명과 그 구성 및 작용효과가 동일하다.

　　이 사건 제5구성은 확인대상발명에는 버킷박스부(510) 내부에 슬라이드판(700)이 추가로 구성되어 있고, 로터리버킷(511)과 슬라이드판(700) 사이의 거리를 조절할 수 있는 점에서 상이할 뿐이다. 그런데 확인대상발명의 위 구성이 이 사건 제5구성을 그대로 포함하고 있는 이상, 확인대상발명에 추가된 구성요소인 슬라이드판(700)에 그 구성의 곤란성이 인정되는지 여부와 관계없이(구성의 곤란성이 인정될 경우에는 이용침해, 그렇지 않을 경우에는 문언침해에 해당), 확인대상발명의 위 구성은 이 사건 특허발명의 권리범위에 속한다.

　　이 사건 제6구성은 확인대상발명의 구성에 이 사건 제6구성이 그대로 포함되어 있고, 단지 확인대상발명에는 양측으로 분기되는 부분(531)에 삼각형 벤딩부 및 그 조절수단을 추가로 두고 있는 점에서 상이할 뿐이다. 그런데 확인대상발명의 위 구성이 이 사건 제6구성을 그대로 포함하고 있는 이상, 확인대상발명에 추가된 구성요소인 삼각형 벤딩부에 그 구성의 곤란성이 인정되는지 여부와 관계없이(구성의 곤란성이 인정될 경우에는 이용침해, 그렇지 않을 경우에는 문언침해에 해당), 확인대상발명의 위 구성은 이 사건 특허발명의 권리범위에 속한다.

　　따라서 확인대상발명은 이 사건 제1항 발명의 모든 구성요소를 그대로 포함하고 있으므로 이 사건 제1항 발명의 권리범위에 속한다.[125)126)]

125) 특허법원 2009. 1. 21. 선고 2008허4516 판결 [권리범위확인(특)].
126) 문언침해에 해당한다는 판결은 매우 석다. 판례검색사이트 https://casenote.kr/에서 키워드를 "문언침해"로 검색했을 때 33건 중 3건에 불과할 정도이다. 나머지 2건은 아래 판례이다. 물론, 검색 키워드를 문언침해라고 하지 않고, 다른 검색어, 예로, "동일", "침해", "속한다"와 같은 검색어를 사용할 경우 더 많은 판례를 검색할 수는 있으나, 일반적으로나 문언침해는 그다지 많이 않다.
　　특허법원 2006. 6. 2. 선고 2005허5099 판결 [권리범위확인(특)](와이어 전극 이송공급을 위한 제트수류의 회수기를 갖는 와이어 방전가공기).
　　서울고등법원 2008. 2. 19. 선고 2001나60578 중간판결 [특허권침해금지등](한영 자동 변환 방법).

Ⅰ-2. 균등침해(균등론 판단 기준)

1. 관련판례(문언침해, 균등침해, 핸드폰 수납용 보관가방 사건)

Ⅰ) 사건개요

이 사건 등록고안은 명칭이 "핸드폰 수납용 보관가방(2009. 12. 15. 등록 제 447085호)"으로, 각종시험에 응시한 한 반의 인원이 소지한 다수의 핸드폰 모두를 수거하여 하나의 핸드폰 수납용 보관가방에 수납 보관할 수 있는 이점이 있으며, 보관 및 이동시 제1 내지 제3수납부에 수납된 핸드폰이 상호 충돌에 의한 파손이 발생하지 않는 효과가 있다.

[실용신안등록청구범위]

[청구항 1] 연결면 양측으로 절개 개방되는 외주면 상부로 한 쌍의 손잡이가 구비되고 상기 외주면 상부 일측에 구비된 명찰로 구성된 덮개부와, 상기 덮개부를 개폐하기 위한 지퍼와, 핸드폰이 수납되도록 외주면 내측에 대향되게 상하로 다수가 분할된 핸드폰주머니가 구비된 제1 및 제2수납부를 포함하여 구성된 핸드폰 수납용 보관가방에 있어서, 상기 제1 및 제2수납부 사이에 일단이 상기 연결면에 고착된 하나의 패드와; 상기 패드의 전후면 중 적어도 어느 하나의 면에 상하로 일정 간격으로 재봉 결합된 제1고무밴드와 제1폐쇄부재 및 제2고무밴드와 세2폐쇄부재 사이에 그물망사로서 핸드폰주머니가 구비된 제3수납부를 더 마련한 것을 특징으로 하는 핸드폰 수납용 보관가방

[청구항 2] 제1항에 있어서, 상기 패드의 전 후면에 중 적어도 어느 하나의 면에 상기 제1 및 제2수납부와 상기 제3수납부에 수납된 핸드폰끼리의 접촉에 의한 충돌을 방지하기 위해 일단이 상기 연결면에 고착된 충돌방지패드를 더 설치한 것을 특징으로 하는 핸드폰 수납용 보관가방.

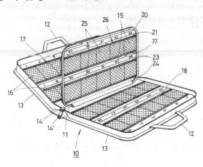

특허심판원은 확인대상고안은 이 사건 제1항 고안의 구성을 동일하거나 균등한 형태로 모두 구비하고 있으므로, 이 사건 제1항 고안의 권리범위에 속한다. 확인대상고안은 이 사건 제2항 고안의 충돌방지패드와 동일하거나 균등한 구성을 구비하고 있지 않으므로, 이 사건 제2항 고안의 권리범위에 속하지 아니한다고 심결하였다.

II) 판결이유

[1] 문언침해에 해당하는지 여부

이 사건 제1항 고안은 확인대상고안의 다음과 같은 구성에 대응한다.

이들을 대비하여 보면, 양 고안은 연결면(바닥면) 양측으로 절개 개방되는 외주면 상부로 구비된 한 쌍의 손잡이, 명찰이 구비된 외주면, 덮개부 및 덮개부를 개폐하기 위한 지퍼, 핸드폰(모바일기기)이 수납되도록 외주면 내측에 대향되게 상하로 다수가 분할된 핸드폰주머니가 구비된 제1, 2수납부(제1수납공간)로 구성된 핸드폰 수납용 보관가방(모바일기기 보관용 가방)에 관한 것이라는 점, 제1, 2수납부(제1수납공간) 사이의 연결면(바닥면)에 하나의 패드(탈착수납부재)의 일단이 결합되고, 그 패드(탈착수납부재)의 전후면 중 적어도 어느 하나의 면에 상하로 일정간격으로 재봉 결합된 제1, 2고무밴드(고무밴드)와 제1, 2폐쇄부재(폐쇄부재) 사이에 그물망사로서 핸드폰 주머니가 구비된 제3수납부(제2수납공간)가 더 마련된다는 점에서 각 동일하다.

다만, 이 사건 제1항 고안은 명찰이 외주면 상부 일측에 구비됨에 비하여, 확인대상고안은 명찰이 가방 외부의 앞쪽 에 구비된다는 점, 이 사건 제1항 고안은 패드의 일단이 상기 연결면에 고착됨에 비하여, 확인대상고안은 탈착수납부재가 바닥면에 수직으로 탈착 가능하게 결합된다는 점에서 각 차이가 있다.

위에서 본 바와 같이 확인대상고안은 이 사건 제1항 고안과 동일한 구성을 모두 구비하고 있지 않으므로, 이 사건 제1항 고안을 문언침해한다고 볼 수 없다.

[2] 균등침해에 해당하는지 여부

(가) 관련 법리

실용신안고안과 대비되는 고안이 실용신안고안의 권리범위에 속한다고 할 수 있기 위해서는 실용신안고안의 실용신안등록청구범위에 기재된 각 구성요소와 그 구성요소 간의 유기적 결합관계가 확인대상고안에 그대로 포함되어 있어야 한다. 한편 확인대상고안에서 실용신안고안의 실용신안등록청구범위에 기재된 구성 중 치환 내지 변경된 부분이 있는 경우에도, 양 고안에서 과제의 해결원리가 동일하고, 그러한 치환에 의하더라도 실용신안고안에서와 같은 목적을 달성할 수 있고 실질적으로 동일한 작용효과를 나타내며, 그와 같이 치환하는 것이 통상의 기술자라면 누구나 극히 용이하게 생각해 낼 수 있는 정도로 자명하다면, 확인대상고안이 실용신안고안의 출원 시 이미 공지된 기술과 동일한 기술 또는 통상의 기술자가 공지기술로부터 극히 용이하게 고안할 수 있었던 기술에 해당하거나, 실용신안고안의 출원절차를 통하여 확인대상고안의 치환된 구성이 실용신안등록청구범위로부터 의식적으로 제외된 것에 해당하는 등의 특별한 사정이 없는 한, 확인대상고안은 전체적으로 실용신안고안의 실용신안등록청구범위에 기재된 구성과 균등한 것으로서 여전히 실용신안고안의 권리범위에 속한다고 보아야 할 것이나, 다만, 여기서 말하는 양 고안에서 과제의 해결원리가 동일하다는 것은 확인대상고안에서 치환된 구성이 실용신안고안의 비본질적인 부분이어서 확인대상고안이 실용신안고안의 특징적 구성을 가지는 것을 의미하고, 실용신안고안의 특징적 구성을 파악함에 있어서는 실용신안등록청구범위에 기재된 구성의 일부를 형식적으로 추출할 것이 아니라 명세서의 고안의 상세한 설명의 기재와 출원 당시의 공지기술 등을 참작하여 선행기술과 대비하여 볼 때 실용신안고안에 특유한 해결수단이 기초하고 있는 과제의 해결원리가 무엇인가를 실질적으로 탐구하여 판단하여야 한다(대법원 2001. 9. 7. 선고 2001후393 판결, 2009. 6. 25. 선고 2007후3806 판결, 2011. 7. 28. 선고 2010후67 판결 등 참조).[127]

---

127) 특허발명의 특허청구범위의 청구항이 복수의 구성요소로 되어 있는 경우에는 그 각 구성요소가 유기적으로 결합한 전체로서의 기술사상이 보호되는 것이지, 각 구성요소가 독립하여 보호되는 것은 아니므로, 특허발명과 대비되는 확인대상발명이 특허발명의 권리범위에 속한다고 할 수 있기 위하여는 특허발명의 각 구성요소와 구성요소 간의 유기적 결합관계가 확인대상발명에 그대로 포함되어 있어야 하고, 다만 확인대상발명에서 구성요소의 치환 내지 변경이 있더라도, 양 발명에서 과제의 해결원리가 동일하며, 그러한 치환에 의하더라도 특허발명에서와 같은 목적을 달성할 수 있고 실질적으로 동일한 작용효과를 나타내고, 그와 같이 치환하는 것을 그 발명이 속하는 기술분야에서 통상의 지식을 가진 자가 용이하게 생각해낼 수 있을 정도로 자명하다면, 확인대상발명이 특허발명의 출원시에 이미 공지된 기술 내지 공지기술로부터 당해 기술분야에서 통상의 지식을 가진 자가 용이하게 발명할 수 있었던 기술에 해당하거나, 특허발명의 출원절차를 통하여 확인대상발명의 치환된 구성요소가 특허청구범위로부터 의식적으로 제외된 것에 해당하는 등의 특별한 사정이 없는 한, 확인대상발명의 치환된 구성요소는 특허발명의 대응되는 구성요소와 균등관계에 있는 것으로 보아 확인대상발명은 여전히 특허발명의 권리범위에 속한다고 보아야 한다(대법원 2002. 9. 6. 선고 2001후171 판결 등 참조).

(나) 구체적 판단

1) 과제해결원리의 동일성 여부

이 사건 등록고안의 명세서의 고안의 상세한 설명의 기재와 출원 당시의 공지기술 등을 참작하여 선행기술과 대비하여 볼 때, 이 사건 제1항 고안은 종래의 핸드폰 수납용 보관가방은 핸드폰이 수납되도록 외주면 내측에 대향되게 상하로 다수가 분할된 핸드폰주머니가 구비된 수납부만을 구비하여 많은 수의 핸드폰을 수납할 수 없었다는 문제를 해결하기 위한 것으로서(갑 제3호증 식별번호 <6>, 갑 제5호증), 위와 같은 종래의 핸드폰 수납용 보관가방의 수납부 사이에 추가 수납부를 더 마련한다는 구성을 부가하여, 많은 수의 핸드폰을 하나의 핸드폰 수납용 보관가방에 보관하였다가 간편하게 돌려줄 수 있는 핸드폰 수납용 보관가방을 제공한다는 점이 기술적 의의라 할 것이다.

따라서 이 사건 제1항 고안에서 선행기술과 차별되는 특징적인 구성 내지 본질적인 부분은 (종래 핸드폰 수납용 가방의 기존 제1, 2수납부 사이에) 추가 수납부인 제3수납부를 구비한 패드를 더 마련한 것이라 할 것이다.

그런데 앞에서 본 바와 같이 확인대상고안도 핸드폰 수납용 보관가방에 추가 수납부인 제2수납부를 갖는 탈착수납부재를 구비하여 이 사건 제1항 고안의 위와 같은 특징적 구성을 그대로 가지고 있으므로, 확인대상고안은 이 사건 제1항 고안과 과제의 해결원리가 동일하다고 할 것이다.

2) 작용효과의 동일성 여부

확인대상고안은 이 사건 제1항 고안의 외주면 상부 일측에 구비된 명찰 및 일단이 상기 연결면에 고착된 하나의 패드를 각각 가방 외부의 앞쪽에 구비된 명찰 및 가방 내부의 바닥면에 수직으로 탈착 가능하게 결합되며 제거 가능한 탈착수납부재로 치환한 것이지만, 그러한 치환에도 불구하고 여전히 이 사건 제1항 고안처럼 외주면의 명찰로 인하여 핸드폰 수납용 보관가방을 식별할 수 있게 하고, 추가 수납부를 갖는 탈착수납부재로 인하여 수납할 수 있는 핸드폰의 수를 늘릴 수 있으므로, 양 고안은 작용효과가 실질적으로 동일하다.

이와 관련하여, 원고는 확인대상고안의 탈착수납부재는 바닥면에 탈착 가능하게 결합되며 제거 가능하여, 모바일기기의 수량 증감에 탄력적으로 대처할 수 있으며, 모바일기기를 상기 탈착수납부재(220)에 수납할 필요가 없는 경우 제거할 수 있는 것임에 비하여, 이 사건 제1항 고안의 패드는 연결면에 고착되어 탈착이 불가능하므로, 양 고안의 작용효과가 상이하다고 주장한다.

살피건대, 확인대상고안은 패드가 연결면에 고착된 이 사건 제1항 고안과 달리 수납부재가 탈착이 가능하여 추가 수납부재가 필요 없을 경우 탈착될 수 있다는 작용효과도 발휘하나, 이는 수납할 수 있는 핸드폰의 수를 늘릴 수 있다는 이 사건 제1항 고안과 동일한 작용효과에 부가된 작용효과에 불과하고, 이 사건 제1항 고안이 위와 같은 부가적 작용효과를 가지는 고안을 그 권리범위에서 배제하고 있는 것도 아니므로, 원고의 위 주장은 이유 없다.

3) 치환의 자명성 여부

확인대상고안의 치환된 명찰 구성은 그 부착 위치를 변경한 것인데, 그러한 변경은 핸드폰 수납용 보관가방(모바일기기 보관용 가방)의 크기나 형상 등에 따라 통상의 기술자가 적절히 채용할 수 있는 정도의 단순한 설계 변경 사항에 불과하다.

또한, 확인대상고안의 치환된 수납부재 구성은 고착 방식을 탈착 방식으로 변경한 것인데, 고착 방식(봉제 등)이나 탈착 방식(벨크로, 오픈 지퍼 등) 둘 다 이 사건 제1항 고안의 출원 전부터 이 사건 제1항 고안이 속하는 기술분야에서 가방 부재 등의 부착 방식으로 이미 널리 실시되던 기술이었으므로, 위와 같은 치환은 주지관용기술의 변경에 지나지 않는다.

따라서 위와 같은 치환은 모두 통상의 기술자가 극히 용이하게 생각해낼 수 있을 정도로 자명한 것이라 할 것이다.

(다) 구성요소를 의식적으로 제외했다는 주장에 관한 판단

원고는, 피고가 이 사건 제1항 고안을 출원하면서 실용신안등록청구범위나 고안의 상세한 설명에 제1 및 제2수납부 사이에 일단이 연결면에 고착된 하나의 패드라고 기재하여 그 권리범위에서 수납부재가 탈착 방식으로 결합되는 것을 의식적으로 제외하였고, 이는 이 사건 심판에서 제출한 의견서에도 확인할 수 있다고 주장한다.

살피건대, 이 사건 제1항 고안의 실용신안등록청구범위나 고안의 상세한 설명에는 제1 및 제2수납부 사이에 일단이 연결면에 고착된 하나의 패드라고 기재되어 있기는 하나, 그 외에는 패드와 연결면 사이의 부착 방식에 별다른 기재가 없는바, 위와 같이 출원인인 피고가 패드와 연결면의 결합 방식으로 고착이라는 표현을 사

용하였다는 사정만으로는 이 사건 제1항 고안을 출원하면서 그 권리범위에서 수납부재가 탈착 방식으로 결합되는 것을 의식적으로 제외하였다고 볼 수는 없다.

또한, 이 사건 심판에서 피고가 제출한 의견서에는 「저는 제조업에 30년 이상 경험을 하여 왔기 때문에 제일 먼저 수납할 수 있는 중간 칸막이를 고안하여 실용신안에 등록하였습니다. 그 후 기타 타인들은 중간 칸막이 수납핵심 기술에 대한 권리는 무시된 채, 변칙으로 부속품만 변경하여 여러 사람이 등록받은 것 같습니다. 중간 칸막이를 부착하는 방법은 봉제로 할 수 있고, 또한 벨크로, 오픈 지퍼, 똑딱이 등으로 선택할 수 있습니다. 벨크로, 오픈지퍼, 똑딱이 이런 것들은 가방에 부품에 해당되기 때문에 실용신안과는 아무런 관계가 없습니다. 이점을 참작하여 주시기 바랍니다. 저도 등록할 당시 이런 것도 함께 넣으려고 하다가 안 한 이유는 기타 부속이 디자인하고는 관계가 없기 때문에 봉제로 설계하였습니다. 2013년도에 신학기 제품은 중간수납 칸막이 두 개 중 한 개는 벨크로로 탈부착하여 판매하고 있습니다.」고 기재되어 있다.

위 기재를 보면 피고가 이 사건 제1항 고안을 출원할 당시 그 명세서에 벨크로, 오픈지퍼, 똑딱단추 등을 함께 기재하려다가 일부러 기재하지 않았음을 알 수 있으나, 그 전체적인 취지는 이 사건 제1항 고안의 권리범위에서 벨크로, 오픈지퍼, 똑딱단추 등으로 패드와 연결면을 부착하는 방식을 제외하겠다는 것이 아니라, 그와 같은 구체적인 부착 방식까지는 자세히 기재할 필요가 없어서 기재하지 않았다는 것에 불과하다. 따라서 원고의 위 주장은 이유 없다.

(라) 결론

결국, 확인대상고안은 이 사건 제1항 고안의 구성을 동일 또는 균등한 형태로 모두 구비하고 있으므로, 이 사건 제1항 고안의 권리범위에 속한다.[128]

---

128) 특허법원 2014. 2. 6. 선고 2013허7861 판결 [권리범위확인(실)].

Ⅰ-3. 균등침해(의식적 제외, 출원경과 참작의 원칙, 금반언의 원칙)

1. 관련판례(신장성 빈혈의 치료제 DNA 서열 사건)

Ⅰ) 사건개요

본 발명은 적혈구 형성을 자극하는 순환 당단백질로서 신장성 빈혈의 치료제로 사용되는 에리트로포이에틴을 시험관내에서 대량 생산할 수 있는 방법을 제공하는 것이다.

[청구항 1]

인간 에리트로포이에틴을 코오딩하는 게놈 DNA를 함유한 재조합 DNA벡타에 의해 형질전환된 포유류세포를 적당한 배지에서 배양하여, 에리트로포이에틴 활성을 갖는 당단백질을 분리함을 특징으로 하는 에리트로포이에틴의 제조방법.

Ⅱ) 판시사항

[1] 특허발명과 (가)호 발명의 균등관계 여부의 판단 기준

[2] 특허발명의 출원과정에서 특정 구성이 특허청구범위로부터 의식적으로 제외된 것인지 여부의 판단 방법

[3] 출원인이 특허발명의 특허청구범위 제1항에 DNA 서열의 기재를 추가하여 보정을 함에 있어서 추가된 DNA 서열과 균등관계에 있는 것을 자신의 권리범위에서 제외할 의도였다고 단정하기 어렵다고 본 사례

Ⅲ) 판결이유

[1] 원심판결[129] 이유에 의하면 원심은, 그 명칭을 "에리트로포이에틴의 제조방법"으로 하는 이 사건 특허발명(특허번호 제100101875호)과 이와 같은 명칭의 (가)호 발명을 대비하여 그 판시와 같은 이유로 (가)호 발명이 이 사건 특허발명과 동일하거나 이를 이용한 관계에 있지는 않지만 이 사건 특허발명의 균등의 범주에는 속한다고 한 다음, 이 사건 특허발명의 출원과정에서 피고의 이의신청에 대하여 원고가 이 사건 특허발명의 특허청구범위 중 제1항을 "인간 에리트로포이에틴을 코딩하는 게놈 DNA를 함유한 DNA벡터에 의해 형질전환된 포유류 세포를 적당한 배지에서

---

129) 원고: 피상고인 제일제당 주식회사, 피고: 상고인 제네틱스 인스티튜트, 인코포레이티드, 특허법원 2000. 12. 15. 선고 98허8243 판결.

배양하여, 에리트로포이에틴 활성을 갖는 당단백질을 분리함을 특징으로 하는 에리트로포이에틴의 제조방법"에서 "하기 DNA 서열을 함유하는 인간 에리트로포이에틴을 코딩하는 게놈 DNA를 함유한 재조합 DNA 벡터에 의해 형질전환된 포유류 세포를 적당한 배지에서 배양하여, 에리트로포이에틴 활성을 갖는 당단백질을 분리함을 특징으로 하는 에리트로포이에틴의 제조방법"으로, 제3항을 "제1항에 있어서, 인간 에리트로포이에틴을 코딩하는 게놈 DNA서열이 하기 DNA서열의 전체 또는 일부인 방법"에서 "제1항에 있어서, 상기 인간 에리트로포이에틴을 코딩하는 게놈 DNA서열이 상기 서열 중 서열번호 397 내지 3330을 함유하는 방법"으로 정정하고, "제1항에 있어서, 인간 에리트로포이에틴을 코딩하는 게놈 DNA서열이 하기 DNA 서열의 전체 또는 일부인 방법"이었던 제2항을 삭제하는 보정을 한 후 위 각 청구항에 대하여 특허를 받은 것에 대하여, 제1항의 보정은 그 출원 전에 공개된 간행물인 갑 제10호증에 나타난 발명(이하 '인용발명'이라고 한다)에 의하여 신규성 또는 진보성이 없다는 이유로 거절되지 않도록 그 청구범위를 감축한 것이므로 단순히 기재불비의 문제를 해소하기 위한 것이 아니고, 원래의 특허청구범위 제2항을 제1항에 포함시키면서 특허청구범위 제2항의 기재 중 "일부"를 삭제한 것은 삭제 전의 특허청구범위 제2항 기재 중 DNA서열 전체를 함유하는 것만을 권리범위로 청구하고 그 DNA 서열 중 일부를 함유하는 것에 대하여는 권리로 하지 않을 의사를 표시한 것이며, 특허청구범위 제3항 또한 정정 전의 특허청구범위의 기재 중 "일부"를 단순히 삭제함으로써 정정 후의 청구범위에 기재된 DNA 염기서열 전체를 함유한 것만을 권리범위로 청구하고 그 중 일부를 함유하는 것에 대하여는 권리로 하지 않을 의사를 표시한 것이므로 이 사건 특허발명의 특허청구범위 제1항, 제3항의 권리범위 중 보정에 의하여 의식적으로 제외된 부분에 속하는 (가)호 발명은 비록 이 사건 특허발명의 균등물이라고 하더라도 이 사건 특허발명의 권리범위에 속한다고 할 수 없다는 취지로 판단하였다.

　　[2] 그러나 (가)호 발명이 특허발명의 권리범위에 속한다고 할 수 있기 위해서는 특허발명의 각 구성요소와 구성요소 간의 유기적 결합관계가 (가)호 발명에 그대로 포함되어 있어야 할 것이고, 다만 (가)호 발명에 구성요소의 치환 내지 변경이 있더라도 양 발명에서 과제의 해결원리가 동일하며, 그러한 치환에 의하더라도 특허발명에서와 같은 목적을 달성할 수 있고 실질적으로 동일한 작용효과를 나타내

며, 그와 같이 치환하는 것을 그 발명이 속하는 기술분야에서 통상의 지식을 가진 자(당업자)가 용이하게 생각해 낼 수 있을 정도로 자명하다면, (가)호 발명이 특허발명의 출원시에 이미 공지된 기술 내지 공지기술로부터 당업자가 용이하게 발명할 수 있었던 기술에 해당하거나 특허발명의 출원절차를 통하여 (가)호 발명의 치환된 구성요소가 특허청구범위로부터 의식적으로 제외된 것에 해당하는 등의 특별한 사정이 없는 한, (가)호 발명의 치환된 구성요소는 특허발명의 대응되는 구성요소와 균등관계에 있는 것으로 보아 (가)호 발명은 여전히 특허발명의 권리범위에 속한다고 보아야 한다(대법원 2001. 8. 21. 선고 98후522 판결).

나아가 특허발명의 출원과정에서 어떤 구성이 특허청구범위로부터 의식적으로 제외된 것인지 여부는 명세서뿐만 아니라 출원에서부터 특허될 때까지 특허청심사관이 제시한 견해 및 출원인이 심사과정에서 제출한 보정서와 의견서 등에 나타난 출원인의 의도 등을 참작하여 판단하여야 하고, 특허청구의 범위가 수 개의 항으로 이루어진 발명에 있어서는 특별한 사정이 없는 한 각 청구항의 출원경과를 개별적으로 살펴서 어떤 구성이 각 청구항의 권리범위에서 의식적으로 제외된 것인지를 확정하여야 한다.

기록과 위 법리에 비추어 살펴보면, 이 사건 특허발명의 특허청구범위 제1항의 보정은 위 청구항이 인용발명에 비하여 신규성과 진보성이 없다는 피고의 이의신청에 대응하여 행하여진 것으로서 원고가 그 보정과 함께 제출한 특허이의답변서에서 인용발명에는 염기서열이 전혀 기재되어 있지 않으므로 염기서열의 기재를 추가한 정정 후의 제1항은 신규성과 진보성이 있고, 삭제 전의 특허청구범위 제2항의 내용을 제1항에 결합시킴으로써 EPO를 제조하는 방법을 DNA 서열로써 더욱 특정한 것이라는 취지로 진술하고 있는 사실 및 실제로 인용발명에는 보정에 의하여 추가된 DNA 서열과 직접 연관지을 만한 내용이 나타나 있지도 않은 사실이 인정되므로 원고가 특허청구범위 제1항에 DNA 서열의 기재를 추가하여 보정을 함에 있어서 추기된 DNA 서열과 균등관계에 있는 것을 자신의 권리범위에서 제외할 의도였다고 단정하기는 어렵고 달리 이와 같이 인정할 만한 자료가 없음에도 불구하고, 원심이 정정된 특허청구범위 제1항이 삭제된 특허청구범위 제2항의 내용을 포함시킴에 있어 제2항의 기재 내용 중 "일부"를 제외하였다는 사정만을 내세워 그 판시와 같은 이유로 (가)호 발명이 이 사건 특허발명의 특허청구범위 제1항과 균등관계에 있음에도 불구하고 그 권리범위에 속하지 않는다고 판단한 것은 균등물과 출원 경과금반언의 관계에 관한 법리를 오해하거나 심리를 다하지 아니하여 판결에 영향을 미친 위법이 있고 이에 관한 상고이유의 주장은 이유있다.

그러므로 원심판결을 파기하고, 사건을 다시 심리·판단하게 하기 위하여 원심법원에 환송하기로 하여 관여 법관의 일치된 의견으로 주문과 같이 판결한다.[130]

Ⅰ-4. 균등침해(역균등론)

1.1 관련 미국판례(역균등론이 인정된 사례: 문언침해 주장에 대한 역균등론 방어를 인정한 사건)

Ⅰ) 사건개요

원고 트랜스로직 테크놀러지 주식회사(Translogic Technology, Inc.)는 전달 게이트 직렬 다중화기 관련 특허(US PAT 5,162,666, 이하, '637 특허)의 특허권자이다. 원고는 피고 히타치 유한회사(Hitachi, Ltd.), 히타치 아메리카 유한회사(Hitachi America, Ltd.) 및 르네사스 테크놀러지 아메리카 주식회사(Renesas Technology America, Inc.)를 상대로하는 특허침해소송을 오리건주 지방법원에 제기하였다. 이 과정에서 피고들은 비침해 판결을 구하는 부분 약식 판결 신청을 하였다.

Ⅱ) 쟁점

본안 쟁점은 역균등론을 원고의 문언침해 주장에 대한 피고들의 방어수단으로 삼아 이에 근거한 약식 판결을 내릴 수 있는지 여부이다.

원고는 침해물이 원고 특허청구항 대상물의 모든 구성요소를 구현한다고 하면서 문언침해를 주장하였다. 그리고 원고는 "본 법원에서 역균등론에 근거하여 비침해 판결을 내린 적이 없다."고 한 선례가 역균등론의 유효성에 의구심을 제기한 것이라고 주장하였다. 더 나아가 원고는 해당 선례에서 "역균등론에 의한 방어는 존재하지 않는다."고 판시하였다고 하면서 미연방순회항소법원이 역균등론을 부인하였다고 주장하였다.

피고들은 역균등론을 주장하기 위한 요건인 "명백히 다른 원리"와 "실질적으로

---

130) 대법원 2002. 9. 6. 선고 2001후171 판결 [권리범위확인(특)]. 이 판례는 79회 피인용된 중요한 판례이다.

다른 방법"의 입증과 관련하여, 문제된 회로가 원고 청구항의 대상인 단순한 다중화기와는 다른 논리 함수(logical function)를 가짐에 따라 완전히 다른 원리로 작동하며, 다중화기와는 달리 회로의 통제와 입력 신호가 완전히 독립적이지 않으므로 회로가 실질적으로 다른 방법에 의하여 실시된다고 주장하였다.

Ⅲ) 판단

법원은 원고의 미연방순회항소법원에 의한 역균등론 부인 주장에 대해, 역균등론을 인정한 선례는 기각되지 않았으며 오히려 미연방대법원에 의해 명확하게 재확인되었다고 하였다. 그러므로 선례에 따라 역균등론이 인정된다고 판단하였다. 또한, 미연방순회항소법원이 인정한 바에 따르면 역균등론은 특허법 조항으로 성문화되지는 않았지만 35 U.S.C. § 112에 의해 사실상 그러한 결과가 야기되었다고 판단하였다.

또한 미연방순회항소법원의 선례에 언급된 "역균등론에 의한 방어는 존재하지 않는다."는 문언은 격언(dictum)에 가깝게 보아야 한다고 하였다. 법원은 해당 선례의 침해자가 선행 기술 실시에 근거한 비침해 주장을 하면서, 침해물이 청구항의 모든 구성요소를 구현하는 경우에도 비침해 판결의 가능성이 있음을 보여주는 예로서 역균등론을 언급한 것이라고 하였다. 법원은 선례의 문언은 선행 기술 실시에 의한 방어를 기각하면서 역균등론 비유도 함께 기각한 것이라고 판단하였다. 따라서 법원은 그러한 문언이 문언침해 주장에 대응하는 방어로서의 역균등론에 대한 전면적 부인이라고 보기는 어렵다고 하였다. 그러므로 법원은 상위 법원에 의해 역균등론이 명백히 부인되기 전까지, 문언침해 주장이 제기된 경우 침해자가 역균등론의 요건에 해당하는 입증을 수행하여 침해 혐의를 회피하는 것이 허용되어야 한다고 판단하였다.

법원은 침해물과 청구항 대상물의 차이에 대한 원고와 피고들의 엇갈리는 의견에 따라 진정한 사실적 논점이 제기된다고 하면서, 그러한 논점은 약식 판결에 의해 해결될 수 없다고 하였다.

이와 같이 본 법원은 방어수단으로서의 역균등론의 유효성은 인정하였으나, 진정한 사실적 논점이 존재한다고 판단하여 역균등론에 근거한 피고들의 비침해 판결을 구하는 약식 판결 신청을 기각하였다.[131]

---

131) 사건명: 트랜스로직 테크놀러지 주식회사 대 히타치 유한회사, 2004. 12. 07. 선고, No. CV

1.2 관련 미국판례(역균등론이 부정된 사례: 엑세스플로어패널 특허의 특허침해소송에 있어서 문언침해과 역균등론이 문제된 사례)

Ⅰ) 사건개요

원고 테이트 엑세스 플로어 주식회사(Tate Access Floors, Inc.)는 높은 엑세스플로어패널(raised access flooring panel)의 특허(US4625491)보유자이다. 엑세스플로어는 바닥 밑에 빈 공간을 두어 그 내부에 전선, 파이프 등을 설치하고 필요 시 개폐 가능하도록 패널로 마감한 것이다. 원고는 피고 인터페이스 아키텍쳐 리소스 주식회사(Interface Architectural Resources, Inc.)에 대하여 특허침해소송을 제기하고 침해금지가처분을 신청하였다. 메릴랜드 지방법원은 침해가능성을 인정하여 가처분을 명하였고 피고는 이에 항소하였다.

Ⅱ) 쟁점

항소인은 청구해석과 관계없이 자사의 패널은 단순히 선행기술을 실습한 것이고(practice of prior art), 또한 선행기술에 비추어 자명할 것이므로 그 자체로 문언침해를 구성하지 않는다고 주장하였다.

또한 항소인은 문언침해주장에 대한 방어로 역균등론을 주장하였다. 역균등론(reverse doctrine of equivalents)의 존재는 문언침해판단이 청구해석과 대상물품이 대응한다는 사실을 확인하는 것으로 끝나지 않음을 증명하는 것이라고 하였다. 즉 대상물품이 각각의 모든 청구항 한정에 대응한다 할지라도 역균등론을 적용하면 비침해의 결과를 가져올 수 있는 것이라고 하였다. 따라서 선행기술의 실습자체를 특허침해주장을 반박하는 방어로서 법원이 이를 수용하여야 한다고 주장하였다.

항소인은 독립된 청구항 1과 8에서 "가장자리(border)" 한정을 해석하는데 하급심의 오류가 있었다고 주장하였다. 하급심은 제소대상인 플로어패널이 항소인의 패널과 같은 비스듬한 모서리를 포함하는 것이라고 해석하였는데, 항소인은 이것이 오류이며, "가장자리(border)"는 단일한 수평의 레이어라고 해석해야 한다고 주장하였다.

99-407 PA, (US PAT 5,162,666) Transmission gate series multiplexer(전달 게이트 직렬 다중화기), (출처: http://www.ip-navi.or.kr/biblio/biblioDetail.navi?kipris_flag=Y&caseId=US1110806).

III) 판단

항소심에서는 항소인이 침해제소물품은 단지 선행기술을 실습한 것이라는 주장, 그리고 선행기술에 비추어 자명할 것이라는 주장은 문언침해주장에 대해 방어가 되지 못한다고 하였다. 이는 선판례에서 문언침해는 청구항을 해석하여 이를 침해제소물품과 비교함으로써 판단하는 것이지, 침해제소물품과 선행기술을 비교하는 것이 아니라는 점을 명확히 한 바 있다(Baxster, 48 F.3d 1575).

청구항 1과 8의 해석에서 평범한 기술자라면 '가장자리(border)'라는 용어가 패널의 표면을 장식하기 위해 가다듬거나 경계부분을 정리한 영역이라는 것을 알 수 있으며, 청구항의 해석상 가장자리가 항소인의 주장처럼 반드시 수평이거나 한 겹일 필요는 없다. 동 청구항 한정에서 패널의 모서리를 따라 '가장자리'가 있고, 장식적인 표면층이 제거되고 내층(inner layer)이 드러난 것, 항소인의 플로어패널과 같은 단일층의 비스듬한 모서리도 포함하는 것으로 보아야 한다. 따라서 항소인의 패널이 권리자의 특허를 문언상 침해하였고, 권리자는 가처분구제를 보장받기에 충분한 승소가능성을 합리적으로 입증하였으므로 하급심은 재량권을 남용한 것이 아니라고 보았다.

항소인의 방어로서 역균등론은 대법원에서 대상물품이 특허물품과는 다르게 변경되었고 실질적으로 다른 방법으로 동일 또는 유사한 기능을 수행하고 있으나, 특허청구항의 문언상 범위에 포함되는 경우, 역균등론을 적용하여 청구를 제한하고 권리자의 침해소송에 방어할 수도 있다고 판결한 바 있다(Graver Tank, 339 U.S. 605(1950)). 그러나 동 판결 이후 특허법이 제정되면서 서면기재, 가능성, 확정성, 기능식청구항 등을 요건으로 하여(112조) 역균등론는 시대착오적 예외로서 적용사례는 점차 감소되고 있다. 본 사안에서도 역균등론은 인정하지 않으며 문언침해의 방어로서의 선행기술의 실습주장을 기각한다. 위와 같은 이유로 원심을 확정한다.[132]

---

132) TATE ACCESS FLOORS, INC. v. INTERFACE ARCHITECTURAL RESOURCES, INC, 2002. 02. 07, 279 F.3d 1357. (US PAT 4,625,491) Elevated floor panel with integral trim. (출처: http://kdtj.kipris.or.kr/kdtj/searchLogina.do?method=loginJM#page1).

Ⅰ-5. 미국의 균등론 변천과 동향

1. 미국 최초의 균등론 도입(주변한정주의에서 균등론 인정)[133]

● Graver Tank & Mfg. Co. v. Linde Air Products. Co., 339 U.S. 605(1950)

Ⅰ) 사건개요

Linde Air Product사는 미국특허 제2,043,960호(전기용접에 사용되는 조성물인 용제와 관련된 특허)를 보유하고 있었고, Graver Tank사가 자신의 특허를 침해했다고 주장하며 침해소송을 제기하였다.

Ⅱ) 쟁점

Linde Air Product사(社)의 특허는 알카리 토금속 규산염(alkaline earth metal silicate)을 청구항으로 하고 있었고, 알카리 토금속인 칼슘(Ca)과 마그네슘(Mg)의 규산염으로 이루어진 조성물을 용제로 사용한 반면, Graver Tank사가 사용한 용제는 칼슘과 망간(Mn)으로 이루어진 조성물이었다. 사안의 쟁점은 알카리 토류금속에 속하지 않는 망간을 사용한 피고의 용제가 Linde사의 특허를 침해했는지 여부였다.

청구항의 문언적 가재에 따르면 특허침해라고 할 수 없으나, 망간이 마그네슘의 균등물이라면 균등론을 이용하여 균등침해를 인정할 수 있었기 때문이다.

Ⅲ) 판결이유

[1] 1심인 연방지방법원은 Linde사의 특허 중 일부 청구항을 무효라고 보았으나 나머지 유효한 청구항에 대해 균등론에 따른 특허침해를 인정하였고, 2심인 CAFC도 침해여부에 대해서 지방법원의 판단과 견해를 같이 하였다.

이유는 주기율표상에서 마그네슘은 2A족에 속하고 망간은 7A족에 속하지만, 전문가들의 견해에 따르면 망간과 마그네슘은 그 작용 및 기능이 유사하고 서로 대체가능한 것으로 이해되고 있었다. 따라서 양자는 기능, 방식 및 결과에 있어서 동일하며, 차이가 있더라도 그 차이가 비본질적인 것이라고 판단하여 마그네슘과 망간을 균등물이라고 보았고, 균등침해를 인정하였다.

---

133) 특허청, "주요국 특허판례 100선", pp. 65-70.

[2] 1950년 연방대법원에서는 특허의 보호범위를 문언적 기재에만 한정할 경우 특허는 공허하고 쓸모없는 권리가 되어버릴 것이라고 설시하면서 주변한정주의 하에서 균등론에 대한 지지를 명백히 하였다. 또한, 균등론 판단기준으로 2가지 테스트를 제시하였는데, 첫 번째는 3단계 테스트로서, 이 기준에 의하면 균등론이 적용되기 위해서는 본질적으로 동일한 기능(the same function)을 수행하여야 하며, 본질적으로 동일한 방식(the same way)으로, 본질적으로 동일한 결과(the same result)가 발생하도록 하여야 한다. 두 번째는 비본질적 차이점 테스트(insubstantial difference test)로 이는 구성요소들 간의 차이가 그 발명이 속하는 기술분야에서 통상의 지식을 가진 자의 관점에서 비본질적인 차이점인지에 따라 결정된다는 것이다.

2. 미국 균등론(출원경과금반언 원칙1)

• Warner-Jenkinson Co., Inc. v. Hilton Davis Chemical Co., 520 U.S. 17(1997)

I) 사건개요

Hilton Davis Chemical사는 미국특허 제4,560,746호(염료를 정제하는 공정에 관한 특허)를 보유하였고, 특허 청구항 중 제1항은 pH 레벨 6.0과 9.0 사이에서 염료를 투과막을 통해 한외여과(ultrafiltration)시켜 정제하는 염료정제 공정에 관한 것이었다. 여기서 pH 레벨에 대한 한정은 최초 출원시에는 없었던 것으로 출원과정에서 선행기술과의 차별화를 위해서 보정[134]된 것이었다.

1991년 Hilton Davis Chemical사('원고')는 Warner Jenkinson사('피고')를 상대로 균등론을 근거로 피고의 특허침해를 주장하였다.

II) 쟁점

첫 번째는 균등론에 근거한 특허침해를 인정할 것인가인데, 피고는 Graver Tank 판례의 균등론이 미국특허법 제112조 제2문단이나 제6문단에 배치된다고 주상하였다. 둘째, 출원과정에서 pH 레벨의 하한을 6.0으로 보정한 원고가 pH 레벨 5.0에서 정제공정을 실시한 피고에 대해 균등침해를 주장할 수 있는가였다.

---

134) Hilton Davis사의 보정은 pH 레벨 9.0이상에서 실시되는 한외여과 공정에 관한 선행특허와의 차별화를 위한 것이었는데, 회사가 상한을 pH 레벨을 9.0으로 제한하면서 왜 동시에 하한을 6.0으로 한정했는지는 출원경과과정에 나타나 있지 않았다.

Ⅲ) 판결이유

[1] 1심인 지방법원은 균등론에 의한 피고의 특허침해를 인정했고, 2심인 CAFC도 피고의 실시는 원고의 특허와 비본질적인 차이만이 있을 뿐이고, 원고가 기존 특허에서 개시된 pH 레벨 9.0 이상에서의 염료정제 방법을 회피하기 위해 pH 레벨을 6.0~9.0으로 보정한 것은 pH 레벨 9.0 이상에 대한 권리만을 포기한 것이므로 pH 레벨 9.0 이하의 실시에 대해서는 균등론을 주장할 수 있다고 판시하였다.

[2] 연방대법원은 균등론이 광범위하게 적용될 경우 특허권자의 권리가 청구항의 범위 이상으로 부당하게 확대될 우려가 있다는 사실을 인정하면서도, 특허침해 여부의 판단에서 균등론 적용에 대한 지지를 명확히 하였다. 발명 전체로서의 균등이 아닌 구성요소들 간의 균등 여부를 판단함으로써 침해 발명에 청구항의 구성요소와 균등한 구성요소가 반드시 존재할 것을 요구한다면, 균등론의 적용이 특허청구항의 주요한 기능인 권리범위 확정 기능과 공중에 의한 공시 기능을 침해하지 않는다는 것이 그 이유였다.

[3] 또한, 연방대법원은 출원경과금반언의 원칙은 특허성과 관련된 보정에만 적용된다고 하여 출원경과금반언 원칙의 적용범위를 제한하였다. 보정이유가 불분명한 경우에도 일단 특허성과 관련된 보정으로 추정하여 출원경과금반언의 원칙이 적용되지만, 특허권자가 당해 보정이 특허성과 무관한 것이라는 사실을 증명하면 금반언의 원칙을 배제할 수 있다고 판시하였다.

[4] 결국, 연방대법원은 Hilton Davis Chemical사가 pH 레벨의 하한을 6.0으로 보정한 것이 특허성과 무관한 것인지 여부를 심리하지 않고 이루어진 CAFC의 판단은 출원경과금반언의 원칙과 관련된 균등론의 요건을 고려하지 않은 것이라고 판시 하면서 사건을 파기, 환송하였다.

3. 미국 균등론(출원경과금반언 원칙2)

● Festo Corp. v. Shoketsu Kinzoku Kogyo Kabushiki Co., Ltd., 535 U.S. 722(2002)

Ⅰ) 사건개요

미국의 Festo사는 물품 운반장치(conveying system)에 관한 발명으로서 미국특허 제3,779,401호(이하 'Caroll 특허'라 함)와 미국특허 제4,354,125호('Stoll 특허')를 보유하고 있었다. 그런데 Stoll 특허는 심사과정에서 발명의 동작방법이 불명확하게 기재되어 있어 일부 청구항이 청구항의 기재방식에 위배되는 방식으로 기재되었음을 이유로 35 USC 제112조로 거절되었기 때문에 이를 치유하기 위한 보정이 이루어졌다.[135] 한편, 일본의 Shoketsu Kinzoku Kogyo kabushiki사('SMC사')는 Festo사와 유사한 제품을 판매하기 시작하였고,[136] 1988년 Festo사는 균등론에 근거하여 SMC사의 제품이 자신의 특허를 침해했다고 특허침해소송을 제기하였다.

1심인 지방법원은 사안의 보정이 선행기술의 회피를 목적으로 한 것이 아니기 때문에 이 경우에는 출원경과금반언의 원칙이 적용되지 않는다고 하여 SMC사의 특허침해를 인정하였고, 2심인 CAFC도 이에 동의하였다.

II) 판결이유

[1] 그러나 연방대법원은 Warner-Jenkinson 판결을 근거로 CAFC의 판결을 파기, 환송하였고,[137] 환송사건을 다루었던 CAFC는 전원합의체 판결에서 Festo사는 균등론에 의한 침해를 주장할 수 없다고 판결하였다.

[2] 연방대법원은 2002년 판결에서 법정 특허요건을 만족시키기 위한 보정으로서 그 권리범위를 축소시키는 보정이라면 출원경과금반언의 원칙이 적용될 수 있다는 CAFC의 전원합의체 판결을 지지하였다. 또한, 연방대법원은 축소보정에 의하여 출원경과금반언의 원칙이 적용되는 경우에 균등론을 완전히 배제하는 완전배제(absolute bar)의 원칙을 적용하는 것은 기존의 연방대법원판례와 배치된다고 하면서 유연한 금지의 원칙(flexible bar)을 도입하였다. 따라서 축소 보정이 있었던 경우, 일단 출원인이 최초 출원시의 권리범위와 축소 보정된 권리범위 사이의 권리를 포기

---

135) 이 보정과정에서 두 가지의 한정이 이루어졌는데, 첫째는 실링수단을 한 쌍의 실링 링(sealing ring)으로 한정한 것이고, 두 번째는 외부의 슬리브(sleeve)를 자화물질(magnetizable material)로 한정한 것이었다.

136) 그런데 Festo사의 특허와 SMC사의 제품은 실제로 다소간의 차이가 있었는데, 첫째는 SMC사는 한 개의 쌍방향 실링 링을 사용한 반면 Festo사는 한 쌍의 실링 링을 사용하였다는 점, 둘째는 SMC사는 슬리브(sleeve)를 알루미늄 합금으로 세작한 반면 Festo사는 사화금속을 사용하였다는 점에서 차이가 있었다.

137) 이유가 불분명한 보정도 일단 특허성과 관련된 보정으로 추정하여 출원경과금반원의 원칙이 적용되지만, 특허권자가 당해 보정이 특허성과 무관한 것이라는 사실을 증명하면 금반언의 원칙을 배제할 수 있는 Warner-Jenkinson 사건에서의 연방대법원의 판시에 따라, 미국특허법 제112조의 기재불비를 치유하기 위한 과정에서의 보정도 일단 특허성과 관련된 보정으로 추정되어 금반언의 원칙이 적용된다는 점을 근거로 한 것으로 보인다.

한 것으로 추정하고, 다만 출원인 측에서 당해 보정이 특정 균등물을 포기한 것이 아니라는 사실을 입증하면 이러한 추정은 깨지고 특허권자는 균등론에 의한 특허침해를 주장할 수 있는 것이다. 연방대법원은 (i) 출원 당시에 문제된 균등물이 예측 불가능했던 경우이거나, (ii) 당해 보정이 문제된 균등물과 관련 없는 경우이거나, (iii) 특허권자가 문제의 균등물을 포함하도록 청구항을 기재하리라고는 합리적으로 기대할 수 없었던 합리적인 사유가 입증되면 권리포기의 추정이 깨어진다고 판시했다.[138]

Ⅰ-6. 이용침해

1.1 관련판례(이용침해 판단기준, 피라졸 유도체 제초제 사건)

Ⅰ) 사건개요

이 사건 발명은 발명의 명칭이 "피라졸술포닐우레아 유도체의 제조방법(등록일 1989. 6. 27. 등록 특허번호 제28242호, 권리자 ㈜닛산화학)"이다. 본 발명은 이들 종래의 공지된 화합물에 비하여 단위면적당의 유효성분 투하량을 현저하게 저감시킬 수 있고, 종래 제초제에 비하여 경제효과가 극히 크며, 또한 농약의 다량사용에 의한 환경오염의 위험성을 현저하게 저감시킬 수 있는 획기적인 제초제를 제공하는 것이다.

원심은 심판청구인(피상고인 ㈜엘지화학)의 (가)호 발명이 피심판청구인(상고인 ㈜닛산화학)의 권리에 속하지 않는다는 심결을 구하는 심판에서 특허청구범위 제1항의 발명과 심판청구인의 (가)호 발명을 대비하면서, 이 사건 특허발명은 출발물질을 PSI로 하고, 반응물질을 ADMP으로 하며, 목적물질을 피라조술푸론에틸로 하는 데 비하여, (가)호 발명은 출발물질을 PSC로 하고, 반응물질을 NaOCN, 피리딘 및 ADMP 로 하며, 반응용매를 아세토니트릴로 하고, 목적물질을 피라조술푸론에틸로 하므로, 양 발명은 출발물질과 두 가지의 반응물질 및 반응용매가 상이하고, … 나아가 (가)호 발명의 전체 공정에서 피리딘이 첨가된 경우는 목적물질의 수율이 90.38%에 달하였으나 피리딘이 첨가되지 않은 경우는 수율이 44.47%에 불과하여 피리딘은 PSC와 결합하여 피리디늄 어닥트의 생성을 촉진시키는 등 전체의 반응 수율에 상당한 영향을 미치는 촉매로서 주요한 역할을 하므로, … 결국 (가)호 발명은 이 사건 특

---

138) 특허청, "주요특허판례 100선", p.69~70.

허발명의 권리범위에 속하지 아니한다고 판단하였다.

II) 판결요지

[1] (가)호 발명이 특허발명의 권리범위에 속한다고 할 수 있기 위하여는 특허발명의 각 구성요소와 구성요소 간의 유기적 결합관계가 (가)호 발명에 그대로 포함되어 있어야 할 것이고, 다만 (가)호 발명에 구성요소의 치환 내지 변경이 있더라도 양 발명에서 과제의 해결원리가 동일하며, 그러한 치환에 의하더라도 특허발명에서와 같은 목적을 달성할 수 있고 실질적으로 동일한 작용효과를 나타내며, 그와 같이 치환하는 것을 그 발명이 속하는 기술분야에서 통상의 지식을 가진 자(당업자)가 용이하게 생각해 낼 수 있을 정도로 자명하다면, (가)호 발명이 특허발명의 출원 시에 이미 공지된 기술 내지 공지기술로부터 당업자가 용이하게 발명할 수 있었던 기술에 해당하거나 특허발명의 출원절차를 통하여 (가)호 발명의 치환된 구성요소가 특허청구범위로부터 의식적으로 제외된 것에 해당하는 등의 특별한 사정이 없는 한, (가)호 발명의 치환된 구성요소는 특허발명의 대응되는 구성요소와 균등관계에 있는 것으로 보아 (가)호 발명은 여전히 특허발명의 권리범위에 속한다고 보아야 한다.

[2] 선 특허발명과 후 발명이 구 특허법(1990. 1. 13. 법률 제4207호로 전문 개정되기 전의 것) 제45조 제3항에서 규정하는 이용관계에 있는 경우에는 후 발명은 선 특허발명의 권리범위에 속하게 되고, 이러한 이용관계는 후 발명이 선 특허발명의 기술적 구성에 새로운 기술적 요소를 부가하는 것으로서 후 발명이 선 특허발명의 요지를 전부 포함하고 이를 그대로 이용하되, 후 발명 내에 선 특허발명이 발명으로서의 일체성을 유지하는 경우에 성립하는 것이며, 이는 선 특허발명과 동일한 발명뿐만 아니라 균등한 발명을 이용하는 경우도 마찬가지이다.

[3] 화학반응에서 촉매라 함은 반응에 관여하여 반응속도 내지 수율 등에 영향을 줄 뿐 반응 후에는 그대로 남아 있고 목적물질의 화학적 구조에는 기여를 하지 아니하는 것임을 고려하면, 화학물질 제조방법의 발명에서 촉매를 부가함에 의하여 그 제조방법 발명의 기술적 구성의 일체성, 즉 출발물질에 반응물질을 가하여 특정한 목적물질을 생성하는 일련의 유기적 결합관계의 일체성이 상실된다고 볼 수는 없으므로, 촉매의 부가로 인하여 그 수율에 현저한 상승을 가져오는 경우라 하더라도, 달리 특별한 사정이 없는 한 선행 특허발명의 기술적 요지를 그대로 포함하는

이용발명에 해당한다고 봄이 상당하다.

[4] 특허발명에 대응되는 (가)호 발명의 해당 부분이 특허발명의 균등발명에 해당하는지 여부에 대하여 검토하지 않았다는 이유로 원심을 파기한 사례.

Ⅲ) 판결이유

[1] 원심은 (가)호 발명의 전체과정을 이 사건 특허발명과 대비하여 출발물질, 반응물질 및 반응기전이 상이하고, 특히 촉매 역할을 하는 피리딘이 첨가됨으로 인하여 목적물질의 수율이 현저히 상승되므로, 양 발명의 기술적 사상이 상이하다는 취지로 판단하였다. 그러나 (가)호 발명의 반응과정은 앞에서 살펴본 바와 같이 제1단계 반응과 제2단계 반응이 순차적으로 일어나는 것으로서 제2단계 반응의 발명이 그 일체성을 유지한 채 그대로 포함되면서 새로운 기술적 요지인 제1단계 반응이 부가된 것으로 볼 수 있으므로, 비록 (가)호 발명에서 제1단계와 제2단계의 반응물질들이 동시에 반응용기 내에 투입된다 하더라도 반응이 순차적으로 일어나는 이상, 위에서 본 이용관계에 의한 이용발명의 법리에 따라 (가)호 발명 중 제2단계 반응과 이 사건 특허발명을 대비하여야 할 것이다(심판청구인이 제1단계 반응의 중간 생성물인 피리디늄 어닥트의 제조를 의도한 바가 없다 하더라도 마찬가지이다).

또한 화학반응에서 촉매라 함은 반응에 관여하여 반응속도 내지 수율 등에 영향을 줄 뿐 반응 후에는 그대로 남아 있고 목적물질의 화학적 구조에는 기여를 하지 아니하는 것임을 고려하면, 화학물질 제조방법의 발명에서 촉매를 부가함에 의하여 그 제조방법 발명의 기술적 구성의 일체성, 즉 출발물질에 반응물질을 가하여 특정한 목적물질을 생성하는 일련의 유기적 결합관계의 일체성이 상실된다고 볼 수는 없으므로, 촉매의 부가로 인하여 그 수율에 현저한 상승을 가져오는 경우라 하더라도, 달리 특별한 사정이 없는 한 선행 특허발명의 기술적 요지를 그대로 포함하는 이용발명에 해당한다고 봄이 상당하다. 따라서, 이에 반하는 원심의 판단은 위법하고, 상고이유 중 이 점을 지적하는 부분은 이유 있다.

원심은 나아가 (가)호 발명의 제2단계 반응을 이 사건 특허발명과 대비하더라도 출발물질이 상이하다는 이유로 (가)호 발명이 이 사건 특허발명의 권리범위에 속하지 아니한다고 판단하였다.

[2] 그러나 제2단계 반응과 관련하여 보면, 반응물질과 목적물질이 동일하고 출

발물질만 PSI가 피리디늄 어닥트로 치환된 경우이고, 기록에 의하면, (가)호 발명의 제2단계 반응의 출발물질인 피리디늄 어닥트와 이 사건 특허발명에서의 출발물질인 PSI는 모두 반응물질인 ADMP와 반응하여 동일한 목적물질인 피라조술푸론에틸을 생성하고, (가)호 발명에서 피리디늄 어닥트에 결합되어 있는 피리딘은 제2단계 반응에 직접적으로 관여하지 아니한 채 목적물질의 수득 후 그대로 빠져나오기 때문에 목적물질인 피라조술푸론에틸의 구조 형성에는 전혀 관여하지 않는 점을 고려할 때, 이 사건 특허발명의 출발물질인 PSI와 (가)호 발명의 제2단계 반응에서의 출발물질인 피리디늄 어닥트는 그것이 서로 치환되더라도 과제의 해결원리가 동일하고, 기술적 목적과 작용효과가 실질적으로 동일하다고 볼 여지가 없지 않다.

또한, (가)호 발명의 출발물질인 피리디늄 어닥트는 이 사건 특허발명의 출원 전에 공지되지 않은 신규의 물질로서 원칙적으로 당업자가 이 사건 특허발명의 PSI를 피리디늄 어닥트로 치환하는 것을 용이하게 생각해 낼 수 있을 정도로 자명하다고 볼 수는 없으나, 이 사건 특허발명의 명세서 본문(160면)에 의하면, '목적물질을 수득하기 위한 반응의 진행이 어려운 경우에는 적당한 염기 예를 들면, 트리에틸아민, 트리에틸렌디아민, 피리딘, 나토륨에톡시드, 수소화나트륨 등의 미소량을 첨가함에 의하여 용이하게 반응이 진행한다.'고 기재되어 있음을 알 수 있어, 이 사건 특허발명의 명세서 자체에서 그 반응에 피리딘을 미소량 첨가하여 반응을 진행시킬 수 있다는 점이 명시되어 있으므로{(가)호 발명의 특허명세서에도 같은 취지의 기재가 있는 것으로 보인다}, 원심으로서는 과연 이러한 명세서상 기재의 기술적 의미가 무엇인지, PSI와 ADMP를 반응시키는 과정에 피리딘을 첨가하는 경우 PSI가 피리디늄 어닥트로 되고, 따라서 이 사건 특허발명의 PSI를 피리디늄 어닥트로 치환하는 것이 당업자에게 용이하다고 볼 수 있는지 여부 등을 검토해 보았어야 할 것임에도 불구하고, 원심이 출발물질의 균등관계를 검토하지도 아니한 채 출발물질이 상이하다는 이유로 (가)호 발명이 이 사건 특허발명의 권리범위에 속하지 아니한다고 판단한 것은 균등론의 법리를 오해하거나, 심리를 다하지 아니한 위법이 있고, 이는 심결 결과에 영향을 미쳤음이 분명하다. 이 점을 지적하는 상고이유도 이유있다.

그러므로 원심심결을 파기하고, 사건을 원심에 상당한 특허법원에 환송하기로 하여 관여 법관의 일치된 의견으로 주문과 같이 판결한다.[139]

---

139) 대법원 2001. 8. 21. 선고 98후522 판결 [권리범위확인(특)]. 이 판례는 33회 피인용되었다.

1.2 관련판례(이용침해: 밀폐용기 뚜껑 사건)

Ⅰ) 사건개요

[1] 이 사건 발명은 명칭이 "밀폐용기의 뚜껑(2008. 5. 13. 등록 제830370호)"에 관한 것으로서, 용기의 뚜껑을 록킹할 때 발생되는 충격을 최소화하여 뚜껑의 내구성을 제고시키고, 성형 시 원료의 흐름을 원활히 유도하여 성형불량을 미연에 방지할 수 있는 밀폐용기의 뚜껑에 관한 것이다.

종래의 밀폐용기는 다음과 같은 문제점이 있었다.

첫째, 일반적인 용기(10)는 합성수지 또는 유리의 원료에 의해 성형되는데, 이러한 원료로 제조된 용기(10)는 분자와 분자 상호 간의 열적 상태변화에 따라 형상과 치수가 수축되는 수축현상이 반드시 발생되므로, 제조된 용기(10)들은 저마다 치수가 정확히 일치하지 않게 된다.

[청구항 1]

용기(100)의 상부 외주연으로 형성된 록킹홈(110)에 결합되도록 록킹돌기(212)가 형성된 복수개의 개폐손잡이(210)가 절첩가능하게 연결된 뚜껑(200)에 있어서, 상기 뚜껑(200)과 개폐손잡이(210)를 연결하는 절첩연결부(220)는, 뚜껑(200)의 상면과 단차없이 연이어지면서 외측으로 완만히 만곡형성된 탄성절첩부(222)와, 상기 탄성절첩부(222)와 개폐손잡이(210)를 연결하면서 록킹시 발생되는 충격을 분산하도록 일정한 길이로 이루어진 연결부(224)를 포함하되, 상기 탄성절첩부(222)는 록킹 시 뚜껑(200)과의 사이에 경계를 이루는 인코너(IC)가 절첩되면서 뚜껑(200)의 외측면에 탄력적으로 접촉된 것을 특징으로 하는 밀폐용기의 뚜껑.

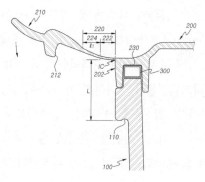

[2] 피고는 2010. 7. 19. 특허심판원에 원고(특허권자)를 상대로 하여 확인대상발명이 이 사건 특허발명의 권리범위에 속하지 않는다는 확인을 구하는 소극적 권리범위확인심판(2010당1850호)을 청구하였다. 특허심판원은 확인대상발명은 이 사건 특허발명과 구성 및 작용효과가 상이하므로 그 권리범위에 속하지 않는다는 이유로 피고의 심판청구를 인용하는 이 사건 심결을 하였다.

II) 판결이유

[1] 양 발명의 구성 대비: 구성 1, 3 부분

이 사건 제1항 발명의 구성 1과 이에 대응되는 확인대상발명의 구성 a는 모두 용기의 상부 외주연에 형성된 록킹홈(결합홈)에 결합되도록 록킹돌기(걸림턱)가 형성된 복수개의 개폐손잡이가 절첩가능하게 연결된 뚜껑으로서 동일하다.

이 사건 제1항 발명의 구성 3과 이에 대응되는 확인대상발명의 구성 c는 모두 탄성절첩부(확인대상발명의 연결부)가 록킹될 때 뚜껑과의 사이에 경계를 이루는 부분이 절첩되면서 뚜껑의 외측면에 탄력적으로 접촉되는 구성으로서 동일하다(다만 확인대상발명의 구성 c에는 이 사건 제1항 발명의 구성 3의 대응 구성에 뚜껑(300)의 단부에 형성된 수용홈(330)이 추가로 부가되어 있다).

[2] 양 발명의 구성 대비: 구성 2 부분

이 사건 제1항 발명의 구성 2는 뚜껑(200)과 개폐손잡이(210)를 연결하는 절첩연결부(220)가, 뚜껑(200)의 상면과 단차없이 연이어지면서 외측으로 완만히 만곡형성된 탄성절첩부(222)와, 탄성절첩부(222)와 개폐손잡이(210)를 연결하면서 록킹 시 발생되는 충격을 분산하도록 일정한 길이로 이루어진 연결부(224)를 포함하는 구성이다.

이 사건 제1항 발명의 구성 2와 확인대상발명의 구성 b를 대비하면, 이들 구성은 모두 뚜껑과 개폐손잡이가 탄성절첩부(확인대상발명의 연결부)와 연결부(확인대상발명의 탄성절첩부)로 구성된 절첩연결부로 연결된다는 점에서는 동일하나, 이 사건 제1항 발명의 탄성절첩부(222)는 뚜껑(200)의 상면과 단차없이 연이어지면서 외측으로 만곡 형성(탄성절첩부가 뚜껑의 상면과 같은 높이에 형성)되는 반면에, 확인대상발명의 연결부(324)는 뚜껑(300)의 단부에 형성된 수용홈(330)의 상단면으로부터 외측 하방으로 일정각도 기울어지게 형성(연결부가 뚜껑의 상면과 높이차를 두고 측면에 형성)된다는 점에서 차이가 있다.

나아가 이러한 구성상의 차이로 인하여, 이 사건 제1항 발명은 탄성절첩부(222)를 형성하는 금형부분에서 원료의 흐름이 원활하여 성형 후 충진 부족으로 인한 미성형 및 백화현상 등의 성형불량이 발생하지 않는 효과를 가지는 반면에, 확인대상발명에서는 이러한 효과를 기대할 수 없다는 점에서 효과상의 차이도 발생할 것으로 보인다.

따라서 이 사건 제1항 발명의 구성 2와 이에 대응되는 확인대상발명의 구성 b는 동일하다고 보기 어렵다.

[3] 이용침해에 해당하는지 여부

원고는 확인대상발명의 구성에서 부가된 뚜껑(300)의 단부에 형성된 수용홈(330)을 제외한 나머지 구성은 이 사건 제1항 발명의 구성과 (실질적으로) 동일하므로, 확인대상발명은 이 사건 제1항 발명을 이용침해하는 발명이라는 취지로 주장한다.

그러나 위에서 본 바와 같이 수용홈(330)을 제외한 나머지 확인대상발명의 구성이 이 사건 제1항 발명의 구성과 동일하거나 균등한 것이 아닌 이상, 확인대상발명이 이 사건 제1항 발명의 구성을 전부 포함하고 이를 그대로 이용하는 이른바 이용발명이라고 할 수 없으니, 이용침해에 의하여 이 사건 제1항 발명의 권리범위에 속한다고 볼 수 없고, 따라서 원고의 위 주장은 이유 없다.[140)]

1.3 관련판례(이용침해: 무개화차의 하역장치 사건)

Ⅰ) 사건개요

[발명의 상세한 설명(등록번호 제68292호)]

본 발명은 시멘트나 건축용 골재, 석회석, 석탄과 같은 산업용 원자재를 무개화물차로 운반하여 지정된 장소에서 하역을 할 때 사용되는 무개화차의 하역장치에 관한 것이다. 일반적으로 무개화차로 운반된 시멘트 가루나 석회석 가루, 골재와 같은 산업용 원자재는 하역작업을 할 때 많은 먼지가 발생하고 강한 독성이 있기 때문에 작업자가 가까이서 직접 하역을 할 때에는 작업자의 안전을 도모하기 위해서 안전장비를 갖춘 상태에서 작업을 진행함에도 불구하고 건강을 해치게 되었고, 하역 작업 자체가 인력에 의해 이루어지므로 많은 시간이 걸려서 작업 능률이 떨어질 뿐만 아니라 많은 인원을 필요로 하게 되는 어려움이 있었다. 본 발명은 이와 같은

---

140) 특허법원 2011. 6. 24. 선고 2011허880 판결 [권리범위확인(특)].

문제점을 해결하기 위하여 무개화차 내에 있는 산업용 원자재를 기계적 동력에 의해 간편하고 신속하게 하역할 수 있도록 한 것이다.

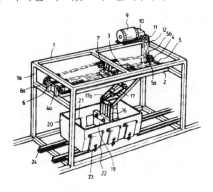

[청구항 1]

　하부에 무개화차(20)가 진입되는 레일(24) 및 하역된 화물 이송용 콘베이어 벨트(29,29')가 설치되고, 상부에는 장치실(1a)이 형성된 하역실(1)과, 상기 장치실(1)의 횡안내간(2)에 지지되어 이동수단에 의해 전후방향으로 구름이동하는 이동대(3)와, 상기 이동대(3)의 하단에 지지축(13)으로 힌지 고정되어 승강 실린더(15)에 의해 무개화차(20) 내부로 선택승강하는 승강간(14)과, 상기 승강간(14)의 하단에 힌지 고정되어 회동 실린더(17)에 의해 소정구간 회동하며, 그 하단에는 화물하역용 주삽날(19)을 고정시킨 굴절간(16)과, 상기 굴절간(16)에 고정된 배출 실린더(27)에 의해 주삽날(19)의 일측 중앙에서 직교 방향으로 선택 회동하는 보조삽날(25)로 이루어진 것을 특징으로 하는 무개화차의 하역장치.

II) **판결요지**

　특허발명의 청구항이 복수의 구성요소로 구성되어 있는 경우에는 그 각 구성요소가 유기적으로 결합된 전체로서의 기술사상이 보호되는 것이지 각 구성요소가 독립하여 보호되는 것은 아니라고 할 것이므로, 특허발명과 대비되는 (가)호 고안이 특허발명의 청구항에 기재된 필수적 구성요소들 중의 일부만을 갖추고 있고 나머지 구성요소가 결여된 경우에는 원칙적으로 그 (가)호 고안은 특허발명의 권리 범위에 속하지 아니한다.

Ⅲ) 판결이유

[1] 원심은, 이 사건 특허발명과 (가)호 고안을 대비하면서, 첫째, 양자는 모두 같은 무개화차 내의 적재물을 기계적 동력에 의해 하차하기 위한 것이므로 발명의 목적이 동일하고, 둘째, (가)호 고안에서 하차할 물건을 적재한 무개화차와 같은 운송수단이 진입되는 공간과 지상으로부터 일정 높이에 설치되는 양방의 가이드레일(12)상에서 통상의 이동수단에 의해 이동되는 이동프레임체(11)의 기술구성은 이 사건 특허발명에서 상부에 장치실(1a)이 형성된 하역실(1)과 상기 장치실(1a)의 횡안내간(2)에 지지되어 이동수단에 의해 구름이동하는 이동대(3)의 기술구성과 동일하고(즉, 이동장치에 있어 동일), … 다만, 이 사건 특허발명과 (가)호 고안에 있어 위와 같은 이동장치와 작동장치를 이루는 구체적 구성요소와 이들 구성요소의 결합은 완전히 일치하지 않으나 이는 동일한 작용효과를 얻기 위한 균등물의 치환 내지는 단순한 설계변경에 해당한다고 볼 것이고, … (가)호 고안은 이 사건 특허발명과 목적, 기술적 구성 및 작용효과가 동일한 이상 그 일부 구성요소가 부가되었다 하여도 이 사건 특허발명의 요지를 전부 포함하고 이를 그대로 이용하였다 할 것이어서, (가)호 고안을 실시하는 것은 이 사건 특허권의 침해에 해당한다는 취지로 판단하였다.

[2] 그러나 특허발명의 청구항이 복수의 구성요소로 구성되어 있는 경우에는 그 각 구성요소가 유기적으로 결합된 전체로서의 기술사상이 보호되는 것이지 각 구성요소가 독립하여 보호되는 것은 아니라고 할 것이므로, 특허발명과 대비되는 (가)호 고안이 특허발명의 청구항에 기재된 필수적 구성요소들 중 일부만을 갖추고 있고 나머지 구성요소가 결여된 경우에는 원칙적으로 그 (가)호 고안은 특허발명의 권리 범위에 속하지 아니한다(대법원 2000. 11. 14. 선고 98후2351 판결, 2001. 6. 1. 선고 98후2856 판결 참조).

[3] 기록에 의하여 이 사건 특허발명의 특허청구범위 제1항(이하 이 사건 특허발명의 특허청구범위 제1, 2, 3항을 순서대로 '이 사건 특허발명 1, 2, 3'이라 한다)과 (가)호 고안을 대비하면, 이 사건 특허발명 1의 구성요소들 중 다른 구성요소들은 별론으로 하더라도, 상기 굴절간(16)에 고정된 배출실린더(27)에 의해 주삽날(19)의 일측 중앙에서 직교방향으로 선택 회동하는 보조삽날(25)의 구성은 (가)호 고안에서는 찾아볼 수 없고, (가)호 고안에서 이에 대응되는 기능을 하는 요소로서는 … 적재물을 하역 처리하는 구성을 들 수 있지만, 그 기술적 구성이 전혀 상이하고, … 스크레이퍼로

360° 회전이라는 방식을 통하여 적재물을 신속 용이하게 하역할 수 있으므로 하역 작업의 효율성에 있어서도 차이가 있다 할 것이어서, 결국 (가)호 고안은 이 사건 특허발명 1의 필수적 구성요소 중 하나인 보조삽날(25)의 구성이 결여되어 있어, 이 사건 특허발명에 대한 이용발명에 해당한다고도 볼 수 없을 뿐만 아니라 서로 다른 기술적 수단에 의하여 보다 진보된 효과를 가지고 있으므로 (가)호 고안은 이 사건 특허발명 1의 권리범위에 속하지 아니한다 할 것이고, 나아가 이 사건 특허발명 2 및 3은 이 사건 특허발명 1을 한정하고 있는 종속항이므로 (가)호 고안이 이 사건 특허발명 1의 권리범위에 속하지 않는 이상 당연히 이 사건 특허발명 2 및 3의 권리범위에도 속하지 아니한다 할 것이다.[141]

I - 7. 생략발명 및 불완전이용발명

1.1 관련판례(자동차 범퍼 장식용 그릴 사건)

Ⅰ) 사건개요

본 등록고안(명칭: 자동차의 장식용 그릴, 1997.07.15. 등록 제2001070890000호)은 자동차의 외관을 미려하게 유지시킬 수 있을 뿐만 아니라, 주행시 공기의 저항을 줄여주는 스포일러의 기능을 수행하므로써 자동차의 주행을 보다 안정적으로 이루어질 수 있도록 하는 고안이다.

[청구항 1]

배면이 자동차의 본네트(30)에 대응하는 곡면으로 형성되어 상기 본네트(30)에 밀착 설치되며, 전면부에서 가로방향으로 형성된 수개의 공기안내편(11)에 의해 공기가 유입되는 공기통과공(12)들이 형성되며, 그 상부에서 종방향으로 형성된 수개의 가이드편들(13)에 의해 본네트(30)에 부딪친 공기가 상방을 향해 배출되는 공기배출공(14)들이 일체로 형성된 몸체부(10)와;

상기 몸체부(10)의 배면 둘레에 설치되어 상기 본네트(30)의 훼손을 방지 및 보호하는 고무패킹(16)과; 상기 몸체부(10)를 자동차 본네트(30)에 밀착 고정토록 그 배면에 부착되는 접착부재(17)를 구비한 것을 특징으로 하는 자동차의 장식용 그릴

---

141) 대법원 2001. 12. 24. 선고 99다31513 판결 [제조사용금지]. 이 판례는 36회 피인용되었다.

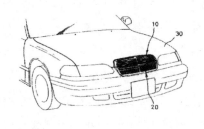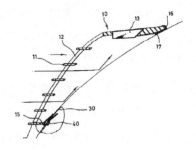

Ⅱ) 판시사항

[1] 실용신안권의 권리범위 내지 보호범위 확정의 기준

[2] 등록실용신안과 대비되는 (가)호 고안이 등록실용신안의 청구항에 기재된 필수적 구성요소들 중의 일부만을 갖추고 있는 경우, (가)호 고안이 등록실용신안의 권리범위에 속하는지 여부(소극)

Ⅲ) 판결요지

[1] 구 실용신안법(1998. 9. 23. 법률 제5577호로 개정되기 전의 것, 이하 같다) 제8조 제4항, 제29조, 특허법 제97조의 규정에 의하면, 등록된 실용신안의 보호범위는 실용신안등록청구의 범위에 기재된 사항에 의하여 정하여지고, 실용신안등록청구의 범위에는 보호를 받고자 하는 사항을 기재한 청구항이 1 이상 있어야 하며, 그 청구항은 고안의 구성에 없어서는 아니되는 사항만으로 기재되어야 하는 것이므로, 실용신안권의 권리범위 내지 보호범위는 명세서의 여러 기재 내용 중 실용신안등록청구의 범위에 기재된 사항에 의하여 정하여지는 것이 원칙이고, 그 기재만으로는 등록실용신안의 기술구성을 알 수 없거나 알 수는 있더라도 그 기술적 범위를 확정할 수 없는 경우에는 실용신안등록청구의 범위에 고안의 상세한 설명이나 도면 등 명세서의 다른 기재부분을 보충하여 명세서 전체로서 등록실용신안의 기술적 범위 내지 권리범위를 확정하여야 하는 것이지만, 그 경우에도 명세서 중의 다른 기재에 의하여 실용신안등록청구의 범위를 확장해석하는 것은 허용될 수 없다(대법원 1996. 12. 6. 선고 95후1050 판결 등 참조).

[2] 등록실용신안의 청구항이 복수의 구성요소로 구성되어 있는 경우에는 그 각 구성요소가 유기적으로 결합된 전체로서의 기술사상이 보호되는 것이지 각 구성요소가 독립하여 보호되는 것은 아니라고 할 것이므로, 등록실용신안과 대비되는

(가)호 고안이 등록실용신안의 청구항에 기재된 필수적 구성요소들 중의 일부만을 갖추고 있고 나머지 구성요소가 결여된 경우에는 원칙적으로 그 (가)호 고안은 등록실용신안의 권리범위에 속하지 아니한다(대법원 2000. 11. 14. 선고 98후2351 판결 참조).

IV) **판결이유**

　원심판결 이유에 의하면, 원심은, (가)호 고안은 이 사건 등록고안의 몸체부(10)와 그릴커버(20)에 상응하는 부분인 본네트 그릴(103)과 라디에이터 그릴(102)의 두 부분으로 구성되어 있으나, 그 중 본네트 그릴(103) 부분은 그 설명서 자체에 의하더라도 장식적인 기능만을 가질 뿐, 이 사건 등록고안의 몸체부(10)의 필수 구성 요소들인 공기안내편에 의해 공기가 유입되는 공기통과공(12)이나 가이드편들(13)에 의해 본네트에 부딪친 공기가 상방을 향해 배출되는 공기배출공(14)의 구성이 전혀 구비되어 있지 않아서 이 사건 등록고안에서와 같이 자동차의 주행시 발생되는 공기의 압력을 이용해 차량의 중심이 낮춰지게 하여 안정된 주행이 이루어질 수 있도록 하는 목적이나 작용효과는 기대할 수 없으므로 (가)호 고안은 이 사건 등록고안의 등록청구범위 제1항(이하 '이 사건 등록고안 1'이라 한다)과는 고안의 목적, 구성 및 작용효과가 달라서 이 사건 등록고안 1의 권리범위에 속하지 않는다고 할 것이고, 나아가 이 사건 등록고안의 등록청구범위 제2항(이하 '이 사건 등록고안 2'라 한다)은 이 사건 등록고안 1의 고안 중 몸체부(10)에 부가되는 구성요소에 관한 것으로서 이 사건 등록고안 1을 전제로 한 것이므로, (가)호 고안이 이 사건 등록고안 1의 권리범위에 속하지 않는 이상 당연히 이 사건 등록고안 2의 권리범위에도 속하지 않는다는 취지로 판단하였다.

　기록과 위 법리에 비추어 살펴보면 위와 같은 원심의 판단은 정당하고 거기에 상고이유에서 주장하는 바와 같은 이 사건 등록고안의 권리범위에 관한 사실오인 등의 위법이 있다고 할 수 없다.[142]

---

142) 대법원 2001. 6. 1. 선고 98후2856 판결 [권리범위확인(실)]. 이 판례는 38회 피인용되었다.

1.2 관련판례(완력기 사건)

Ⅰ) 사건개요

이 사건 등록고안(등록번호 제188635호)은 완력기에 관한 것으로서, 종래의 완력기는 손잡이간의 벌어지는 각도가 다양하게 조절되지 못했으며, 완력기의 크기 또는 길이가 조절되지 못함에 따라 완력기를 포장하거나 보관 및 운반 그리고 진열시에 불편한 문제점이 있었다.

[청구항 1]

기판(140)의 양측 상하에 다수개의 스프링(130)으로 연결되는 지지간(110)과 손잡이간(120)을 대향 설치하여 된 완력기를 구성함에 있어서, 상기 기판(140)에는 눈금(144)이 표기된 표시창(143)을 형성하고, 기판(140) 내부의 중앙에는 전면에 지시선(161)이 표시된 이동구(160)를 고정구(170)가 관통되어 회전되는 나사봉(180)에 결합시켜 승강되게 하고, 기판(140) 상면에는 상기 나사봉(180)과 회전용 작동구(190)를 연결하며, 상기 이동구(160)의 양측은 각각 링크(150)의 일측과 회전이 가능하도록 연결하고 상기 링크(150)의 타측은 각각 지지간(110)의 끝단과 일방향으로 회전이 가능하게 연결하여 작동구(190)를 정/역회전시킴에 따라 지지간(110)과 손잡이간(120)의 각도가 조절되게 한 것을 특징으로 하는 완력기.

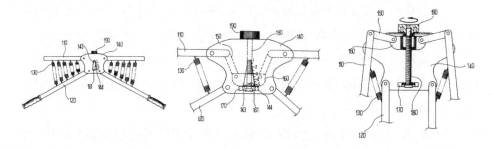

Ⅱ) 판시사항

[1] 등록실용신안권의 보호범위 확정의 기준 및 실용신안등록청구범위에 기재한 사항을 고안의 필수적 구성요소로 보아야 하는지 여부(적극)

[2] 등록실용신안과 대비되는 확인대상고안이 등록실용신안의 청구항에 기재된 필수적 구성요소들 중의 일부만을 갖추고 있는 경우, 그 확인대상고안이 등록실용

신안의 권리범위에 속하는지 여부(소극)

Ⅲ) 판결이유

[1] 판단기준

등록실용신안의 보호범위는 실용신안등록청구범위에 기재된 사항에 의하여 정하여지고, 그 실용신안등록청구범위에 보호를 받고자 하는 사항을 기재한 항(이하 '청구항')은 고안의 구성에 없어서는 아니되는 사항만으로 기재되는 것이므로, 실용신안등록청구범위에 기재한 사항은 특별한 사정이 없는 한 고안의 필수적 구성요소로 보아야 하고(실용신안법 제9조 제4항, 제42조, 특허법 제97조 참조), 등록실용신안의 청구항을 복수의 구성요소로 구성한 경우에는 그 각 구성요소가 유기적으로 결합한 전체로서의 기술사상을 보호하는 것이지 각 구성요소를 독립하여 보호하는 것은 아니므로, 등록실용신안과 대비되는 확인대상고안이 등록실용신안의 청구항에 기재된 필수적 구성요소들 중의 일부만을 갖추고 있고 나머지 구성요소를 결여한 경우에는 원칙적으로 그 확인대상고안은 등록실용신안의 권리범위에 속하지 아니한다(대법원 2001. 6. 1. 선고 98후2856 판결 등 참조).

[2] 대비판단

위 법리와 기록에 비추어 살펴보면, 명칭을 '완력기'로 하는 이 사건 등록고안의 청구항에 기재되어 있는 '기판에 형성된 눈금이 표기된 표시창'과 '이동구에 형성된 지시선'은 이 사건 등록고안의 다른 구성요소와 유기적으로 결합하여 사용자가 원하는 만큼의 운동량을 용이하게 조절할 수 있는 기능 및 작용을 하는 부분으로서 이 사건 등록고안의 필수적인 구성요소에 해당한다고 보기에 충분하므로, 원심이 이와 같은 취지에서 이 사건 등록고안의 위 구성과 동일 또는 균등한 구성요소를 구비하고 있지 않은 원심 판시의 피고의 확인대상고안이 이 사건 등록고안의 권리범위에 속하지 아니한다고 판단하였음은 정당한 것으로 수긍이 가고, 거기에 상고이유에서 주장하는 바와 같은 등록실용신안의 권리범위 판단에 관한 법리오해, 심리미진, 판단누락 등의 위법이 있다고 할 수 없다.[143]

---

143) 대법원 2006. 1. 12. 선고 2004후1564 판결 [권리범위확인(실)]. 이 판례는 15회 피인용되었다.

Ⅰ-8. 간접침해(제127조 간접침해 판단 기준)

1. 관련규정

Ⅰ) 법 규정 및 취지

특허법 제127조를 간접침해[144]를 규정하고 있다. 특허가 물건의 발명인 경우 그 물건의 생산에만 사용하는 물건을 생산·양도·대여 또는 수입하거나 그 물건의 양도 또는 대여의 청약을 하는 행위, 특허가 방법의 발명인 경우 그 방법의 실시에만 사용하는 물건을 생산·양도·대여 또는 수입하거나 그 물건의 양도 또는 대여의 청약을 하는 행위를 업으로서 하는 경우에는 특허권 또는 전용실시권을 침해한 것으로 본다(제127조(침해로 보는 행위)).

특허권의 범위는 청구범위에 의해 정해지므로 특허권의 침해는 청구범위에 기재된 특허발명의 모든 구성요소를 전부 실시한 경우에만 성립하고 일부 구성만의 실시는 침해를 구성하지 않는다는 것이 원칙이고 이를 통상 직접침해라고 하고 있다. 그러나 이러한 원칙을 고수한다면 다수의 구성요소로 구성된 특허발명이 다수의 부품으로 나누어져 생산·양도되고 최종소비자에 의해 조립·완성되어 사용되는 때에는 부품생산자에게 직접침해의 책임을 물을 수 없게 된다. 따라서 특허권의 실효성을 실질적으로 확보하기 위하여 특허권을 직접적으로 침해하고 있지는 않으나 이와 같은 침해를 간접침해 행위로 간주한 것이다.

Ⅱ) 물건의 생산에만 사용하는 물건

침해하는 물건이 당해 특허발명의 실시 이외에 '다른 용도'가 없어야 한다. 다른 용도가 인정되기 위해서는 그 물건이 단순히 다른 용도로 사용될 추상적 가능성 내지는 시험적인 사용가능성만으로는 부족하고, 사회통념상 경제적·상업적 내지는 실용적이라고 인정되는 타용도의 사용가능성이 있어야 한다. 또한 그 물건의 타용도 사용가능성으로 족하므로 실제로는 사용되고 있지 않더라도 다른 용도가 인정될 수 있다. 간접침해에 대한 금지청구권을 소송상 행사할 경우 다른 용도의 존재의 기준시점은 간접침해 시가 아니라 사실심의 구두변론 종결 시이다. 구두변론 종결 시에 다른 용도가 있음에도 불구하고 간접침해를 인정하면 특허발명과 무관한 다른

---

144) 특허법에 "간접침해"라는 용어는 없으나 통상 제127조를 간접침해를 규정하는 것으로 보고 있다.

용도로 이용할 수 있는 물건에까지 특허권이 미치게 되어 그 때부터 그 생산 등이 금지되는 결과가 되기 때문이다. 반면에 간접침해에 대한 손해배상청구권은 과거의 행위로 인한 손해를 회복시켜 주는 것이므로 간접침해 행위시가 다른 용도의 존재의 기준시점이 된다.

법에서 침해자의 고의·과실을 간접침해의 성립요건으로 규정하고 있지 않다. 따라서 통설적 견해는 간접침해의 성립을 위해서 특허권 침해의 목적 또는 침해에 이용될 것에 대한 인식이 요구되지 않으며, 단지 '그 물건의 생산에만 사용하는 물건의 생산' 등의 객관적 사실이 있으면 족한 것으로 해석한다. 다만 간접침해로 인한 손해배상청구권의 성립에는 침해자의 고의·과실이 요구되고 침해죄의 성립에는 고의를 요한다(민법 제750조, 형법 제13조).

간접침해의 성립요건으로 직접침해의 존재를 요하는가에 대하여 직접침해의 존재를 필요로 한다는 종속설과 불필요하다는 독립설로 견해가 나눠지나, 직접침해의 존재를 명문으로 요구하고 있지 않고 다른 용도에 사용될 수 있는 물건에 의한 간접침해를 부정하고 있어 다른 용도를 엄격하게 해석하면 충분하므로 직접침해의 존재를 필요로 하지 않는다는 독립설이 통설적 견해이다.[145]

Ⅲ) 방법의 실시에만 사용하는 물건

예를 들면 DDT를 살충제로서 사용하는 방법에 특허가 되어 있고 DDT가 살충방법으로만 사용되는 경우에 DDT가 이에 해당된다.

2. 관련판례(간접침해 인정, 프린터 화상 기록장치 사건)

Ⅰ) 사건개요

본 특허발명(화상 기록장치, 등록 제100075746호, 특허권자: 삼성전자)은 레이저 프린터, 팩시밀리등과 같은 전자사진 기술을 사용하는 화상기록장치에서 사용되는 프로세서 유닛에 관한 것으로, 특히 자유롭게 본체에 장착 및 분리를 할 수 있으며 토너박스만을 별도로 교환할 수 있는 프로세서 유닛에 관한 것이다. 프린터와 같은 기기에서 반복되는 작업에 따라 부품의 수명이 한계점에 도달해 부품을 교환하여야 할 경우가 발생하면 각 유닛별로 교체할 수 있도록 하는 것이다.

---

145) 특허청, "특허법축조해설집", pp. 299-301.

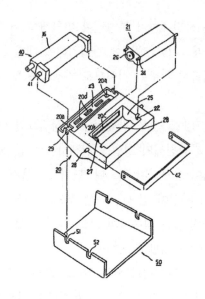

[청구항 1]

　전자사진 방식의 화상기록 장치에 있어서, 감광드럼(4), 트리닝부(16) 및 대전기(5)를 일체로 유닛화한 감광드럼유닛(40)과, 상기 감광드럼유닛(40)을 수납하는 드럼섹션(23)과 토너박스(21)을 착탈 가능하도록 하는 토너섹션(28)을 가진 현상유닛(20)과, 상기 감광드럼유닛(40)의 위치결정 부재(41)과 상기 현상 유닛(20)의 위치결정부재(28)을 가이드하는 가이드홈(51,52)를 가진 기기 본체 프레임(50)을 가지도록 구성하여,

　소모품인 감광드럼유닛(40), 토너박스(21), 현상유닛(20)를 별도로 가져 경제적으로 함과 동시에 현상유닛의 위에 감광드럼유닛, 토너박스가 수납가능 하도록 하여 사용자의 취급을 편리하게 한 것을 특징으로 하는 화상기록 장치.

II) 판결요지

　[1] 특허발명의 대상이거나 그와 관련된 물건을 사용함에 따라 마모되거나 소진되어 자주 교체해 주어야 하는 소모부품일지라도, 특허발명의 본질적인 구성요소에 해당하고 다른 용도로는 사용되지 아니하며 일반적으로 널리 쉽게 구할 수 없는 물품으로서 당해 발명에 관한 물건의 구입 시에 이미 그러한 교체가 예정되어 있었고 특허권자측에 의하여 그러한 부품이 따로 제조·판매되고 있다면, 그러한 물건은 특허권에 대한 이른바 간접침해에서 말하는 '특허 물건의 생산에만 사용하는 물건'

에 해당하고(대법원 1996. 11. 27. 자 96마365 결정 참조),[146] 위 '특허 물건의 생산에만 사용하는 물건'에 해당한다는 점은 특허권자가 주장·입증하여야 한다.

[2] 특허발명을 채택한 레이저 프린터에 사용되는 소모부품인 (가)호 발명의 감광드럼카트리지가 특허발명의 본질적 구성요소이고 다른 용도로는 사용되지도 아니하며 일반적으로 널리 쉽게 구입할 수도 없는 물품일 뿐만 아니라 레이저 프린터 구입 시에 그 교체가 예정되어 있었고 특허권자가 그러한 감광드럼카트리지를 따로 제조·판매하고 있으므로 특허발명의 물건의 생산에만 사용하는 물건에 해당하여 (가)호 발명이 특허발명의 권리범위를 벗어날 수 없다고 한 사례.

III) 판결이유

원심이, (가)호 발명의 감광드럼카트리지는 전체적으로 이 사건 특허발명을 채택한 레이저 프린터에 꼭 맞는 구성을 취하고 있고, 현재 (가)호 발명의 감광드럼카트리지는 전량 이 사건 특허발명을 채택한 레이저 프린터에만 사용되고 있으며, 이 사건 특허발명을 채택하지 아니한 레이저 프린터 중 (가)호 발명의 감광드럼카트리지를 사용할 수 있는 것은 없는 사실, 레이저 프린터에 있어서 인쇄되는 종이를 기준으로 할 때 레이저 프린터 자체의 수명은 약 300,000장이나, 그 중 토너카트리지는 약 3,000장, 감광드럼은 약 15,000장, 현상기는 약 50,000장의 수명을 가지고 있어 그 이후에는 새로운 것으로 교체해 주어야 하고, 이 사건 특허발명을 실시하고 있는 피고는 이 사건 특허발명을 채택한 레이저 프린터에 사용되는 각 부품을 별도로 생산하여 판매하고 있는 사실을 인정한 다음, 위 감광드럼카트리지는, 이 사건 특허발명의 본질적인 구성요소이고, 다른 용도로는 사용되지도 아니하며, 일반적으로 널리 쉽게 구입할 수도 없는 물품일 뿐만 아니라, 레이저 프린터의 구입시에 그 교체가 예정되어 있었고, 특허권자인 피고측에서 그러한 감광드럼카트리지를 따로 제조·판매하고 있으므로, 결국 (가)호 발명의 감광드럼카트리지는 이 사건 특허발명의 물건의 생산에만 사용하는 물건에 해당하며, 원고의 주장과 같이 (가)호 발명의 기술사상을 채택하되 설계변경에 의하여 (가)호 발명과 다른 제품을 만드는

---

146) 대법원 2001. 1. 30. 선고 98후2580 판결 [권리범위확인(특)] 사건과 동일한 특허권(화상기록장치, 등록번호: 100075746)으로 특허청의 권리범위 확인심판과 민사소송 대법원 1996. 11. 27. 자 96마365 결정 [특허권등침해금지가처분] 사건이 동시에 진행된 사건이며, 판결 결과는 모두 간접침해로 내려졌다. 이 판례는 각각 4회, 10회 피인용되었다.

경우에 그것이 이 사건 특허발명의 실시물건 이외의 물건에 사용될 가능성이 있다는 것만으로는, (가)호 발명이 이 사건 특허발명의 권리범위를 벗어날 수는 없다고 판단한 것은 정당하고, 거기에 상고이유의 주장과 같은 특허법 제127조에 관한 법리오해 등의 위법이 없다. 따라서 이 점 상고이유는 모두 받아들이지 아니한다.

(가)호 발명의 감광드럼카트리지가 이 사건 특허발명의 물건의 생산에만 사용되는 이상, (가)호 발명이 공지의 감광드럼카트리지에 개선된 폐토너 회수통을 결합한 것이라고 하더라도, 위와 같은 간접침해의 성립에는 아무런 지장이 없다. 따라서 이 점 상고이유도 받아들이지 아니한다.

그러므로 상고를 기각하고, 상고비용은 패소자의 부담으로 하여 주문과 같이 판결한다.[147)]

Ⅰ-9. 간접침해(간접침해 물품이 국내에서 생산되고, 국외에서 완제품이 이루어진 경우)

1. 관련판례(양방향 멀티슬라이드 휴대단말기 사건)

Ⅰ) 사건개요

원고는 양방향 멀티슬라이드 휴대단말기라는 다음과 같은 특허발명에 관한 특허권자이고, 피고는 ㈜노키아티엠씨이다. 피고는 2007년부터 2010년 무렵까지 휴대전화 단말기 제품으로서 N95를 미완성 제품, 반제품, 완성품으로, N96을 반제품으로 생산하여 수출하였다.

이에 특허권자인 원고가 피고에 대하여 피고의 휴대전화 제품이 원고의 특허권의 보호범위에 속한다고 주장하면서 특허권 침해에 따른 불법행위에 기초하여 손해배상(8,926,859,130원)과 그 지연손해금의 지급을 구하는 사안이다.

제1심 법원은 원고의 특허에 무효사유가 있음이 분명하므로 그러한 특허권에 기초하여 특허권 침해에 따른 손해배상을 구하는 것은 권리남용에 해당한다는 이유로 원고의 청구를 기각하였고, 원고가 일부(10억 원 부분)에 한정하여 불복하여 항소를 제기하였다.

본 발명은 슬라이드형 휴대단말기에 관한 것으로, 하부본체에 두 개 이상의 키패드를 구비하여 상부본체가 하부본체에 대해 양쪽 끝단의 상하 양방향 위치로 상

---

147) 대법원 2001. 1. 30. 선고 98후2580 판결 [권리범위확인(특)]. 이 판례는 4회 피인용되었다.

대 슬라이딩 구동될 때 하부본체에 마련된 2개 이상의 키패드 중 어느 하나가 개방되게 하여 통신 기능 및 게임, 동영상 같은 멀티미디어기능 사용에 있어 편리한 인터페이스를 제공하는데 있다.

[청구항 1]

슬라이드형 휴대단말기로서,

디스플레이창을 구비한 상부본체와;

서로 다른 기능을 갖는 두 개 이상의 키패드를 갖는 하부본체;

상기 상부본체가 상기 하부본체에 대해 어느 한 방향으로 이동할 때, 하부본체의 다른 방향에 있는 상기 키패드중 적어도 어느 하나가 개방되는 것을 특징으로 하는 양방향 멀티슬라이드 휴대단말기.

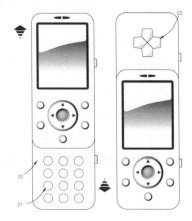

II) **판결이유**(간접침해 제품인지 여부에 관하여)

특허법 제127조 제1호는 이른바 간접침해에 관하여 '특허가 물건의 발명인 경우 그 물건의 생산에만 사용하는 물건을 생산·양도·대여 또는 수입하거나 그 물건의 양도 또는 대여의 청약을 하는 행위를 업으로서 하는 경우에는 특허권 또는 전용실시권을 침해한 것으로 본다.'고 규정하고 있다. 이는 발명의 모든 구성요소를 가진 물건을 실시한 것이 아니고 그 전 단계에 있는 행위를 하였더라도 발명의 모든 구성요소를 가진 물건을 실시하게 될 개연성이 큰 경우에는 장래의 특허권 침해에 대한 권리 구제의 실효성을 높이기 위하여 일정한 요건 아래 이를 특허권의 침해로 간주하려는 취지이다. 이와 같은 조항의 문언과 그 취지에 비추어 볼 때, 여기서 말하는 '생산'이란 발명의 구성요소 일부를 결여한 물건을 사용하여 발명의 모든 구성요소를 가진 물건을 새로 만들어내는 모든 행위를 의미하는 개념으로서, 공업적 생산에 한하지 아니하고 가공·조립 등의 행위도 포함한다(대법원 2009. 9. 10. 선고 2007후3356 판결 등 참조).

한편 간접침해 제도는 어디까지나 특허권이 부당하게 확장되지 아니하는 범위에서 그 실효성을 확보하고자 하는 것이다. 그런데 특허권의 속지주의 원칙상 물건의 발명에 관한 특허권자가 그 물건에 대하여 가지는 독점적인 생산·사용·양도·대여 또는 수입 등의 특허실시에 관한 권리는 특허권이 등록된 국가의 영역 내에서만 그 효력이 미치는 점을 고려하면, 특허법 제127조 제1호의 '그 물건의 생산에만 사용하는 물건'에서 말하는 '생산'이란 국내에서의 생산을 의미한다고 봄이 타당하다. 따라서 이러한 생산이 국외에서 일어나는 경우에는 그 전 단계의 행위가 국내에서 이루어지더라도 간접침해가 성립할 수 없다.

위 법리와 기록에 비추어 원심판결 이유를 살펴보면, 원심이, 피고가 국내에서 생산하여 수출한 N95와 N96의 각 반제품은 모두 국외에서 완성품으로 생산되었으므로 이 사건 제1항 및 제2항 발명의 각 특허권에 대하여 특허법 제127조 제1호에 정한 간접침해 제품에 해당하지 아니한다고 판단한 것은 정당하고, 거기에 상고이유 주장과 같이 특허발명의 청구범위 해석과 간접침해의 성립요건에 관한 법리를 오해하고 필요한 심리를 다하지 아니하여 판결에 영향을 미친 잘못이 없다.[148]

---

148) 대법원 2015. 7. 23. 선고 2014다42110 판결 [손해배상(지)]. 이 판례는 5회 피인용되었다.
    * A·B·C 회사가 각각 구성품을 생산하고 해외에서 조립하여 완성품이 됐을 경우 문제점이 있다.

II. 무효심판(제133조)

II-1. 무효심판(공지사실에 관한 증명책임, 전제부의 기재가 공지기술인지 여부, 일사부재리원칙)

1. 관련규정

제29조(특허요건) ① 산업상 이용할 수 있는 발명으로서 다음 각 호의 어느 하나에 해당하는 것을 제외하고는 그 발명에 대하여 특허를 받을 수 있다.

1. 특허출원 전에 국내 또는 국외에서 공지(公知)되었거나 공연(公然)히 실시된 발명
2. 특허출원 전에 국내 또는 국외에서 반포된 간행물에 게재되었거나 전기통신회선을 통하여 공중(公衆)이 이용할 수 있는 발명

② 특허출원 전에 그 발명이 속하는 기술분야에서 통상의 지식을 가진 사람이 제1항 각 호의 어느 하나에 해당하는 발명에 의하여 쉽게 발명할 수 있으면 그 발명에 대해서는 제1항에도 불구하고 특허를 받을 수 없다.

제42조(특허출원) ① 특허를 받으려는 자는 다음 각 호의 사항을 적은 특허출원서를 특허청장에게 제출하여야 한다.

② 제1항에 따른 특허출원서에는 발명의 설명·청구범위를 적은 명세서와 필요한 도면 및 요약서를 첨부하여야 한다.

④ 제2항에 따른 청구범위에는 보호받으려는 사항을 적은 항(이하 "청구항"이라 한다)이 하나 이상 있어야 하며, 그 청구항은 다음 각 호의 요건을 모두 충족하여야 한다.

1. 발명의 설명에 의하여 뒷받침될 것
2. 발명이 명확하고 간결하게 적혀 있을 것

제163조(일사부재리) 이 법에 따른 심판의 심결이 확정되었을 때에는 그 사건에 대해서는 누구든지 동일 사실 및 동일 증거에 의하여 다시 심판을 청구할 수 없다. 다만, 확정된 심결이 각하심결인 경우에는 그러하지 아니하다.

2. 관련판례(전원합의체, 폐수여과기 사건)

I) 공지사실에 관한 증명책임, 전제부의 기재의 성격

특허발명의 신규성 또는 진보성 판단과 관련하여 해당 특허발명의 구성요소가 출원 전에 공지된 것인지는 사실인정의 문제이고, 그 공지사실에 관한 증명책임은

신규성 또는 진보성이 부정된다고 주장하는 당사자에게 있다. 따라서 권리자가 자백하거나 법원에 현저한 사실로서 증명을 필요로 하지 않는 경우가 아니라면, 그 공지사실은 증거에 의하여 증명되어야 하는 것이 원칙이다.

그리고 청구범위의 전제부 기재는 청구항의 문맥을 매끄럽게 하는 의미에서 발명을 요약하거나 기술분야를 기재하거나 발명이 적용되는 대상물품을 한정하는 등, 그 목적이나 내용이 다양하므로, 어떠한 구성요소가 전제부에 기재되었다는 사정만으로 공지성을 인정할 근거는 되지 못한다. 또한 전제부 기재 구성요소가 명세서에 배경기술 또는 종래기술로 기재될 수도 있는데, 출원인이 명세서에 기재하는 배경기술 또는 종래기술은 출원발명의 기술적 의의를 이해하는 데 도움이 되고 선행기술 조사 및 심사에 유용한 기존의 기술이기는 하나 출원 전 공지되었음을 요건으로 하는 개념은 아니다. 따라서 <u>명세서에 배경기술 또는 종래기술로 기재되어 있다고 하여 그 자체로 공지기술로 볼 수도 없다.</u>

다만 특허심사는 특허청 심사관에 의한 거절이유통지와 출원인의 대응에 의하여 서로 의견을 교환하는 과정을 통해 이루어지는 절차인 점에 비추어 보면, 출원 과정에서 명세서나 보정서 또는 의견서 등에 의하여 출원된 발명의 일부 구성요소가 출원 전에 공지된 것이라는 취지가 드러나는 경우에는 이를 토대로 하여 이후의 심사절차가 진행될 수 있도록 할 필요가 있다.

그렇다면 명세서의 전체적인 기재와 출원경과를 종합적으로 고려하여 출원인이 일정한 구성요소는 단순히 배경기술 또는 종래기술인 정도를 넘어서 공지기술이라는 취지로 청구범위의 전제부에 기재하였음을 인정할 수 있는 경우에만 별도의 증거 없이도 전제부 기재 구성요소를 출원 전 공지된 것이라고 사실상 추정함이 타당하다. 그러나 이러한 추정이 절대적인 것은 아니므로 출원인이 실제로는 출원 당시 아직 공개되지 아니한 선출원발명이나 출원인의 회사 내부에만 알려져 있었던 기술을 착오로 공지된 것으로 잘못 기재하였음이 밝혀지는 경우와 같이 특별한 사정이 있는 때에는 추정이 번복될 수 있다.

이와 달리 출원인이 청구범위의 전제부에 기재한 구성요소나 명세서에 종래기술로 기재한 사항은 출원 전에 공지된 것으로 본다는 취지로 판시한 대법원 2005. 12. 23. 선고 2004후2031 판결을 비롯한 같은 취지의 판결들은 이 판결의 견해에 배치되는 범위 내에서 이를 모두 변경하기로 한다.

II) 유력한 증거가 아닌 새로운 증거가 일사부재리의 원칙에 위배되는지 여부

특허나 실용신안의 등록무효심판청구에 관하여 종전에 확정된 심결이 있더라도 종전 심판에서 청구원인이 된 무효사유 외에 다른 무효사유가 추가된 경우에는 새로운 심판청구는 그 자체로 동일사실에 의한 것이 아니어서 일사부재리의 원칙에 위배되지는 아니한다. 그러나 모순·저촉되는 복수의 심결이 발생하는 것을 방지하고자 하는 일사부재리 제도의 취지를 고려하면, 위와 같은 경우에도 종전에 확정된 심결에서 판단이 이루어진 청구원인과 공통되는 부분에 대해서는 일사부재리의 원칙 위배 여부의 관점에서 그 확정된 심결을 번복할 수 있을 정도로 유력한 증거가 새로이 제출되었는지를 따져 종전 심결에서와 다른 결론을 내릴 것인지를 판단하여야 한다.

원심이 그 판시와 같은 이유를 들어, 원고가 이 사건에서 한 주장 중 이 사건 등록고안의 진보성이 부정된다는 부분은 종전에 확정된 심결이 있는 등록무효심판에서 청구원인이 된 무효사유와 공통되는데, 이 사건에서 제출된 비교대상고안 7은 이미 확정된 심결의 이유 중에 거론되어 판단되었던 증거이고, 새로이 제출된 비교대상고안 1 내지 6, 8 내지 12 등은 모두 확정된 심결을 번복할 수 있을 정도로 유력한 증거라고 볼 수 없다는 이유로, 이 사건 등록고안의 진보성이 부정된다는 주장을 배척한 것은 위 법리에 따른 것으로서, 거기에 상고이유 주장과 같이 일사부재리 원칙 적용에 관한 법리를 오해하는 등의 잘못이 없다.[149]

II-2. 무효심판(일사부재리의 원칙)

1. 관련규정

심판의 심결이 확정되었을 때에는 그 사건에 대해서는 누구든지 동일 사실 및 동일 증거에 의하여 다시 심판을 청구할 수 없다. 다만, 확정된 심결이 각하심결인 경우에는 그러하지 아니하다(제163조(일사부재리)).

특허심판은 당사자의 청구에 의하여 심판이 개시되기는 하나 그 사건에의 이해관계자는 상당히 많을 수 있고, 구체적이고 직접적인 이해관계를 가지고 심판에 참여하는 경우가 아니라도 심판의 결과가 국민경제의 어느 부문에 포괄적으로 영향을 미치는 경우가 많다. 따라서 특허심판은 공익성이 강조되어 심판의 진행과 당사자

---

149) 대법원 2017. 1. 19. 선고 2013후37 전원합의체 판결 [등록무효(실)]. 이 판례는 2회 피인용되었다.

의 주장이나 이유의 조사확인에 있어서도 직권진행주의와 직권탐지주의가 적용되는 소위 직권심리주의를 채택하고 있다. 이러한 특허심판의 특수한 사정으로 인하여 특허심판에 있어서 그 기판력의 효력은 광범하고 대세적이며 소송물의 동일성여부가 명료하기 때문에 소송경제의 관점에서 무용한 심판청구의 남발을 방지하고 확정심결에 대한 신뢰와 법적 안정을 기하기 위하여 민사소송과는 달리 일사부재리의 원칙을 명문으로 규정하고 있다.

일사부재리의 원칙 적용요건은 「동일사실 및 동일증거」라는 두 가지 요건을 동시에 충족하여야 한다. 동일사실이라 함은 사건의 동일, 즉 소송물의 동일이다. 동일사실이란 특허법에서 결국 동일권리(특허 제○○호 등), 동일이유(신규성 또는 진보성의 결여, 기재불비 등)에 의한 동일 종류의 청구(무효심판 또는 권리범위확인심판 등)를 말한다. 전심결에서는 출원전 공지로 하였다가 이번 청구에서는 실시불능이라고 한다면 청구이유가 동일하지 않으므로 동일사실이라 할 수 없다. 또 권리범위확인심판에서는 청구의 취지가 동일하지 않더라도 동일사실로 볼 수 있는 경우도 있다. 동일증거라 함은 전심결에서 제출되어 심리되었던 증거와 동일한 증거를 말한다. 전심결에서 제출되지 않았던 새로운 증거라 하더라도 이 사건에 하등의 영향을 줄 수 없는 것은 「새로운 증거」로 볼 수 없고 「동일증거」에 포함된다.

2. 관련판례(칼라 투수 콘크리트 사건)

Ⅰ) 사건개요

본 발명은 도로 및 보도, 자전거 도로 등의 포장에 적합한 칼라 투수 콘크리트에 관한 것으로, 일반적으로 도로 및 보도, 자전거 도로의 포장에는 투수 아스팔트가 많이 사용되어 왔으나 이 투수 아스팔트는 일조에 의하여 용융되어 공극이 막히게 되는 경우가 허다하여 투수 및 함수성이 점점 나빠지게 되고 아스팔트 자체의 강도가 해를 거듭할수록 약해지므로서 노면이 쉽게 손상되는 등의 문제점을 해결하고자 하는 것이다(칼라 투수 콘크리트, 특허번호 제132371호).

[청구항 1]

물, 시멘트, 혼화제, 안료 잔골재를 전혀 사용하지 않고 6~10㎜의 단입도 골재만을 사용함으로 공극을 최대로 증가시켜 투수율을 극대화한 것을 특징으로한 칼라 투수 콘크리트.

II) 판결이유

[1] 일사부재리의 원칙

구 특허법(1998. 9. 23. 법률 제5576호로 개정되기 전의 것) 제163조에 정한 동일증거에는 전에 확정된 심결의 증거와 동일한 증거만이 아니라 그 심결을 번복할 수 있을 정도로 유력하지 아니한 증거가 부가되는 것도 포함하는 것이므로 확정된 심결의 결론을 번복할 만한 유력한 증거가 새로 제출된 경우에는 일사부재리의 원칙에 저촉된다고 할 수 없다(대법원 2001. 6. 26. 선고 99후2402 판결 참조).

원심판결의 이유에 의하면, 원심은 피고들이 이 사건 심판절차에서 제출한 을 제4호증의 1 내지 3{일본 콘크리트 공학지 1994년 7월호에 수록된 '투수성(透水性) 콘크리트'라는 제목의 논문. 이하 이 논문에 게재된 발명을 '간행물 게재 발명'이라 한다}은 이 사건 특허발명(특허번호 제132371호)에 대한 종전의 무효심판 청구를 기각한 확정심결의 증거와 다른 것이며, 이 사건 특허발명은 간행물 게재 발명과 대비하여 볼 때 진보성이 인정되지 아니하므로, 이 사건 심판청구에는 종전의 확정심결을 번복할 수 있을 정도로 유력한 증거가 제출되었다고 할 것이어서 이 사건 심판청구는 일사부재리의 원칙에 저촉되지 아니한다고 판단하였다.

앞에서 본 법리와 기록에 비추어 살펴보면, 종전의 확정된 심결에 관한 절차에서 제출한 증거와 형식적으로 상이한 을 제4호증의 1 내지 3이 종전 심결의 결론을 번복할 만한 유력한 증거인지 여부는 간행물 게재 발명에 의하여 이 사건 특허발명의 진보성을 부정할 수 있는지 여부의 판단을 거친 후에야 비로소 알 수 있는 사항이므로, 뒤에서 보는 바와 같이 그 기술분야에서 통상의 지식을 가진 사람이 간행물 게재 발명에 의하여 이 사건 특허발명을 용이하게 발명할 수 있다고 한 원심의 판단이 정당한 것으로 인정되는 이상, 이 사건 심판청구가 일사부재리의 원칙에 어긋나는 부적법한 청구라는 원고의 주장을 배척한 원심의 판단은 옳고 거기에 상고이유로 주장하는 바와 같은 일사부재리 원칙에 관한 법리오해 등의 위법이 있다고 할 수 없다.

[2] 무효사유 판단

원심판결 이유에 의하면 원심은, 이 사건 특허발명 제2항 내지 제4항을 간행물 게재 발명과 대비하여 그 진보성 여부를 판단하면서, 이 사건 특허발명 제2항과 간행물 게재 발명은 모두 투수성 콘크리트에 관한 기술로서 시멘트와 골재의 사용량, 완성된 콘크리트의 투수 계수 및 강도에 있어서 별 차이가 없으며, 다만, ① 물 및 혼화제(混

和劑)의 사용량이 다른 점, ② 간행물 게재 발명에는 이 사건 특허발명 제2항과 달리 안료의 사용에 관한 명시적 기재가 없는 점, ③ 이 사건 특허발명 제2항은 6~10mm의 골재를 사용하는 데 비하여 간행물 게재 발명은 5~13mm의 골재를 사용한다는 점에서 차이가 있지만, 이 사건 특허발명 제2항에서 간행물 게재 발명과 차이가 있는 구성 부분은 그 판시와 같은 이유로, 간행물 게재 발명과 실질적으로 구성 성분의 동일성을 유지한 채 각 성분의 배합 비율을 조절한 것이거나 그 발명이 속하는 기술분야에서 통상의 지식을 가진 사람이 필요에 따라 간행물 게재 발명의 구성을 단순히 변경한 것 내지는 그 수치를 한정한 것에 불과하며, 이 사건 특허발명 제3항 및 제4항은 제2항의 종속 청구항으로서 진보성을 인정할 만한 부가적 구성요소가 없으므로, 결국 이 사건 특허발명 제2항 내지 제4항은 그 발명이 속하는 기술분야에서 통상의 지식을 가진 사람이 간행물 게재 발명에 의하여 용이하게 발명할 수 있다는 취지로 판단하였다.

기록에 비추어 살펴보면 원심의 위와 같은 판단은 정당하고, 거기에 상고이유에서 지적하는 바와 같은 발명의 진보성 판단에 관한 법리오해 등의 위법이 없다.[150]

II-3. 무효심판(종래기술의 상위개념에 포함되는 하위개념만을 구성요소 중의 전부 또는 일부로 하는 선택발명의 진보성 여부)

1. 관련판례

I) 사건개요

피상고인(무효심판청구인) ㈜에스케이케미칼은 상고인(특허권자) 스위스 노파르티스 아게를 상대로 하여 등록특허 제133686호의 청구범위 제2항, 제3항 및 제4항을 무효로 한다는 무효심판을 청구하였고, 심판원과 특허법원에서 무효라고 판단하였다.

II) 판단기준

선행 또는 공지의 발명에 구성요소가 상위개념으로 기재되어 있고, 위 상위개념에 포함되는 하위개념만을 구성요소 중의 전부 또는 일부로 하는 선택발명의 진보성이 부정되지 않기 위해서는, 선택발명에 포함되는 하위개념들 모두가 선행발명이 갖는 효과와 질적으로 다른 효과를 갖고 있거나, 질적인 차이가 없더라도 양적으로 현저한 차이가 있어야 한다(대법원 2014. 5. 16. 선고 2012후3664 판결 등 참조). 선

---

150) 대법원 2003. 12. 26. 선고 2003후1567 판결 [등록무효(특)]. 이 판례는 2회 피인용되었다.

택발명에 여러 효과가 있는 경우에 선행발명에 비하여 이질적이거나 양적으로 현저한 효과를 갖는다고 하기 위해서는 선택발명의 모든 종류의 효과가 아니라 그중 일부라도 선행발명에 비하여 그러한 효과를 갖는다고 인정되면 충분하다(대법원 2012. 8. 23. 선고 2010후3424 판결 등 참조).

Ⅲ) 판결이유

[1] 명칭을 '페닐 카르바메이트'로 하는 이 사건 특허발명(특허등록번호 제133686호)의 청구범위(이 사건 등록무효심판 절차에서 2013. 2. 18. 정정청구된 사항이 반영된 것을 말한다) 제2항(이하 '이 사건 제2항 정정발명')은 항콜린에스터라제 활성을 갖는 리바스티그민 화합물에 관한 것이다.

[2] 명세서의 기재 등에 비추어 볼 때 이 사건 제2항 정정발명의 화합물은 경피투여를 했을 때 뛰어난 피부 침투성을 갖는 것으로 밝혀졌고, 이러한 경피흡수성을 이용한 전신 경피투여 용법은 뇌 부위에 아세틸콜린에스터라제의 억제 효과가 오랜 시간 일정하게 지속되게 하고, 간편하게 투약할 수 있다는 점에서 알츠하이머병이나 파킨슨병 등에 적합함을 알 수 있다.

[3] 비교대상발명 1−1에는 … 화합물들의 투여경로와 관련하여 경구 또는 비경구투여가 가능하고, 약제의 생체 내에서의 큰 효능은 경구투여를 할 때 두드러진다고 기재되어 있을 뿐 이들 화합물들의 경피흡수와 관련된 효과는 기재되어 있지 않다.

비교대상발명 1−1 및 1−2에 기재된 RA7의 일부 성질 … 등은 곧바로 경피흡수성이 우수하다고 단정할 수는 없으므로 RA7에 위와 같은 성질들이 있다고 하여 곧바로 통상의 기술자가 RA7 또는 그의 광학이성질체의 경피흡수성을 쉽게 예측하기는 어렵다.

[4] 이와 달리 통상의 기술자가 주지관용기술에 기초하여 비교대상발명 1−1, 1−2로부터 RA7과 리바스티그민의 우수한 경피흡수 효과를 어렵지 않게 인식할 수 있다는 전제에서 비교대상발명 1−1, 1 2로부터 이 사건 제2, 3항 정정발명의 진보성이 부정된다고 판단하였으니, 이러한 원심판결에는 발명의 진보성에 관한 법리를 오해하여 필요한 심리를 다하지 아니함으로써 판결에 영향을 미친 잘못이 있다. 그러므로 원심판결을 파기하고, 사건을 다시 심리·판단하게 하기 위하여 원심법원에 환송하기로 한다.[151]

---

151) 대법원 2017. 8. 29. 선고 2014후2696 판결 [등록무효(특)].

Ⅱ-4. 특허공유자의 지분권에 대한 무효심판 청구

1. 관련규정

제33조(특허를 받을 수 있는 자) ① 발명을 한 사람 또는 그 승계인은 이 법에서 정하는 바에 따라 특허를 받을 수 있는 권리를 가진다. 다만, 특허청 직원 및 특허심판원 직원은 상속이나 유증(遺贈)의 경우를 제외하고는 재직 중 특허를 받을 수 없다.
② 2명 이상이 공동으로 발명한 경우에는 특허를 받을 수 있는 권리를 공유한다.
제44조(공동출원) 특허를 받을 수 있는 권리가 공유인 경우에는 공유자 모두가 공동으로 특허출원을 하여야 한다.
제133조(특허의 무효심판) ① 이해관계인(제2호 본문의 경우에는 특허를 받을 수 있는 권리를 가진 자만 해당한다) 또는 심사관은 특허가 다음 각 호의 어느 하나에 해당하는 경우에는 무효심판을 청구할 수 있다. 이 경우 청구범위의 청구항이 둘 이상인 경우에는 청구항마다 청구할 수 있다.
　1. (생략)
　2. 제33조 제1항 본문에 따른 특허를 받을 수 있는 권리를 가지지 아니하거나 제44조를 위반한 경우. 다만, 제99조의2 제2항에 따라 이전등록된 경우에는 제외한다.
제139조(공동심판의 청구 등) ① 동일한 특허권에 관하여 제133조 제1항, 제134조 제1항·제2항 또는 제137조 제1항의 무효심판이나 제135조 제1항·제2항의 권리범위 확인심판을 청구하는 자가 2인 이상이면 모두가 공동으로 심판을 청구할 수 있다.
② 공유인 특허권의 특허권자에 대하여 심판을 청구할 때에는 공유자 모두를 피청구인으로 하여야 한다.

2. 관련판례(항암제 조성물 사건)

Ⅰ) 사건개요

이 사건 특허발명은 명칭을 "메타아르세나이트을 함유한 항암제 조성물(2004. 11. 3. 등록 제10-456831호)"로 하는 특허로서, 청구항 1은 「메타아르세나이트 염을 유효성분으로 함유하는 것을 특징으로 하는 항암제 조성물」이다.

이 사건 심판청구의 대상이 되는 특허 제456831호는 주식회사 코미팜, 이○○ 및 양○○이 공유자인 특허인데, 청구인은 청구인을 제외한 이사건 특허의 공유자들의 지분권 무효를 청구하면서 이 사건 심판을 청구하였다.

원고(㈜코미팜)는 피고들을 상대로 원고는 이 사건 특허발명의 진정한 발명자인 라더마커(Radermaker)로부터 특허를 받을 수 있는 권리를 승계한 반면, 피고들은 이 사건 특허발명의 발명자가 아니다 라고 주장하면서 이 사건 특허발명 중 피고들의 지분권에 대한 무효심판을 청구하였다.

II) 판결이유

[1] 원고 주장의 요지

(가) 원고는 이 사건 특허발명의 진정한 발명자인 라더마커(Radermaker)로부터 특허를 받을 수 있는 권리를 양수한 유일한 승계인인 반면, 피고들은 이 사건 특허발명의 발명자가 아니어서 이 사건 특허에 대하여 권리가 없으므로 피고들의 지분권에는 무효사유가 있다.

(나) 특허법 제133조 제1항 제2호는 제33조 제1항 본문의 규정에 의하여 특허를 받을 수 있는 권리를 가지지 아니한 경우 를 등록무효사유로서 규정하고 있는바, 특허법 제33조 제1항에서 발명자 또는 그 승계인이 특허법에서 정하는 바에 의하여 특허를 받을 수 있는 권리를 가진다고 규정하면서, 같은 조 제2항에서 공동발명자는 특허를 받을 수 있는 권리를 공유한다고 규정하고 있으므로, 위 특허법 제133조 제1항 제2호는 공동발명자가 아닌 자를 상대로 한 특허의 일부 지분권에 대한 무효심판청구를 허용하고 있는 것이다.

(다) 또한 등록된 특허의 공유자 전원이 특허무효심판의 당사자로 된 경우에는 특허법 제139조 제2항에도 위배되지 않는 것으로 보아야 한다.

[2] 판단

(가) 특허권은 특허발명을 독점적, 배타적으로 지배할 수 있는 권리로서 일반적으로는 설정등록에 의하여 발생하고 존속기간이 만료됨으로써 소멸한다.

특허무효심판제도는 특허청에 의하여 유효한 것으로 승인되어 등록된 특허권에 무효사유가 있음이 발견된 경우에 이미 발효된 행성처분으로서의 특허처분을 이해관계인 또는 심사관의 청구에 의하여 그 특허의 효력을 하자가 발생한 시점까지 소급적으로 소멸시키는 제도이다.

특허법 제133조 제1항은 같은 항 각 호의 어느 하나에 해당하는 경우에는 무효심판을 청구할 수 있다고 규정하고 있는바, 이는 이른바 제한적 열거로서 위 조항에 규정되어 있는 사유 이외에는 무효사유로 주장할 수 없다.

특허법 제133조 제1항 제2호는 제33조 제1항 본문의 규정에 의한 특허를 받을 수 있는 권리를 가지지 아니하거나 제44조의 규정에 위반된 경우를 특허무효사유로서 규정하고 있고, 특허법 제33조 제1항 본문은 발명을 한 자 또는 그 승계인은 이 법에서 정하는 바에 의하여 특허를 받을 수 있는 권리를 가진다고 규정하고 있으며, 같은 조 제2항은 2인 이상이 공동으로 발명한 때에는 특허를 받을 수 있는 권리는 공유로 한다고 규정하고 있다.

위 각 규정으로부터 특허권의 공유자 중 일부를 상대로 그 지분권만의 무효심판을 청구할 수 있는지에 관하여 살핀다.

(나) 특허법은 제133조 제1항에서 특허청구범위의 청구항이 2 이상인 때에는 청구항마다 무효심판을 청구할 수 있다고 규정하여 출원절차를 같이 한 총괄적 발명의 개념을 형성하는 1군의 특허발명 중 일부에 대한 무효심판청구가 가능함을 명시하면서도, 공유인 특허권의 일부 지분권에 대하여는 무효심판청구가 가능하다는 취지의 규정을 두지 않고 있다.

(다) 특허법 제139조 제2항은 공유인 특허권의 특허권자에 대하여 심판을 청구하는 때에는 공유자 전원을 피심판청구인으로 하여 청구하여야 한다고 규정하고 있는바, 이는 특허권의 공유자 중 일부를 상대로 한 무효심판청구를 허용하지 않음은 물론, 공유인 특허권 중 일부 지분권에 대한 무효심판청구 역시 허용하지 않는 취지로 볼 수 있다.

(라) 특허법 제44조는 제33조 제2항의 규정에 의한 특허를 받을 수 있는 권리가 공유인 경우에는 공유자 전원이 공동으로 특허출원을 하여야 한다고 규정하고 있고, 이를 어길 경우, 즉 공유자 중 일부만이 특허출원을 한 경우에는 거절결정의 이유(특허법 제62조 제1호) 및 등록무효사유(특허법 제133조 제1항 제2호)가 되는바, 위 규정에 따르면 우리 특허법은 다수가 특허권을 공유하는 경우에도 그 특허권이 일체 로서 발생, 소멸하는 것을 전제로 권리관계를 규정하고 있다고 볼 수 있다.

(마) 이 사건의 경우와 같이 특허권의 공유자들 사이에서 특허를 받을 수 있는 권리의 존부에 관한 분쟁이 발생하는 경우에 있어서 특허법 제139조 제2항에도 불구하고 공유자 중 일부가 나머지 공유자를 상대방으로 하는 특허권의 지분권에 대한 무효심판청구를 허용할 경우, 무효심판이 확정된 지분권은 소급적으로 그 효력

이 소멸될 뿐이고 무효심판이 확정되지 아니한 다른 지분권의 권리자에게 그 소멸된 지분권이 귀속된다고 보기 어려우며, 소멸된 지분권에 대하여는 권리자가 새로이 특허출원을 하더라도 특허법 제44조를 위배한 것이어서 거절결정이 될 수밖에 없게 되는 등 복잡한 문제가 발생한다.

위와 같은 사유로 특허법 제133조 제1항 제2호에 의하여 특허권의 일부 지분권에 대한 무효심판청구가 허용된다고 볼 수는 없다.[152][153]

II-5. 심판계류 중 당사자의 등기부에 청산종결등기가 된 경우 무효심판

I) 사건개요

본 발명은 종래의 적재함덮개가 하나의 덮개로 이루어져 있으므로 회전반경이 커 안전사고의 우려 및 주변 지형지물에 장애를 받게 되고, 회동축에 걸리는 하중이 크며, 사각지대가 형성하는 폐단과 운행 시에는 공기의 저항과 소음이 크고, 포장의 파손이 심한 폐단을 해소하기 위한 것이다.

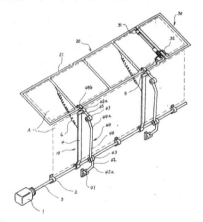

---

152) 특허법원 2012. 6. 22. 선고 2011허11750 판결 [등록무효(특)].
153) 이 판결에 대한 상고심도 같은 이유로 판단한다. 대법원 2015. 1. 15. 선고 2012후2432 판결 [등록무효(특)] 「특허처분은 하나의 특허출원에 대하여 하나의 특허권을 부여하는 단일한 행정행위이므로, 설령 그러한 특허처분에 의하여 수인을 공유자로 하는 특허등록이 이루어졌다고 하더라도, 그 특허처분 자체에 대한 무효를 청구하는 제도인 특허무효심판에서 그 공유자 지분에 따라 특허를 분할하여 일부 지분만의 무효심판을 청구하는 것은 허용할 수 없다. 위 법리에 비추어 보면, 원심이 특허권의 공유자 중 일부가 다른 공유자의 지분에 대해 무효심판을 청구하는 것은 허용할 수 없다.」

법인 A는 발명의 명칭이 '화물차 적재함덮개의 자동개폐장치'인 특허권자 B를 상대로 무효심판청구을 청구하였고, 특허심판원에서는 법인 A의 청구를 기각하였다. 법인 A가 심결취소소송을 제기하였고, 특허법원에서는 일부인용판결을 내리자, 법인 A 및 특허권자 B 모두 상고한 사건에서 대법원 계류 중 법인 A의 등기부에 청산종결등기가 되었다.

II) 판결요지

당해 특허권자로부터 권리의 대항을 받거나 받을 염려가 있는 회사가 제기한 특허무효심판의 심결취소소송 계속 중에 그 회사에 대하여 청산종결의 등기가 경료되었다고 하여도 청산종결의 등기 당시 계속 중인 소송은 청산인이 현존사무의 종결로서 처리하여야 하므로 그 소송이 종결되기까지는 회사의 청산사무는 종료되지 아니하고 회사는 청산의 목적범위 내에서 여전히 존속하고 있고, 특허권자는 회사를 상대로 특허권침해를 이유로 하여 손해배상청구소송을 제기하는 등 필요한 조치를 취할 수도 있으므로 다른 특별한 사정이 없는 한 특허무효심판의 심결취소소송 계속 중 특허무효심판을 청구한 회사에 대하여 청산종결의 등기가 경료 된 사정만으로는 당사자능력이 상실된다거나 특허무효심판의 심결취소를 구하는 소의 이익이 부정된다고 할 수 없다.[154]

II-6. 특허권 연장등록 무효심판

1. 관련규정

특허발명을 실시하기 위하여 다른 법령에 따라 허가를 받거나 등록 등을 하여

---

154) 대법원 2005. 11. 24. 선고 2003후2515 판결 [등록무효(특)]. 이 판례는 12회 피인용되었다. 정리회사의 심판 당사자 적격으로 다음과 같은 판례가 있다. "주식회사 논노상사는 1992. 12. 8.자로 회사정리법에 의한 정리절차개시 결정이 된 회사로서 같은 날짜로 관리인이 선임되어 있음을 알 수 있으므로, 이 사건 상표등록취소의 심판청구에서는 오직 관리인만이 피심판청구인적격이 있음에도 불구하고, 원심심결은 이를 간과하여 정리회사의 피심판청구인적격을 인정한 잘못이 있다.…원심으로서는 마땅히 석명권을 행사하여 심판청구인에게 이 사건의 피심판청구인이 누구인지를 분명히 하도록 명하여 피심판청구인을 명확히 확정한 다음에, 확정된 피심판청구인이 관리인이라면 피심판청구인의 표시를 관리인으로 보정케 하는 조치를 취한 다음 본안에 관하여 심리 판단하였어야 할 것이다."(대법원 99. 1. 26. 선고 97후3388 판결).

야 하고, 그 허가 또는 등록 등(이하 "허가등")을 위하여 필요한 유효성·안전성 등의 시험으로 인하여 장기간이 소요되는 대통령령으로 정하는 발명인 경우에는 그 실시할 수 없었던 기간에 대하여 5년의 기간까지 그 특허권의 존속기간을 한 차례만 연장할 수 있다. 다만 허가등을 받은 자에게 책임있는 사유로 소요된 기간은 "실시할 수 없었던 기간"에 포함되지 아니한다(제89조(허가등에 따른 특허권의 존속기간의 연장)).

> 제134조(특허권 존속기간의 연장등록의 무효심판) ① 이해관계인 또는 심사관은 제92조에 따른 특허권의 존속기간의 연장등록이 다음 각 호의 어느 하나에 해당하는 경우에는 무효심판을 청구할 수 있다.
>   1. 특허발명을 실시하기 위하여 제89조에 따른 허가등을 받을 필요가 없는 출원에 대하여 연장등록이 된 경우
>   2. 특허권자 또는 그 특허권의 전용실시권 또는 등록된 통상실시권을 가진 자가 제89조에 따른 허가등을 받지 아니한 출원에 대하여 연장등록이 된 경우
>   3. 연장등록에 따라 연장된 기간이 그 특허발명을 실시할 수 없었던 기간을 초과하는 경우

의약품 등의 발명을 실시하기 위해서는 국민의 보건위생을 증진하고 안전성 및 유효성을 확보하기 위해 약사법 등에 따라 허가 등을 받아야 하는데, 특허권자는 이러한 허가 등을 받는 과정에서 그 특허발명을 실시하지 못하는 불이익을 받게 된다. 따라서 위와 같은 불이익을 구제하고 의약품 등의 발명을 보호·장려하기 위해 구 특허법(2014. 6. 11. 법률 제12753호로 개정되기 전의 것, 이하 같다) 제89조 제1항은 "특허발명을 실시하기 위하여 다른 법령의 규정에 의하여 허가를 받거나 등록 등을 하여야 하고, 그 허가 또는 등록 등(이하 "허가 등"이라 한다)을 위하여 필요한 활성·안전성 등의 시험으로 인하여 장기간이 소요되는 대통령령이 정하는 발명인 경우에는 제88조 제1항의 규정에 불구하고 그 실시할 수 없었던 기간에 대하여 5년의 기간 내에서 당해 특허권의 존속기간을 연장할 수 있다"라고 규정하여 약사법 등에 의한 허가 등을 받기 위하여 특허발명을 실시할 수 없었던 기간만큼 특허권의 존속기간을 연장해주는 제도를 마련하였다.

다만, 구 특허법 제89조 제2항은 "제1항을 적용함에 있어서, 특허권자에게 책임 있는 사유로 소요된 기간은 제1항의 '실시할 수 없었던 기간'에 포함되지 아니한다"라고 규정하고 있으므로, 허가 등을 받은 자의 귀책사유로 약사법 등에 따라 허

가 등의 절차가 지연된 경우에는 그러한 귀책사유가 인정되는 기간은 특허권 존속기간 연장의 범위에 포함되어서는 안 된다. 한편 특허권 존속기간의 연장등록을 받는 데에 필요한 허가 등을 신청할 수 있는 자의 범위에는 특허권자 외에 전용실시권자 및 통상실시권자가 포함되므로, 위 규정의 '특허권자에게 책임 있는 사유'를 판단할 경우에도 위 허가 등을 신청한 전용실시권자와 통상실시권자에 관한 사유가 포함된다고 해석함이 타당하다.

그리고 허가 등을 받은 자의 귀책사유로 인하여 약사법 등에 따른 허가 등의 절차가 지연된 기간이 연장등록에 의하여 연장된 기간 안에 포함되어 있어 연장된 기간이 구 특허법 제89조 제1항의 특허발명을 실시할 수 없었던 기간을 초과한다는 사유로 구 특허법 제134조 제1항 제3호에 의하여 존속기간 연장등록에 대하여 무효심판을 청구하는 자는 그 사유에 대하여 주장·증명할 책임을 진다.

2. 관련판례(과활동방광 치료제 사건)

Ⅰ) 사건개요

[1] 피고는 2010. 6. 23. '아세트산 아닐리드 유도체를 유효성분으로 하는 과활동방광 치료제'라는 명칭의 이 사건 특허발명(특허 제967070호)을 등록하고, ㈜한국아스텔라스제약 사이에 이 사건 특허발명에 대한 통상실시권 설정계약을 체결하였으며, ㈜한국아스텔라스제약은 2014. 1. 24. 위 통상 실시권을 등록하였다.

[2] 한국아스텔라스제약은 2013. 1. 31. 식품의약품안전처장에게 이 사건 특허발명과 관련한 이 사건 허가대상 의약품인 베타미가서방정 50밀리그램(원료의약품: 미라베그론)에 대하여 의약품 수입품목허가 신청을 하면서 안전성·유효성 심사, 기준·시험방법 심사와 함께 의약품 제조 및 품질관리기준(Good Manufacturing Pratice, 이하 'GMP'라 한다) 평가 신청, 원료의약품 정보(Drug Master File, 이하 'DMF'라 한다) 심사 신청을 하였다.

Ⅱ) 판결이유

[1] 위 수입품목허가 경위에 의하면, 이 사건 특허발명을 실시할 수 없었던 기간은 특허권 설정등록일인 2010. 6. 23.부터 임상시험종료일인 2010. 8. 10.까지의 48일 및 수입품목허가 신청서 제출일인 2013. 1. 31.부터 수입품목허가 결정이 신

청인에게 도달한 날인 2013. 12. 31.까지의 334일을 기초로 산정하여야 한다.

[2] 식품의약품안전처 내 각 심사부서에서 심사가 중단된 기간은 ㉠ 안전성·유효성, 기준·시험방법에 대한 보완자료 요청일인 2013. 3. 20.부터 보완자료 제출일인 2013. 5. 29.까지(이하 '기간 1'이라 한다) 및 ㉡ GMP 보완자료 요청일인 2013. 7. 25.부터 보완자료 제출일인 2013. 12. 12.까지(이하 '기간 2'라 한다)이다.

[3] 그런데, 위 '기간 1' 동안에는 GMP 평가 심사부서의 심사가 계속 이루어지고 있었으므로 그 보완기간은 통상실시권자의 귀책사유와 허가 등의 지연 사이에 상당인과관계가 인정되지 아니하여 특허권자의 책임 있는 사유로 인하여 지연된 기간이라고 볼 수 없다. 또한 DMF 심사에 관하여 원료 협의회신이 2013. 12. 4.에 있었으므로, '기간 2' 중 2013. 7. 25.부터 2013. 12. 3.까지는 DMF 심사부서의 심사가 이루어지고 있었다고 할 것이고, 따라서 위 기간 역시 통상실시권자의 귀책사유와 허가 등 지연 사이에 상당인과관계가 인정되지 아니하여 위 기간도 특허권자의 책임 있는 사유로 인하여 지연된 기간이라고 볼 수 없다.

다만 '기간 2' 중 나머지 2013. 12. 4.부터 2013. 12. 12.까지의 기간 동안에는 GMP 평가 심사부서의 심사가 중단되었다고 볼 여지는 있으나, 위 기간 동안에도 의약품심사조정과의 품목허가 및 DMF 등록의 타당성 검토가 이루어지고 있었다고 보아야 할 것이므로, 결국 위 기간과 관련해서도 통상실시권자의 귀책사유와 허가 등 지연 사이에 상당인과관계가 인정되지 아니한다.

따라서 이 사건 연장등록에 구 특허법 제134조 제1항 제3호의 무효사유가 존재하지 아니한다.

[4] 식품의약품안전처의 의약품 제조판매·수입품목 허가는 그 허가신청에 대하여 의약품 등의 안전에 관한 규칙 제4조 제1항에서 정한 사항별로 해당 심사부서에서 심사를 진행하고 이에 따라 보완요구를 비롯한 구체적인 심사 절차도 해당 심사부서의 내부 사정에 따라 진행된다. 그렇지만 이러한 해당 심사부서별 심사는 식품의약품안전처 내의 업무 분장에 불과하고, 또한 그 심사 등의 절차가 모두 종결되어야 허가가 이루어질 수 있다. 결국 심사부서별 심사 등의 절차 진행은 최종 허가에 이르는 중간 과정으로서, 전체적으로 허가를 위한 하나의 절차로 평가할 수 있다.

[5] 원심판결 이유에 의하면 이 사건 특허발명을 실시할 수 없었던 기간 중에서 식품의약품안전처의 심사가 전혀 진행되지 아니한 기간은 없고 달리 '허가 등을 받

은 자의 책임 있는 사유'로 제외되어야 할 기간을 인정할 자료가 없으므로, 이 사건 연장등록에 구 특허법 제134조 제1항 제3호의 무효사유가 있다고 볼 수 없다.

[6] 제134조 제1항 제2호에 대하여

구 특허법 제134조 제1항 제2호가 연장등록의 무효사유로서 '등록된 통상실시권을 가진 자가 제89조의 허가 등을 받지 아니한 출원에 대하여 연장등록이 된 경우'라고 규정한 것은, 특허권 존속기간의 연장등록을 받는 데에 필요한 허가 등을 신청할 수 있는 자의 범위에 통상실시권자도 포함되지만, 그 통상실시권의 등록이 연장등록출원서의 필수적 기재사항 및 증명자료임에 비추어 그것이 누락된 채로 연장등록이 이루어진 경우에는 적법한 연장등록 요건을 갖추지 못한 것이므로 그 등록을 무효로 하겠다는 취지라고 해석함이 상당하다. 이와 달리 위 법률 조항이 허가 등을 신청한 통상 실시권자가 그 신청 당시부터 통상실시권의 등록을 마치고 있어야만 한다는 취지를 규정한 것이라고 볼 수는 없다.

한국아스텔라스제약이 위 수입품목허가 신청 당시 이 사건 특허발명을 적법하게 실시할 수 있는 통상실시권자의 지위에 있었고, 특허청 심사관의 이 사건 연장등록결정 등본 송달 전에 통상실시권 등록 및 그에 대한 증명자료 제출이 모두 이루어졌으므로, 이 사건 연장등록에는 등록무효사유가 없다.[155]

Ⅲ. 권리범위확인심판(제135조)

1. 관련규정

권리범위확인심판은 적극적 권리범위확인심판과 소극적 권리범위확인심판으로 구분된다. 적극적 권리범위확인심판은 특허권자 또는 전용실시권자가 자신의 특허발명의 보호범위를 확인하기 위하여 특허권의 권리범위 확인심판을 청구하는 것을 말한다. 소극적 권리범위확인심판은 이해관계인이 타인의 특허발명의 보호범위를 확인하기 위하여 특허권의 권리범위 확인심판을 청구할 수 있다. 권리범위 확인심판을 청구하는 경우에 청구범위의 청구항이 둘 이상인 경우에는 청구항마다 청구할

---

155) 대법원 2017. 11. 29. 선고 2017후844, 2017후851(병합), 2017후868(병합), 2017후875(병합) 판결 [존속기간연장무효(특), 존속기간연장무효(특), 존속기간연장무효(특), 존속기간연장무효(특)].

수 있다(제135조(권리범위 확인심판)).

또한 적극적 권리범위확인심판은 [권리 vs 권리], [권리 vs 비권리]로 나눌 수 있고, 소극적 권리범위확인심판도 마찬가지이다. 즉, 적극적 권리범위확인심판의 경우 선권리자가 후권리자를 상대로 심판을 청구할 수 있으며, 선권리자가 실시자를 상대로 심판을 청구할 수 있다. 소극적 권리범위확인심판의 경우 후권리자가 선권리자를 상대로 심판을 청구할 수 있으며, 실시자가 권리자를 상대로 심판을 청구할 수 있다.

Ⅲ-1. [권리 vs 권리] 적극적 권리범위확인심판 적법여부

1.1 관련판례(선후원 권리가 동일한 경우 부적법, 면포걸레 청소기 사건)

Ⅰ) 사건개요

본 발명은 면포걸레 청소기에 관한 것이다. 보다 구체적으로 본 발명은 가정의 거실, 사무실 등의 바닥면 또는 유리창을 물걸레 또는 부직포 걸레로 청소하기 위한 청소기에 관한 것으로, 면포걸레를 원터치 방식으로 용이하게 교체할 수 있는 면포걸레 청소기에 관한 것이다.

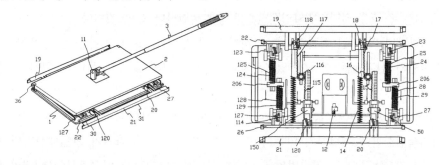

Ⅱ) 판시사항

선등록 특허권자가 후등록 특허권자를 상대로 제기하는 적극적 권리범위확인심판이 적법한지 여부(소극) 및 이러한 법리가 후등록 특허발명의 신규성 인정 여하에 따라 적용 여부가 달라지는지 여부(소극)

Ⅲ) 판결이유

[1] 특허권의 권리범위확인은 등록된 특허권을 중심으로 어떠한 확인대상발명이 적극적으로 등록 특허발명의 권리범위에 속한다거나 소극적으로 이에 속하지 아니함을 확인하는 것인데, 선등록 특허권자가 후등록 특허권자를 상대로 제기하는 적극적 권리범위확인심판은 등록무효절차 이외에서 등록된 권리의 효력을 부인하는 결과가 되어 부적법하다(대법원 1996. 12. 20. 선고 95후1920 판결, 대법원 2007. 10. 11. 선고 2007후2766 판결 등 참조). 이와 같이 선등록 특허권자가 후등록 특허권자를 상대로 제기하는 적극적 권리범위확인심판이 허용되지 아니하는 이유에 비추어 볼 때 이러한 법리는 후등록 특허발명의 신규성 인정 여하에 따라 그 적용 여부가 달라지는 것은 아니다.

원심판결 이유와 기록에 의하면, 심판청구인인 피고가 명칭을 '면포걸레 청소기'로 하는 이 사건 특허발명(2003. 5. 19. 출원, 2005. 3. 9. 등록)의 청구범위 제1항(이하, '이 사건 제1항 발명')의 권리범위에 속하는 것이라고 주장하는 원심 판시 확인대상발명은 원고가 2004. 10. 22. 출원하여 2007. 2. 20. 등록을 마친 특허발명의 청구범위 제2항(이하, '후등록 특허')과 실질적으로 동일한 발명인 사실을 알 수 있으므로, 이 사건 심판청구는 원고의 후등록 특허가 피고의 선등록 특허의 권리범위에 속한다는 확인을 구하는 적극적 권리범위확인심판으로서 부적법하다고 할 것이다.

그렇다면 이 사건 심판청구를 각하하지 않고 본안으로 나아가 이를 인용한 특허심판원의 심결에는 잘못이 있고, 원심 역시, 원고의 후등록 특허가 원심 판시 을 제19호증의 선행 등록고안에 의하여 신규성이 부정되어 그 보호범위를 인정할 수 없으므로 이 사건 심판청구가 후등록 특허권자를 상대로 제기하는 적극적 권리범위확인심판에 해당하지 않는다고 전제한 다음 본안에 나아가 확인대상발명이 이 사건 제1항 발명의 권리범위에 속한다고 판단하였으니, 원심판결에는 권리범위확인심판의 적법요건에 관한 법리를 오해하여 판결 결과에 영향을 미친 잘못이 있다.156)

---

156) 대법원 2016. 4. 28. 선고 2013후2965 판결 [권리범위확인(특)].

1.2 관련판례(선후원 권리가 다른 경우 적법, 모바일기기 충전용 배터리 사건)

I) 사건개요

디자인의 대상이 되는 물품: 모바일기기 충전용 배터리(등록번호 30-0815419)

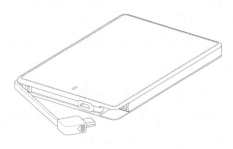

II) 판결이유

권리범위확인은 등록된 권리를 중심으로 어떠한 비등록 실시 형태가 적극적으로 등록 권리의 권리범위에 속한다거나 소극적으로 이에 속하지 아니함을 확인하는 것이므로, 등록된 두 개의 권리의 내용이 동일 또는 유사한 경우, 선등록 권리자는 후등록 권리자를 상대로 후등록 권리의 무효를 청구할 수 있을 뿐이고 그를 상대로 하는 적극적 권리범위 확인심판을 청구할 이익은 없나(대법원 1996. 7. 30. 선고 96후375판결 등 참조).

여기서 후등록디자인과 확인대상디자인 사이에 동일성이 인정된다고 하기 위해서는, 양 디자인의 형상과 모양 및 색채의 결합이 동일하거나 극히 미세한 차이만 있어 전체적 심미감이 동일하다고 볼 수 있는 정도에 이르러야 하고, 단순히 용이하게 변형이 가능하다고 볼 수 있어 전체적인 심미감이 유사한 정도에 불과하다면 양 디자인 사이에 동일성이 인정된다고 할 수 없다(대법원 2001. 7. 13. 선고 2000후730 판결 참조).

결국, 확인대상디자인은 원고의 후등록디자인과 동일성이 인정된다고 할 수 없으므로, 원고의 이 사건 적극적 권리범위확인심판청구는 적법하다.[157]

---

157) 특허법원 2017. 5. 19. 선고 2016허6036 판결 [권리범위확인(디)].

Ⅲ - 2. [권리 vs 권리] 적극적 권리범위확인심판 적법여부(후권리가 선권리의 이용관계에 있는 경우)

1.1 관련판례(이용관계 불인정)

Ⅰ) 판시사항

[1] 선 등록 실용신안권자가 후 등록 실용신안권자를 상대로 적극적 권리범위확인심판을 청구할 수 있는지 여부(소극)

[2] 등록고안의 선 출원 등록자가 후 등록된 (가)호 고안이 진보성이 없는 개악고안으로서 무효라는 취지로 주장하면서 적극적 권리범위확인심판을 청구한 이상 확인의 이익이 없는 부적법한 청구라고 한 사례

Ⅱ) 판결이유

[1] 원심판결 이유에 의하면, 원심은 선 출원에 의하여 등록된 고안과 후 출원에 의하여 등록된 고안 상호간의 적극적 권리범위확인심판을 허용하는 것은 무효심판에 의하지 아니하고 후 등록권리의 효력을 부정하는 결과가 되어 허용될 수 없고, 다만 권리 대 권리 상호간이라도 이용관계에 있는 경우에는 후 등록권리의 효력을 부정하는 것이 아니므로, 확인의 이익이 있다고 판단하였을 뿐, 적극적 권리범위확인심판의 대상은 반드시 선 등록권리 대 후 등록권리이어야 하고 미등록된 고안을 상대로 심판을 청구할 수는 없다고 판시한 바 없음이 분명하다.

따라서 원심이 적극적 권리범위확인심판의 대상은 반드시 선 등록권리 대 후 등록권리이어야 한다고 판시하였음을 전제로 권리범위확인심판에 대한 법리를 오해한 위법이 있다고 하는 이 점 상고이유는 받아들일 수 없다.

[2] 후 출원에 의하여 등록된 고안을 (가)호 고안으로 하여 선 출원에 의한 등록고안의 권리범위에 속한다는 확인을 구하는 적극적 권리범위확인심판은 후 등록된 권리에 대한 무효심판의 확정 전에 그 권리의 효력을 부정하는 결과로 되어 원칙적으로 허용되지 아니하고(대법원 1996. 12. 20. 선고 95후1920 판결 등 참조), 다만 예외적으로 양 고안이 구 실용신안법(1990. 1. 13. 법률 제4209호로 전문 개정되기 전의 것) 제11조 제3항에서 규정하는 이용관계에 있어 (가)호 고안의 등록의 효력을 부정하지 않고 권리범위의 확인을 구할 수 있는 경우에는 권리 대 권리 간의 적극적

권리범위확인심판의 청구가 허용된다.

　원고는 상고이유로서, 후 출원에 의하여 등록된 고안이 선 출원에 의하여 등록된 고안을 이용한 경우 후 등록권리가 무효사유를 가지고 있는 경우도 있고, 원고가 이 사건 심판단계에서 후 등록된 (가)호 고안이 무효라고 주장한 것은 단순한 주장에 불과할 뿐 그로 인하여 심판청구가 부적법하다고 할 수는 없다는 취지로 주장하나, 원고가 후 등록된 (가)호 고안이 진보성이 없는 개악고안으로서 무효라는 취지로 주장하면서 적극적 권리범위확인심판을 청구한 이상, 확인의 이익이 인정될 수 없어 부적법한 청구로 귀결될 수밖에 없으므로, 같은 취지의 원심 판단은 정당하고, 거기에 권리범위확인심판의 청구적격에 관한 법리오해의 위법이 있다고 할 수 없다.[158)

1.2 관련판례(이용관계 인정, 게 낚시 사건)

Ⅰ) 사건개요

　[발명의 설명](게 낚시 기구, 등록 제20-0360890호)

　본 고안은 미끼포섭부에 의하여 미끼를 둘러쌈으로써 미끼가 빠지지 않고 잘 고정되어 있음으로써 낚시 도중에 미끼를 자주 교체하는 번거로움을 덜어주어 매우 편리하게 게 낚시를 할 수 있게 하며, 낚시대를 들어올리기만 하면 그물구조가 자동으로 오므라들면서 미끼에 유인된 게를 그물 구조를 통해 감싸 주게 함으로써 낚시대로 낚시를 하면서도 그물구조를 통해 게를 잡음으로써 놓치지 않고 포획가능하게 한 게 낚시에 관한 것이다.

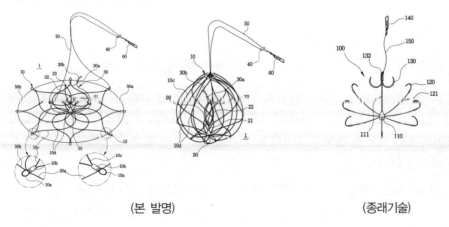

(본 발명)　　　　　　　　　　　　　　　(종래기술)

---

158) 대법원 2002. 6. 28. 선고 99후2433 판결 [권리범위확인(실)]. 이 판례는 27회 피인용되었다.

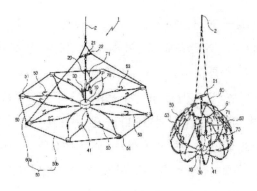

(가)호 고안

[청구항 2]

게 낚시 기구에 있어서,

중앙 추의 주위에 형성된 탄성 그물 구조와,

상기 탄성 그물 구조의 가장자리 측에 형성된 복수의 원형 고리와,

상기 복수의 원형 고리에 연결되는 적어도 하나의 조임줄과,

낚시대에 연결된 낚시줄과 상기 조임줄의 연결을 위한 연결구를 포함하며,

상기 조임줄의 일단 및 낚시대에 연결된 낚시줄의 일단은 각각 상기 연결구에 연결되어,

낚시대를 잡아당김으로써 상기 조임줄이 당겨지게 되어 상기 탄성 그물이 오므라들게 되어 게를 포획하게 되는 게 낚시 기구.

Ⅱ) **판결이유**

[1] 기술적 구성이 동일 또는 균등한지 여부

확인대상고안은 이 사건 제2항 고안의 청구범위에 나타난 구성요소를 모두 포함하고 있으나 별도의 구성요소가 부가되어 있으므로, 양 고안의 기술적 구성이 같다고 할 수 없다. 나아가, 확인대상고안에 부가된 구성요소가 이 사건 제2항 고안의 구성요소와는 새로운 별개의 것으로서 등가관계에 있지 않음이 명백하므로 기술적 구성이 균등하지도 않다.

[2] 이 사건 제2항 고안과 확인대상고안이 이용관계에 있는지 여부

(가) 확인대상고안과 등록고안이 이용관계에 있는 경우에 확인대상고안은 등록고안의 권리범위에 속하게 되고, 이러한 이용관계는 확인대상고안이 등록고안의 기

술적 구성에 새로운 기술적 요소를 부가하는 것으로서, 확인대상고안이 등록고안의 요지를 전부 포함하고 이를 그대로 이용하되, 확인대상고안 내에 등록고안이 고안으로서의 일체성을 유지하는 경우에 성립한다(대법원 2001. 9. 7. 선고 2001후393 판결, 대법원 2003. 2. 11. 선고 2002후1027판결 등 참조).

(나) 확인대상고안은 이 사건 제2항 고안의 각 구성요소 전부를 포함하고 있고, 아울러 새로운 구성요소를 부가하고 있다. 그러나 앞서 본 바와 같이 확인대상고안에서 추가된 기술적 요소를 제외하면, 양 고안의 공통된 구성요소 간의 결합관계에 서로 차이가 없고 그 결합관계로 인해 게의 효과적인 포획이라는 동일한 기능을 수행하게 되므로, 확인대상고안이 이 사건 제2항 고안의 요지를 전부 포함하여 이를 그대로 이용하되, 확인대상고안 내에 이 사건 제2항 고안이 고안으로서의 일체성을 유지하고 있다고 할 것이다.

결국, 확인대상고안은 이 사건 제2항 고안을 이용하는 관계에 있으므로 확인대상고안은 이 사건 제2항 고안의 권리범위에 속한다고 할 것이다.

[3] 이 사건 심판청구가 권리 대 권리 간의 심판청구로서 부적법한지 여부

(가) 후출원에 의하여 등록된 고안을 확인대상고안으로 하여 선출원에 의한 등록고안의 권리범위에 속한다는 확인을 구하는 적극적 권리범위확인심판은 후 등록된 권리에 관한 무효심판의 확정 전에 그 권리의 효력을 부성하는 결과로 되어 원칙적으로 허용되지 아니하고, 다만 예외적으로 양 고안이 실용신안법 제25조에서 규정하는 이용관계에 있어 확인대상고안의 등록의 효력을 부정하지 않고 권리범위의 확인을 구할 수 있는 경우에는 권리 대 권리 간의 적극적 권리범위확인심판의 청구가 허용된다(대법원 2002. 6. 28. 선고 99후2433 판결 참조).

(나) 확인대상고안은 원고가 2006. 9. 25. 출원하여 2006. 12. 21. 등록된 고안(등록번호 제20－0434854호)의 청구항 제1항과 동일하므로(갑 제2호증), 후출원에 의하여 등록된 고안에 해당하는바, 선출원에 의하여 등록된 이 사건 제2항 고안의 권리범위에 속한다는 확인을 구하는 적극적 권리범위확인심판은 원칙적으로 허용이 되지 않는다. 그러나 앞서 본 바와 같이 확인대상고안과 이 사건 제2항 고안이 실용신안법 제25조 소정의 이용관계에 있음을 전제로 하는 이 사건 심판청구는 확인대상고안의 등록의 효력을 부정하는 것이 아니므로, 부적법하다고 할 수 없다.[159]

---

159) 특허법원 2010. 4. 2. 선고 2009허7772 판결 [권리범위확인(실)].

III-3. [권리 vs 권리] 소극적 권리범위확인심판 적법여부

1. 관련판례(물품 포장구 사건)

I) 사건개요

[발명의 설명](물품 포장구, 특허 제0181977호)

본 발명은 제조가 간단 용이하며, 경제적으로 극히 유리하고, 사용자에 있어서는 번잡한 작업을 전혀 필요로 하지않고, 간단하게 물품을 포장할 수가 있는 포장재로서, 보관 및 수송시에는 시이트형상 그대로 겹쳐서 쌓는 것이 가능하며 장소를 차지하지 않는 포장구를 제공하는 것이다.

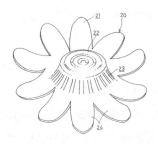

[청구항 1]

합성수지 발포체를 주체로 하는 연질시이트 형상물로 이루어지고, 피포장물의 바닥부가 재치되는 중앙좌부와, 상기 중앙좌부를 윗쪽으로 들어 올리고 또한 그 중앙좌부의 하강과 동시에 안쪽으로 반전하도록 해당중앙좌부에서 하부 아래쪽으로 경사를 가지고 연장설치된 반전경사부와, 상기 반전경사부로부터 바깥쪽으로 방사상으로 형성된 포착편으로 이루어진 것을 특징으로 하는 물품포장구.

II) 판결이유

[1] 특허권의 권리범위확인은 등록된 특허권을 중심으로 어떠한 확인대상발명이 적극적으로 등록 특허발명의 권리범위에 속한다거나 소극적으로 이에 속하지 아니함을 확인하는 것인바, 선등록 특허권자가 후등록 특허권자를 상대로 제기하는 적극적 권리범위확인심판은 등록무효절차 이외에서 등록된 권리의 효력을 부인하는 결과가 되어 부적법하나, <u>후등록 특허권자가 선등록 특허권자를 상대로 제기하는 소극적 권리범위확인심판은 후등록 특허권자 스스로가 자신의 등록된 권리의 효력</u>

이 부인되는 위험을 감수하면서 타인의 등록된 권리의 범위에 속하는지 여부에 대한 판단을 구하는 것이어서 적법하다고 할 것이다(대법원 1985. 4. 23. 선고 84후19 판결, 대법원 1996. 7. 30. 선고 96후375 판결 등 참조).

　　[2] 위 법리와 기록에 비추어 살펴보면, 원심이 심판청구인인 원고가 피심판청구인인 피고를 상대로 권리 대 권리 간의 소극적 권리범위확인심판을 청구할 수 있음을 전제로 명칭을 "물품 포장구"로 하는 이 사건 특허발명(등록번호 제181977호)의 특허청구범위 제1, 2항을 원심 판시의 확인대상발명과 비교한 다음, 확인대상발명이 이 사건 제1, 2항 발명의 필수적 구성요소를 모두 가지고 있어서 이 사건 제1, 2항 발명의 권리범위에 속한다는 취지로 판단하였음은 정당하고, 거기에 상고이유에서 주장하는 바와 같은 특허발명의 권리범위 판단에 관한 판단누락, 채증법칙 위반, 심리미진, 판례위반 및 법리오해 등의 위법이 없다.[160)]

III－4. 권리범위 확인심판에서 진보성 여부를 심리 · 판단할 수 있는지 여부

1. 관련판례(사료 운반차량장치 사건)

Ⅰ) 사건개요

　　[발명의 설명](실용신안등록 제0365414호)

　　종래의 사료 운반차량용 사료 반송장치에 있어서는, 별도로 구비된 반송붐(20)의 배출구(25)를 직접 사료탱크의 상부에 설치된 개폐문에 위치시켜 반송 작업을 실시하였고, 또한, 반송붐(20)의 경사각이 커지므로 사료를 상부로 이동시키기 위해서는 매우 큰 구동력을 필요로 했고, 길이도 매우 커지는 등의 불편함이 있었다. 본 고안은 이러한 문제점을 해결하기 위해서 안출된 것으로, 큰 구동력을 필요로 하지 않고 큰 규모로 제작하지 않으며 별도의 지지축이나 호스 등을 사용하지 않으면서 사료를 용이하게 반송할 수 있는 운반차량용 사료 반송장치를 제공하는 데에 그 목석이 있다.

---

160) 대법원 2007. 10. 11. 선고 2007후2766 판결 [권리범위확인(특)]. 이 판례는 3회 피인용되었다.

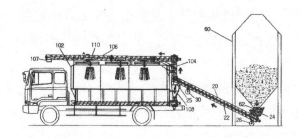

[청구항 1]

　사료탱크(102)의 외부로 설치되고 내부에는 이송 스크류가 구비된 수직 이송관 (104) 및 수평 이송관(106)과, 사료탱크(102)의 뒷부분에 설치되고 상기 수직 이송축 (104)과 연결되는 약품통(108)과, 사료를 반송하는 통상의 반송관을 구비하는 사료 운반차량용 사료 반송장치에 있어서, 상기 반송관은 그 일단이 사료탑(60)에 연결되 고 타단은 상기 약품통(108)에 연결되며 그 내부에는 구동수단에 의해 회전되는 반 송용 스크류(22)가 구비된 반송관(20)으로 이루어지며, 상기 수평 이송관(106)의 소 정 위치에는 하나 이상의 개폐문(110,110')을 구비하는 것을 특징으로 하는 사료 운 반차량용 사료 반송장치.

II) 판결요지

　특허법은 특허가 일정한 사유에 해당하는 경우에 별도로 마련한 특허의 무효심 판절차를 거쳐 무효로 할 수 있도록 규정하고 있으므로, 특허는 일단 등록이 되면 비록 진보성이 없어 당해 특허를 무효로 할 수 있는 사유가 있더라도 특허무효심판 에 의하여 무효로 한다는 심결이 확정되지 않는 한 다른 절차에서 그 특허가 무효 임을 전제로 판단할 수는 없다.

　나아가 특허법이 규정하고 있는 권리범위확인심판은 심판청구인이 그 청구에서 심판의 대상으로 삼은 확인대상발명이 특허권의 효력이 미치는 객관적인 범위에 속 하는지 여부를 확인하는 목적을 가진 절차이므로, 그 절차에서 특허발명의 진보성 여부까지 판단하는 것은 특허법이 권리범위확인심판 제도를 두고 있는 목적을 벗어 나고 그 제도의 본질에 맞지 않다. 특허법이 심판이라는 동일한 절차 안에 권리범 위확인심판과는 별도로 특허무효심판을 규정하여 특허발명의 진보성 여부가 문제 되는 경우 특허무효심판에서 이에 관하여 심리하여 진보성이 부정되면 그 특허를 무효로 하도록 하고 있음에도 진보성 여부를 권리범위확인심판에서까지 판단할 수 있게 하는 것은 본래 특허무효심판의 기능에 속하는 것을 권리범위확인심판에 부여함으로써 특허무효심판의 기능을 상당 부분 약화시킬 우려가 있다는 점에서도 바람직하지 않다. 따라서 권리범위확인심판에서는 특허발명의 진보성이 부정된다는 이유로 그 권리범위를 부정하여서는 안 된다.

다만 대법원은 특허의 일부 또는 전부가 출원 당시 공지공용의 것인 경우까지 특허청구범위에 기재되어 있다는 이유만으로 권리범위를 인정하여 독점적·배타적인 실시권을 부여할 수는 없으므로 권리범위확인심판에서도 특허무효의 심결 유무에 관계없이 그 권리범위를 부정할 수 있다고 보고 있으나, 이러한 법리를 공지공용의 것이 아니라 그 기술분야에서 통상의 지식을 가진 자가 선행기술에 의하여 용이하게 발명할 수 있는 것뿐이어서 진보성이 부정되는 경우까지 확장할 수는 없다. 위와 같은 법리는 실용신안의 경우에도 마찬가지로 적용된다.

Ⅲ) 판결이유

[1] 위 법리와는 달리 특허발명 또는 등록실용신안이 신규성은 있으나 진보성이 없는 경우 이에 관한 권리범위확인심판에서 당연히 그 권리범위를 부정할 수 있다는 취지로 판시한 대법원 1991. 3. 12. 선고 90후823 판결, 대법원 1991. 12. 27. 선고 90후1468, 1475(병합) 판결, 대법원 1997. 7. 22. 선고 96후1699 판결, 대법원 1998. 2. 27. 선고 97후2583 판결 등을 비롯한 같은 취지의 판결들은 이 판결의 견해에 배치되는 범위 내에서 이를 모두 변경하기로 한다.

[2] 원심은 그 판시와 같은 이유로 원고가 실시하고 있는 원심 판시 확인대상고안이 명칭을 '사료 운반차량용 사료 반송장치'로 하는 이 사건 등록고안의 실용신안 등록청구범위(특허심판원 2012. 9. 24. 자 2012정83호 심결로 정정된 것) 제1항과 제3항의 권리범위에 속한다는 취지로 판단하면서, 위 각 고안은 진보성이 없어 무효이므로 그 권리범위가 인정될 수 없다는 원고의 주장을 권리범위확인심판에서는 신보성이 없는 경우라고 하더라도 그 권리범위를 부정할 수 없다는 이유로 배척하였다.

위 법리에 비추어 원심의 판단은 정당하고, 거기에 상고이유 주장과 같이 권리범위확인심판에서 진보성 여부를 심리·판단할 수 있는지에 관한 법리를 오해하는 등의 위법은 없다.

Ⅳ) 이에 대한 일부 대법관의 반대의견

특허권의 권리범위확인심판은 특허가 유효함을 전제로 하여 특허발명의 권리범위를 확인하는 심판절차이다. 특허권의 권리범위확인심판 청구는 현존하는 특허권의 범위를 확정하려는 데 그 목적이 있으므로 특허에 무효사유가 있어 특허법이 정한 특허무효심판 절차를 거쳐 무효로 된 경우에는 그에 관한 권리범위확인심판을 청구할 이익이 소멸한다(대법원 1996. 9. 10. 선고 94후2223 판결, 대법원 2007. 3. 29. 선고 2006후3595 판결 등 참조). 이러한 법리는, 특허는 일단 등록된 이상 비록 무효사유가 있다고 하더라도 특허무효심판 절차에서 무효로 한다는 심결이 확정되지 않는 한 대세적(對世的)으로 무효로 되지 아니한다는 법리를 전제로 하고 있는 것으로 이해될 수 있고, 그 결과 무효의 심결이 확정되기 전에는 권리범위확인심판을 청구할 이익이 인정되는 것처럼 보인다.

그런데 특허법이 정한 요건을 충족하지 못하여 특허를 받을 수 없는 발명에 대하여 잘못하여 특허등록이 이루어지는 경우가 있다. 그러한 특허는 특허의 외양을 하고 있을 뿐 무효사유가 있어 특허법에 의한 보호를 받을 자격이 없고 그 실체가 인정될 여지도 없어 애당초 그 특허발명의 권리범위를 상정할 수가 없다. 그러한 특허에 대하여 특허무효심판 절차를 거쳐 무효로 되지 아니하였다는 사정만으로 별다른 제한 없이 권리범위확인심판을 허용하게 되면, 특허등록이 형식적으로 유지되고 있다는 사정만으로 실체 없는 특허권을 마치 온전한 특허권인 양 그 권리범위를 확인해 주는 것이 되어 부당하다. 권리범위는 인정할 수 있지만 정작 그 권리는 부정된다고 하는 결론이 나오더라도 이를 수용하여야 한다고 하는 것은 건전한 상식과 법감정이 납득할 수 있는 한계를 벗어난다. 대법원이 일단 등록된 특허라도 신규성이 없어 무효사유가 존재하는 경우에 그 특허발명의 권리범위를 인정할 수 없다고 한 것(대법원 1983. 7. 26. 선고 81후56 전원합의체 판결 등 참조)은 바로 이 점을 밝히고 있는 것이다.

다수의견은 특허발명에 신규성이 없는 경우에는 권리범위확인심판에서도 특허무효의 심결 유무에 관계없이 그 권리범위를 부정할 수 있으나, 진보성이 부정되는 경우까지 그와 같이 볼 수는 없다고 한다. 그러나 신규성 결여와 진보성 결여는 모두 발명의 구성과 효과 등을 종합적으로 검토하여 판단할 것이 요구되는 특허의 무효사유라는 점에서 본질적으로 차이가 없으므로, 권리범위확인심판에서 권리범위를 판단하기 위한 전제로서 발명의 신규성을 심리·판단하는 것과 진보성을 심리·판단하는 것 사이에 차등을 둘 이유가 없다. 권리범위확인심판에서 특허의 신규성 여부는 판단할 수 있다고 하면서 진보성 여부는 판단할 수 없다고 하는 다수의견은 그 논리에 일관성이 결여되었다는 비판을 면하기 어렵다.

　한편 대법원은 특허발명에 대한 무효심결이 확정되기 전이라고 하더라도 그 특허발명의 진보성이 없어 특허가 특허무효심판에 의하여 무효로 될 것임이 명백한 경우에는 그 특허권에 기초한 침해금지 또는 손해배상 등의 청구가 권리남용에 해당하여 허용되지 아니한다는 법리를 선언한 바 있다(대법원 2012. 1. 19. 선고 2010다95390 전원합의체 판결 참조). 특허가 특허무효심판에 의하여 무효로 될 것임이 명백한 경우라면 특허권의 침해가 인정될 수 없다는 것이 위 전원합의체 판결의 취지이고, 이러한 논리를 특허권의 권리범위확인심판에 대하여 적용하면 특허권의 침해 여부를 판단하기 위한 선결문제로서의 의미를 갖는 권리범위의 확인을 청구할 이익도 부정된다고 보아야 한다. 특허가 진보성이 없어 무효로 될 것임이 명백하여 특허권 침해가 인정될 여지가 없음에도 이를 도외시한 채 특허발명의 권리범위에 관하여 심판하는 것은 무효임이 명백한 특허권의 행사를 허용하는 것이나 다름없기 때문이다. 특허가 진보성이 없어 무효로 될 것임이 명백한 경우에는 그 특허권의 행사가 허용되지 아니한다는 법리가 침해금지 또는 손해배상 등의 청구에서만 존중되어야 하고 권리범위확인심판에서는 그럴 필요가 없다고 볼 납득할 만한 이유를 찾을 수 없다.

　이와 같이 특허가 진보성이 없어 무효로 될 것임이 명백함에도 권리범위확인심판을 허용하는 것은 특허권에 관한 분쟁을 실효적으로 해결하는 데 도움이 되지 아니하고 당사자로 하여금 아무런 이익이 되지 않는 심판절차에 시간과 비용을 낭비하도록 하는 결과를 초래하며, 특허발명을 보호·장려하고 그 이용을 도모함으로써 기술의 발전을 촉진하고 산업발전에 이바지하고자 하는 특허법의 목적을 달성하기 위하여 권리범위확인심판 제도를 마련한 취지에도 부합하지 않는다. 특허발명에 대한 특허무효심판이나 권리범위확인심판은 모두 특허심판원이 담당하므로 권리범위확인심판 절차에서 특허발명의 진보성 여부에 관하여 판단하는 것은 그 판단 주체의 면에서 보아 문제 될 것이 없다. 오히려 권리범위확인심판에서 특허가 진보성이 없어 무효로 될 것임이 명백하다는 이유로 특허권의 권리범위확인을 거절하게 되면, 권리범위확인심판에서는 확인대상발명이 특허발명의 권리범위에 속한다고 심결을 하여 확인대상발명이 특허권을 침해한다는 듯한 판단을 하면서 특허무효심판에서는 특허가 진보성이 없어 무효라고 심결을 하여 확인대상발명의 특허권 침해를 부정하는 듯한 판단을 함으로써 상호 모순되는 심결을 한 것과 같은 외관이 작출되는 불합리를 방지할 수 있다. 보다 근본적으로는 권리범위확인심판이 특허가 유효함을 전제로 하여서만 의미를 가질 수 있는 절차이므로 그 심판절차에서는 특허의 진보성 여부 등 무효사유가 있는지를 선결문제로서 심리한 다음 그 무효사유가 부정되는 경우에 한하여 특허발명의 권리범위에 관하여 나아가 심리·판단하도록 그 심판구조를 바꿀 필요가 있다.

이러한 사정들을 종합적으로 고려하면, 진보성이 없다는 이유로 특허발명에 대한 무효심결이 확정되기 전이라고 하더라도 적어도 그 특허가 진보성이 없어 무효로 될 것임이 명백한 경우라면, 그러한 특허권을 근거로 하여 적극적 또는 소극적 권리범위확인심판을 청구할 이익이 없다고 보아야 하고, 그러한 청구는 부적법하여 각하하여야 한다.161)

III – 5. 확인대상발명이 정정 후 제1항 발명의 권리범위에 속하는지 여부

1. 관련판례(열 전사 염료시트 및 프린터 사건)

I) 사건개요

[발명의 설명](열 전사 염료시트 및 프린터, 특허 제1011240620000호)

본 발명은 열적으로 전사될 수 있는 염료의 영역을 함유한 기판을 포함하며, 열 전사 염료시트 및, 이와 함께 염료시트를 제조하는 방법 및 결합되는 프린터에 관한 것이다.

---

161) 대법원 2014. 3. 20. 선고 2012후4162 전원합의체 판결 [권리범위확인(실)]. 이 판례는 9회 피인용된 판례이며, 그동안 논란이 되어왔던 권리범위확인심판에서 진보성까지 판단할 수 있는지에 대한 심리범위를 확정한 매우 중요한 판례이다.
이 사건은 실용신안 무심사 등록된 건으로 무효심판, 정정심판, 소극적/적극적 권리범위확인심판 등 무려 41건의 심판, 심결취소 소송이 있었던 사건으로 결국 무효로 확정되었다.

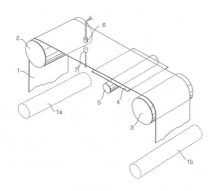

[청구항 1]

　전송 가능한 염료의 복수의 채색된 패널을 함유한 기판을 포함하며, 상기 채색된 패널이, 제1광학 밀도(optical density)를 갖는 상기 채색된 패널 내의 제1인쇄 부분(8)(printable portion), 제2광학 밀도를 갖는 상기 채색된 패널 내의 제2인쇄 부분, 및 제1인쇄 부분의 광학 밀도와 동일한 광학 밀도를 갖는 상기 채색된 패널 내의 제3인쇄 부분을 포함하며, 제1 및 제2광학 밀도의 차이가 염료시트 프린터 상의 검출 수단에 의해 검출될 수 있는 열 전사 염료시트(1).

II) 판결이유

　[1] 확인대상발명이 특허발명의 권리범위에 속한다고 할 수 있기 위해서는 특허발명의 특허청구범위에 기재된 각 구성요소와 그 구성요소 간의 유기적 결합관계가 확인대상발명에 그대로 포함되어 있어야 한다. 한편, 확인대상발명에서 특허발명의 특허청구범위에 기재된 구성 중 치환 내지 변경된 부분이 있는 경우에도, 양 발명에서 과제의 해결원리가 동일하고, 그러한 치환에 의하더라도 특허발명에서와 같은 목적을 달성할 수 있고 실질적으로 동일한 작용효과를 나타내며, 그와 같이 치환하는 것이 통상의 기술자라면 누구나 용이하게 생각해 낼 수 있는 정도로 자명하다면, 확인대상발명은 전체적으로 특허발명의 특허청구범위에 기재된 구성과 균등한 것으로서 여전히 특허발명의 권리범위에 속한다고 보아야 한다. 그런데 여기서 말하는 양 발명에서 과제의 해결원리가 동일하다는 것은 확인대상발명에서 치환된 구성이 특허발명의 비본질적인 부분이어서 확인대상발명이 특허발명의 특징적 구성을 가지는 것을 의미하는바, 특허발명의 특징적 구성을 파악하기 위해서는 명세서

중 발명의 상세한 설명의 기재와 출원 당시의 공지기술 등을 참작하여 선행기술과 대비하여 볼 때 특허발명에 특유한 해결수단이 기초하고 있는 과제의 해결원리가 무엇인가를 실질적으로 탐구하여야 한다(대법원 2010. 5. 27. 선고 2010후296 판결 및 대법원 2011. 7. 28. 선고 2010후67 판결 등 참조).

[2] 확인대상발명은 전체적으로 정정 후 제1항 발명의 특허청구범위에 기재된 구성과 균등한 것으로서 그 권리범위에 속한다고 보아야 한다.

이상을 종합하면, 정정 후 제1항 발명은 비교대상발명 1에 의하여 신규성이 부정됨을 이유로 권리범위가 인정되지 아니한다고 볼 수 없고, 확인대상발명은 비교대상발명 2, 3과의 관계에서 자유실시기술에 해당하지 아니하는 것으로서 정정 후 제1항 발명의 권리범위에 속한다 할 것이다. 그럼에도 이 사건 심결은 이와 결론을 달리하여 부당하다.162)

III-6. 소극적 권리범위확인심판에서 장래 실시 예정인 것을 심판대상으로 삼을 수 있는지 여부

1. 관련규정

특허권자 또는 전용실시권자는 자신의 특허발명의 보호범위를 확인하기 위하여 특허권의 권리범위 확인심판을 청구할 수 있으며, 이해관계인은 타인의 특허발명의 보호범위를 확인하기 위하여 특허권의 권리범위 확인심판을 청구할 수 있다(제135조 (권리범위 확인심판)).

권리범위확인심판이란 특허권자, 전용실시권자 또는 이해관계인이 특허발명의 보호범위를 확인하기 위하여 청구하는 심판을 말하는 것으로 권리를 가지지 아니한 자가 현재 실시하고 있거나 장래에 실시하고자하는 기술이 특허발명에 기술적으로 속하는 지의 여부를 가리기 위한 것이다. 특허발명의 보호범위는 특허청구범위에 기재된 사항에 의하여 정하여진다고 규정(제97조(특허발명의 보호범위))하고 있으나 기술적 사상에 대하여 부여된 특허의 속성상 일반 유체재산권과 달리 그 권리의 보호범위를 명확하게 정의하기는 매우 어렵다.

권리범위확인심판은 권리자 또는 전용실시권자가 청구하는 적극적 권리범위 확

---

162) 특허법원 2014. 1. 23. 선고 2012허11412.

인심판과 이해관계인이 자신이 실시하거나 향후 실시하려고 하는 기술에 대하여 청구하는 소극적 권리범위확인심판으로 나눌 수 있다.

2. 관련판례(약쑥을 이용한 여성용 훈연제 사건)

Ⅰ) 사건개요

[발명의 설명](약쑥을 이용한 여성용 훈연제 및 그 제조방법, 2007. 11. 19. 특허 제779211호)

특허권자인 원고의 발명은 약쑥 연소 시 발생되는 인체에 유익한 성분의 훈연과 연소열에 의한 여성용 훈연제로서 약쑥잎, 회엽, 안식향, 참나무 숯 및 창출을 건조 후 물과 혼합하여 분쇄시키며, 점화 시 끝까지 연소될 수 있도록 뭉쳐 동결건조시킨 약쑥탄과, 상기 약쑥탄을 상부에 형성하여 연소시키며 상기 약쑥탄이 연소 후 물에 용해되는 부유물을 구비한다. 사용 후 좌변기의 물에 용해되어 배출되므로 사용이 편리하며 수질 오염되는 것을 방지할 수 있다.

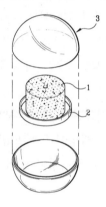

[청구항 1]

약쑥잎, 회엽, 안식향, 참나무 숯 및 창출을 건조 후 물과 혼합하여 분쇄시키며, 점화 시 끝까지 연소될 수 있도록 뭉쳐 동결건조시킨 약쑥탄 및 상기 약쑥탄을 상부에 형성하여 연소시키며 상기 약쑥탄이 연소 후 물에 용해되는 부유물을 구비하여, 상기 약쑥탄이 연소 시 발생되는 인체에 유익한 훈연과 연소열에 의해 상기 약쑥탄으로부터 이격되어 유지되는 사용자의 국부위의 습기와 물기를 건조시키는 것을 특징으로 하는 약쑥을 이용한 여성용 훈연제 피고는 2013. 12. 12. 원고를 상대로 확인대상발명은 이 사건 특허발명의 보호범위에 속하지 아니한다고 주장하면서 소극적 권리범위확인심판을 청구하였다.

특허심판원은 위 심판청구 사건을 2013당3256호로 심리한 다음, 2014. 3. 13. 확인대상발명은 이 사건 특허발명과 구성이 상이하고 균등관계에 있지도 아니하여 그 보호범위에 속하지 않는다는 이유로 피고의 위 심판청구를 인용하는 이 사건 심결을 하였다.

[특허법원: 이 사건 심판청구의 적법 여부]

[1] 판단 기준

특허권의 권리범위확인심판은 심판청구의 이익이 있는 경우에 한하여 심판을 제기할 수 있다. 이 사건 심판청구와 같이 특허권자가 아닌 이해관계인이 자신의 확인대상발명이 특허발명의 보호범위에 속하지 아니함을 구체적으로 확정하기 위한 소극적 권리범위확인심판을 청구하기 위하여는, 자신이 현재 실시하고 있거나 장래에 실시하려고 하는 기술에 관하여 특허권자로부터 권리의 대항을 받는 등으로 법적 불안을 가지고 있고, 그 법적 불안을 제거하기 위하여 소극적 권리범위확인심판을 받는 것이 효과적인 수단이 되는 경우에 심판청구의 이익이 인정되어 심판청구가 가능하다. 특허권자가 아닌 이해관계인이 실시하거나 실시하려고 하지도 않는 발명을 확인대상발명으로 삼아 그 발명이 특허발명의 보호범위에 속하지 아니한다는 심판청구를 하는 것은 심판청구의 이익이 없어 부적법하므로 각하되어야 한다.

[2] 구체적인 판단

갑 제3호증의 1, 갑 제4, 5, 10호증의 각 기재에 변론 전체의 취지를 종합하여 인정되는 다음과 같은 사정들에 비추어 보면, 피고의 이 사건 심판청구는 피고가 현재 실시하지 않고 있고 장래에 실시할 가능성도 없으며 특허권자로부터 권리의 대항을 받는 등의 법적 불안이 없는 발명을 확인대상발명으로 삼은 것이므로, 심판청구의 이익이 없어 부적법하다.

피고에 의하여 특정된 확인대상발명은 약쑥 및 참나무숯을 사용하지 않고 부유물이 부착되지 않은 훈연제로서, 원고가 주장하는 피고의 제품과는 그 구성에 차이가 있다.

피고는 현재는 확인대상발명을 실시하고 있지는 않지만 향후 확인대상발명의 실시 제품을 중국 거래처에 판매할 계획에 있다고 주장하나, 피고가 향후 위와 같은 사업을 계획하고 있음을 인정할 수 있는 증거자료가 제출된 바 없다.

한편, 원고는 이 사건 심판청구 전에 피고가 제조 판매하는 훈연제(갑 제4, 5호증)는 약쑥 및 참나무숯을 사용하고 있고 부유물이 부착된 것으로, 원고의 특허권을 침해하는 제품이라는 이유로 피고에게 경고장을 보냈고, 대전 둔산경찰서에 원고의 특허권 침해를 이유로 피고와 피고의 대표이사를 형사고소하였다. 그러나 원고는 확인대상발명에 대하여는 피고와 피고의 대표이사에게 특허권 침해를 이유로 경고장을 보내거나 형사고소를 한 바 없다. 원고는 2014. 10. 30. 제2차 변론기일에 '피고가 특정한 확인대상발명에 대해서는 특허권 침해를 주장하지 않고 향후 이를 주장할 의사도 없다.'라고 진술한 바 있다. 따라서 피고가 확인대상발명을 실시한다고 하더라도 특허권자인 원고로부터 권리의 대항을 받는 등의 법적 불안이 있다고 볼 수 없다. 결국 이 사건 심판청구는 심판청구의 이익이 없어 부적법하므로, 각하되어야 할 것이다.[163]

II) 판시사항(대법원 판결)

[1] 판결요지

소극적 권리범위확인심판에서는 현재 실시하는 것만이 아니라 장래 실시 예정인 것도 심판대상으로 삼을 수 있다. 그러나 당사자 사이에 심판청구인이 현재 실시하고 있는 기술이 특허권의 권리범위에 속하는지에 관하여만 다툼이 있을 뿐이고, 심판청구인이 장래 실시할 예정이라고 주장하면서 심판대상으로 특정한 확인대상발명이 특허권의 권리범위에 속하지 않는다는 점에 관하여는 아무런 다툼이 없는 경우라면, 그러한 확인대상발명을 심판대상으로 하는 소극적 권리범위확인심판은 심판청구의 이익이 없어 허용되지 않는다.

[2] 확인대상발명과 실시제품의 동일성 판단에 관한 상고이유에 대하여

원심판결 이유를 원심이 적법하게 채택한 증거에 비추어 살펴보면, 원심이 이 사건 확인대상발명은 피고가 현재 실시하고 있지도 않고, 원고가 주장하는 피고의 실시제품과도 구성상 차이가 있다고 인정한 다음, 이 사건 확인대상발명을 판단대상으로 삼은 조치는 타당하고, 거기에 상고이유 주장과 같이 논리와 경험의 법칙에 반

---

163) 특허법원 2014. 12. 5. 선고 2014허2474 판결 [권리범위확인(특)].

하여 자유심증주의의 한계를 벗어나거나 필요한 심리를 다하지 아니한 잘못이 없다.

[3] 심판청구의 이익에 관한 법리오해의 잘못이 있는지

소극적 권리범위확인심판에서는 현재 실시하는 것만이 아니라 장래 실시 예정인 것도 심판대상으로 삼을 수 있다. 그러나 당사자 사이에 심판청구인이 현재 실시하고 있는 기술이 특허권의 권리범위에 속하는지에 관하여만 다툼이 있을 뿐이고, 심판청구인이 장래 실시할 예정이라고 주장하면서 심판대상으로 특정한 확인대상발명이 특허권의 권리범위에 속하지 않는다는 점에 관하여는 아무런 다툼이 없는 경우라면, 그러한 확인대상발명을 심판대상으로 하는 소극적 권리범위확인심판은 심판청구의 이익이 없어 허용되지 않는다.

원심판결 이유와 원심이 적법하게 채택한 증거에 의하면, ① 피고가 특정한 이 사건 확인대상발명은 약쑥 및 참나무숯을 사용하지 않고 부유물이 부착되지 않은 훈연제로서, 원고가 주장하는 피고 실시제품과는 구성상 차이가 있는 점, ② 피고는 현재 이 사건 확인대상발명을 실시하고 있지는 않지만 향후 이 사건 확인대상발명을 실시할 계획이라고 주장하는 점, ③ 원고는 원고가 주장하는 피고 실시제품에 대해서는 피고에게 경고장을 보내고 형사고소를 하는 등 이 사건 특허발명(특허등록번호 생략)의 특허권 침해를 주장하면서 다투고 있는 반면, 이 사건 확인대상발명에 대해서는 특허권 침해를 주장한 적이 없고, 향후에도 이를 주장할 의사가 없다고 진술한 점 등을 알 수 있다. (앞에서 본 법리에 비추어 이러한 사정을 살펴보면, 이 사건 확인대상발명을 심판대상으로 하는) 결국 이 사건 소극적 권리범위확인심판은 심판청구의 이익이 있다고 할 수 없다.[164]

Ⅲ-7. 과거 실시한 적이 있는 경우 적극적 권리범위확인 심판의 이익

1. 관련판례(잉크카트리지의 잉크재충전구 사건)

Ⅰ) 사건개요

[발명의 설명](실용신안 등록 제200174626호)

본 고안은 종래 잉크카트리지가 1회 사용으로 폐기처분되기 때문에 사용자에게 경제적으로 부담을 주는 문제점이 있었고 또한 잉크분사노즐은 장기간 방치시키면

---

164) 대법원 2016. 9. 30. 선고 2014후2849 판결 [권리범위확인(특)].

그 부분이 건조되어 잉크분사노즐이 막히게 되는 문제점들을 갖고 있었다. 본 고안은 이러한 상기의 문제점을 해결하기 위해서 안출된 것으로서 잉크 재충전(再充塡)시 잉크주머니(20)의 내부압을 조절하여 잉크카트리지(10)의 재사용이 가능하게 되고 또한 잉크분사노즐(10a)이 건조되지 않도록 장기간 보존할 수 있는 효과가 발생됨을 특징으로 하는 잉크카트리지의 잉크재충전구를 제공한다.

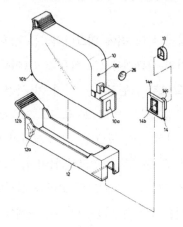

[청구항 1]

잉크카트리지(10)의 하단부가 삽입될 수 있게 상방이 개방되고 상기 잉크카트리지(10)의 하단일측으로부터 돌출된 잉크분사노즐(10a)이 향하는 일측면 및 그 저면이 일부개방된 케이스(12)와, 상기 케이스(12)의 일부개방된 일측저면을 통해 착탈되고 그 일측면 테두리에 잉크분사노즐(10a)의 테두리와 밀착되도록 돌출된 밀착부(14a)가 마련되며 그 중앙에 잉크카트리지(10)의 잉크주머니(20) 내부의 공기를 빼기위한 관통홀(14b)이 형성된 패드(14)가 구비됨을 특징으로 하는 잉크카트리지의 잉크재충전구.

[심결]

(가)호 고안은 이건 등록고안의 청구항 1의 필수구성요소를 모두 포함하고 있는 것이어서, (기)호 고안은 이건 등록고안의 청구항 1의 권리범위에 속하는 것으로 인정된다.

II) **판시사항**

과거에 원고의 고안을 실시한 적이 있고, 현재 위 회사의 대표이사로 있는 점에 비추어 장차 원고의 고안을 다시 실시할 가능성이 없다고 단정할 수 없으므로 권리범위확인심판을 청구할 이익이 있다.

II) **판결이유**

원고는 주식회사 잉크나라의 설립 전에 잉크나라라는 상호의 개인 사업체를 운영하면서 피고가 권리범위확인의 심판대상으로 삼은 고안(이하, '원고의 고안')을 실시해 오던 중, 2000. 5.경 피고로부터 원고의 고안이 이 사건 등록고안을 침해하고 있으니 그 실시를 중단하라는 경고장을 받고 2000. 12. 31.자로 잉크나라라는 개인 사업체에 대한 폐업신고를 낸 사실, 한편 원고는 위 잉크나라 업체에 대한 폐업신고를 내기 전인 2000. 12. 29.자로 주식회사 잉크나라(이하, "그 회사")를 설립한 후 2001. 1.경부터 2001. 5.경까지 그 회사가 원고의 고안을 실시해 온 사실, 원고는 현재 그 회사의 대표이사인 사실을 인정한 다음, 그 사실관계에 터잡아 이 사건 심결 당시인 2002. 11. 27.경 원고가 원고의 고안을 실시하고 있지 않더라도, 원고가 과거에 원고의 고안을 실시한 적이 있고, 현재 위 회사의 대표이사로 있는 점에 비추어 장차 원고의 고안을 다시 실시할 가능성이 없다고 단정할 수 없으므로 피고는 이러한 원고를 상대로 원고의 고안이 이 사건 등록고안의 보호범위에 속하는지 여부를 확인하기 위하여 권리범위확인심판을 청구할 이익이 있다는 취지로 판단하였다.

기록 중의 증거들과 대조하여 살펴보니, 위와 같은 원심의 인정과 판단은 수긍되고 거기에 권리범위확인심판에서의 확인의 이익에 관한 법리오해, 채증법칙위배 등의 위법사유는 없으며, 원고가 원심에서 권리범위확인심판에서의 이해관계 이외의 사유에 대하여는 다투지 아니하기로 한 바 있으므로, 원심이 이 사건 등록고안과 원고의 고안을 구체적으로 대비, 판단하지 아니한 것에 심리미진의 위법사유가 있다고 할 수 없다.[165)]

---

165) 대법원 2004. 7. 22. 선고 2003후2836 판결. 이 판례는 7회 피인용되었다.

III - 8. 구성요소가 청구범위에서 의식적으로 제외된 경우 권리범위 불속여부

1. 관련판례(강판 포장용 받침대 사건)

I) 사건개요

[발명의 설명](등록번호 10-0806700)

일반적으로 제철소에서 생산되는 강판 등은 적정한 규격으로 절단되고, 이 절단된 강판을 보관하거나 특정장소로 운반하기 위해서는 여러 장을 층으로 쌓은 적재상태로 일단 포장이 되어야 하는데, 이때 적재되는 강판을 받쳐주는 것이 바로 받침대이다. 종래, 목재로 제작된 강판 포장용 받침대는 아비돈(Apitong)과 같은 강성 목재가 사용되며 이는 첫째, 수입 목재를 사용하고 있어서 제조원가가 많이 소요되고, 둘째, 받침대 자체의 중량이 무거워서 운반비용이 증대되며, 셋째, 하부 받침대와 상부 받침대를 고정하는 데 사용되는 고정 못이 쉽게 부식되어 받침대의 수명이 단축됨은 물론 안전사고의 위험성이 있었다. 본 발명은 이러한 목재 강판 포장용 받침대의 결함을 해결하기 위한 것이다.

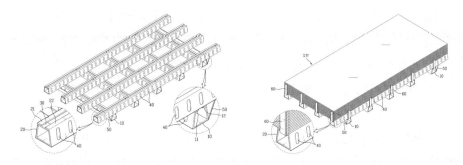

[청구항 1]

철판을 하부면이 상부면보다 넓은 속이 빈 사다리꼴의 단면모양을 가지도록 절곡하되, 절곡된 시작부분과 끝부분이 단면의 상단에서 상호 간격을 두고 떨어진 상태로 제작되며, 일정간격을 두고 수평상태로 배열된 복수의 하부 받침대;

철판을 하부면이 상부면보다 넓은 속이 빈 사다리꼴의 단면모양을 가지도록 절곡하되, 절곡된 시작부분과 끝부분이 단면의 상부에서 상호 간격을 두고 떨어진 상태로 제작되며, 그 하부면이 상기 각 하부 받침대의 상면에 일정간격을 두고 교차

되게 수평상태로 배열되어서 상기 각 하부 받침대와의 접촉부분들이 용접으로 고정된 복수의 상부 받침대;

상기 각 하부 받침대와 각 상부 받침대의 일측 시작부분에서 타측 끝부분으로 일정 간격마다 용접으로 상호 연결되어 각 상부 및 하부 받침대의 절곡된 시작부분과 끝부분을 부분적으로 이어주는 복수의 연결띠판; 및

상기 각 하부 받침대 중 양측에 위치한 하부 받침대의 밑변에서 시작하여 각 상부 받침대의 밑변까지 이르도록 외측으로 경사지게 연장 고정되어 각 상부 받침대의 양측부분 지지력을 향상시켜 주는 단부 지지판으로 구성된것을 특징으로 하는 강판 포장용 받침대.

II) 판결요지

특허발명의 출원과정에서 어떤 구성이 청구범위에서 의식적으로 제외된 것인지는 명세서뿐만 아니라 출원에서부터 특허될 때까지 특허청 심사관이 제시한 견해 및 출원인이 출원과정에서 제출한 보정서와 의견서 등에 나타난 출원인의 의도, 보정이유 등을 참작하여 판단하여야 한다. 따라서 출원과정에서 청구범위의 감축이 이루어졌다는 사정만으로 감축 전의 구성과 감축 후의 구성을 비교하여 그 사이에 존재하는 모든 구성이 청구범위에서 의식적으로 제외되었다고 단정할 것은 아니고, 거절이유통지에 제시된 선행기술을 회피하기 위한 의도로 그 선행기술에 나타난 구성을 배제하는 감축을 한 경우 등과 같이 보정이유를 포함하여 출원과정에 드러난 여러 사정을 종합하여 볼 때 출원인이 어떤 구성을 권리범위에서 제외하려는 의사가 존재한다고 볼 수 있을 때에 이를 인정할 수 있다. 그리고 이러한 법리는 청구범위의 감축 없이 의견서 제출 등을 통한 의견진술이 있었던 경우에도 마찬가지로 적용된다.

III) 판결이유
[1] 사건의 경과

(가) 명칭을 '강판 포장용 받침대'로 하는 이 사건 특허발명의 청구범위 제1항 (이하 '이 사건 제1항 발명')은 최초 출원된 당시 그 청구범위에 하부받침대의 단면모양이 '속이 빈 사다리꼴'로 기재되어 있었다.

(나) 특허청 심사관은 2007. 8. 24. '이 사건 제1항 발명'의 하부받침대와 상부받침대는 일본공개특허공보 2004-011129호(이하 '비교대상발명 1')의 직사각형 모양의 베이스 프레임과 설치프레임에 대응되고, 위 발명과 달리 하부받침대와 상부받침대를 사다리꼴의 단면모양을 가지도록 형성한 구성은 등록실용신안공보 20-0421675호(이하 '비교대상발명 3')에 나타나 있는 사다리꼴로 형성된 받침대에 대응되어 구성의 곤란성을 인정할 수 없다'는 취지의 거절이유통지를 하였다.

(다) 이에 대하여 이 사건 특허발명의 출원인인 주식회사 엘디는 2007. 10. 24. 이 사건 제1항 발명의 청구범위의 하부받침대와 상부받침대의 단면모양을 '하부면이 상부면보다 넓은 속이 빈 사다리꼴의 단면모양'으로 한정하여 보정(이하 '이 사건 보정')함과 아울러, '비교대상발명 1의 설치프레임(상부받침대)은 홈부가 형성된 부분이 아래로 향하면서 베이스 프레임(하부받침대)과 결합되어 있는 반면에 이 사건 제1항 발명의 상부받침대는 홈부가 형성된 부분이 상부에 형성되어 있어 하부받침대에 용접될 때 그 접촉면을 넓혀 결합력을 강화시킴으로써 구조적인 안정감을 향상시키고 있다'는 취지의 의견서를 제출하였다.

한편, 원심 판시 확인대상발명의 하부받침대의 단면모양은 '상부면이 하부면보다 넓은 사다리꼴'이고, 상부받침대의 홈부는 하부에 형성되어 있다.

[2] 판단

(가) 먼저 하부받침대에 관하여 본다. 확인대상발명의 '상부면이 하부면보다 넓은 사다리꼴' 단면모양은 청구범위의 감축 전의 구성과 감축 후의 구성을 비교할 때 그 사이에 존재하는 구성이기는 하나 거절이유통지에서 제시된 비교대상발명 1, 3에 나타나 있는 구성은 아니므로, 위 비교대상발명들을 회피하기 위한 의도로 위 구성을 배제하는 감축이 이루어졌다고 볼 수는 없다. 그러나 이 사건 특허발명의 명세서 중 발명의 상세한 설명에 '하부면이 상부면보다 넓은 사다리꼴의 단면모양'은 하부받침대의 지면과의 지지면적을 넓게 하여 구조적인 안정성을 얻을 수 있다고 기재되어 있어 애초에 '하부면이 상부면보다 넓은 사다리꼴의 단면모양'을 전제로 하고 있었던 점, 이 사건 보정은 청구범위를 이러한 발명의 상세한 설명에 부합하도록 한정한 것인 점 등을 종합하면, 이 사건 특허발명의 출원인에게 이 사건 보정에 의하여 확인대상발명과 같은 '상부면이 하부면보다 넓은 사다리꼴' 단면모양의 구성을 이 사건 제1항 발명의 권리범위에서 제외하려는 의사가 존재한다고 볼 수 있다.

(나) 다음으로 상부받침대에 관하여 본다. 이 사건 특허발명의 출원인은 의견서 제출을 통하여 상부받침대의 홈이 상부에 형성되어 하부받침대와의 결합면적을 넓혀 결합력을 강화시킨다는 취지로 주장함으로써 상부받침대의 홈이 하부에 형성되어 있는 비교대상발명 1과 차별화하였다. 이러한 사정을 고려하면, 출원인이 확인대상발명과 같은 '홈이 하부에 형성되어 있는' 구성 역시 이 사건 제1항 발명의 권리범위에서 제외하였다고 평가할 수 있다.

(다) 이렇듯 하부받침대와 상부받침대에 관한 확인대상발명의 구성이 이 사건 제1항 발명의 청구범위에서 의식적으로 제외된 이상 확인대상발명은 이 사건 제1항 발명의 권리범위에 속한다고 볼 수 없다. 같은 취지의 원심판결은 정당하고 거기에 상고이유 주장과 같이 출원경과 금반언에 관한 법리를 오해하여 판결에 영향을 미친 잘못이 없다.[166]

Ⅲ - 9. 특허권이 소진(소멸이 아님)된 경우 권리범위확인심판의 이익

1. 관련판례(유기성 고온처리 폐기물 사료 제조방법 사건)

Ⅰ) 사건개요

[발명의 설명](유기성 폐기물을 순간 고온처리하여 사료를 제조하는 방법. 특허번호 제 178505호)

일반적으로 유기성 폐기물인 맥주박, 콩비지, 사과껍질, 생선내장, 동물내장 및 혈액, 식당의 음식폐기물, 붕어즙, 한약 등은 수분의 함량이 보통 80% 내외로 많기 때문에 그 자체로는 사료적 가치가 적고 부패되기 쉽다. 종래 제조방법은 건조제조 방법인 가열건조 공법은 열을 가하여 수분을 증발 시키는 것이므로 장시간의 건조 시간과 열의 손실이 많고, 또한 직화식 건조방법도 열전달과 수분확산이 어려워 고온 열풍에 의하여 표면은 타면서도 내부는 습기가 많은 상태로 존재하여 장시간 보관이 어려운 문제점이 있었다. 본 발명은 유기성 폐기물 또는 유기성 폐기물에 부형제(Filler: 보리겨, 쌀겨, 옥수수피 등)를 첨가한 혼합물을 초고온 순간 접촉시켜 분말사료를 제조하는 방법에 관한 것이다.

---

166) 대법원 2017. 4. 26. 선고 2014후638 판결 [권리범위확인(특)].

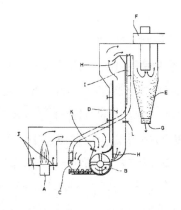

[청구항 1]

유기성 폐기물을 함수율이 65% 내지 50%가 될 때까지 예비 건조하여,

예비 건조된 사료를 초고온 장치로 이송한 다음 280℃ 내지 330℃의 열풍에서 3,000rpm으로 고속회전하는 임펠라에 약 1초간 순간 접촉분쇄시킨 사료를 열풍과 함께 110℃ 내지 175℃로 유지되고 있는 건조실에서 2초 내지 10초간 건조시켜 함수율을 13% 이내로 건조시킴을 특징으로 하는 유기성 폐기물을 순간 고온처리하여 사료를 제조하는 방법.

II) 판결요지

[1] 특허권의 적극적 권리범위 확인심판은 특허발명의 보호범위를 기초로 하여 심판청구인이 확인대상발명에 대하여 특허권의 효력이 미치는가를 확인하는 권리확정을 목적으로 한 것이므로, 설령 확인대상발명의 실시와 관련된 특정한 물건과의 관계에서 특허권이 소진되었다 하더라도 그와 같은 사정은 특허권 침해소송에서 항변으로 주장함은 별론으로 하고 확인대상발명이 특허권의 권리범위에 속한다는 확인을 구하는 것과는 아무런 관련이 없다.

[2] 명칭을 '유기성 폐기물을 순간 고온처리하여 사료를 제조하는 방법'으로 하는 특허발명 특허청구범위 제1, 2항에 대한 특허권의 공유자 중 1인의 소유였던 사료제조설비가 甲에게 양도된 사안에서, 甲이 위 설비를 이용하여 확인대상발명을 실시하는 것과 관련하여 확인대상발명이 그 권리범위에 속한다는 확인을 구하는 것과 위 특허권이 소진되었는지 여부는 아무런 관련이 없다고 한 사례.

Ⅲ) 판결이유

[1] 균등론에 관한 상고이유에 대하여

원심판결 이유를 기록에 비추어 살펴보면, 원심이 명칭을 '유기성 폐기물을 순간 고온처리하여 사료를 제조하는 방법'으로 하는 이 사건 특허발명 특허청구범위 제1, 2항(이하 '이 사건 제1, 2항 발명')의 원심 판시 구성요소 2는 임펠라의 회전속도가 3,000rpm으로 한정되어 있는 반면, 이에 대응하는 원심 판시 확인대상발명의 구성은 프로펠러(임펠라)의 회전속도가 1,450rpm인 점에서 차이가 있기는 하지만, 위와 같은 임펠라 회전속도의 차이는 그 판시와 같은 이유로 균등한 기술구성의 범위 내에 있다고 본 다음, 확인대상발명은 이 사건 제1, 2항 발명의 각 구성과 동일하거나 균등한 구성을 포함하고 있어 그 권리범위에 속한다는 취지로 판단하였음은 정당하고, 원심판결에 상고이유의 주장과 같은 균등론에 관한 법리오해 등의 위법이 없다.

[2] 특허권 소진에 관한 상고이유에 대하여

특허권의 적극적 권리범위 확인심판은 특허발명의 보호범위를 기초로 하여 심판청구인이 그 청구에서 심판의 대상으로 삼은 발명(이하 '확인대상발명')에 대하여 특허권의 효력이 미치는가를 확인하는 권리확정을 목적으로 한 것이므로, 설령 확인대상발명의 실시와 관련된 특정한 물건과의 관계에서 특허권이 소진되었다 하더라도 그와 같은 사정은 특허권 침해소송에서 항변으로 주장함은 별론으로 하고 확인대상발명이 특허권의 권리범위에 속한다는 확인을 구하는 것과는 아무런 관련이 없다고 할 것이다(대법원 1974. 8. 30. 선고 73후8 판결, 대법원 1982. 10. 26. 선고 82후24 판결 등 참조).

원심판결 이유에 의하면, 방법의 발명인 이 사건 제1, 2항 발명의 실시에만 사용되는 것으로서 이 사건 특허권의 공유자 중 1인이던 소외 1의 소유였던 사료제조설비(이하 '이 사건 설비')가 소외 2를 거쳐 피고에게 양도된 이상 원고들의 이 사건 제1, 2항 발명에 대한 특허권은 피고가 이 사건 설비를 사용하여 확인대상발명을 실시하는 것과 관련해서는 이미 소진되었으므로, 원고들이 이러한 소진된 특허권을 근거로 하여 이 사건 권리범위 확인심판 청구를 하는 것은 확인의 이익이 없어 부적법하다는 피고의 주장에 대하여, 원심은 그 판시와 같은 이유로 피고가 이 사건 설비를 이용하여 확인대상발명을 실시하는 것과 관련하여 원고들의 이 사건 제1, 2항 발명에 대한 특허권이 소진되지 않았다고 판단하여 피고의 위 주장을 배척하였다.

위 법리와 기록에 비추어 살펴보면, 피고가 이 사건 설비를 이용하여 확인대상발명을 실시하는 것과 관련하여 원고들의 이 사건 제1, 2항 발명에 대한 특허권이 소진되었는지 여부는 확인대상발명이 그 권리범위에 속한다는 확인을 구하는 것과는 아무런 관련이 없어, 원고들의 이 사건 제1, 2항 발명에 대한 특허권이 소진되지 않았다는 원심판단의 당부는 판결 결과에 영향을 미칠 수 없는 것이므로, 이에 관한 상고이유의 주장은 더 나아가 살펴 볼 필요 없이 받아들일 수 없다.[167]

III - 10. 권리범위확인심판에서 자유실시기술의 항변

1. 관련판례(반도체 클린룸 바닥재 패널 사건)

Ⅰ) 사건개요

본 발명은 반도체 클린룸등과 같은 청정설비의 바닥재로 사용되는 고강도 패널에 관한 것으로 패널의 어느 지점에서든 집중강도를 효과적으로 상승시키게 되고, 또한 패널 전체에 가해지는 하중이 어느 한곳으로 집중되지 않고 패널 전체로 골고루 분산시킬 수 있도록 한 것이다.

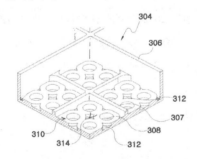

[청구항 1]

패널의 테두리부에 가가 형성된 테두리 리브는 바닥면으로 갈수록 그 두께가 두꺼워지도록 일측면이 테이퍼면으로 구성되고, 상기 테두리부의 내부공간에는 격벽인 주 보강리브에 의해 분리되는 다수의 정방형 격자부가 형성되어지되, 그 격자부의 내부공간에는 격자부의 내부를 4등분하는 보조 보강리브가 형성되어져 있으면

---

167) 대법원 2010. 12. 9. 선고 2010후289 판결 [권리범위확인(특)]. 이 판례는 3회 피인용되었다.

서, 상기 각 보조 보강리브에 의해 4등분된 격자부의 바닥층에는 다수개의 원형홈이 형성되어 상부로부터 가해지는 수직 하중과 편심 하중에 대한 지지력을 강화하도록 한 것을 특징으로 하는 고강도 패널

II) 판결이유

[1] 특허법은 권리범위 확인심판과 특허 무효심판을 별도로 규정하고 있다. 특허권의 권리범위 확인심판은 심판청구인이 그 청구에서 심판의 대상으로 삼은 확인대상 발명이 등록된 특허발명의 보호범위에 속하는지 여부를 확인하는 절차이다(특허법 제135조). 특허 무효심판은 등록된 특허에 무효 사유가 있는지를 판단하는 절차로서 특허를 무효로 한다는 심결이 확정되면 그 특허권은 소급적으로 소멸한다(특허법 제133조). 특허가 진보성이 없어 무효 사유가 있는 경우에도 특허 무효심판에서 무효 심결이 확정되지 않으면, 특별한 사정이 없는 한 다른 절차에서 그 특허가 무효임을 전제로 판단할 수는 없다. 특허발명의 보호범위를 판단하는 절차로 마련된 권리범위 확인심판에서 특허의 진보성 여부를 판단하는 것은 권리범위 확인심판의 판단 범위를 벗어날 뿐만 아니라, 본래 특허 무효심판의 기능에 속하는 것을 권리범위 확인심판에 부여하는 것이 되어 위 두 심판 사이의 기능 배분에 부합하지 않는다(대법원 2014. 3. 20. 선고 2012후4162 전원합의체 판결 참조).

따라서 특허발명이 공지의 기술인 경우 등을 제외하고는 특허발명의 진보성이 부정되는 경우에도 권리범위 확인심판에서 등록되어 있는 특허권의 효력을 당연히 부인할 수는 없다(대법원 1983. 7. 26. 선고 81후56 전원합의체 판결, 대법원 2002. 6. 14. 선고 2000후235 판결, 대법원 1998. 10. 27. 선고 97후2095 판결, 위 대법원 2012후4162 전원합의체 판결 등 참조).

그러나 권리범위 확인심판에서 특허발명과 대비되는 확인대상 발명이 공지의 기술만으로 이루어진 경우뿐만 아니라 그 기술분야에서 통상의 지식을 가진 자가 공지기술로부터 쉽게 실시할 수 있는 경우에는 이른바 자유실시기술로서 특허발명과 대비할 필요 없이 특허발명의 권리범위에 속하지 않는다고 보아야 한다(대법원 2001. 10. 30. 선고 99후710 판결 등 참조). 이러한 방법으로 특허발명의 무효 여부를 직접 판단하지 않고 확인대상 발명을 공지기술과 대비하는 방법으로 확인대상 발명이 특허발명의 권리범위에 속하는지를 결정함으로써 신속하고 합리적인 분쟁해결을

도모할 수 있다.

자유실시기술 법리의 본질, 기능, 대비하는 대상 등에 비추어 볼 때, 위 법리는 특허권 침해 여부를 판단할 때 일반적으로 적용되는 것으로, 확인대상 발명이 결과적으로 특허발명의 청구범위에 나타난 모든 구성요소와 그 유기적 결합관계를 그대로 가지고 있는 이른바 문언 침해(literal infringement)에 해당하는 경우에도 그대로 적용된다.

[2] 그런데도 원심은 자유실시기술의 법리는 확인대상 발명이 특허발명의 권리범위를 문언 침해하는 경우에는 적용되지 않는다는 이유로 이 사건 특허발명의 청구범위 제1항과의 관계에서 확인대상 발명이 자유실시기술인지 여부를 판단하지 않은 채 피고의 자유실시기술 주장을 배척하였다. 이러한 원심판결에는 자유실시기술에 관한 법리를 오해하여 필요한 심리를 다하지 않는 등으로 판결에 영향을 미친 잘못이 있다.[168]

Ⅲ-11. 확인대상발명의 보정이 요지변경인지 여부

1.1 관련판례(요지변경이 아니라는 판례, 광각 렌즈보정 영상시스템 사건)

Ⅰ) 사건개요

[발명의 설명](회전 대칭형의 광각 렌즈를 이용하여 전방위 영상 및 직선수차보정 영상을 얻는 방법 및 그 영상 시스템, 등록번호 10-0898824, 권리자 ㈜나노포토닉스)

본 발명은 광각 렌즈의 영상을 육안으로 가장 자연스럽게 느껴지는 보정 영상 시스템으로, 실내·외의 보안·감시뿐만 아니라, 아파트 출입문의 비디오 폰, 자동차의 후방 카메라 등으로 다양하게 활용될 수 있다.

---

168) 대법원 2017. 11. 14. 선고 2016후366 판결 [권리범위확인(특)].

[청구항 1]

광축을 중심으로 회전 대칭형인 광각 렌즈를 장착한 카메라를 이용하여 보정전 영상면을 획득하는 영상 획득 단계 및 상기 영상 획득 단계에서 획득된 상기 보정전 영상면을 기초로 보정후 영상면을 획득하는 영상 처리 단계를 포함하는 직선수차보정 영상 획득 방법에 있어서,

상기 영상 획득 단계에서 획득된 보정전 영상면은 Kmax 행과 Lmax 열을 가지는 이차원 행렬이며, 상기 영상 처리단계에서 처리된 상기 보정 후 영상면은 Imax 행과 Jmax 열을 가지는 이차원 행렬이며,

상기 보정전 영상면에서 광축의 픽셀 좌표는 (Ko, Lo)이며, 상기 보정 후 영상면에서 광축의 픽셀 좌표는 $(Io - \Delta I, Jo - \Delta J)$이되,

$$(I_o, J_o) = \left(\frac{1 + I_{max}}{2}, \frac{1 + J_{max}}{2} \right)$$

여기서이며, ΔI와 ΔJ는 임의의 픽셀 거리이고,

상기 보정후 영상면에서 좌표 (I, J)를 가지는 픽셀의 신호값은 상기 보정전 영상면에서 좌표

(x'_{IJ}, y'_{IJ})를 가지는 가상의 픽셀의 신호값으로 정해지며,

상기 가상의 픽셀의 좌표 (x'_{IJ}, y'_{IJ})는 이하의 수학식

$$s'' = \frac{J_{max} - 1}{2 \tan \left(\frac{\Delta \psi}{2} \right)} \qquad \theta_{I,J} = \tan^{-1} \left\{ \frac{\sqrt{(I - I_o + \Delta I)^2 + (J - J_o + \Delta J)^2}}{s''} \right\}$$

으로 정해지되,

여기서 $\Delta \psi$ 는 180°보다 작은 임의의 각도이며, α 및 β는 임의의 각도이며, 상기 r은 상 크기이며, 상기 g는 카메라의 확대율이며,

상기 렌즈의 실제 투사 방식은 상 크기 r을 대응하는 입사광의 천정각 θ의 함수로 구한 것으로 $r = r(\theta)$와 같이 주어지며,

상기 카메라의 확대율 g는 $g = (r'/r)$와 같이 주어지되,

여기서 r'은 상 크기 r에 대응하는 보정전 영상면에서의 픽셀 거리인 것을 특징으로 하는 직선수차보정 영상 획득 방법.

II) 판결이유

[1] 관련법리

특허법 제140조 제2항 본문은 "제1항의 규정에 따라 제출된 심판청구서의 보정은 그 요지를 변경할 수 없다"고 규정하고 있다. 이 규정의 취지는 요지의 변경을 쉽게 인정할 경우 심판절차의 지연을 초래하거나 피청구인의 방어권행사를 곤란케 할 우려가 있다는 데 있으므로, 그 보정의 정도가 확인대상발명에 관하여 심판청구서에 첨부된 설명서 및 도면에 표현된 구조의 불명확한 부분을 구체화한 것이거나 처음부터 당연히 있어야 할 구성 부분을 부가한 것에 지나지 아니하여 심판청구의 전체 취지에 비추어 볼 때 그 발명의 동일성이 유지된다고 인정되는 경우에는 위 규정에서 말하는 요지의 변경에 해당하지 아니한다(대법원 2012. 5. 24. 선고 2012후344 판결 등 참조).

[2] 위 법리와 기록에 비추어 살펴본다.

이 사건 권리범위확인심판의 심판청구서에 첨부된 원심 판시 '확인대상발명의 설명서 및 도면'을 종합하여 보면, 이 사건 특허발명의 특허권자인 원고가 청구의 대상으로 삼았던 최초 확인대상발명은, 피고가 판매하는 제품으로서 '화각 180° 이상의 어안영상을 획득하여 MPEG4로 압축하여 네트워크 케이블로 전송하는 전방위 카메라 NCAM-180, 실시간 또는 저장된 어안영상에서 전방위 영상이나 왜곡이 없는 광각 영상을 추출하여 보여 주고 디지털 팬·틸트 효과를 구현하는 뷰어 소프트웨어(viewer SW)가 동작하는 피씨(PC) 또는 사실상 피씨(PC)인 NVR(Network Video Recorder)로 이루어진 감시시스템'이다.

원심 판시 2010. 10. 27.자 보정(2010. 12. 27.자 보정의 오기이다)과 원심 판시 2011. 5. 3.자 보정을 거치면서, 확인대상발명 설명서와 도면은 ① 어안렌즈를 구비한 네트워크 카메라, 전원공급기, 구동 프로그램으로 FishCamDIY360Recorder 및 FishCamDIY360Player로 이루어지는 구성, ② 어안렌즈, CMOS 센서, 메인프로세서, 제1, 2, 3디램(DRAM) 및 플래시메모리(Flash Memory), 이더넷 인터페이스(Ethernet Interface), 유에스비 인디페이스(USB Interface), NTSC/PAL 인고디, 동작감지기로 이루어지는 구성, ③ 화각 180° 이상의 어안영상을 획득하여 MPEG4로 압축하여 네트워크 케이블로 전송하는 수단, 실시간 또는 저장된 어안영상에서 전방위 영상이나 왜곡이 없는 광각 영상을 추출하고 디지털 팬·틸트 효과를 구현하는 구동 소프트웨어 FishCamDIY360Recorder와 FishCamDIY360Player가 동작하는 피씨 또는 사실상 피씨인 NVR로 이루어지는 구성이 추가·변경되는 등으로 보정되었다.

그런데 심판청구서의 청구의 이유와 심판청구서와 함께 제출된 '피고가 판매하고 있는 NCAM−180을 이용한 제품의 카탈로그, 그 사용설명서, 피고의 인터넷 웹사이트(www.mnctek.com)에 게재된 샘플 동영상의 발췌 화면' 등 증거에 비추어 보면, 위 ①의 '어안렌즈를 구비한 네트워크 카메라', ②의 '어안렌즈, CMOS 센서' 및 ③의 '화각 180° 이상의 어안영상을 획득하여 MPEG4로 압축한 후 네트워크 케이블을 통하여 전송하는 수단'은 모두 최초 확인대상발명의 도면 또는 위 제출된 증거에 기재되어 있었던 것으로서 '화각 180° 이상의 어안영상을 획득하여 MPEG4로 압축한 후 네트워크 케이블을 통하여 전송하는 NCAM−180' 구성을 구체화하는 것이다. 그리고 위 ①, ③의 '구동 프로그램인 FishCamDIY360Recorder라는 프로그램과 FishCamDIY360Player라는 프로그램'과 ②의 '메인프로세서, 제1, 2, 3디램 및 플래시메모리' 또한 최초 확인대상발명의 도면이나 위 제출된 증거에 기재되어 있었던 것 또는 프로그램을 구동하기 위해 필요한 것 등으로서 '피씨 혹은 사실상 피씨인 NVR에서 동작하고 디지털 팬·틸트 효과를 구현하는 뷰어 소프트웨어'의 구성을 하드웨어나 소프트웨어적으로 더욱 구체화하는 것이다. 또한, 위 ①의 '전원 공급기'와 ②의 '이더넷 인터페이스, 유에스비 인터페이스, NTSC/PAL 인코더'는 변환된 영상을 컴퓨터 화면으로 보여주거나 저장장치에 저장하기 위해 필요한 것들이므로 처음부터 당연히 있어야 할 구성 부분을 부가한 것에 지나지 않고, ②의 '동작 감지기'는 위 제출된 증거에 기재되어 있었던 것으로서 확인대상발명을 더욱 구체화한 것에 불과하다.

그리고 확인대상발명이 앞서와 같이 위 ① 내지 ③의 각 구성들로 다르게 표현되어 있다 하더라도, 위 각 보정의 전체적인 취지에 비추어 볼 때, 이는 확인대상발명의 동일한 구성의 구체화 정도를 다르게 기재한 것이거나 하나의 발명을 이루는 구성 중 일부를 설명하다가 전체를 설명하는 등으로 생겨난 차이에 불과하므로, 그로 인하여 확인대상발명이 한 개가 아니라 세 개가 된다고 할 수 없다.

그 외 위 각 보정으로 변경·추가된 나머지 내용들도 당초 심판청구서나 위 제출된 증거에 기재되어 있었던 것으로서 확인대상발명을 더욱 상세하게 설명하는 것이거나 명백한 오기를 바로잡는 것에 지나지 않는다.[169)]

---

169) 대법원 2014. 2. 13. 선고 2012후610 판결 [권리범위확인(특)]. 이 판례는 6회 피인용되었다.

1.2 관련판례(확인대상발명이 적법하게 특정되지 않을 경우 보정 조치를 해야 한다는 판례, 한전의 원격검침 시스템 사건)

I) 사건개요

[발명의 설명](변압기의 부하감시와 전력량계의 검침을 통합 수행하는 원격관리 시스템, 특허 제416926호, 특허권자 ㈜포러스테크놀로지)

본 발명은 전주와 전주가 고압 전력선을 통과시키기 위하여 세워져 직선으로 장애물이 없이 탁 튀어 있어 근거리 무선통신의 효용이 극대화되는 점을 착안하여 이동통신과 전력선 통신을 사용료가 없는 소출력의 근거리 무선 통신으로 유기적으로 결합하여 통신망을 구축하여 전력사용량의 원격검침과 변압기의 전압, 전류, 온도의 원격 측정을 수행함으로써 저렴하게 원격검침과 함께 전압관리와 변압기 보호를 할 수 있게 하는 것이다.

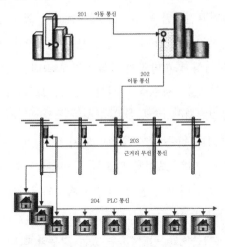

[청구항 1]

전력의 전압 및 전류의 원격측정관리와 전력사용량의 원격검침시스템에 있어서, 검침센터(101)의 관리내 주상변압기들을 일정 범위의 영역으로 나누어 기준이 되는 주상변압기의 2차선에 DC전원으로 출력한 전원부(303), 독자적인 프로토콜을 내장한 마이크로 컨트롤러(300), 이동통신단말기(301), 근거리 무선통신 모뎀(302), PLC모뎀(309), 전압전류 및 온도측정장치(306)(307)(308)로 에어리어 컨트롤러(103)를 구성하여 기지국으로 하고, 주변 변압기에는 근거리 무선통신모뎀(401), PLC모뎀(402), 전압 전류 및 온도측정장치(406)(407)(408)로 섹터 컨트롤러(104)를 구성하여 검침센터(101)와 기지국 변압기의 에어리어 컨트롤러(103)와는 이동통신(201)(202), 기지국 변압기의 에어리어 컨트롤러(103)와 주변 변압기의 섹터 컨트롤러(104)와는 근거리 무선통신(203), 변압기들의 에어리어 컨트롤러(103), 섹터 컨트롤러(104)와 그 변압기들로부터 전력을 공급받는 수용가의 전력량계 사이에는 PLC 모뎀(105)을 통하여 PLC 통신방법(204)으로 송수신하여 1개 회선의 이동통신가입만으로 다수의 변압를 소출력의 근거리 무선 통신으로 연결함으로써 전압, 전류, 온도 등을 실시간으로 원격 측정 관리하고 그 변압기들로부터 전력을 공급받는 다수의 수용가의 전력사용량을 원격검침하는 것을 특징으로 하는 변압기의 부하감시와 전력량계의 검침을 통합 수행하는 원격관리 시스템

II) 판결요지

[1] 특허권의 권리범위확인심판을 청구할 때 심판청구의 대상이 되는 확인대상발명은 당해 특허발명과 서로 대비할 수 있을 만큼 구체적으로 특정되어야 할 뿐만 아니라, 그에 앞서 사회통념상 특허발명의 권리범위에 속하는지를 확인하는 대상으로서 다른 것과 구별될 수 있는 정도로 구체적으로 특정되어야 한다. 만약 확인대상발명의 일부 구성이 불명확하여 다른 것과 구별될 수 있는 정도로 구체적으로 특정되어 있지 않다면, 특허심판원은 요지변경이 되지 아니하는 범위 내에서 확인대상발명의 설명서 및 도면에 대한 보정을 명하는 등 조치를 취해야 하며, 그럼에도 그와 같은 특정에 미흡함이 있다면 심판의 심결이 확정되더라도 일사부재리의 효력이 미치는 범위가 명확하다고 할 수 없으므로, 나머지 구성만으로 확인대상발명이 특허발명의 권리범위에 속하는지를 판단할 수 있는 경우라 하더라도 심판청구를 각하하여야 한다.

[2] 명칭이 "한전일반구매규격 원격검침용 PLC(전력선통신) 시스템"인 확인대상발명이 이 사건 특허발명의 권리범위에 속한다며 특허권자 甲 등이 적극적 권리범위확인심판을 청구한 사안에서, 확인대상발명의 설명서에 기재된 구성 중 'HFC, CDMA, 광 등 간선망을 이용한 데이터 통신'에 관한 부분은 명시적으로 기재된 HFC, CDMA, 광 이외에 간선망을 이용한 다른 방식의 데이터 통신의 실시형태까지도 포함하는 것인데, 간선망은 여러 계층 구조로 이루어진 전체 망에서 중추 회선의 기능을 하

는 것을 의미할 뿐 구체적인 데이터 통신 방식을 지칭하는 용어는 아니어서, '간선망을 이용한 데이터 통신'이라는 기재 자체만으로는 데이터 통신을 위하여 어떠한 방식을 이용하는지 객관적·일의적으로 알 수 없으므로, 확인대상발명은 일부 구성이 불명확하여 사회통념상 다른 것과 구별될 수 있는 정도로 구체적으로 특정되었다고 할 수 없으므로, 보정을 명하는 등 조치를 취하지 아니한 채 甲 등의 권리범위확인심판 청구를 인용한 심결은 취소되어야 한다고 한 사례.

Ⅲ) 판결이유

위 법리와 기록에 비추어 살펴보면, 원심 판시 확인대상발명의 설명서에 기재된 구성 중 'HFC, CDMA, 광 등 간선망을 이용한 데이터 통신'에 관한 부분은 명시적으로 기재된 HFC, CDMA, 광 이외에 간선망을 이용한 다른 방식의 데이터 통신의 실시형태까지도 포함하는 것이라고 볼 것이다. 그런데 간선망은 여러 계층 구조로 이루어진 전체 망에서 중추 회선의 기능을 하는 것을 의미할 뿐 구체적인 데이터 통신 방식을 지칭하는 용어는 아니어서, '간선망을 이용한 데이터 통신'이라는 기재 자체만으로는 데이터 통신을 위하여 어떠한 방식을 이용하는지 객관적·일의적으로 알 수 없고, 따라서 확인대상발명은 일부 구성이 불명확하여 사회통념상 다른 것과 구별될 수 있는 정도로 구체적으로 특정되었다고 할 수 없다.

원심판단은 그 이유 설시가 다소 부적절하나, 확인대상발명이 적법하게 특정되었다고 할 수 없음에도 그 보정을 명하는 등의 조치를 취하지 아니한 채 피고들의 이 사건 권리범위확인심판 청구를 인용한 심결을 취소한 결론에 있어서는 정당하고, 거기에 상고이유의 주장과 같이 확인대상발명의 특정에 관한 법리를 오해하여 판결에 영향을 미친 위법이 없다.

그리고 이 사건 적극적 권리범위확인심판 청구가 원고들이 실시하지 않고 있는 것이 포함된 확인대상발명을 대상으로 한 것이어서 확인의 이익이 없어 부적법하다거나, 확인대상발명은 이 사건 특허발명 특허청구범위 제1항과 구성이 달라 그 권리범위에 속하지 아니한다는 취지의 원심 판단은 확인대상발명이 적법하게 특정되었음을 전제로 한 가정적·부가적 판단에 불과한데, 위에서 본 바와 같이 확인대상발명이 적법하게 특정되었다고 할 수 없다는 원심 판단이 정당한 이상 위와 같은 가정적·부가적 판단의 당부는 판결 결과에 영향을 미칠 수 없다. 더욱이 확인대상발명이 사회통념상 다른 것과 구별될 수 있는 정도로 구체적으로 특정되었다고 할 수 없는 이 사건에서 불명확한 구성을 제외한 나머지 구성만으로 확인대상발명이 특허발명의 권리범위에 속하는지 여부를 판단할 수 있는 경우라 하더라도 이와 달리 볼 수 없다. 따라서 이 점에 관한 상고이유의 주장은 더 나아가 살펴볼 필요 없이 받아들일 수 없다.[170)]

1.3 관련판례(확인대상발명의 특정 여부, 라벨 내장 투명비누 제조방법 사건)

Ⅰ) 사건개요

[발명의 설명](라벨이 내장된 투명 비누의 제조 방법, 특허 제0183332호)

본 발명은 표식 수단(라벨)이 내장된 투명 비누의 제조 방법에 관한 것으로, 튜브 내에서 고형화된 투명 비누체를 직경방향으로 절단한 후 절단된 투명 비누편 사이에 라벨을 내장시켜 다시 몰드 체이스를 이용하여 상기 투명 비누를 프린팅 시킴으로서 단시간 내에 라벨이 내장된 투명 비누를 다량으로 제조해 생산성을 크게 향상시킬 수 있는 라벨이 내장된 투명 비누의 제조 방법을 제공한다.

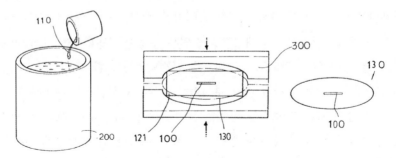

[청구항 1]

표식 수단인 라벨 등이 내장된 투명 비누의 제조 방법에 있어서,

일반적인 투명 비누 제조용인 액화 상태의 투명 비누액을 별도의 튜브에 넣어 고형화 시키는 단계와,

고형화 시킨 후 상기 튜브를 제거하여 고형화된 투명 비누를 일정 두께의 직경 방향으로 다수 절단하는 단계와,

상기 절단된 투명 비누편 사이에 라벨을 삽입하는 단계 및

---

170) 대법원 2011. 9. 8. 선고 2010후3356 판결 [권리범위확인(특)]. 이 판례는 7회 피인용되었다.

상기 라벨이 삽입된 한쌍의 투명 비누편을 40~50도의 온도로 상승시켜 차례로 몰드 체이스에 넣고 프린팅(성형)하는 단계로 이루어짐을 특성으로 하는 라벨이 내장된 투명 비누의 제조방법.

II) 판결이유

[1] 원심은 원고가 소극적으로 권리범위확인을 구하는 확인대상발명이 이 사건 특허발명과 대비할 수 있을 만큼 적법하게 특정되었음을 전제로 하여, 피고의 이 사건 특허발명과 확인대상발명의 구성요소는 모두 동일하거나 서로 구별되는 기술적 특징이라고 볼 수 없는 구성요소뿐이며, 다만 이 사건 특허발명의 구성 중 '라벨이 삽입된 한 쌍의 투명비누편을 40~50℃의 온도로 상승시켜 차례로 몰드 체이스에 넣고 프린팅(성형)하는 단계'와 확인대상발명의 '라벨이 삽입된 한 쌍의 투명 비누편을 겹쳐 금형에 넣고 가압성형하는 단계'의 차이점이 있으나, 확인대상발명의 위 구성은 투명비누편의 경도를 낮아지게 한 후 투명 비누편의 성형을 용이하게 하기 위한 목적을 달성하기 위한 것으로서 투명 비누편을 금형에 넣고 성형할 경우 가압함에 따라 금형 내의 온도가 올라가 성형이 용이하게 되는 것은 자명한 사실이어서, 확인대상발명에서 투명 비누편을 가압성형하는 것은 이 사건 특허발명의 위 구성에서 투명 비누의 온도를 실온과 큰 차이가 없는 40~50℃로 상승시키는 것과 동일성의 범주 내에 속하는 구성이라고 할 것이므로 확인대상발명은 이 사건 특허발명의 권리범위에 속한다고 판단하였다.

[2] 그러나 확인대상발명의 위 구성에 관한 설명서에는 위 가압성형 공정을 하기 전에 투명 비누편의 온도를 상승시키는 과정이 포함되었는지 여부는 물론 위 가압성형 공정에 제공하는 투명 비누편의 온도에 대하여 아무런 기재를 하지 아니하고 있으므로, 확인대상발명은 위와 같이 성형에 제공하는 투명 비누편의 온도상승 범위를 수치한정하고 있는 이 사건 특허발명과 대비하여 그 권리범위에 속하는지 여부를 판단할 수 있을 만큼 구체적으로 특정되었다고 할 수 없다고 할 것이다.

[3] 그렇다면 특허심판원으로서는 확인대상발명에 대한 보정을 명하는 등의 조치를 취하였어야 함에도 불구하고 본안으로 나아가 이 사건 심결에 이른 잘못이 있다 할 것이며, 원심으로서는 당사자의 명시적인 주장이 없더라도 의심이 있을 때에는 이를 직권으로 조사하여 밝혀보았어야 할 것임에도 이를 간과하고 본안에 관하

여 판단한 것은 특허발명의 권리범위와 권리범위확인심판에서의 확인대상발명의 특정에 관한 법리를 오해하여 판결 결과에 영향을 미친 잘못이 있다고 할 것이다.[171]

1.4 관련판례(확인대상발명의 보정이 요지변경인 경우, VoIP 서비스 시스템 사건)

I) 사건개요

[발명의 설명](VoIP 기반 콜렉트 콜 서비스 방법 및 그 시스템, 특허 제10-0458195)

본 발명은 수신자가 발신 단말의 형태 및 위치와는 상관없이 균일한 이용 요금을 지불하게 됨으로써, 수신자의 요금 부담이 줄어들게 되는 시스템을 제공하는 것이다.

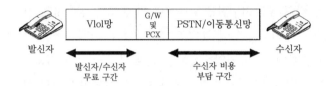

[사건경과]

원고는 소극적 권리범위확인심판을 청구하였다가, 2006. 9. 20.과 2006. 10. 23. 각각 확인대상발명을 보정하였다. 특허심판원은 위 보정들이 요지의 변경에 해당하는지 여부는 살피지 아니하고, 2006. 10. 23 보정된 확인대상발명과 이 사건 등록발명은 이용요금의 부과대상을 달리하는 차이가 있지만, 이는 서비스 제공자의 정책적 판단에 따라 정해지는 것으로 기술적 특징에 따른 차이가 아니어서 실질적 동일의 범주 내에 있으므로 위 보정된 확인대상발명은 이 사건 등록발명의 권리범위에 속한다는 이유로, 원고의 청구를 기각하였다.

II) 판결요지

보정된 확인대상발명에서는 VoIP 망과 PSTN 망을 구분하지 않고 전체 구간에 대해 이용요금을 부과하는 구성으로 변경됨으로써 VoIP 망 구간의 거리나 발신자 단말의 형태에 따라서도 이용요금이 달라질 수 있게 되었는데, 이는 VoIP 망 구간에 대해서는 이용요금이 부과되지 않도록 하는 심판청구서에 첨부된 최초 확인대상발명의 구성과 다르고, 등록발명이 발신자-수신자 사이의 호를 이용요금이 부과되

---

171) 대법원 2005. 4. 29. 선고 2003후656 판결 [권리범위확인(특)]. 이 판례는 82회 피인용되었다.

지 않는 VoIP 망과 이용요금이 부과되는 PSTN 망을 통해 연결시키는 것을 그 특징적인 구성으로 하는 점에 비추어 보면, 위와 같은 <u>확인대상발명의 보정은 심판청구의 전체적 취지에 비추어 발명의 동일성이 유지되는 범위를 넘어서는 것으로서 요지를 변경하는 경우에 해당하여 허용될 수 없음</u>에도 위 보정을 적법한 것으로 보고 보정된 확인대상발명을 심판의 대상으로 삼아 등록발명의 권리범위에 속하는지 여부를 심판한 심결에 대하여 위법하다고 한 사례.

Ⅲ) 판결이유

[1] 구 특허법 제140조 제2항에서 심판청구서의 보정에 있어서는 청구의 이유를 제외하고는 그 요지를 변경할 수 없도록 규정하고 있는데, 그 취지는 요지의 변경을 쉽게 인정할 경우 심판절차의 지연을 초래하거나 피청구인의 방어권행사를 곤란케 할 우려가 있기 때문이라 할 것이다.

[2] 그 보정의 정도가 청구인의 발명에 관하여 심판청구서에 첨부된 도면 및 설명서에 표현된 구조의 불명확한 부분을 구체화한 것이거나 처음부터 당연히 있어야 할 구성부분을 부가한 것에 지나지 아니하는 등 심판청구의 전체적 취지에 비추어 그 발명의 동일성이 유지된다고 인정된다면 이는 요지변경에 해당하지 아니한다.

[3] 2006. 10. 23. 보정된 확인대상발명의 설명서 및 도면에 의하면 확인대상발명이 VoIP 망과 PSTN 망을 구분하지 않고 전체 구간에 대해 이용요금을 부과하는 구성으로 변경됨으로써 VoIP 망 구간에 대하여 이용요금이 부과되지 않도록 하는 심판청구서에 첨부된 최초 확인대상발명의 구성과 다르다. 이 사건 등록발명이 발신자-수신자 사이의 호를 이용요금이 부과되지 않는 VoIP 망과 이용요금이 부과되는 PSTN 망을 통해 연결시키는 것을 그 특징적인 구성으로 하는 점에 비추어 보면, 위와 같은 확인대상발명의 보정은 심판청구의 전체적 취지에 비추어 발명의 동일성이 유지되는 범위를 넘어서는 것으로 요지를 변경한 경우에 해당하므로 허용될 수 없는 것으로 보아야 할 것이다.172)

---

172) 특허법원 2007. 6. 27. 선고 2006허11268 판결 [권리범위확인(특)].

Ⅲ-12. 권리범위확인심판 중에 권리가 무효로 된 경우 소의 이익

1. 관련판례(X선 발생 장치 사건)

Ⅰ) 사건개요

[발명의 설명](X선 발생 장치 및 이것을 사용한 정전기 제어기, 특허 제100465346)

종래 초소형 X-선관은 작은 크기로 인해 자연적 공냉이 잘 안되고, 기존의 보호 용기에 장착이 어려운 단점이 있다. 본 발명의 목적은 소형이면서 공냉 장치를 구비한 X-선 발생 장치를 제공하는 것이다.

Ⅱ) 판결이유

[1] 확인대상발명이 특허청구범위 제1항의 권리범위에 속하는지에 관하여

특허권의 권리범위확인심판의 청구는 현존하는 특허권의 범위를 확정하려는 데 그 목적이 있으므로, 일단 적법하게 발생한 특허권이라 할지라도 그 권리가 소멸된 이후에는 그에 대한 권리범위확인을 구할 이익이 없어진다(대법원 2003. 11. 28. 선고 2003후1581 판결 등 참조).

기록에 의하면, 명칭을 "X선 발생장치 및 이것을 사용한 정전기 제어기"로 하는 이 사건 특허발명(특허번호 제465346호)의 특허청구범위 제1항(이하 '이 사건 제1항 발명'이라고 한다)은 이 사건 소가 상고심에 계속 중이던 2009. 9. 24. 진보성이 인정되지 아니한다는 이유로 그 특허가 무효로 확정되었음을 알 수 있다. 그렇다면 이 사건 제1항 발명에 대한 특허권은 처음부터 없었던 것이 되었다고 할 것이다. 이와 같이 이 사건 제1항 발명의 특허권이 소멸된 결과 이 사건 심판의 심결 중 이 사건 제1항 발명에 관한 부분은 그 취소를 구할 법률상 이익이 없어졌다고 할 것이므로 이 사건 소 중 이 사건 제1항 발명에 관한 부분은 부적법하게 되었다.

결국 원심판결 중 이 사건 제1항 발명에 대한 부분은 그대로 유지될 수 없다.

[2] 확인대상발명이 이 사건 제5항, 제8항, 제11항 발명의 권리범위에 속하는지에 관하여

기록에 의하면, 피고는 이 사건 제5항, 제8항, 제11항 발명(이하 '이 사건 제5항 등 발명'이라고 한다)에서 이 사건 제1항 발명 또는 제2항 발명을 인용하던 부분을 이 사건 제2항 발명만을 인용하는 것으로 정정심판청구를 하였고, 원심판결 선고 이후

인 2010. 6. 4. 위 정정을 인용하는 심결이 내려지고 그 무렵 위 심결이 확정되었음을 알 수 있다. 그렇다면 이 사건 제5항 등 발명은 구 특허법(2001. 2. 3. 법률 제6411호로 개정되기 전의 것) 제136조 제9항에 의하여 정정 후의 명세서대로 특허출원이 되고 특허권의 설정등록이 된 것으로 보아야 한다.

따라서 정정 전의 이 사건 제5항 등 발명의 권리범위를 대상으로 하여 확인대상발명이 그 권리범위에 속하는지 여부를 심리·판단한 원심판결에는 민사소송법 제451조 제1항 제8호 소정의 재심사유가 있으므로, 결과적으로 판결에 영향을 끼친 법령위반의 위법이 있다.

[3] 확인대상발명이 나머지 청구항의 권리범위에 속하는지에 관하여

(가) 확인대상발명이 자유실시기술인지에 관하여

기록을 살펴보면, 원심이 확인대상발명은 원심 판시 비교대상발명 4 내지 6으로부터 용이하게 발명할 수 있는 자유실시기술에 해당하지 아니한다고 판단한 것은 정당한 것으로 수긍할 수 있고, 거기에 상고이유의 주장과 같이 자유실시기술 여부 판단에 관한 법리를 오해한 위법이 있다고 할 수 없다.

(나) 확인대상발명이 이 사건 제2항 발명의 권리범위에 속하는지에 관하여

기록에 비추어 살펴보면 다음을 인정할 수 있다. 즉 이 사건 제2항 발명과 확인대상발명은 모두 소형의 X-선 발생장치에 관한 것으로 그 기술분야가 동일하고, X-선 발생장치에서 생기는 열을 냉각시키고 X-선 발생장치의 소형화에 따른 장착의 용이성을 향상시키고자 하는 점에서 목적에 공통점이 있다. … 확인대상발명은 이 사건 제2항 발명과 구성이 동일하고, 그 외 다른 구성요소를 부가하고 있어서 이 사건 제2항 발명과 이용관계에 있다.

(다) 확인대상발명이 이 사건 제3항 발명의 권리범위에 속하는지에 관하여

권리범위확인심판은 권리의 효력이 미치는 범위를 대상물과의 관계에서 구체적으로 확정하는 것이어서 특허권 권리범위확인심판 청구의 심판대상은 심판청구인이 그 청구에서 심판의 대상으로 삼은 구체적인 발명이라고 할 것이나(대법원 1991. 3. 27. 선고 90후373 판결 등 참조). 그리고 소극적 권리범위확인심판에서는 심판청구인이 현실적으로 실시하는 기술이 심판청구에서 심판의 대상으로 삼은 구체적인 발명과 다르다고 하더라도 심판청구인이 특정한 발명이 실시가능성이 없을 경우 그 청구의 적법 여부가 문제로 될 수 있을 뿐이고, 여전히 심판의 대상은 심판청구인이 특정

한 확인대상발명을 기준으로 특허발명과 대비하여 그 권리범위에 속하는지 여부를 판단하여야 한다(대법원 1990. 2. 9. 선고 89후1431 판결, 대법원 2002. 10. 22. 선고 2001후1549 판결 등 참조).

원심은 확인대상발명의 '충격흡수부'는 그 설명서에 '열전도성과 전기전도성을 갖지 않는다'라고 기재되어 있더라도 실제로는 열전도성 및 전기전도성을 가지는 구성이라는 전제 아래 이 사건 제3항 발명 중 '열전도성을 가지는 중간부재'에 관한 구성과 실질적으로 동일한 것으로 보아, 확인대상발명이 이 사건 제3항 발명의 권리범위에 속한다고 판단하고 있다.

그러나 위 법리에 비추어 기록을 살펴보건대, 확인대상발명의 설명서에 의하면 '충격흡수부는 그 재질이 실리콘 스펀지이고 외부로부터의 진동 및 충동을 받더라도 이를 흡수할 수 있고 열전도성과 전기전도성을 갖지 아니하는 구성'임을 알 수 있다. 그렇다면 이 경우 설령 확인대상발명의 '충격흡수부'가 열전도성과 전기전도성을 가지고 있어야 하고 그렇지 아니한 구성으로는 실시될 가능성이 없어서 심판청구의 적법 여부가 문제로 될 수 있음은 별론으로 하고, 심판의 대상으로서는 여전히 심판청구인이 특정한 확인대상발명을 기준으로 하여야 하고 이를 특허발명과 대비하여 그 권리범위에 속하는지 여부를 판단하여야 하는 것이다.

그리하여 이 사건 제3항 발명의 '중간부재'와 확인대상발명의 설명서에 의하여 특정된 '충격흡수부'를 대비해 보면, 이 사건 제3항 발명의 '중간부재'는 높은 열전도성을 가지고 있어 플랜지부와 정면판 사이의 열전도를 확장시킴으로써 보호용기를 통한 열의 발산을 촉진시킬 수 있는 반면, 확인대상발명의 '충격흡수부'는 외부로부터의 진동 및 충동을 받더라도 이를 흡수할 수 있고 열전도성과 전기전도성을 갖지 아니하는 점에서 그 구성 및 작용효과에서 차이가 있어서, 이들이 균등관계에 있다고 할 수 없다.

[4] 결론

그러므로 원심판결 중 이 사건 제1항, 제3항 내지 제13항 발명에 대한 부분을 파기하고 이 사건 제1항 발명에 대한 부분의 소를 각하하며 이 사건 제3항 내지 제13항 발명에 대한 부분의 사건을 다시 심리·판단하게 하기 위하여 원심법원에 환송하고, 원고의 나머지 상고를 기각한다.[173]

---

173) 대법원 2010. 8. 19. 선고 2007후2735 판결 [권리범위확인(특)]. 이 판례는 15회 피인용되었다.

III - 13. 권리범위확인심판에서 특허권의 청구범위 일부가 불명료·오기가 있는 경우에도 그 권리범위를 부정할 수 없는 경우

1. 관련판례(현수막 접철식 장치 사건)

Ⅰ) 사건개요

[발명의 설명](접철식 게첨대 이동수단, 실용신안 등록번호 제340635호)

본 고안은 현수막을 용이하게 걸기 위하여 게첨대를 상하로 이동시킬 수 있도록 구조가 간단하며 가벼워 프레임 등의 파손을 방지할 수 있는 접철식 게첨대의 이동수단을 제공하는 것을 목적으로 한다. 작업자가 원하는 위치에 게첨대(2)를 위치시키고 핸들을 고정한 후 현수막을 게첨대(2)에 걸게 된다. 현수막을 건 후 핸들의 고정장치를 풀게 되면 토션스프링(20)에 저장된 탄성에너지에 의해 샤프트(10)가 회전하게 되고 이에 따라 게첨대(2)가 상측으로 소정거리 이동하게 된다. 작업자가 핸들을 계속 돌려 게첨대(2)를 상측으로 이동시키게 되면 토션스프링(20)은 지름이 적어지면서 탄성에너지를 저장하게 된다. 이후 작업자가 핸들의 고정 장치와 래치를 풀면 토션스프링에 의해 샤프트(10)가 회전하게 되고 이에 따라 게첨대(2)가 소정거리 하측으로 이동하게 된다.

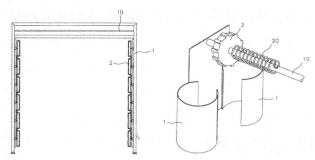

[청구항 1]

좌우 양측의 프레임 사이에 위치한 다수의 게첨대가 상하로 이동하여 집철되는 방식의 현수막 게시대에 있어서,

양측 프레임의 사이에 회전가능하도록 결합되며 일측프레임에 결합된 핸들의 축과 동력전달수단으로 연결되어 상기 핸들의 동작에 따라 회전하여 타측 프레임측으로 힘을 전달하게 되는 샤프트와;

상기 샤프트의 회전에 따라 함께 회전하게 되어, 상기 샤프트의 회전에 의해 발생한 탄성에너지를 보유하여 상기 샤프트를 역회전시켜 게첨대를 상하로 이동시키게 되는 탄성이동수단;

을 포함하여 구성되는 것을 특징으로 하는 접철식 게첨대의 이동수단.

II) 판결이유

[1] 권리범위가 불명확 또는 오기가 있을 경우 상세한 설명을 참작하여 해석할 때 명백한 경우 권리범위 인정

등록실용신안의 실용신안등록청구범위의 일부가 불명료하게 표현되어 있거나 그 기재에 오기가 있다 하더라도, 고안의 <u>상세한 설명과 도면 등을 참작하여 볼 때</u> <u>그 기술분야에서 통상의 지식을 가진 자가 명확하게 이해할 수 있고 오기임이 명백</u> <u>하여 그 고안 자체의 보호범위를 특정할 수 있는 경우에는 등록실용신안의 권리범</u> <u>위를 부정할 수 없다</u>(대법원 2002. 6. 14. 선고 2000후235 판결, 대법원 2005. 11. 24. 선고 2003후2515 판결 등 참조).

위와 같은 법리와 기록에 비추어 살펴보면, 이 사건 등록고안의 실용신안등록 청구범위 제1항, 제3항(이하 '이 사건 제1, 3항 고안')에 기재된 "동력전달수단"은 고안의 상세한 설명과 도면 등을 참작하여 볼 때 "동력이동수단"의 오기임이 명백하여 그 고안 자체의 보호범위를 특정할 수 있으므로, 이 사건 제1, 3항 고안의 권리범위를 부정할 수는 없다. 같은 취지의 원심의 판단은 옳고, 거기에 상고이유의 주장과 같은 등록실용신안의 권리범위 해석에 관한 법리오해 등의 위법이 있다고 할 수 없다.

[2] 확인대상발명이 이 사건 권리범위에 속하는지 여부

기록에 비추어 살펴보면, 원심이 이 사건 제1, 3항 고안을 원심 판시의 확인대상고안과 비교한 다음, 확인대상고안은 이 사건 제1, 3항 고안과 그 구성 및 효과가 실질적으로 동일하여 이 사건 제1, 3항 고안의 권리범위에 속한다는 취지로 판단하였음은 옳은 것으로 수긍이 가고, 거기에 상고이유의 주장과 같은 등록실용신안의 권리범위 판단에 관한 법리오해 등의 위법이 있다고 할 수 없다.

[3] 확인대상발명이 자유실시 기술인지 여부

권리범위확인 심판청구의 대상이 되는 확인대상고안이 공지의 기술만으로 이루어지거나 그 기술분야에서 통상의 지식을 가진 자가 공지기술로부터 극히 용이하게 실시할 수 있는지 여부를 판단할 때에는, 확인대상고안을 등록실용신안의 실용신안 등록청구범위에 기재된 구성과 대응되는 구성으로 한정하여 파악할 것은 아니고, 심판청구인이 특정한 확인대상고안의 구성 전체를 가지고 그 해당 여부를 판단하여야 한다(대법원 1990. 10. 16. 선고 89후568 판결, 대법원 2001. 10. 30. 선고 99후710 판결 등 참조).

위와 같은 법리와 기록에 비추어 살펴보면, 원심이 '링크수단'에 관한 구성을 포함하는 것으로 특정된 확인대상고안을 원심 판시의 비교대상고안 1, 2, 3 등의 공지기술과 대비한 다음, 이러한 공지기술에는 확인대상고안의 '링크수단'에 관한 구성이 나타나 있지 아니하여 확인대상고안은 공지기술로부터 극히 용이하게 실시할 수 있는 고안에 해당하지 않는다는 취지로 판단하였음은 옳고, 거기에 상고이유의 주장과 같은 확인대상고안의 기술적 구성 파악과 자유실시기술 여부 판단에 관한 법리오해의 위법이 있다고 할 수 없다.[174)]

III - 14. 명세서의 기재가 불분명한 경우 권리범위의 불인정

1. 관련판례(자연산 악세사리 가공방법 사건)

Ⅰ) 사건개요

[발명의 설명](자연산 악세사리 및 그 가공방법, 특허 제134523호)

본 발명은 패션의류의 자재인 자연산 악세사리(각종 단추 및 버클 등) 및 가공법에 관한 것으로, 자연소재인 수뿔 등을 이용한 악세사리를 제공하며, 제품 수명이 다하여 폐기 시 분해가 되어 환경공해 저감하는 자연산 악세사리 및 그 가공방법에 관한 것이다.

[청구항 1]

자연산 각종 소뿔 및 물소뿔을 원하는 악세사리형(단추 또는 버클)로 절단한 후 그 표면을 연마하여 유광 또는 무광 불에 태우는 작업을 선택적으로 처리하거나 탈

---

174) 대법원 2008. 7. 10. 선고 2008후64 판결 [권리범위확인(실)]. 이 판례는 28회 피인용되었다.

색 처리하여 자연미가 부가되도록 하는 것을 특징으로 하는 자연산 악세사리.

Ⅱ) 판결이유

[1] 관련법리: 발명의 구성요건 일부가 추상적이거나 불분명한 경우 권리범위 불인정

특허발명의 특허청구의 범위 기재나 발명의 상세한 설명 기타 도면의 설명에 의하더라도 특허출원 당시 발명의 구성요건의 일부가 추상적이거나 불분명하여 그 발명 자체의 기술적 범위를 특정할 수 없을 때에는 특허권자는 그 특허발명의 권리범위를 주장할 수 없는 것이고, 특허발명의 기술적 범위를 특정할 수 있는지 여부는 당사자의 주장이 없더라도 법원이 직권으로 살펴 판단하여야 하는 것이므로(대법원 1983. 1. 18. 선고 82후36 판결, 1989. 3. 28. 선고 85후109 판결, 2001. 12. 27. 선고 99후1973 판결 등 참조), 이 사건 특허발명의 명세서 기재 중 면삭기의 재질에 대하여까지 기재 불비 여부를 판단한 원심이 변론주의에 위배된 것이라는 취지의 상고이유의 주장은 받아들일 수 없다.

[2] 상고이유 제2, 3점에 대하여

(가) 원심판결 이유에 의하면, 원심은 이 사건 특허발명의 특허청구범위 제2, 3, 4항(이하 '제2, 3, 4항 발명')은 면삭, 연마, 건조의 공정을 공통적으로 포함하고 있고, 위 면삭, 연마, 건조의 각 공정은 액세서리를 제조하는 데 필수적으로 거쳐야 하는 것이어서 어느 것도 생략될 수 없는 것이고, 또한 전 단계의 공정이 완료된 후에 그 결과물을 이용하여 이루어지는 것이어서 전 단계의 공정에 관한 구성에 관한 명세서의 기재가 불명료하여 그 기술범위를 특정할 수 없는 경우에는 비록 다음 단계의 공정에 대한 기술적 구성이 명확하게 되어 있다고 하더라도 이 사건 특허발명은 전체적으로 그 기술적 범위를 특정할 수 없는 경우에 해당하여 특허권자가 그 권리범위를 주장할 수 없다고 하면서 이 사건 특허발명의 가장 첫 단계의 공정으로서 물소뿔을 면삭하여 특정한 형태의 반제품으로 만드는 단계인 면삭공정에 관한 명세서의 기재가 그 기술적 범위를 특정할 수 있도록 기재된 것인지 여부 및 (가)호 발명이 이 사건 특허발명의 권리범위에 속하는 것인지 여부에 관하여 다음과 같은 취지로 판단하였다.

(나) 면삭공정의 면삭기 재질에 관하여

이 사건 특허발명은 특허청구범위 제2항과 상세한 설명에서, 면삭공구의 재질을 자연산 소뿔에 적당한 재질인 "하이스(강도 1200방)라는 합금의 초경"으로 특정하고, 효율을 높이기 위하여 "하이스라는 초경금속에 티타늄 코팅 또는 다이아몬드 코팅"을 하는 것으로 기재하고 있는데, "하이스"는 강의 일종인 고속도강(High Speed Steel)을 당업자들이 일반적으로 부르는 명칭이고, 고속도강과 초경금속은 절삭공구를 만드는 별개의 재료인 사실이 인정되므로 위 기재만으로는 면삭공구로 사용되는 것이 고속도강인지 초경금속인지를 알 수 없도록 되어 있고, 다만 "하이스"를 공구 재료의 명칭으로 사용한 것으로 보아 고속도강을 사용한다는 의미 정도로 추측할 수 있을 뿐인데, 원고 스스로 이 사건 소송에서 이 사건 특허발명에서의 하이스는 초경금속을 의미하는 것이라는 취지로 주장하고 있으므로 이 사건 특허발명의 면삭기의 재질에 관한 특정은 매우 불명료하게 되어 있는 것으로 볼 수밖에 없다.

또한, 이 사건 특허발명은 하이스 중에서 "강도"가 "1200방"인 것으로 재질을 한정하였는바, 증거에 의하면 하이스라는 물품에 표기된 "G – 1200"이라는 표기는 "골덴 – 1200"을 뜻하는 것으로서 제조회사에서 사용하는 모델번호인 사실이 인정될 뿐이고, 그것이 경도를 나타내는 것이라는 점에 관하여는 을 제7호증의 일부 기재만으로는 이를 인정하기에 부족하고 달리 이를 인정할 만한 증거가 없는바, 제조회사의 모델번호는 언제든지 변경될 수 있는 것인 점과 이 사건 특허발명에서의 "강도 1200방"이라는 기재는 그것이 모델번호를 지칭하는 것이라고 해석될 소지가 없는 점을 고려하여 보면, 이 사건 특허발명에서 물소뿔의 재질과 관련하여 중요한 특징의 하나로 삼고 있는 면삭공구의 재질에 관한 특정은 매우 불명료하여 그 기술적 범위를 특정할 수 없는 경우에 해당한다.

(다) 면삭공정에 사용하는 면삭기의 회전수에 관하여

이 사건 특허발명의 상세한 설명에서는 면삭기의 회전속도가 너무 느리거나 너무 빠르면 각종 소뿔 및 물소뿔이 다비리거나 초경이 파손될 우려가 있을 뿐 아니라 면삭기에 과부하가 걸려 고장날 우려가 있다고 기재하고 있으므로, 물소뿔이라는 소재의 특성에 맞는 면삭속도를 특정하는 것이 가장 중요한 기술구성의 특징이고, 그 면삭속도의 특정은 면삭기에서 물소뿔과 직접 접촉하면서 면삭을 행하는 면삭기 바이트(이 사건 특허발명에서는 하이스에 티타늄 또는 다이아몬드 코팅을 한 것)의 분당회전수(rpm)로 특정하는 것이 가장 직접적인 특정방법이며, 이와 같은 직접적인 방법이 아니고 다른 제3의 수치를 내세워 이로써 면삭속도를 특정하는 간접적인 방법을 사용하는 것은 그 제3의 수치와 면삭기 바이트의 회전수와의 사이에 직접적인 상관관계가 있어서 그러한 특정에 의하여서도 당업자가 바로 면삭기 바이트의 회전수를 결정해 낼 수 있는 경우라야 할 것이고, 그러한 경우에도 발명의 상세한 설명에 그러한 수치와 면삭기 바이트의 회전수의 상관관계를 알 수 있을 정도로 기재하는 것이 필요하다.

그런데 면삭기의 회전속도를 1분당 60 내지 80회전으로 하는 것이 가장 바람직하다는 명세서의 기재에 의하면, 위 면삭기의 회전수는 면삭기에서 물소뿔과 직접 접촉하면서 면삭을 행하는 면삭기 바이트의 회전수를 지칭하는 것으로 해석되는 것이 일반적이고, 이 사건 특허발명의 명세서에 원고가 주장하는 것과 같은 면삭기 헤드의 불연속적인 회전수와 면삭기 바이트의 회전수 사이에 직접적인 관련성이 있어서 면삭기의 분당생산량에 의하여 바로 면삭기 바이트의 회전수가 결정되는 관계에 있음에 관한 아무런 기재가 없을 뿐만 아니라, 갑 제6, 7호증과 변론의 전취지에 의하면 기계의 종류에 따라 단추파지부의 개수가 다르고, 단추도 그 형태나 면삭하는 조각의 난이도에 따라 분당 생산가능 개수가 현격한 차이가 있는 사실을 인정할 수 있으며, 또한 제2항 발명에서는 면삭대상을 단추에 한정하지 않고 단추와 버클을 대상으로 하고 있어서 단추와 버클 사이에는 분당 생산량이 차이가 날 수밖에 없는 점까지 고려하여 보면 이 사건 특허발명에서 면삭기의 면삭물파지부의 개수나 면삭대상물이 단추인지 버클인지 및 면삭대상물의 형태나 조각의 난이도 등에 관한 아무런 특정을 하지 아니한 채 단순히 면삭기 <u>회전수를 분당 60 내지 80으로 한정하고 있는 것만으로는 당업자가 그 수치로부터 물소뿔 재료에 대한 면삭공정 시 물소뿔이 타지 않는 적절한 면삭기 바이트 회전수를 선택하여 실시할 수 있을 정도로 기재한 것으로 볼 수 없다.</u>

또한, 면삭기의 회전수와 면삭기 바이트의 회전수 사이에는 면삭기 회전수가 증가하면 각 면삭기 바이트에서 면삭 대상물을 면삭할 수 있는 시간이 짧아져 그만큼 빠른 시간에 면삭을 마쳐야 하므로 면삭기 바이트의 회전수도 증가하여야 하는 비례적인 상관관계가 있음을 인정할 만한 자료가 없을 뿐만 아니라 설령 면삭기의 대상물파지부의 개수와 면삭대상물의 종류 및 그 형태와 같은 요소들이 정하여진 특정한 조건에서 원고의 주장과 같은 상관관계가 인정된다고 하더라도 그러한 조건들이 바뀌는 경우에는 종전의 조건에서와 동일한 생산량과 면삭기 바이트 회전수가 유지될 수 없을 것임은 명백하므로, 이와 같은 요소들에 대한 아무런 한정이 없는 이 사건 특허발명에서 위와 같이 분당생산량만을 특정하는 것만으로는 당업자가 용이하게 이 사건 특허발명을 실시할 수 있을 정도로 명세서를 기재한 것으로 볼 수 없다.

따라서 이 사건 특허발명의 명세서에는 그 중요한 특징적 구성인 면삭기의 회전수에 대한 기재가 불명료하여 그 기재만으로는 당업자가 용이하게 실시할 수 없는 경우에 해당한다(이는 특허권자인 원고 자신도 면삭기 회전수의 의미에 관하여 일관된 주장을 하지 못하고 있는 점에 비추어 보더라도 명백하다).

(라) 그렇다면 이 사건 특허발명에서의 면삭공정에 관한 명세서의 기재는 그 기술적 구성에 관한 기재가 불분명하여 발명 자체의 기술적 범위를 특정할 수 없다고 할 것이고, 이와 같은 면삭공정은 제2, 3, 4항 발명의 모두에 포함되어 있는 첫 단계의 공정이고 또한 생략될 수 없는 필수적인 공정이라고 할 것이므로, 위 면삭공정에 관한 명세서의 기재가 불명료하여 그 기술적 범위를 특정할 수 없는 것으로 인정되는 이상 이 사건 특허발명은 그 권리범위를 인정할 수 없다고 할 것이고, 따라서 (가)호 발명은 이 사건 특허발명과 대비할 필요도 없이 이 사건 특허발명의 권리범위에 속하지 아니하는 것이라고 할 것이다.

(마) 위에서 본 법리와 기록에 비추어 살펴보면, '하이스'는 일반적으로 '고속도강(High Speed Steel)'의 준말로 널리 사용되는데 이는 초경금속 또는 초경합금과는 다른 종류의 금속이고, '1200방'은 금속의 강도나 경도를 표시하는 용어로 사용된다고 보기 어려우며, 면삭기의 회전속도는 제2, 3, 4항의 발명의 핵심적인 부분을 차지하는 것으로 원고 스스로 물소뿔의 가공에 적정한 회전속도를 찾아내는 데 많은 노력을 기울인 바 있고 면삭기의 회전속도가 면삭기에서 면삭되어 나오는 개수라고 하더라도 이로부터 면삭기 바이트의 회전수를 구체적으로 계산해 낼 방법이 없음에 비추어 볼 때 발명이 속하는 기술분야에서 통상의 지식을 가진 사가 이 사건 특허발명의 명세서에 기재된 '1분당 60~80 회전속도'라는 내용만으로 면삭공정에서 물소뿔로 된 재료가 타지 않을 정도의 면삭기 바이트 회전속도를 알아내는 것은 쉽다고 할 수 없음을 전제로 하는 원심의 위와 같은 인정과 판단은 정당하다.[175]

---

175) 대법원 2002. 6. 14. 선고 2000후235 판결 [권리범위확인(특)]. 이 판례는 22회 피인용되었다.

III - 15. 작용효과가 같거나, 약간 감소되더라도 권리범위에 속한다고 한 사례

1.1 관련판례(균등론을 적용하여 권리범위에 속한다고 한 판례, 크레인 인양고리 사건)

I) 사건개요

[발명의 설명](등록 제10-0892615호)

일반적으로 고층건물의 외벽면을 시공하는데 대형 철재 구조물인 갱폼은 작업 발판 및 핸드레일, 고정 볼트 등 다수의 부품으로 이루어지며, 대략 3~4톤 정도의 무게에 약 9m정도의 높이를 갖는 갱폼이 여러 개 사용 된다. 이러한 갱폼은 한 층의 작업이 완료되면 크레인을 이용하여 다음 층의 외벽을 시공하기 위해 인양된다. 본 발명이 해결하고자 하는 과제는 인양고리가 크레인의 후크에 걸리지 않은 상태에서는 안전커버가 고정볼트를 덮고 있어 해체가 불가능하고, 인양고리가 크레인의 후크에 걸린 상태에서만 안전커버가 이동하여 고정볼트를 해체할 수 있게 하여 인양고리가 크레인의 후크에 걸리지 않은 상태에서 고정볼트를 모두 해체함으로써 발생되는 사고를 근본적으로 차단할 수 있게 한 갱폼 안전한 인양 시스템을 제공하기 위한 것이다.

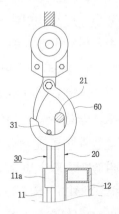

[청구항 1]

외부폼(12)의 외측에 수직으로 설치된 수직부재(11); 상기 외부폼(12)의 상부로 인양고리부(21)가 돌출되게 상기 수직부재(11)에 고정 설치된 인양고리부재(20);를 포함하는 것에 있어서,

상기 수직부재(11)의 양측에 설치된 상하부 가이드부재(11a)(11b); 상기 가이드부재(11a)(11b)에 끼워지게 설치되어 상부의 안전 고리부(31)가 상기 인양고리부(21)의 하부에 인접하게 위치하는 안전고리부재(30); 상기 수직부재(11)와 교차되게 횡방향으로 고정볼트(40)에 대응되는 위치에 설치된 안전커버(32); 상기 안전커버(32)와가이드부재(11b)사이에 설치된 스프링부재(50);

를 구비하여서 된 것을 특징으로 하는 갱폼 안전 인양 시스템.

II) 사건경과

[1] 특허심판원 심결 2015당5133

확인대상발명은 이 사건 특허발명 중 구성요소 2, 3, 5의 구성이 결여되어 있거나 차이가 있어 양 발명의 구성 및 작용효과가 상이하므로, 이 사건 특허발명의 보호범위에 속하지 않는다.

[2] 특허법원 판결(심판원 심결 지지) 특허법원 2017. 2. 1. 선고 2016허5095 판결

확인대상발명은 이 사건 특허발명 중 구성요소 2의 상하부 가이드부재와 같은 구성을 결여한 것이고, 구성요소 5의 스프링부재와는 그 대응 구성에서 차이를 보이고 있는 가운데 균등관계에 있다고 볼 수도 없으므로, 이 사건 특허발명의 보호범위에 속하지 않는다고 보아야 한다.

[3] 대법원(확인대상발명은 특허권리와 균등하다고 원심을 파기)

특허발명과 대비되는 확인대상 발명이 특허발명의 권리범위에 속한다고 할 수 있기 위해서는, 특허발명의 청구범위에 기재된 각 구성요소와 그 구성요소 간의 유기적 결합관계가 확인대상 발명에 그대로 포함되어 있어야 한다. 한편 확인대상 발명에서 특허발명의 청구범위에 기재된 구성 중 변경된 부분이 있는 경우에도, 양발명에서 과제의 해결원리가 동일하고, 그러한 변경에 의하더라도 특허발명에서와 실질적으로 동일한 작용효과를 나타내며, 그와 같이 변경하는 것이 그 발명이 속하는 기술분야에서 통상의 지식을 가진 자라면 누구나 용이하게 생각해 낼 수 있는 정도라면, 특별한 사정이 없는 한 확인대상 발명은 특허발명의 청구범위에 기재된 구성과 균등한 것으로서 여전히 특허발명의 권리범위에 속한다고 보아야 한다. 그리고 여기서 '양 발명에서 과제의 해결원리가 동일'한지 여부를 가릴 때에는 청구범위에 기재된 구성의 일부를 형식적으로 추출할 것이 아니라, 명세서에 있는 발명의 설명 기재와 출원 당시의 공지기술 등을 참작하여 선행기술과 대비하여 볼 때, 특허발명에 특유한 해결수단이 기초하고 있는 기술사상의 핵심이 무엇인가를 실질적으로 탐구하여 판단하여야 한다(대법원 2014. 7. 24. 선고 2012후1132 판결 등 참조).

Ⅲ) 판결이유

[1] 이 사건 제1항 발명의 원심 판시 구성 2(이하 '구성 2')에 해당하는 구성이 이 사건 확인대상 발명에 포함되어 있는지에 관하여 본다.

구성 2는 '수직부재의 양측에 설치된 상하부 가이드부재'인데, '가이드부재에 끼워지게 설치되는 안전고리부재'에 관한 구성 3과의 결합관계와 발명의 설명 및 도면을 참작하면, 구성 2의 가이드부재는 수직부재에 설치되고 그 내부에 끼워지는 안전고리 부재가 크레인에 의해 상하로 이동할 수 있도록 안내하는 기능을 하는 것임을 알 수 있다.

다만 그 청구범위나 발명의 설명에 '안전고리부재와 가이드부재의 결합 형태나 밀착 정도'에 관하여 한정하는 기재가 없다. 그런데 크레인이 안전고리부재를 인양하는 방향이 반드시 수직방향에 한정된다고 볼 수는 없으므로, 안전고리부재가 구성 2의 가이드 부재에 빈틈없이 끼워지게 된다면, 크레인으로 인양 시 안전고리부재가 가이드부재에 의해 휘거나 파손되는 등 정상적인 작동에 장애가 발생할 수 있다.

따라서 구성 2의 가이드부재는 그에 끼워지는 안전고리부재의 상하이동을 안내할 수 있도록 형성된 구성으로 해석하면 되고, 안전고리부재가 상하 이외의 다른 방향으로는 전혀 움직이지 않도록 지지하여 정확한 이동을 안내하는 구성으로 한정 해석하기는 어렵다.

[2] 이 사건 확인대상 발명에서 구성 3의 안전고리부재에 대응하는 안전부재는 작동노브에 끼워진 채 체결 고정되어 있고, 안전부재의 상부는 웰라, 인양다리, 수직부재에 의해 둘러싸여 있다. 따라서 크레인에 의해 안전부재가 상하로 이동할 수 있는 반면, 다른 방향, 즉 좌우 또는 전후 방향으로의 이동은 제한되어 있다. 따라서 확인대상 발명의 위와 같은 대응구성은 구성 2와 동일한 구조 및 작동 방식을 채택하고 있다고 볼 수 있으므로, 결국 구성 2에 해당하는 구성이 확인대상 발명에 포함되어 있다고 볼 수 있다.

[3] 다음으로 구성 5와 이 사건 확인대상 발명의 대응구성에 대하여 본다.

(가) 구성 5는 '안전커버와 가이드부재 사이에 설치된 스프링부재'로서, 갱폼을 인양할 때 크레인의 후크를 안전고리부에 걸어 안전고리부재를 상승시키면 안전고리부재에 결합된 안전커버가 스프링부재를 수직으로 압축하면서 같이 상승하여 고정볼트를 노출시키고, 안전고리부에서 크레인의 후크를 제거하면 스프링부재의 복원력에 의해 안전커버를 아래쪽으로 이동하게 하여 고정볼트를 덮게 된다.

이에 대응되는 이 사건 확인대상 발명의 구성은 '안전커버와 고정브라켓 사이에 설치된 하나 이상의 토션스프링'인데, 이 사건 확인대상 발명의 토션스프링은 안전커버와 고정브라켓 사이에 설치되어 있다. 갱폼을 인양할 때 크레인의 후크를 안전고리에 걸어 이를 상승시키면 안전다리(안전고리의 아래쪽을 가리킨다)에 결합된 작동노브가 안전커버의 양측으로 돌출된 선회작동핀을 끌어 올리게 되고, 안전커버는 토션스프링을 압축하면서 위쪽으로 회전하여 고정볼트를 노출시키게 되며, 안전고리에서 크레인의 후크를 제거하면 토션스프링의 복원력에 의해 안전커버가 아래쪽으로 회전하여 고정볼트를 덮게 된다.

즉 갱폼이 인양될 때 안전고리부재에 결합된 안전커버가 상승하면서 스프링부재를 압축하는 구성 5와 달리, 이 사건 확인대상 발명의 대응구성은 안전고리에 결합된 작동노브가 상승하면서 안전커버의 회전운동에 따라 토션스프링을 압축한다. 따라서 양 발명은 스프링을 가압하는 방식과 스프링의 위치에 차이가 있다. 그러나 아래와 같은 사정에 따르면 이 사건 확인대상 발명의 대응구성은 이 사건 제1항 발명의 구성 5와 균등관계에 있다고 보아야 한다.

(나) 과제해결원리의 동일성에 관하여 본다. 이 사건 특허발명의 명세서에는 '갱폼을 인양하기 위해서는 크레인의 후크를 인양고리부에 건 상태에서 하부의 고정볼트를 해체한 후 크레인을 작동시켜야 하는데, 고정볼트를 해체하는 작업자들은 갱폼 상부의 인양고리부에 크레인의 후크가 걸려있는지 여부를 확인해야 함에도, 이를 확인하지 않은 채 고정볼트를 해체하다가 갱폼이 떨어지거나 작업자가 추락하는 등의 사고가 일어나게 된다. 이러한 문제점을 감안하여 인양고리부가 후크에 걸리지 않은 상태에서는 안전커버가 고정볼트를 덮고 있어 해체가 불가능하고, 인양고리부가 크레인의 후크에 걸린 상태에서만 안전커버가 이동하여 고정볼트를 해체할 수 있게 하여, 사고의 위험을 근본적으로 차단할 수 있다'라는 취지가 기재되어

있다(이때 안전고리부는 인양고리부의 하부에 인접하여 위치하고 있으므로, 크레인의 후크는 인양고리부와 안전고리부에 동시에 걸리게 된다).

이러한 명세서의 기재와 이 사건 특허발명의 출원당시 공지기술 등을 종합하여 보면, 이 사건 제1항 발명에 특유한 해결수단이 기초하고 있는 기술사상의 핵심은, 안전고리부에 크레인의 후크를 걸어 들어 올리면 안전커버가 이동하면서 노출되는 고정볼트를 해체할 수 있고, 안전고리부에서 크레인의 후크를 제거하면 스프링의 탄성에 의해 안전커버가 고정볼트를 덮도록 하여, 안전고리부에 크레인의 후크가 연결되지 않은 상태에서는 고정볼트가 해체될 수 없도록 하는 데 있다.

그런데 이 사건 확인대상 발명도 안전고리에 크레인의 후크가 연결된 경우에만 안전 커버 속의 고정볼트가 노출되고, 안전고리와 크레인의 후크가 분리되면 토션스프링의 탄성에 의해 안전커버가 고정볼트를 덮게 된다.

따라서 이 사건 확인대상 발명은 위와 같은 구성의 변경에도 불구하고, 해결수단이 기초하고 있는 기술사상의 핵심이 이 사건 제1항 발명과 차이가 없으므로, 양 발명의 과제해결원리가 동일하다.

(다) 작용효과의 동일성에 관하여 본다. 이 사건 확인대상 발명은 위와 같은 구성의 변경에도 불구하고, 안전고리에 크레인의 후크를 연결해야만 작업자가 안전커버 속의 고정볼트를 해체할 수 있어, 안전고리를 크레인의 후크에 연결하지 않은 채 고정볼트를 해체함으로써 발생할 수 있는 사고를 예방할 수 있다는 점에서, 이 사건 제1항 발명과 실질적으로 동일한 작용효과를 나타낸다.

한편 이 사건 확인대상 발명의 설명서와 도면에 의하면, 안전고리를 크레인의 후크와 연결하고 고정볼트를 해체하는 작업을 하여 갱폼의 인양 이동이 완료되면, 고정볼트를 벽체에 고정시킨 후 안전고리를 끌어올리는 힘을 회수하게 되는데, 이때 토션스프링의 복원력으로 인하여 안전커버가 아래쪽으로 회전하면서 고정볼트를 가압한다고 하더라도, 이미 고정볼트는 갱폼을 건물에 고정하고 있어, 토션스프링의 복원력만으로 고정볼트를 원위치시킬 정도로 가압하는 효과가 나타난다고 볼 수 없다. 또한 토션스프링의 복원력으로 고정볼트를 가압한다고 하더라도, 이는 앞서 본 기술사상의 핵심과 관련 없는 관용적 기술수단을 채택함에 따른 부수적인 것에 불과하므로, 이러한 차이를 들어 실질적인 작용효과에 차이가 있다고 볼 수 없다.

(라) 구성변경의 용이성에 관하여 본다. 이 사건 확인대상 발명처럼 고정브라켓에 부착된 토션스프링을 적용하여 안전커버가 회전되는 방식으로 개폐되도록 하는 것은, 그 기술분야에서 널리 알려지고 관용적으로 채택되는 기술수단에 불과하므로, 통상의 기술자라면 누구나 용이하게 그와 같은 구성의 변경을 생각해낼 수 있다고 볼 수 있다.

[4] 따라서 이 사건 확인대상 발명은 이 사건 제1항 발명과 동일하거나 균등한 구성 요소들과 그 구성요소들 사이의 유기적 결합관계를 그대로 포함하고 있으므로, 이 사건 제1항 발명의 권리범위에 속한다고 봄이 타당하다.

그럼에도 원심은, 이 사건 제1항 발명과 달리 이 사건 확인대상 발명에 가이드 부재가 존재하지 않고, 토션스프링의 구조와 작동원리에 차이가 있어 작용효과가 다르다는 이유를 들어, 이 사건 확인대상 발명이 이 사건 제1항 발명과 동일하거나 균등한 구성을 모두 갖추고 있지 아니하여 그 권리범위에 속한다고 볼 수 없다고 판단하였다. 이러한 원심의 판단에는 특허발명의 보호범위에 관한 법리를 오해하여 필요한 심리를 다하지 아니함으로써 판결에 영향을 미친 잘못이 있다.[176)]

1.2 관련판례(불필요한 공정을 추가한 것인지 여부, 마그네슘 수화물의 제조방법 사건)

Ⅰ) 판시사항

불필요한 공정을 추가하여 외형상의 공정은 등록발명과 다르나 본질적으로는 동일한 발명인 (가)호 방법이 등록발명의 권리범위에 속하는지 여부의 판단을 위해서는 등록발명의 권리를 회피하기 위한 것인지 여부를 심리하여야 한다고 한 사례

Ⅱ) 판결요지

(가)호 방법은 활성 마그네슘 수화물의 제조방법에 관한 등록발명의 핵심적인 기술을 전부 사용하여 달성되거나 또는 등록발명과 본질적으로 일치하는 수단이고 그 작용효과가 실질적으로 동일한 것인데도 무용한 공정을 추가함으로써 등록발명의 권리를 회피하기 위한 것이라고 볼 여지가 충분히 있어, (가)호 방법이 등록발명의 권리범위에 속하는지 여부의 판단을 하기 위해서는 심판청구인이 (가)호 방법을 현재 실시하고 있거나 장래에 실시할 것인지를 먼저 심리·조사해 보아야 하고, 나

---

176) 대법원 2017. 12. 22. 선고 2017후479 판결 [권리범위확인(특)].

아가 (가)호 방법을 사용하는 데 대한 합리적인 이유와 작용효과상의 진보가 있는
지를 살펴보아, 등록발명과 실질적으로 동일하면서도 그 권리를 회피하기 위한 수
단은 아닌지 등을 자세히 심리해 보아야 한다고 한 사례.[177]

1.3 관련판례(기술핵심 사상이 동일하여 권리범위에 속한다고 한 사례, 구이김 자동절단 사건)

Ⅰ) 사건개요

[발명의 설명]

본 발명의 구이김 자동 절단 및 수납장치에 의하면, 원료김에 기름과 조미료 등
을 가미한 후 구워서 가공한 다수 장 적층형태의 구이김이 투입되었을 때 이를 취
식하기에 적당한 크기로 다수 절 등분함과 아울러 그 각각의 절단김을 포장용기 내
에 자동 수납할 수 있도록 함으로써 구이김의 절단공정으로부터 수납공정에 이르는
부분공정의 자동화를 구현하는 것이다.

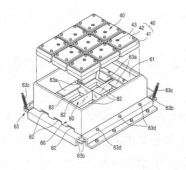

Ⅱ) 판결요지

[1] 명칭을 "구이김 자동 절단 및 수납장치"로 하는 특허발명의 특허권자 甲이
乙 주식회사를 상대로 확인대상발명이 특허발명의 권리범위에 속한다고 주장하면서
적극적 권리범위확인심판을 청구하였으나 특허심판원이 이를 기각한 사안에서, 위
확인대상발명은 위 특허발명과 동일하거나 균등한 구성요소들과 구성요소들 간의
유기적 결합관계를 그대로 포함하고 있으므로 위 특허발명의 권리범위에 속한다고
보아야 하는데도 이와 달리 본 원심판결에 법리오해의 위법이 있다고 한 사례.

[2] 특허발명과 대비되는 확인대상발명이 특허발명의 권리범위에 속한다고 할

---

177) 대법원 1997. 11. 14. 선고 96후2135 판결 [권리범위확인(특)].

수 있기 위해서는 특허발명의 특허청구범위에 기재된 각 구성요소와 그 구성요소 간의 유기적 결합관계가 확인대상발명에 그대로 포함되어 있어야 한다. 한편 확인 대상발명에서 특허발명의 특허청구범위에 기재된 구성 중 변경된 부분이 있는 경우에도, 양 발명에서 과제의 해결원리가 동일하고, 그러한 변경에 의하더라도 특허발명에서와 실질적으로 동일한 작용효과를 나타내며, 그와 같이 변경하는 것이 그 발명이 속하는 기술분야에서 통상의 지식을 가진 자(이하 '통상의 기술자'라고 한다)라면 누구나 용이하게 생각해 낼 수 있는 정도라면, 특별한 사정이 없는 한 확인대상발명은 특허발명의 특허청구범위에 기재된 구성과 균등한 것으로서 여전히 특허발명의 권리범위에 속한다고 보아야 한다. 그리고 여기서 '양 발명에서 과제의 해결원리가 동일'한지 여부를 가릴 때에는 특허청구범위에 기재된 구성의 일부를 형식적으로 추출할 것이 아니라, 명세서의 발명의 상세한 설명의 기재와 출원 당시의 공지 기술 등을 참작하여 선행기술과 대비하여 볼 때 특허발명에 특유한 해결수단이 기초하고 있는 기술사상의 핵심이 무엇인가를 실질적으로 탐구하여 판단하여야 한다 (대법원 2009. 6. 25. 선고 2007후3806 판결 등 참조).

III) 판결이유

[1] 이 사건 제1항 발명 중 원심 판시 구성 7은 '가이드케이스의 하부에 고정 배치되고 아래로 갈수록 그 두께가 선형적으로 넓어지는 격자형의 절단날'로서, 이는 가이드케이스의 하부에 고정 배치되고 아래로 갈수록 그 두께가 선형적으로 넓어지는 '격자형 부재'와 그러한 격자형 부재와 같은 위치에 고정 배치되는 '격자형 칼날'이 일체로 형성된 것이다.

그런데 이 사건 확인대상발명은 이 사건 제1항 발명의 '격자형 부재' 구성처럼 가이드케이스의 하부에 고정 배치되고 아래로 갈수록 그 두께가 선형적으로 넓어지는 경사면을 구비한 '격자형 박스' 구성을 그대로 가지되, 다만 이 사건 제1항 발명의 '격지형 칼날' 구성을 상하로 이동되는 절단용 실린더에 연동하고 각 가압절판에 인접하여 수직으로 형성되는 '격자형 절단날' 구성으로 변경한 것이다.

따라서 '격자형 부재'와 일체로 형성되어 가이드케이스의 하부에 고정 배치되는 이 사건 제1항 발명의 '격자형 칼날'과 달리, 이 사건 확인대상발명은 '격자형 절단날'이 '격자형 박스'와 분리되어 상하로 이동되도록 가이드케이스의 위쪽에 별도로 배치되는 점에서 차이가 있다.

[2] "종래에는 포장용기들의 각 수납공간 사이의 간격만큼 절단된 각각의 적층 김들의 사이를 벌려 놓는 구조를 제시하지 못했지만, 위 적층 김들을 누르는 가압절판들이 격자형 절단날의 외측 경사면을 따라 서로 사이가 벌어지도록 유도함으로써 수납공정까지 자동화할 수 있다."라는 취지가 이 사건 특허발명의 명세서에 기재되어 있다.

이러한 명세서의 기재와 출원 당시 공지기술 등을 종합하여 보면, 이 사건 제1항 발명에 특유한 해결수단이 기초하고 있는 기술사상의 핵심은 '절단된 각각의 적층 김들이 하강하면서 가이드케이스의 하부에 고정 배치되는 격자형 부재의 외측 경사면을 따라 서로 사이가 벌어지도록 유도'하는 데에 있다. 그런데 이 사건 확인대상발명도 경사면을 구비한 '격자형 박스' 구성에 의해 '절단된 각각의 적층 김들이 하강하면서 가이드케이스의 하부에 고정 배치되는 격자형 박스의 외측 경사면을 따라 서로 사이가 벌어지도록 유도'할 수 있다. 따라서 이 사건 확인대상발명은 위와 같은 구성의 변경에도 불구하고 해결수단이 기초하고 있는 기술사상의 핵심에서 이 사건 제1항 발명과 차이가 없으므로, 양 발명에서 과제의 해결원리가 동일하다.

그리고 이 사건 확인대상발명은 위와 같은 구성의 변경에 의하더라도 '절단된 각각의 적층 김들이 포장용기 내에 정확히 위치하도록 사이를 벌려 놓아 수납공정까지 자동화'한다는 점에서 이 사건 제1항 발명에서와 실질적으로 동일한 작용효과를 나타낸다.

나아가 이 사건 확인대상발명처럼 상부에 배치된 칼날이 상하 이동하면서 하부에 고정된 물체를 절단하도록 하는 것은 그 기술분야에서 관용적으로 채택되는 기술수단에 불과하므로, 통상의 기술자라면 누구나 용이하게 그와 같은 구성의 변경을 생각해 낼 수 있다고 볼 수 있다.

비록 이 사건 확인대상발명에서 '격자형 절단날'이 상하로 이동하기 위해 구조가 다소 복잡해지고 '가압절판'과의 관계에서 구체적인 절단방식이 달라지는 등의 차이가 생긴다고 하더라도, 이는 앞서 본 기술사상의 핵심과 관련 없는 관용적 기술수단을 채택함에 따른 부수적인 것에 불과하다고 보이므로 이러한 차이를 들어 실질적인 작용효과에 차이가 있다고 볼 수 없다.

[3] 위와 같은 사정들을 앞서 본 법리에 비추어 살펴보면, 이 사건 확인대상발명은 이 사건 제1항 발명과 동일하거나 균등한 구성요소들과 그 구성요소들 간의 유기적 결합관계를 그대로 포함하고 있으므로 이 사건 제1항 발명의 권리범위에 속한다고 봄이 타당하다.

그럼에도 원심은 이 사건 제1항 발명과 달리 이 사건 확인대상발명에서 절단 공정과 수납 공정을 분리하여 구성함에 따라 구조적인 차이가 있고 이로 인하여 제작비용 및 절단의 작용효과가 다르다는 이유만을 들어 이 사건 확인대상발명이 이 사건 제1항 발명과 동일하거나 균등한 구성을 모두 갖추고 있지 아니하여 그 권리범위에 속한다고 볼 수 없다고 잘못 판단하였다. 따라서 이러한 원심의 판단에는 특허발명의 보호범위 판단에 관한 법리를 오해하여 판결에 영향을 미친 위법이 있다. 이를 지적하는 상고이유의 주장은 이유 있다.[178]

1.4 관련판례(일부구성요소의 차이가 있지만 과제의 해결원리가 동일하다고 본 사례, 공기순환 냉각형 LED 등기구 사건)

Ⅰ) 판결요지

특허발명과 대비되는 확인대상발명이 특허발명의 권리범위에 속한다고 할 수 있기 위하여는 특허발명의 청구범위에 기재된 구성요소들과 그 구성요소들 사이의 유기적 결합관계가 확인대상발명에 그대로 포함되어 있어야 한다. 그리고 확인대상 발명에서 특허발명의 청구범위에 기재된 구성 중 변경된 부분이 있는 경우에도, 양 발명에서 과제의 해결원리가 동일하고, 그러한 변경에 의하더라도 특허발명에서와 실질적으로 동일한 작용효과를 나타내며, 그와 같은 변경이 그 발명이 속하는 기술 분야에서 통상의 지식을 가진 사람(이하 '통상의 기술자'라 한다)이라면 누구나 용이하게 생각해 낼 수 있는 정도인 경우에는, 특별한 사정이 없는 한 확인대상발명은 특허발명의 청구범위에 기재된 구성과 균등한 것으로서 여전히 특허발명의 권리범위에 속한다고 보아야 한다. 여기서 '양 발명에서 과제의 해결원리가 동일'한지 여부를 가릴 때에는 청구범위에 기재된 구성의 일부를 형식적으로 추출할 것이 아니라, 명세서 중 발명의 설명 기재와 출원 당시의 공지기술 등을 참작하여 선행기술과 대비하여 볼 때 특허발명에 특유한 해결수단이 기초하고 있는 기술사상의 핵심이 무

---

178) 대법원 2014. 7. 24. 선고 2012후1132 판결 [권리범위확인(특)]. 이 판례는 40회 피인용되었다.

엇인가를 실질적으로 탐구하여 판단하여야 한다(대법원 2014. 7. 24. 선고 2012후1132 판결 참조).

또한 확인대상발명이 특허발명을 이용하는 관계에 있는 경우에는 특허발명의 권리범위에 속하는 것인데, 이러한 이용관계는 확인대상발명이 특허발명의 구성에 새로운 기술적 요소를 부가하는 것으로서 확인대상발명이 특허발명의 요지를 전부 포함하고 이를 그대로 이용하면서 확인대상발명 내에 특허발명이 발명으로서의 일체성을 유지하는 경우에 성립하며, 이는 특허발명과 동일한 발명뿐만 아니라 균등한 발명을 이용하는 경우에도 마찬가지이다(대법원 2001. 9. 7. 선고 2001후393 판결 참조).

II) 판결이유

[1] 원심판결 이유와 기록에 의하면 다음과 같은 사정들을 알 수 있다. 이 사건 제1항 발명의 구성 2 내지 6은 원심 판시 이 사건 확인대상발명에 그대로 포함되어 있다. 구성 5에 대응하는 이 사건 확인대상발명의 확산커버 중 일부가 인버터뿐만 아니라 LED 모듈의 일부까지 함께 포용하는 것으로 도시되어 있기는 하나, 이는 아래에서 보는 것처럼 'LED 모듈의 일부가 인버터와 중복 배열'되는 기술적 요소가 더 부가된 사정에서 비롯된 것에 불과하다.

다만 이 사건 제1항 발명의 구성 1에 대한 이 사건 확인대상발명의 대응구성은 '평면이 트랙형상이고 가장자리가 일정한 높이의 플랜지로 구성되어 내부공간부가 형성되고 길게 연장되는 베이스의 단부에 근접한 부위에 요홈으로 구성되는 인버터안치부가 구성되고, 측면 상부 가장자리에 절취되어 내부공간부와 연통되는 다수 개의 공기배출구가 구성된 본체'로서, 구성 1의 인버터안치부가 '본체의 베이스 중앙부'에 구성되는 것과 달리 이 사건 확인대상발명의 인버터안치부는 구성되는 위치가 '베이스 단부에 근접한 부위'로 변경된 점에서 차이가 있다.

[2] 이 사건 특허발명의 명세서 중 발명의 설명에 '인버터안치부는 본체의 베이스의 중앙부가 내측 방향의 요홈, 즉 사각형 또는 원형의 평면 형상이 일정 깊이로 들어간 구덩이 형상'이라는 기재 등이 있다. 위 명세서 기재와 출원 당시 공지기술 등을 종합하여 보면, 구성 1의 인버터안치부와 관련하여 이 사건 제1항 발명에 특유한 해결수단이 기초하고 있는 기술사상의 핵심은 '베이스 표면으로부터 내측 방향으로 일정 깊이 들어간 공간을 형성'하는 데에 있다. 그런데 이 사건 확인대상발

명의 인버터안치부도 '요홈'으로 구성됨에 따라 '베이스 표면으로부터 내측 방향으로 일정 깊이 들어간 공간을 형성'할 수 있다. 따라서 이 사건 확인대상발명은 위와 같은 구성의 변경에도 불구하고 해결수단이 기초하고 있는 기술사상의 핵심에서 이 사건 제1항 발명과 차이가 없으므로 과제의 해결원리가 동일하다고 볼 수 있다.

그리고 이 사건 확인대상발명의 인버터안치부는 위와 같은 구성의 변경에 의하더라도 '인버터가 베이스 표면으로 노출되는 것을 최소화'한다는 점에서 이 사건 제1항 발명의 인버터안치부와 실질적으로 동일한 작용효과를 나타낸다.

나아가 이 사건 확인대상발명처럼 인버터안치부를 베이스 단부에 근접한 부위에 구성하는 것은 그 기술분야에서 관용적으로 채택되는 기술수단에 불과하므로, 이 사건 특허발명의 명세서를 접하는 통상의 기술자라면 누구나 용이하게 그와 같은 구성의 변경을 생각해 낼 수 있을 것으로 판단된다.

[3] 한편 이 사건 확인대상발명의 설명서에는 '인버터안치부를 커버하는 LED 모듈'이라는 기재와 'LED 모듈에 의해 커버되는 인버터'라는 기재가 있는데, 위 기재 문언의 일반적 의미를 기초로 하여 이 사건 확인대상발명의 도면들에 도시된 내용을 참작하여 보면, 위 설명서 기재는 'LED 모듈의 일부가 인버터와 중복 배열'되는 구성이 이 사건 확인대상발명에 더 있음을 의미하는 것으로 보인다.

그런데 이 사건 확인대상발명의 위와 같은 일부 중복 배열의 구성은 이 사건 제1항 발명의 기술적 구성에 부가된 새로운 기술적 요소로서 단지 LED 모듈이 배열되는 영역이 추가된 것에 불과하므로, 이 사건 확인대상발명은 이 사건 제1항 발명의 요지를 전부 포함하여 이용하고 있다고 볼 수 있다. 또한 이 사건 제1항 발명이 전체 구성을 통하여 달성할 수 있는 '확산커버의 내부 공기가 본체의 내부공간부로 유입되어 본체의 공기배출구를 통하여 배출되는 자연적인 대류에 의하여 LED 모듈이 냉각'되도록 한다는 작용효과는 이 사건 확인대상발명에서도 그대로 실현될 수 있으므로, 이 사건 확인대상발명 내에 이 사건 제1항 발명이 발명으로서의 일체성을 유지하고 있다고 보이야 한다.

[4] 위와 같은 사정들을 앞서 본 법리에 비추어 살펴보면, 이 사건 확인대상발명은 이 사건 제1항 발명과 동일하거나 균등한 구성요소들과 그 구성요소들 사이의 유기적 결합관계를 그대로 포함하면서 이를 이용하고 있으므로 이 사건 제1항 발명의 권리범위에 속한다고 봄이 타당하다.

그런데도 원심은 이 사건 제1항 발명과 달리 이 사건 확인대상발명은 LED 모듈이 인버터안치부를 '덮고' 있다는 등의 이유를 들어 이 사건 확인대상발명이 이 사건 제1항 발명과 동일하거나 균등한 구성을 모두 갖추고 있지 아니하여 그 권리범위에 속한다고 볼 수 없고, 이를 전제로 하여 이 사건 확인대상발명이 이 사건 제1항 발명의 종속항 발명인 이 사건 제2항 내지 제8항 발명의 권리범위에도 속한다고 볼 수 없다고 판단하였으므로, 이러한 원심의 판단에는 특허발명의 권리범위 판단에 관한 법리를 오해함으로써 판결에 영향을 미친 잘못이 있다. 이 점을 지적하는 상고이유 주장에는 정당한 이유가 있다.[179]

1.5 관련판례(일부 구성 변경으로 작용효과가 감소한 경우 권리범위에 속한다고 한 사례, 악세서리용 비드 도장 방법 사건)

Ⅰ) 사건개요

[발명의 설명]

악세서리용 비드 도장 방법들에 있어서 철선꿰임식 도장방법은 철선에 일일히 비드를 꿰고, 빼내는 작업 등이 일일히 많은 손작업에 의해서 해결하는 문제점을 해결하기 위한 것이다.

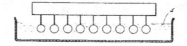

[청구항 1]

유리판이나 면이 고른 판체의 일측면에 접착면을 형성하여 접착면위에 다공판을 언져 각각의 구멍을 통해 비드가 끼워져 접착면에 접착되게 하는 제1공정과

유리판의 접착면에 비드가 접착된 상태로 염출용액에 비드를 침지시켜 1차 도장시킨 후 건조에 의해 경화되게 하는 제2공정과

유리판에 접착된 상태로 일차도장된 비드를 외경의 3분의 1 정도로 굴리넌서 2차 도장하는 제3공정 및

다시 경화된 비드를 등 간격만큼 굴려서 3차 도장하여 경화시키는 제4공정에 의해 구멍이 있거나 또는 구멍이 없는 각종 비드의 외면에 염출용액을 고르게

---

179) 대법원 2015. 5. 14. 선고 2014후2788 판결 [권리범위확인(특)]. 이 판례는 27회 피인용되었다.

도장함을 특징으로 한 악세서리용 비드 도장 방법.

II) 판시사항

신규발명이 특허발명과 기술적 구성의 핵심적 부분이 동일하고 일부 기술적 구성의 변경으로 작용효과가 감소한 경우 유해적 공정의 부가에 지나지 아니하여 특허발명의 권리범위에 속한다고 한 사례

III) 판결이유

[1] 환송 후 원심결의 이유에 의하면 환송 후 원심은, 이 사건 특허발명의 기술요지는 다량의 비드를 단시간 내에 능률적으로 도장하기 위하여 유리판의 일측 전면에 걸쳐 접착면을 형성하고 그 위에 다공판을 얹어 다공판의 많은 구멍을 통하여 일시에 다량의 비드가 접착면에 일정 간격으로 정렬, 접착되게 하며, 유리판에 접착된 상태의 비드를 도장액에 침지시켜 1차 도장하고 접착면 때문에 도장이 되지 아니한 비드부위를 굴림에 의해 함께 이동시킨 다음, 다시 도장액에 침지시켜 도장시킨다는 것이어서 그 기술적 핵심이 되는 구성요지는 유리판의 일측 전면에 접착면을 형성한 접착수단과 그 위에 다공판에 의한 정렬수단 및 굴림에 의한 비드의 이동수단이 결합된 도장방법에 있다 할 것인데, (가)호 발명은 평판의 특정개소 부분에 일정한 간격으로 안착돌부를 설치하고 그 단부에 형성된 접착면에 일일이 수공으로 비드를 부착시키는 것이어서 접착면이 판전체에 형성되는 이 사건 특허발명과 다르고, 판면의 미리 정해진 안착돌부에 비드를 배열하는 것이어서 다공판에 의하여 일시에 다량의 비드를 배열하는 이 사건 특허발명과 정렬수단이 다르며, 접착면이 안착돌부의 단부에만 국소적으로 형성되어 있어서 수공에 의하여 비드의 도장 위치를 일일이 바꾸어 주는 것이므로 굴림에 의하여 비드의 위치를 바꾸어 주는 이 사건 특허발명과 그 이동수단을 달리하고 있어서 그 기술적 핵심이 되는 구성이 현저하게 다르고, 그로 인하여 작용효과에 있어서도 이 사건 특허발명은 다량의 비드를 단시간 내에 효율적으로 도장할 수 있는데 비하여 (가)호 발명은 일일이 수공으로 비드를 배열하거나 이동시켜 도장하는 것으로 서로 다르므로 (가)호 발명은 이 사건 특허발명의 권리범위에 속하지 아니한다는 취지로 판단하고 있다.

[2] 그런데 기록 및 원심이 확정한 사실에 의하면, 이 사건 특허발명은 구멍이 있거나 구멍이 없는 비드를 도장하는 방법으로서 종래 구멍이 없는 비드는 그 도장 자체가 곤란하였고 구멍이 있는 비드도 일일이 손으로 비드의 구멍에 철사 등을 끼워서 도장액 속에 담가 도장해야 하는 불편을 해결하였다는 데에 그 핵심적인 특징이 있으므로 위 발명의 기술적 핵심은 평판에 접착면을 형성하고 그곳에 비드를 접착시켜 도장한다는 점에 있다 할 것이다. 따라서 이 사건 발명과 (가)호 발명은 접착면에 비드를 접착시켜서 도장한다는 기술적구성의 핵심적인 부분이 동일하며, 또 이 사건 특허발명의 방법에 의하더라도 일일이 수공으로 작업을 하면 (가)호 발명에 있어서와 같이 반구형 비드의 도장이 가능하므로 그 목적에 있어서도 (가)호 발명은 이 사건 특허발명과 동일범위 내에 있다 할 것이다. 그리고 그 작용효과에 있어서도 이 사건 특허발명은 단시간에 다량의 비드를 효율적으로 도장할 수 있는데 비하여 (가)호 발명은 일일이 손으로 비드를 배열하거나 위치를 이동시켜서 도장해야 하므로 비효율적임을 알 수 있는바, 이는 (가)호 발명에 있어서 이 사건 특허발명과 달리 안착돌부의 형성이라는 기술적 구성을 부가함에 기인하는 것이고 <u>그로 인하여 이 사건 발명보다 오히려 그 작용효과가 감소되었다 할 것이다.</u>

[3] <u>그러므로 (가)호 발명은 이 사건 특허발명과 일부 기술적 구성과 작용효과가 다르지만 그 기술적 구성의 핵심적인 부분이 동일할 뿐 아니라 기술적 구성의 일부 변경으로 인하여 그 작용효과가 오히려 감소되었으므로 위와 같은 기술적 구성의 차이는 유해적 공정의 부가에 지나지 아니하다고 보여진다. 결국 (가)호 발명은 이 사건 특허발명과 동일한 영역에 있는 것으로서 이 사건 특허발명의 권리범위 내에 있다고 인정함이 상당하다</u> 할 것이다. 그럼에도 불구하고 환송 후 원심이 (가)호 발명은 이 사건 특허발명과 그 기술적 구성이 다를 뿐 아니라 그 작용효과도 상이하므로 그 권리범위 내에 있지 아니하다고 판단한 것은 특허의 권리범위에 관한 법리오해의 위법을 범한 때문이라 할 것이고 이 점에서 원심결은 파기를 면할 수 없게 되었다.[180]

---

180) 대법원 1993. 3. 23. 선고 92후1493 판결 [권리범위확인]. 이 판례는 작용효과가 감소되었음에도 불구하고 권리범위에 속한다고 한 매우 드문 판례이다.

Ⅳ. 특허의 정정(제133조의2) 및 정정심판(제136조)

1. 관련규정

제133조의2(특허무효심판절차에서의 특허의 정정) ① 무효심판의 피청구인은 지정된 기간에 특허발명의 명세서 또는 도면에 대하여 정정청구를 할 수 있다.

② 제1항에 따른 정정청구를 하였을 때에는 해당 무효심판절차에서 그 정정청구 전에 한 정정청구는 취하된 것으로 본다.

제136조(정정심판) ① 특허권자는 다음 각 호의 어느 하나에 해당하는 경우에는 특허발명의 명세서 또는 도면에 대하여 정정심판을 청구할 수 있다.

  1. 청구범위를 감축하는 경우
  2. 잘못 기재된 사항을 정정하는 경우
  3. 분명하지 아니하게 기재된 사항을 명확하게 하는 경우

⑤ 제1항에 따른 정정 중 같은 항 제1호 또는 제2호에 해당하는 정정은 정정 후의 청구범위에 적혀 있는 사항이 특허출원을 하였을 때에 특허를 받을 수 있는 것이어야 한다.

무효심판에 대한 대응수단으로서 정정심판이 청구된 경우에는 통상적으로 정정심판의 심결이 확정되기까지 무효심판의 심리가 중지되어 그 저리가 지연되는 문제가 있다. 특허권자는 무효심판청구에 대한 답변서 제출기간 내 또는 직권심리이유에 대한 의견서 제출기간 내, 청구인이 새로운 증거서류를 제출한 경우에 정해진 기간 내에 명세서 또는 도면에 대한 정정을 할 수 있도록 함으로써 무효심판절차에 있어서의 심리의 신속성을 기하고자 한 것이다.

무효심판절차 내에서 등록된 특허의 명세서 또는 도면을 정정할 수 있도록 한 규정이다. 구 특허법(2007. 1. 3. 법률 제8197호로 개정되기 이전의 법)과 달리 청구인이 피청구인의 답변서 제출 이후에 새로운 무효증거서류를 제출하는 경우에도 방어권 보장 차원에서 피청구인에게 정정이 청구를 할 수 있는 기회를 부여하였다. 무효심판에서 특허의 정정은 특허 자체의 흠결로 인하여 특허 전체 또는 일부가 무효로 될 우려가 있을 때 특허권자가 자발적으로 그 흠결을 제거할 수 있도록 하기 위한 것이므로 정정은 그 목적을 달성하는데 필요한 최소한의 범위, 즉 특허청구범위를 감축하고, 잘못된 기재를 정정하며, 분명하지 않은 기재를 명확하게 하는 경우로 한정되는 것이다.

제2항에서 정정청구를 하였을 때에는 해당 무효심판절차에서 그 정정청구 전에 한 정정청구는 취하된 것으로 본다고 하는 것은 제1항에 따른 정정청구가 여러 개 있는 경우에 불필요한 심리의 부담을 줄이기 위하여 마지막 정정청구 전에 있었던 정정청구들은 취하 간주되도록 한 것이다.

※ 특허의 정정청구(제133조의2)와 정정심판(제136조)의 차이점

정정심판(제136조) 제5항에 있는 독립특허요건이 특허의 정정청구(제133조의2)에는 없다. 독립특허요건은 정정 후의 특허청구범위가 특허 받을 수 있어야 한다는 것으로서, 무효심판에서는 이에 대하여 당연히 검토되는 것이며, 이를 이유로 정정불인정 통지를 하는 것은 무효심판 결과를 미리 알려주는 면이 있고 심리가 지연되는 원인이 되었으므로 정정청구(제133조의2)에서는 이 규정에 대한 준용을 제외한 것이다.

IV-1. 정정청구에서 의견서 제출기회 부여

1. 관련규정

제133조의2(특허무효심판절차에서의 특허의 정정) ① 제133조 제1항에 따른 심판의 피청구인은 제136조 제1항 각 호의 어느 하나에 해당하는 경우에만 제147조 제1항 또는 제159조 제1항 후단에 따라 지정된 기간에 특허발명의 명세서 또는 도면에 대하여 정정청구를 할 수 있다. 이 경우 심판장이 제147조 제1항에 따라 지정된 기간 후에도 청구인이 증거를 제출하거나 새로운 무효사유를 주장함으로 인하여 정정청구를 허용할 필요가 있다고 인정하는 경우에는 기간을 정하여 정정청구를 하게 할 수 있다.
④ 제1항에 따른 정정청구에 관하여는 제136조 제3항부터 제6항까지, 제8항 및 제10항부터 제13항까지, 제139조 제3항 및 제140조 제1항·제2항·제5항을 준용한다. 이 경우 제136조 제11항 중 "제162조 제3항에 따른 심리의 종결이 통지되기 전(같은 조 제4항에 따라 심리가 재개된 경우에는 그 후 다시 같은 조 제3항에 따른 심리의 종결이 통지되기 전)에"는 "제133조의2 제1항 또는 제136조 제6항에 따라 지정된 기간에"로 본다.
제136조(정정심판) ① 특허권자는 다음 각 호의 어느 하나에 해당하는 경우에는 특허발명의 명세서 또는 도면에 대하여 정정심판을 청구할 수 있다.
② 제1항에도 불구하고 다음 각 호의 어느 하나에 해당하는 기간에는 정정심판을 청구할 수 없다.
　1. 특허취소신청이 특허심판원에 계속 중인 때부터 그 결정이 확정될 때까지의 기

간. 다만, 특허무효심판의 심결 또는 정정의 무효심판의 심결에 대한 소가 특허
법원에 계속 중인 경우에는 특허법원에서 변론이 종결(변론 없이 한 판결의 경우
에는 판결의 선고를 말한다)된 날까지 정정심판을 청구할 수 있다.
2. 특허무효심판 또는 정정의 무효심판이 특허심판원에 계속 중인 기간
⑤ 제1항에 따른 정정 중 같은 항 제1호 또는 제2호에 해당하는 정정은 정정 후의 청
구범위에 적혀 있는 사항이 특허출원을 하였을 때에 특허를 받을 수 있는 것이어야 한다.

2. 관련판례(정정청구가 명세서 등 기재범위를 벗어난 때 특허권자에게 그 이유를 통지하
고 의견서를 제출할 수 있는 기회를 주어야 한다는 판례, 오폐수 여과용 필터 사건)

I) 사건개요

[발명의 설명]

원고의 특허발명의 명칭은 "마이크로 디스크 필터 장치용 여과막 및 이 여과막
이 적용된 엘레먼트(2007. 12. 18. 등록 제788919호)"이다.

본 발명은 오폐수 여과용 마이크로 디스크 필터장치에 관한 것이다. 특히 여과
막의 구조개선을 통해 여과막의 내구성이 강화되게 한 마이크로 디스크 필터장치용
여과막 및 이 여과막이 적용된 엘레먼트에 관한 것이다. 종래의 여과막(44)은 도 4
에서와 같이 올(44a)의 굵기가 얇아서 예리한 것과 접촉될 경우 쉽게 찢기는 문제점
이 있었을 뿐만 아니라, 한 번 찢기기 시작하면 찢김의 진행속도가 빨라 여과막 전
체가 단시간 내에 찢어지게 되는 문제점이 있었다.

이에, 본 발명은 상기와 같은 종래의 문제점을 해결하기 위해 안출한 것으로서,
본 발명의 주요 목적은 여과막을 개조하여 쉬운 찢김을 방지함으로써 수명을 연장
시킬 수 있도록 한 오폐수 여과용 마이크로 디스크 필터를 제공함에 있다.

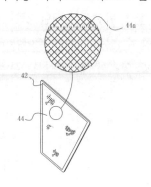

[청구항 1]

오폐수에 포함된 이물질을 여과하는 여과막을 구성함에 있어서,

조밀한 메쉬의 제1여과막과 상기 제1여과막에 비해 올이 굵으면서 듬성한 메쉬의 제2여과막을 맞대기 접합하여 이루어진 것을 특징으로 하는 마이크로 디스크 필터장치용 여과막

[사건의 경과]

피고는 2009. 4. 9. 원고를 상대로 특허심판원에 이 사건 특허발명은 비교대상발명들 등에 의하여 진보성이 없으므로 그 특허가 무효로 되어야 한다고 주장하면서 이 사건 특허발명에 대한 등록무효심판을 청구하였다.

원고는 무효심판이 계속 중이던 2010. 5. 10. 이 사건 특허발명을 이 사건 정정발명으로 정정하는 정정청구를 하였다.

특허심판원은 이 사건 정정청구는 이 사건 특허발명의 명세서에 기재되지 않은 것이어서 부적법하다는 이유로 이를 받아들이지 않은 다음, 이 사건 특허발명은 진보성이 없다는 이유로, 피고의 심판청구를 받아들이는 심결을 하였다.

II) **판결요지**

특허권자는 특허무효심판청구가 있는 경우 심판청구서 부본을 송달받은 날이나 직권심리 이유를 통지받은 날로부터 일정한 기간 내에, 또는 심판청구인의 증거서류의 제출로 인하여 심판장이 허용한 기간 내에 특허발명의 명세서 또는 도면의 정정을 청구할 수 있고[구 특허법(2009. 1. 30. 법률 제9381호로 개정되기 전의 것, 이하 같다) 제133조의2 제1항 참조], 이러한 정정은 특허발명의 명세서 또는 도면에 기재된 사항의 범위 내에서 이를 할 수 있으며, 심판관은 위 정정청구가 특허발명의 명세서 또는 도면에 기재된 사항의 범위를 벗어난 것일 때에는 특허권자에게 그 이유를 통지하고 의견서를 제출할 수 있는 기회를 주어야 하는바(구 특허법 제133조의2 제4항, 제136조 제2항, 제5항 참조), 의견서 제출 기회를 부여하게 한 위 규정은 정정청구에 대한 심판의 적정을 기하고 심판제도의 신용을 유지하기 위한 공익상의 요구에 기인하는 이른바 강행규정이다(대법원 2003. 11. 13. 선고 2003후83 판결 참조).

따라서 정정청구의 적법 여부를 판단하는 특허무효심판이나 그 심결취소소송에서 정정의견제출통지서에 기재된 사유와 다른 별개의 사유가 아니고 주된 취지에

있어서 정정의견제출통지서에 기재된 사유와 실질적으로 동일한 사유로 정정청구를 받아들이지 않는 심결을 하거나 그 심결에 대한 취소청구를 기각하는 것은 허용되지만, <u>정정의견제출통지서를 통하여 특허권자에게 의견서 제출 기회를 부여한 바 없는 별개의 사유를 들어 정정청구를 받아들이지 않는 심결을 하거나 그 심결에 대한 취소청구를 기각하는 것은 위법하다</u>(대법원 2007. 4. 27. 선고 2006후2660 판결 참조).

Ⅲ) 판결이유

[1] 원심판결 이유에 의하면 원심은, 이 사건 특허발명(특허번호 생략)에 대하여 원심판 시 이 사건 정정청구 전 특허청구범위 제1항(이하 '이 사건 제1항 발명'이라 하고, 나머지 청구항도 같은 방식으로 부른다)의 '맞대기 접합'을 이 사건 정정청구 후 특허청구범위 제1항(이하 '이 사건 제1항 정정발명'이라 하고, 나머지 청구항도 같은 방식으로 부른다)의 '열융착 방식으로 맞대기 접합'으로 정정하는 것은 특허청구범위를 감축하는 경우에 해당하나, 이 사건 제2항 정정발명은 이 사건 제1항 정정발명의 종속항으로서 이 사건 정정청구에 의하여 '초음파 접합을 하는 것'에서 '열융착 방식에 의한 맞대기 접합과 초음파 접합을 함께 사용하는 것'으로 정정되는데, 이러한 정정은 이 사건 특허발명의 명세서 또는 도면에 기재되지 않은 사항이 추가되는 결과가 되므로, 이 사건 정정청구는 구 특허법 제133조의2 제4항, 제136조 제2항에 위배되어 받아들여질 수 없다는 취지로 판단하였다. 아울러 원심은, 심판관이 이 사건 심판절차가 계속 중이던 2010. 5. 19. 원고에게 열융착 방식은 초음파 접합과 그 목적이나 기술적 사상이 달라 이 사건 특허발명의 명세서에 기재되지 않은 것이라고 원고에게 통지한 이상, 이 사건 제2항 정정발명과 같이 이를 함께 사용하는 것이 불가능하다는 취지도 통지한 것이므로, 이 사건 정정청구에 따르면 특허청구범위 제2항에 이 사건 특허발명의 명세서에 기재되지 않은 사항이 추가되어 구 특허법 제136조 제2항에 위배된다는 점을 원고에게 통지하고 의견서를 제출할 기회를 준 것이라는 취지로 판단하였다.

[2] 그러나 이러한 원심의 판단은 다음과 같은 이유로 수긍하기 어렵다. 먼저, 기록에 의하면, 이 사건 정정청구에 대하여 심판관은 2010. 5. 19. 청구항 1의 정정사항 중 '맞대기 접합'을 '열융착 방식으로 맞대기 접합'으로 정정한 것은 이 사건 특허발명의 명세서에 기재되지 않은 것이어서 적법한 정정으로 인정되지 아니한다

는 취지로 정정의견제출통지를 한 사실을 알 수 있는바, 이러한 사정과 원심판결 이유를 앞서 본 법리에 비추어 살펴보면, 이 사건에서 정정불인정 이유의 판단대상 으로 삼은 청구항이 원심판결에서는 이 사건 제2항 정정발명인 반면에 심판관의 정 정의견제출통지서에서는 이 사건 제1항 정정발명이었고, 정정불인정의 구체적인 이 유도 원심판결에서는 열융착 방식과 초음파 방식을 함께 사용하는 구성이 명세서에 없어 신규사항 추가라는 취지인 반면에 심판관의 정정의견제출통지서에서는 열융착 방식을 사용하는 구성이 명세서에 없어 신규사항 추가라는 취지이므로, 결국 원심 은 심판관의 정정의견제출통지서에 기재된 사유와 다른 별개의 사유를 들어 이 사 건 정정청구가 받아들여질 수 없다고 판단한 것이다. 그뿐만 아니라, 특허청구범위 에 있어서 다른 청구항을 인용하지 않는 청구항이 독립항이 되고 다른 독립항이나 종속항을 인용하여 이를 한정하거나 부가하여 구체화하는 청구항이 종속항이 되는 것이 원칙이지만, 독립항과 종속항의 구분은 단지 청구항의 문언이 나타내고 있는 기재형식에 의해서만 판단할 것은 아니므로, 인용하고 있는 청구항의 구성 일부를 생략하거나 다른 구성으로 바꾼 청구항은 이를 독립항으로 보아야 할 것인바(대법원 2005. 11. 10. 선고 2004후3546 판결 등 참조), 이 사건 제2항 정정발명은 그 기재형식 은 "제1항에 있어서"라는 표현을 사용하여 마치 이 사건 제1항 정정발명의 종속항 인 양 기재되어 있으나 그 발명의 내용은 이 사건 제1항 정정발명의 '열융착 방식으 로 맞대기 접합'하는 구성을 '초음파 접합'하는 구성으로 바꾸고 있어 이를 독립항 으로 보아야 한다. 결국 이 사건 제2항 정정발명은 '열융착 방식에 의한 맞대기 접 합과 초음파 접합을 함께 사용하는 것'이 아니라 '초음파 접합만을 사용하는 것'을 그 발명의 구성으로 하는 것이니, 원심은 잘못된 특허청구범위 해석을 전제로 하여 이 사건 제2항 정정발명에 신규사항 추가가 있다고 판단한 것이다.

　　[3] 다만 기록에 의하면, 이 사건 특허발명의 명세서에는 열융착 방식을 이 사 건 특허발명의 접착방식으로부터 배제하고 초음파 접합을 채택하였다는 취지가 기 재되어 있는 점, 열융착 방식은 열을 가하여 접합하는 방식인 반면에 초음파 접합 은 열을 가하지 않고 초음파를 가하여 접합하는 방식으로서 서로 다른 접합방식인 점 등을 알 수 있는데, 이 사건 정정청구에 의하여 이 사건 제1항 발명의 '맞대기 접합'이 이 사건 제1항 정정발명의 '열융착 방식으로 맞대기 접합'으로 정정된다면, 이는 <u>이 사건 특허발명의 명세서에서 배제되어 있었던 열융착 방식을 추가하는 정</u>

정으로서 신규사항 추가에 해당한다고 할 것이다. 따라서 이 사건 정정청구는 위와 같이 정정의견제출통지서에 기재된 사유에 의하여 살펴보면 구 특허법 제133조의2 제4항, 제136조 제2항에 위배되어 받아들여질 수 없다.

그렇다면 원심의 이 부분에 관한 이유 설시에서 부적절한 점은 있으나, 이 사건 정정청구가 받아들여질 수 없다고 판단한 것은 결론에 있어서는 정당하다.[181]

IV-2. 특허의 정정이 청구범위를 확장하거나 변경하는지 여부

1. 관련판례(정정이 특허청구범위를 실질적으로 확장하거나 변경하는 경우에 해당하는지 여부의 판단 기준, 면포 걸레 청소기 사건)

Ⅰ) 사건개요

본 발명은 면포걸레 청소기에 관한 것이다. 보다 구체적으로 본 발명은 가정의 거실, 사무실 등의 바닥면 또는 유리창을 물걸레 또는 부직포 걸레로 청소하기 위한 청소기에 관한 것으로, 면포걸레를 원터치 방식으로 용이하게 교체할 수 있는 면포걸레 청소기에 관한 것이다.

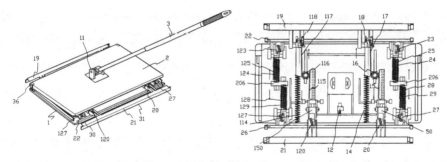

[청구항 1]

하부본체(1), 이 하부본체에 개폐되도록 조립되는 뚜껑(2), 및 이 뚜껑을 관통하여 하부본체에 조립되는 핸들(3)로 이루어지는 면포걸레 청소기에 있어서,

상기 하부본체와 뚜껑을 결합하고 슬라이딩 운동을 하도록 조립되는 결합작동부(50, 150);

지지부재(24, 124; 28, 128)에 조립되고, 뚜껑이 닫혀 있을 때 그 지지부재에 삽

---

181) 대법원 2012. 7. 12. 선고 2011후934 판결 [등록무효(특)심결취소의소].

입된 스프링(25, 125; 29, 129)에 의하여 외부쪽으로 탄성력을 받도록 상기 하부본체의 양쪽 가로 모서리에 면포걸레를 포집하기 위하여 설치되는 내부물림부재(22, 26);

및 상기 뚜껑의 개폐작용에 따라 제2 수평기어(17, 117)의 단부에 조립된 스프링(14, 114)의 압축력에 의하여 외부쪽으로 벌어지도록 왕복운동을 하는 제1 및 제2 수평기어(15, 115, 17, 117)에 조립된 외부물림부재(21, 19);를

포함하는 것을 특징으로 하는 면포걸레 청소기.

II) 판결이유

[1] 구 특허법(2006. 3. 3. 법률 제7871호로 개정되기 전의 것. 이하 같다) 제133조의2 및 제136조 제3항은, 특허무효심판의 피청구인은 특허청구범위를 실질적으로 확장하거나 변경하지 아니하는 범위 내에서 명세서 또는 도면에 대하여 정정을 청구할 수 있다고 정하고 있다. 여기서 특허청구범위를 실질적으로 확장하거나 변경하는 경우에 해당하는지 여부는 특허청구범위 자체의 형식적인 기재만이 아니라 발명의 상세한 설명을 포함하여 명세서 전체의 내용과 관련하여 그 정정 전후의 특허청구범위 전체를 실질적으로 대비하여 판단되어야 한다. 그리고 특허청구범위의 정정이 청구범위의 감축에 해당되고, 그 목적이나 효과에 어떠한 변경이 있다고 할 수 없으며, 발명의 상세한 설명 및 도면에 기재되어 있는 내용을 그대로 반영한 것이어서 후출원인 기타 제3자에게 불측의 손해를 줄 염려가 없는 경우에는, 특허청구범위의 실질적인 변경에 해당되지 아니한다고 할 것이다(대법원 2001. 12. 11. 선고 99후2815 판결, 대법원 2005. 4. 15. 선고 2003후2010 판결 등 참조).

[2] 원고는 명칭을 "면포걸레 청소기"로 하는 이 사건 특허발명(특허번호 제477380호)에 대한 특허무효심판절차에서 이 사건 특허발명의 특허청구범위 제1항에 대하여 정정청구를 하였다. 이 사건 제1항 발명에 대한 원심 판시 제2정정사항은 외부물림부재의 작동방향을 명확하게 하고 중간기어에 관한 구성을 부가한 것으로서, 이 사건 특허발명의 명세서 중 발명의 상세한 설명과 도면에 '뚜껑이 개폐될 때 외부물림부재가 외부 쪽으로 벌어지거나 안으로 오므라들고, 제1수평기어 및 제2수평기어가 서로 왕복운동을 할 수 있도록 그 사이에 중간기어가 맞물려 설치되어 있는 구성'이 자세히 기재 및 도시되어 있으므로, 정정 전 이 사건 특허발명의 명세서 중 발명의 상세한 설명과 도면에 있는 기술구성을 그대로 반영한 것일 뿐 정정 전의

명세서에 없던 새로운 구성을 특허청구범위에 추가한 것이라고 할 수 없다. 또 위와 같은 구성의 추가로 새로운 목적과 작용효과가 발생하였다고 할 수 없고, 제3자에게 예상하지 못한 손해를 입힐 염려가 있다고 볼 수도 없다. 따라서 위 제2 정정사항은 특허청구범위를 실질적으로 확장하거나 변경한 경우에 해당되지 아니한다.

[3] 그리고 위에서 본 구 특허법 제133조의2, 제136조 제3항의 규정 취지는 무효심판의 피청구인이 된 특허권자에게 별도의 정정심판을 청구할 필요 없이 그 무효심판절차 내에서 정정청구를 할 수 있도록 허용하되, 그 범위를 제3자의 권리를 침해할 우려가 없는 한도에서 특허청구범위를 감축하는 것이나 오기를 바로잡거나 기재상의 불비를 해소하여 오류를 정정하는 것 등에 제한하려는 데 있다고 할 것이다. 이러한 규정 취지에 비추어 보면, 이와 같은 오류의 정정에는 특허청구범위에 관한 기재 자체가 명료하지 아니한 경우 그 의미를 명확하게 하든가 기재상의 불비를 해소하는 것 및 발명의 상세한 설명과 청구의 범위가 일치하지 아니하거나 모순이 있는 경우 이를 통일하여 모순이 없는 것으로 하는 것도 포함된다고 해석된다(대법원 2006. 7. 28. 선고 2004후3096 판결 등 참조). 따라서 그 정정으로 인하여 특허발명의 기재상의 불비가 해소되었다는 사정만으로 특허청구범위의 실질적 변경에 해당된다고 할 수 없다.

같은 취지에서 원심이 이 사건 정정청구가 특허청구범위의 실질적 확장 또는 변경에 해당하지 아니한다고 판단한 것은 정당한 것으로 수긍할 수 있다.[182]

Ⅳ-3. 특허의 정정(제133조의2)의 확정시기

Ⅰ) 사건개요

[발명의 설명]

본 발명은 배수관으로 사용되는 합성수지관에 관한 것으로, PE와 재생원료를 이용하여 단면이 삼중으로 이루어지는 삼중관과 그 세조장치 및 방법에 관한 것이다. 본 발명은 삼중관이 압출이 아닌 권회방식에 의해 제조되므로 설비가 간단하고, 두께가 두꺼워 내압, 강도, 충격에 강하며, 보온성이 강하고 재활용재의 사용으로 저가격의 생산이 가능한 것이다.

---

182) 대법원 2010. 4. 29. 선고 2008후1081 판결 [등록무효(특)]. 이 판례는 24회 피인용된 판례이다.

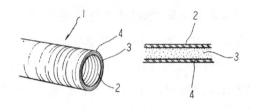

[청구항 1]

띠형상으로 압출되어 일측이 겹쳐지게 권회시킨 내피(2)와,

상기 내피(2)위에 일측이 겹쳐지게 권회시키고 겹친부분은 압착시킨 중간층(3)과,

상기 중간층(3)위에 일측이 겹쳐지게 권회시키고 겹친 부분을 압착시킨 외피(4)와,

상기 내피(2)와 중간층(3) 및 외피(4)가 열융착되어 형성시킨 것을 특징으로 하는 삼중관.

II) 판결요지

[1] 특허무효심판절차에서 정정청구가 있는 경우 정정의 인정 여부는 무효심판절차에 대한 결정절차에서 함께 심리되는 것이므로, 독립된 정정심판청구의 경우와 달리 정정만이 따로 확정되는 것이 아니라 무효심판의 심결이 확정되는 때에 함께 확정된다. 한편, 특허의 등록무효 여부는 청구항별로 판단하여야 하더라도, 특허무효심판절차에서의 정정청구는 특별한 사정이 없는 한 불가분의 관계에 있어 일체로서 허용 여부를 판단하여야 한다.

[2] 특허청구범위의 정정을 인정하고 특허청구범위 제1항 내지 제5항의 무효심판청구를 기각한 심결을 취소한 원심판결 중, 특허청구범위 제3항의 특허무효에 관한 부분에 대한 상고만이 이유 있고 정정사항이 특허청구범위 전체에 걸쳐 있는 사안에서, 정정청구 부분을 포함한 원심판결 전부가 파기되어야 한다고 한 사례.

III) 판결이유

[1] 방법에 의해 얻어진 물건발명의 판단

(가) 물건의 발명의 특허청구범위는 특별한 사정이 없는 한 발명의 대상인 물건의 구성을 직접 특정하는 방식으로 기재하여야 하므로, 물건의 발명의 특허청구범위에 그 물건을 제조하는 방법이 기재되어 있다고 하더라도 그 제조방법에 의해

서만 물건을 특정할 수밖에 없는 등의 특별한 사정이 없는 이상 당해 특허발명의 진보성 유무를 판단함에 있어서는 그 제조방법 자체는 이를 고려할 필요 없이 그 특허청구범위의 기재에 의하여 물건으로 특정되는 발명만을 그 출원 전에 공지된 발명 등과 비교하면 된다(대법원 2006. 6. 29. 선고 2004후3416 판결 등 참조).

　(나) 원심판결 이유를 위 법리와 기록에 비추어 살펴보면, 원심이 명칭을 "삼중관과 삼중관 제조장치 및 그 방법"으로 하는 이 사건 특허발명(특허번호: 제290302호)의 정정청구된 특허청구범위 제1항의 대상인 삼중관은 그 구성을 직접 특정함에 아무런 어려움이 없다고 본 다음, 그 특허청구범위에 기재되어 있는 '내피와 중간층 및 외피가 열융착되어 형성시킨'이라는 제조방법 자체를 고려하지 않은 채 그 <u>방법에 의하여 얻어진 물건만을 원심 판시의 비교대상발명들과 비교하였음은</u> 정당하고, 거기에 상고이유로 주장하는 바와 같은 특허청구범위의 해석에 관한 법리오해의 위법이 없다.

　[2] 이 사건 정정의 인정 여부

　원심판결 이유를 기록에 비추어 살펴보면, 원심이 이 사건 특허무효심판절차에서 정정청구된 이 사건 제1항 내지 제5항 발명 중 이 사건 제1항 발명을 원심 판시의 비교대상발명들과 비교한 다음, 그 판시와 같은 이유로 정정청구된 이 사건 제1항 발명은 비교대상발명들을 결합하여 용이하게 발명할 수 있어서 그 진보성이 부정되므로 정정 후의 특허청구범위가 특허출원을 한 때에 특허를 받을 수 있는 경우에 해당하지 아니한다 할 것이어서,[183] 정정청구된 이 사건 제2항 내지 제5항 발명에 관하여 살펴볼 필요 없이 이 사건 정정청구 전체가 허용될 수 없다는 취지로 판단한 것은 정당하고, 거기에 상고이유로 주장하는 바와 같은 발명의 진보성 판단에 관한 법리오해의 위법이 없다.

　[3] 이 사건 제1, 2, 3, 4, 5항 발명의 진보성이 부정되는지 여부

　(가) 원심판결 이유를 기록에 비추어 살펴보면, 원심이 정정청구된 이 사건 제1항 발명에 진보성이 없는 이상 그보다 광범위한 청구범위를 가지는 이 사건 제1항 발명 역시 진보성이 부정된다는 취지로 판단하고, 또한 원심이 이 사건 제2, 4, 5항 발명과 비교대상발명들을 비교한 다음, 그 판시와 같은 이유로 이 사건 제2항 발명

---

183) 특허의 정정청구(제133조의3)에서는 독립특허요건을 요구하지 않음에도 본 판례에서 독립특허요건을 정정의 요건으로 고려한 점은 재고해야 할 사안으로 보인다(私見).

은 원심 판시의 비교대상발명 2, 3을, 이 사건 제4, 5항 발명은 비교대상발명들을 각 결합하여 용이하게 발명할 수 있어서 진보성이 부정된다는 취지로 판단하였음은 정당하고, 거기에 상고이유로 주장하는 바와 같은 발명의 진보성 판단에 관한 법리오해의 위법이 없다.

(나) 이 사건 제2항 발명은 비교대상발명 2, 3에 의하여 진보성이 부정된다고 하더라도, 그 구성요소 중 중간층을 배출하는 노즐의 구조를 한정하는 종속항인 이 사건 제3항 발명은 통상의 기술자가 비교대상발명들에 의하여 이를 발명하는 것이 용이하다고 할 수 없어 그 진보성이 부정되지 않는다고 할 것이다.

그럼에도 불구하고, 원심은 노즐구멍의 개수와 배치는 통상의 기술자가 쉽게 변경하거나 착안하여 적용할 수 있는 것이라는 이유로 이 사건 제3항 발명의 진보성이 부정된다고 판단하였으니, 이 부분 원심판결에는 발명의 진보성 판단에 관한 법리를 오해하여 판결 결과에 영향을 미친 위법이 있고, 이 점을 지적하는 상고이유의 주장은 이유 있다.

[4] 파기범위

특허무효심판절차에서 정정청구가 있는 경우, 정정의 인정 여부는 무효심판절차에 대한 결정절차에서 함께 심리되는 것이므로, 독립된 정정심판청구의 경우와 달리 정정만이 따로 확정되는 것이 아니라 무효심판의 심결이 확정되는 때에 함께 확정된다 할 것인바(대법원 2008. 6. 26. 선고 2006후2912 판결 참조), 위에서 본 바와 같이 원심판결 중 이 사건 정정청구 및 이 사건 제1, 2, 4, 5항 발명의 특허무효에 관한 부분에 대한 피고들의 상고는 이유 없다 할 것이나, 원심판결 중 이 사건 제3항 발명의 특허무효에 관한 부분에 대한 피고들의 상고를 받아들이는 이상, 이와 함께 확정되어야 할 이 사건 정정청구에 관한 부분도 파기를 면할 수 없다. 한편, 특허의 등록무효 여부는 청구항별로 판단하여야 하더라도, 특허무효심판절차에서의 정정청구는 특별한 사정이 없는 한 불가분의 관계에 있어 일체로서 허용 여부를 판단하여야 할 것인데, 이 사건 정정청구는 그 정정사항이 이 사건 제1항 내지 제5항 발명 전체에 걸쳐 있으므로, 원심판결 중 이 사건 제1, 2, 4, 5항 발명의 특허무효에 관한 부분도 따로 확정되지 못한 채 이 사건 정정청구에 관한 부분과 함께 파기되어야 할 것이어서, 결국 원심판결 전부가 파기되어야 할 것이다.[184]

---

184) 대법원 2009. 1. 15. 선고 2007후1053 판결 [등록무효(특)]. 이 판례는 43회 피인용된 판례이다.

IV－4. 정정심판(제136조)에서 정정내용의 실질적 확장 여부, 독립특허요건, 무효심판이 대법원에 계속 중 정정심판의 청구가능 여부

I) 사건개요

본 발명은 블로어에 관한 것으로, 더욱 상세하게는 블로어 본체를 구성하는 하우징과 이 하우징 내부에서 회전하면서 기체를 압송하여 압축공기를 발생하는 임펠러 사이에 유막을 형성하여 마찰과 소음을 방지하면서 밀폐력을 높여 풍량 및 풍압을 증대시킬 수 있는 블로어에 관한 것이다. 이러한 블로어는 환경 오폐수처리 시설 및 정화조의 공기 삽입, 양어장 등의 사육양식에 필요한 산소공급, 목욕탕 욕실의 기포발생장치, 연소기의 분무용 등으로 사용되고 있다.

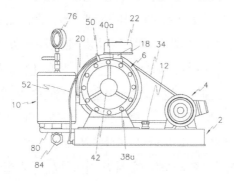

II) 이 사건 심결의 경위

[1] 피고는 2007. 9. 3. 특허심판원에 이 사건 특허발명의 청구범위를 정정하는 정정심판(이하, '이 사건 정정심판'이라고 한다)을 청구하였고, 특허심판원은 이를 2007 정85호로 심리 후 2008. 3. 19. 이 사건 특허발명의 청구범위를 별지 1의 정정된 청구범위의 기재와 같이 정정(이하, '이 사건 정정'이라고 한다)하는 심결을 하였고, 위 심결은 2008. 3. 26. 확정되있다.

[2] 원고들은 2009. 8. 17. 특허심판원에 이 사건 정정심판은 이 사건 특허발명에 대한 무효심판이 특허심판원에 계속되고 있을 때 청구된 것이어서 구 특허법(2006. 3. 3. 법률 제7871호로 개정되기 전의 것) 제136조 제1항(이하 '구 특허법 제136조 제1항'이라 한다) 단서에 해당하여 부적법하므로 무효라고 주장하며 정정의 무효심판을 청구하였고, 특허심판원은 이를 2009당1989호로 심리 후 2009. 11. 24. 이 사건

정정심판 청구가 부적법하지 않다는 이유로 원고들의 위 심판청구를 기각하는 이 사건 심결을 하였다.

Ⅲ) 판결이유

[1] 이 사건 정정심판이 이 사건 특허발명에 대한 무효심판이 특허심판원에 계속 되고 있을 때 청구된 것인지 여부

(가) 구 특허법 제136조 제1항에는 「특허권자는 제47조 제3항 각호의 1에 해 당하는 경우에는 특허발명의 명세서 또는 도면에 대하여 정정심판을 청구할 수 있 다. 다만, 특허이의신청 또는 특허의 무효심판이 특허청 또는 특허심판원에 계속되 고 있는 경우에는 그러하지 아니하다.」라고 규정되어 있는바, 그 취지는 특허이의신 청이나 특허무효심판이 특허청 또는 특허심판원에 계속 중인 경우에는 그 절차 내 에서 특허발명의 명세서 또는 도면에 대한 정정청구를 할 수 있으므로 따로 독립된 정정심판 청구를 허용하지 아니한 것으로서, 특허의 무효심판이 특허법원이나 대법 원에 계속 중인 경우에는 제한 없이 정정심판을 청구할 수 있다 할 것이다.

(나) 그런데 이 사건 정정심판은 2007. 9. 3. 청구되었고, 이 사건 특허발명에 대한 무효심판인 2005당673호에 대한 특허심판원 심결은 이 사건 정정심판 청구 이전인 2005. 10. 26. 이루어졌으므로, 이 사건 정정심판 청구 당시 위 심결에 대한 불복의 소가 대법원에 계속 중이었다 하더라도, 이는 특허의 무효심판이 특허청 또 는 특허심판원에 계속되고 있는 경우에는 해당하지 아니한다 할 것이어서, 이에 관 한 원고들의 주장은 이유 없다.

[2] 이 사건 정정심판 청구는 확정된 소외 정정심판의 효력을 변경하려는 것으로 서 부적법한 정정심판 청구인지 여부

(가) 구 특허법(2001. 2. 3. 법률 제6411호로 개정되기 전의 것) 제136조 제7항에는 「제1항의 정정심판은 특허권이 삭감된 후에도 이를 청구할 수 있다. 다만, 취소결 정에 의하여 특허가 취소되거나 심결에 의하여 특허가 무효로 된 후에는 그러하지 아니하다.」라고 규정되어 있는바, 정정심판은 권리가 취소되거나 무효가 되지 않는 한 청구 회수에 제한이 없으며, 또 특허권이 소멸된 후에도 청구할 수 있다 할 것 이다.

(나) 따라서, 이 사건 정정심판 청구 이전에 이 사건 특허발명에 대한 소외 정정심판의 심결이 확정된 바 있다 하더라도, 그로 인하여 이 사건 정정심판 청구를 부적법하다 할 수 없으므로, 이에 관한 원고들의 주장은 이유 없다.

[3] 이 사건 정정이 청구범위를 실질적으로 변경한 경우에 해당하는 지 여부

구 특허법 제136조 제2항에는 「제1항의 명세서 또는 도면의 정정은 특허청구범위를 실질적으로 확장하거나 변경할 수 없다.」라고 규정되어 있다.

한편, 정정심판의 심결 전에 다른 정정심판 또는 정정청구의 확정심결이 있는 때에는 그 정정된 명세서와 도면이 정정심판 청구의 대상이 된다 할 것이어서, 소외 정정심판의 심결이 확정된 이 사건 특허발명의 경우, 이 사건 정정이 특허청구범위를 실질적으로 변경하는지 여부는 이 사건 정정으로 정정된 특허발명과 이 사건 정정 전 특허발명, 즉 소외 정정심판으로 확정된 특허발명을 대비하여야 할 것임에도 불구하고, 원고들은 이 사건 정정이 청구범위를 실질적으로 변경한 경우에 해당한다는 취지의 주장을 하면서, 정정 전 특허발명이 아닌 소외 정정심판 전 특허발명과 정정된 특허발명을 대비하고 있으므로, 이에 관한 원고들의 주장은 더 나아가 판단할 필요 없이 이유 없다.

[4] 기재불비 여부

오일의 노즐 내부로 유입 불가능 여부에 대하여, 임펠러(8)의 회전으로 하우징(6) 내부의 공기압력이 낮아지더라도 그 때문에 가압판이 밑으로 빨려 내려올 가능성은 없는 것으로 판단되므로, 이에 관한 원고들의 주장은 이유 없다.

패킹이 무용지물인지 여부에 대하여, 과도하게 오일이 유입되어 케이스(58) 상단을 통해서 누출되는 경우를 완전히 배제할 수는 없고, 이때에는 패킹(70)의 존재가 필요하므로, 원고들의 위 주장도 이유 없다. 따라서 이 사건 제1항 발명이 구 특허법 제42조 제3항 및 제4항 제1호에 각 위반된다는 원고들의 주장은 받아들이지 아니한다.

[5] 진보성 여부

이 사건 제1항 발명에서, 구성요소 1은 그 대응 구성이 비교대상발명들에 각 공지되었지만, 구성요소 2의 점적노즐은 비교대상발명들과 대비할 때 진보성이 부정되지 아니한다. 따라서, 이 사건 제1항 발명은 비교대상발명들과 기술분야는 동일하지만, 목적과 구성 및 작용효과에서 차이가 있으므로, 진보성이 부정되지 아니한다.

[6] 소결론

결국, 이 사건 정정심판 청구는 구 특허법 제136조 제1항 단서에 위배되지 아니하고, 확정된 소외 정정심판의 효력을 변경하려는 부적법한 청구가 아니며, 이 사건 정정은 특허청구범위를 실질적으로 변경한 경우에 해당하지 아니하고, 특허출원을 한 때에 특허를 받을 수 없는 것이 아니므로, 이 사건 정정은 부적법하여 무효라고 할 수 없다.[185)]

Ⅳ-5. 정정심판(제136조)과 무효심판이 동시 계류 중 심판의 우선순위

1. 관련판례(정정심판과 무효심판이 동시 계류 중 정정심판 심결의 확정을 기다리지 않고 한 무효심판이 정당한지 여부, 스텐레스 강철 제조방법 사건)

Ⅰ) 사건개요

이 사건 발명은 발명의 명칭이 "두꺼운 오스테나이트 스텐레스 강철제품과 그 제조방법"에 관한 발명으로 청구범위는 다음과 같다(1991. 11. 5. 등록, 특허번호 제45737호, 특허권자 미국 ㈜알레니루드럼스틸).

[청구항 1]

강철을 용융하고, 주조하고, 열간압연 및 냉간압연하여 0.065인치(1.65mm) 이상의 두께로 만들고 다시 1900°F 내지 2100°F의 온도에서 완전 소둔(annealing) 처리하는 것을 특징으로 한 20 내지 40중량%의 니켈, 14~21중량%의 크롬, 6 내지 12중량%의 몰리브덴, 0.15 내지 0.3중량%의 질소와 또한 나머지인 철로 구성된 두꺼운 오스테나이트 스텐레스 강철 제품의 제조방법.

원심(특허법원)은 원고는 이 사건 특허발명의 특허청구범위에 대하여 정정심판(특허심판원 99당918호)을 청구하였고 그 청구가 기각되어 심결취소소송이 당원에 2000허1559호 사건으로 계류 중에 있기는 하나, 그 정정심결의 확정을 기다리지 아니하고 정정심판청구 전 특허청구범위를 대상으로 하여 이 사건 특허발명의 무효 여부를 살펴볼 수 있다고 전제한 다음 이 사건 특허발명의 무효 여부를 판단하였다.[186)]

---

185) 특허법원 2010. 9. 15. 선고 2010허302 판결 [정정무효(특)].
186) 현재는 법이 개정되어 무효심판계류 중에는 정정심판을 청구할 수 없도록 개정되었으나, 지금도 무효심판을 청구하기 전에 정정심판을 먼저 청구하는 경우에는 이와 같은 사례가 발생할 수 있다.

심판번호	사건의 표시	청구일	심결일자
2001후당720	2000허1559(정정심판)상고(기각)	2001. 2. 8.	2002. 8. 23.
2001후당713	2000허(당)1542(무효심판)상고(기각)	2001. 2. 1.	2002. 8. 23.
2000허당1559	1999당918(정정심판)(기각)	2000. 3. 3.	2001. 1. 18.
2000허당1542	1998당547(무효심판)(기각)	2000. 3. 3.	2001. 1. 18.
1999당918	정정심판(기각)	1999. 5. 27.	2000. 2. 1.
1998당547	무효심판(기각)	1998. 5. 13.	2000. 2. 1.

II) 판결요지

[1] 동일한 특허발명에 대하여 특허무효심판과 정정심판이 특허심판원에 동시에 계속중에 있는 경우에는 정정심판제도의 취지상 정정심판을 특허무효심판에 우선하여 심리·판단하는 것이 바람직하나, 그렇다고 하여 반드시 정정심판을 먼저 심리·판단하여야 하는 것은 아니고, 또 특허무효심판을 먼저 심리하는 경우에도 그 판단대상은 정정심판청구 전 특허발명이며, 이러한 법리는 특허무효심판과 정정심판의 심결에 대한 취소소송이 특허법원에 동시에 계속되어 있는 경우에도 적용된다고 볼 것이다.

원심판결 이유에 의하면, 원심은 원고는 "두꺼운 오스테나이트 스테인레스 강철 제품과 그 제조방법"에 관한 이 사건 특허발명(1985. 3. 16. 출원, 1991. 11. 5. 등록, 특허번호 제45737호)의 특허청구범위에 대하여 정정심판(특허심판원 99당918호)을 청구하였고 그 청구가 기각되어 심결취소소송이 당원에 2000허1559호 사건으로 계류 중에 있기는 하나, 그 정정심결의 확정을 기다리지 아니하고 정정심판청구 전 특허청구범위를 대상으로 하여 이 사건 특허발명의 무효 여부를 살펴볼 수 있다고 전제한 다음 이 사건 특허발명의 무효 여부를 판단하였다.

기록과 위 법리에 비추어 살펴보면, 원심의 위와 같은 판단은 정당하고, 거기에 상고이유에서 주장하는 바와 같은 이 사건 특허무효사건의 판단대상에 관한 법리오해 등의 위법이 없다.

[2] 상고이유 제2점 내지 제5점은 위 정정심판에 의하여 정정청구된 특허청구범위(이하 '정정 후 특허청구범위'라고 한다) 제1항 내지 제12항은 신규성 및 진보성이 인정되므로 무효가 아니라는 취지이나, 이는 이 사건 특허무효사건의 판단대상이

정정 후 특허청구범위라는 점을 전제로 한 주장으로서 앞서 본 법리에 반한다고 할 것이다. 상고이유의 주장들은 모두 받아들일 수 없다.[187]

IV-6. 정정심판(제136조) 심결의 확정과 재심사유

1. 관련규정

제136조(정정심판) ⑨ 특허발명의 명세서 또는 도면의 정정을 한다는 심결이 확정된 때에는 그 정정후의 명세서 또는 도면에 의하여 특허출원·출원공개·특허사정 또는 심결 및 특허권의 설정등록이 된 것으로 본다.
민사소송법 제451조(재심사유) ① 다음 각호 가운데 어느 하나에 해당하면 확정된 종국판결에 대하여 재심의 소를 제기할 수 있다. 다만, 당사자가 상소에 의하여 그 사유를 주장하였거나, 이를 알고도 주장하지 아니한 때에는 그러하지 아니하다.
  8. 판결의 기초가 된 민사나 형사의 판결, 그 밖의 재판 또는 행정처분이 다른 재판이나 행정처분에 따라 바뀐 때

2. 관련판례(상고심 계속 중 정정심판 심결이 확정된 경우 재심사유, 이소티아졸론 혼합물 사건)

I) 판시사항

상고심 계속 중 당해 특허발명의 정정심결이 확정된 경우, 정정 전의 특허발명을 대상으로 하여 무효 여부를 판단한 원심판결에는 민사소송법상의 재심사유가 있다고 한 사례

II) 판결이유

원심판결 이유에 의하면, 원심은 이 사건 특허발명(특허번호 제212963호, 안정화된 이소티아졸론 조성물과 이소티아졸론 혼합물[188]의 제조방법)의 청구범위 제3항 내지 제10항은 그 청구범위 기재가 발명의 상세한 설명에 의하여 뒷받침되지 않아서 무효로 되어야 한다는 취지로 판단하였다.

---

187) 대법원 2002. 8. 23. 선고 2001후713 판결 [등록무효(특)]. 이 판례는 문헌에 4회 피인용되었다.
188) 이소티아졸론 혼합물을 유효성분으로 함유시킨 화장품 및 식품첨가제 등으로 알려져 있다.

그런데 기록에 의하면, 이 사건 특허발명의 특허청구범위 제3항에 관하여, 원고의 정정심판청구에 의하여 원심판결 선고 이후인 2008. 4. 24. 그 정정을 허가하는 심결이 내려지고, 그 심결은 2008. 4. 30. 확정되었고, 이 사건 특허발명의 특허청구범위 제4항 내지 제10항은 특허청구범위 제3항의 구성을 한정하는 종속항임을 알 수 있으므로, 이 사건 특허발명의 특허청구범위 제3항 내지 제10항은 모두 구 특허법(1997. 4. 10. 법률 4892호로 개정되기 전의 것) 제136조 제9항에 의하여 정정 후의 명세서에 의하여 특허등록출원 및 특허권의 설정등록이 된 것으로 보아야 한다.

따라서 정정 전의 이 사건 특허발명을 대상으로 하여 무효 여부를 심리·판단한 원심판결에는 민사소송법 제451조 제1항 제8호 소정의 <u>재심사유가 있으므로 결과적으로 판결에 영향을 끼친 법령위반의 위법이 있다</u> 할 것이고, 이 점을 지적하는 상고이유의 주장은 이유 있다.

그러므로 나머지 상고이유에 대하여 살펴볼 필요도 없이 원심판결을 파기하고, 사건을 다시 심리·판단하게 하기 위하여 원심법원에 환송하기로 하여, 관여 대법관의 일치된 의견으로 주문과 같이 판결한다.[189)]

V. 심판절차

V-1. 공동심판에서의 심결확정(2인 이상의 공동 무효심판 청구)

1. 관련판례(베어링용 리테이너 제조장치 사건)

Ⅰ) 사건개요

피고와 소외 주식회사가 2005. 8. 31. 공동으로 명칭을 "테이퍼 로울러 베어링용 리테이너 제조장치에 적용되는 반전장치"로 하는 원고의 이 사건 특허발명(특허번호 제433153호)의 무효심판을 청구하여 2006. 5. 19. 특허심판원에서 청구인용 심결을 받았는데, 원고는 2006. 6. 23. 공동심판청구인 중 피고만을 상대로 심결취소소송을 제기하였다가, 제소기간이 도과한 이후인 2006. 7. 20. 소외 주식회사를 당사자로 추가하는 당사자추가신청을 하였다.

---

189) 대법원 2008. 7. 24. 선고 2007후852 판결 [등록무효(특)].

II) 판결이유

[1] 이 사건 당사자 추가신청의 적법 여부에 관하여

이른바 고유필수적 공동소송이 아닌 사건에서 소송 도중에 당사자를 추가하는 것은 허용될 수 없다 할 것인데(대법원 1993. 9. 28. 선고 93다32095 판결, 대법원 1998. 1. 23. 선고 96다41496 판결 등 참조), 동일한 특허권에 관하여 2인 이상의 자가 공동으로 특허의 무효심판을 청구하여 승소한 경우에 그 특허권자가 제기할 심결취소소송은 심판청구인 전원을 상대로 제기하여야만 하는 고유필수적 공동소송이라고 할 수 없으므로, 고유필수적 공동소송이 아닌 이 사건에서 당사자의 변경을 가져오는 당사자추가신청은 명목이 어떻든 간에 부적법하여 허용될 수 없다.

같은 취지에서 원심이 이 사건 당사자추가신청을 기각한 조치는 정당한 것으로 수긍할 수 있고, 거기에 원고가 상고이유로 주장하는 바와 같은 필수적 공동소송에 관한 법리 또는 공동소송인의 추가에 관한 법리오해 등의 위법이 없다.

[2] 이 사건 소의 적법 여부에 관하여

특허를 무효로 한다는 심결이 확정된 때에는 당해 특허는 제3자와의 관계에서도 무효로 되는 것이므로, 동일한 특허권에 관하여 2인 이상의 자가 공동으로 특허의 무효심판을 청구하는 경우 그 심판은 심판청구인들 사이에 합일확정을 필요로 하는 이른바 유사필수적 공동심판에 해당한다 할 것이다.

위 법리에 비추어 보면, 피고와 소외 주식회사가 당초 공동으로 이 사건 특허발명의 무효심판을 청구한 이상 피고와 소외 주식회사는 유사필수적 공동심판관계에 있다고 할 것이므로, 비록 위 심판사건에서 패소한 원고가 공동심판청구인 중 피고만을 상대로 심결취소소송을 제기하였다 하더라도 그 심결은 피고와 소외 주식회사에 대하여 모두 확정이 차단된다고 할 것이며, 이 경우 소외 주식회사에 대한 제소기간의 도과로 심결 중 소외 주식회사의 심판청구에 대한 부분만이 그대로 분리 확정되었다고 할 수 없다.

그럼에도 원심은, 소외 주식회사에 대하여 그 제소기간 내에 심결취소소송이 제기되지 아니한 이상 이 사건 심결 중 소외 주식회사의 심판청구에 대한 부분은 분리 확정되어 이 사건 특허권은 처음부터 없었던 것으로 보게 되었음을 전제로, 원고로서는 더 이상 그 심결의 취소를 구할 법률상 이익이 없어졌다고 하여 이 사건 소를 각하하고 말았으니, 원심판결에는 필수적 공동심판에 관한 법리를 오해하

여 판결에 영향을 미친 위법이 있다.[190]

V-2. 제소기간(5월 1일 근로자의 날이 공휴일인지 여부에 대한 특허법과 민법의 차이)

1. 관련규정

특허법 제14조(기간의 계산) 이 법 또는 이 법에 따른 명령에서 정한 기간의 계산은 다음 각 호에 따른다.

  4. 특허에 관한 절차에서 기간의 마지막 날이 공휴일(「근로자의 날 제정에 관한 법률」에 따른 근로자의 날 및 토요일을 포함한다)에 해당하면 기간은 그 다음 날로 만료한다.

특허법 제186조(심결 등에 대한 소) ① 특허취소결정 또는 심결에 대한 소 및 특허취소신청서 · 심판청구서 · 재심청구서의 각하결정에 대한 소는 특허법원의 전속관할로 한다.

③ 제1항에 따른 소는 심결 또는 결정의 등본을 송달받은 날부터 30일 이내에 제기하여야 한다.

⑤ 심판장은 주소 또는 거소가 멀리 떨어진 곳에 있거나 교통이 불편한 지역에 있는 자를 위하여 직권으로 제4항의 불변기간에 대하여 부가기간을 정할 수 있다.

민사소송법 제170조(기간의 계산) 기간의 계산은 민법에 따른다.

민법 제161조(공휴일 등과 기간의 만료점) 기간의 말일이 토요일 또는 공휴일에 해당한 때에는 기간은 그 익일로 만료한다.

근로자의 날 제정에 관한 법률 5월 1일을 근로자의 날로 하고, 이 날을 「근로기준법」에 따른 유급휴일(有給休日)로 한다.

2. 관련판례(자동차용 매트 사건)

I) 사건개요

  [발명의 설명](코일쿠션매트를 이용한 자동치용 보조 매트 및 그 제조 방법, 10-1218187)

  본 발명은 자동차용 매트바닥의 코일 안으로 오염물이 모이도록 하여 청결한 상태를 유지하고, 물세탁이 용이한 자동차용 보조 매트를 제공한다. 또한 자동차운전석 바닥의 크기에 맞게 잘라 사용할 수 있게 하도록 한다.

---

190) 대법원 2009. 5. 28. 선고 2007후1510 판결 [등록무효(특)].이 판례는 6회 피인용되었다.

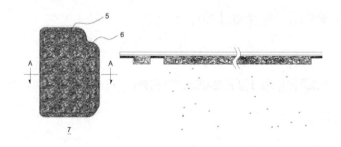

Ⅱ) 판결이유

[1] 원고의 주장

이 사건 소제기로 취소를 구하는 특허심판원 2017당332호 사건의 심결등본을 2017. 3. 31. 송달받고 그로부터 30일이 경과한 2017. 5. 2. 이 사건 소장을 제출하였다.

그런데 특허법 제186조 제3항, 제5항 등 제반 규정을 종합하면, 심결등본이 송달된 이후부터 특허법원에 심결취소소송이 제기되기 전까지는 사건이 특허심판원에 계속 중인 것으로 보아야 하므로, 제소기간의 계산과 관련하여 민사소송법 제161조가 아닌 특허법 제14조 제4호가 적용되어야 한다. 더욱이 특허법에서는 심결취소소송의 제기에 있어 민사소송법의 항소장 원심제출주의가 적용되지 않을 뿐만 아니라 부가기간의 지정도 특허심판원 심판장의 권한으로 규정하고 있으므로, 제소시간의 계산과 관련하여 민사소송법이 적용되어서는 아니 되고 특허법이 적용되어야 한다.

따라서 2013. 5. 1.은「근로자의 날 제정에 관한 법률」에 의한 근로자의 날에 해당하여 특허법 제14조 제4호의 규정에 의하여 그 다음날인 2013. 5. 2.에 제소기간이 만료된다고 할 것이므로, 이 사건 소는 제소기간 내에 제기된 것으로 적법하다.

[2] 제소기간 준수 여부

(가) 특허법 제14조 제4호는 '특허에 관한 절차에서 기간의 마지막 날이 공휴일(「근로자의 날 제정에 관한 법률」에 따른 근로자의 날 및 토요일을 포함한다)에 해당하면 기간은 그 다음 날로 만료한다.'라고 규정하고 있다. 특허법 제3조 제1항에 의하면 특허에 관한 절차란 특허에 관한 출원·청구 기타의 절차를 말하는데, 특허법 제5조 제1항, 제2항에서 특허에 관한 절차와 특허법 또는 특허법에 의한 명령에 의하여 행정청이 한 처분에 대한 소의 제기를 구별하여 규정하고 있는 점, 특허에 관한 절차와 관련된 특허법의 제반 규정이 특허청이나 특허심판원에서의 절차에 관한 사항만을 정하고 있는 점, 특허법 제15조에서 특허에 관한 절차와 관련한 기간의 연장

등을 일반적으로 규정하고 있음에도, 특허법 제186조에서 심결에 대한 소의 제소기간과 그에 대하여 부가기간을 정할 수 있음을 별도로 규정하고 있는 점 등에 비추어 보면, 여기에는 심결에 대한 소에 관한 절차는 포함되지 아니한다고 할 것이다.

따라서 심결에 대한 소의 제소기간 계산에는 특허법 제14조 제4호가 적용되지 않고, 그에 관하여 특허법이나 행정소송법에서 별도로 규정하고 있는 바도 없으므로, 결국 행정소송법 제8조에 의하여 준용되는 민사소송법 제170조에 따라 민법 제161조가 적용된다고 할 것이다(대법원 2014. 2. 13. 선고 2013후1573 판결 참조).

(나) 원고의 주장에 대하여, 심결에 대한 소에 있어 특허심판원을 특허법원의 원심법원이라고 할 수 없어 항소장 원심제출주의가 적용될 여지가 없으므로, 항소장 원심제출주의가 적용되지 않는다는 이유로 특허법 제14조 제4호가 적용되어야 한다는 취지의 원고의 주장을 받아들이지 않는다.

심결에 대한 소의 제소기간 계산과 관련하여 특허법 제14조 제4호가 아닌 민사소송법 제170조, 민법 제161조를 적용하는 이유는 특허법이 특허에 관한 절차와 특허법 또는 특허법에 의한 명령에 의하여 행정청이 한 처분에 대한 소의 제기를 구별하여 규정하면서, 대리권, 기간의 연장, 절차의 무효·추후보완·중단·보정, 중단된 절차의 수계 등과 관련하여 양자를 달리 규율하고 하고 있기 때문인바, 특허법 제186조 제5항이 부가기간의 지정을 특허심판원 심판장의 권한으로 규정하고 있는 점 등에 비추어 소장이 특허법원에 제출되기 전까지는 특허심판원에 사건이 계속되는 것으로 보더라도, 그러한 사정만으로는 심결에 대한 소의 제기의 실질이 특허에 관한 절차가 아닌 특허법 또는 특허법에 의한 명령에 의하여 행정청이 한 처분에 대한 소의 제기에 해당한다고 보기는 어려우므로, 이에 반하는 원고의 주장도 받아들이지 않는다. 더욱이 위에서 본 바와 같이 특허법 제15조에서 특허에 관한 절차와 관련한 기간의 연장 등을 일반적으로 규정하고 있음에도 특허법 제186조에서 심결에 대한 소의 제소기간과 그에 대하여 부가기간을 정할 수 있음을 별도로 규정하고 있는 점은 심결에 대한 소에 관한 절차가 특허에 관한 절차에 포함되지 않는다고 판단하는 유력한 근거가 된다.

[3] 판단

원고가 2017. 3. 31. 이 사건 소제기로 취소를 구하는 특허심판원 2017당332호 사건의 심결등본을 송달받은 사실은 기록상 명백한바, 제소기간 30일 이내의 말일인 2017. 4. 30.은 공휴일에 해당하므로 그 다음날인 2017. 5. 1. 이 사건 소의 제소기간이 만료되었다고 할 것이고, 비록 제소기간의 말일인 2017. 5. 1.이 「근로자의 날 제정에 관한 법률」 의 규정에 의한 근로자의 날에 해당한다고 하더라도 민법 제161조에서 근로자의 날에 관하여 공휴일과 같이 취급하는 규정을 두고 있지 않은 이상 근로자의 날인 2017. 5. 1.에 제소기간이 만료되었다고 할 것이다.

따라서 원고가 그 제소기간이 지났음이 역수상 명백한 2017. 5. 2.에 이르러서야 이 사건 소를 제기한 사실은 기록상 명백하므로, 이 사건 소는 제소기간을 도과하여 제기된 것으로 부적법하다. 그렇다면 이 사건 소는 부적법하므로 이를 각하하기로 하여 주문과 같이 판결한다.[191)]

V-3. 심판청구인의 이해관계인의 여부 시기적 판단 기준

1. 관련규정

이해관계인 또는 심사관은 특허의 무효심판을 청구할 수 있으며(제133조(특허의 무효심판)), 이해관계인은 타인의 특허발명의 보호범위를 확인하기 위하여 특허권의 권리범위 확인심판을 청구할 수 있다(제135조(권리범위 확인심판)).

2. 관련판례(수문권양기 사건)

Ⅰ) 사건개요

[발명의 설명](수문권양기, 특허 제10-0552713호)

수문권양기는 모터 등으로 큰 하중을 갖는 수문의 개폐를 수행한다. 본 발명은 내충격과 장치의 오작동으로 인한 장치파손 방지, 내마모성 및 내마찰성이 우수하여 수명을 연장시킬 수 있고, 진동 및 소음이 적게 발생할 수 있도록 하는 수문권양기를 제공한다.

[사건경과]

甲은 특허권자 乙을 상대로 무효심판을 청구하였고, 특허심판원의 심결이후 甲은 국외로 이주하여 동종업을 실시하지 않고 있다. 특허법원의 심결취소소송에서 특허권자 乙은 甲의 심판청구에 이해관계가 소멸되었음을 항변하였다.

---

191) 특허법원 2017. 7. 20. 선고 2017허3058 판결 [등록무효(특)].

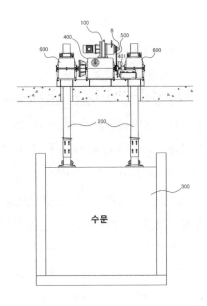

수문

II) **판시사항**

[1] 특허등록의 무효심판을 청구할 수 있는 이해관계인의 의미 및 이에 해당하는지 여부의 판단 기준 시기(＝심결 시)

[2] 명칭이 "수문권양기"인 특허발명과 같은 종류의 물품인 수문관련제품을 제조·판매하거나 제조·판매할 자의 경우, 국외로 이주하거나 사업자 소재지에서 수문관련제품을 제조·판매하고 있지 않더라도 특허발명의 무효심판을 청구할 수 있는 이해관계인에 해당한다고 한 사례

[3] 명칭이 "수문권양기"인 특허발명의 특허청구범위 제1항은 통상의 기술자가 비교대상발명들과 주지관용기술로부터 용이하게 발명할 수 있어 진보성이 부정된다고 판단한 사례

III) **판결이유**

[1] 특허등록의 무효심판을 청구할 수 있는 이해관계인이라 함은 당해 특허발명의 권리존속으로 인하여 그 권리자로부터 권리의 대항을 받거나 받을 염려가 있어 그 피해를 받는 직접적이고도 현실적인 이해관계가 있는 사람을 말하고, 이에는 당해 특허발명과 같은 종류의 물품을 제조·판매하거나 제조·판매할 자도 포함되며, 이해관계인에 해당하는지 여부는 심결 당시를 기준으로 판단하여야 한다(대법원 1984. 3.

27. 선고 81후59 판결, 대법원 1987. 7. 7. 선고 85후46 판결 등 참조).

위 법리와 기록에 비추어 살펴보면, 피고는 이 사건 심결 당시 사업장 소재지를 평택시 청북면(이하 생략), 사업종류를 제조업 등, 사업종목을 수문관련제품 등으로 하여 사업자등록이 되어 있었음을 알 수 있으므로, 피고는 업으로서 명칭을 "수문 권양기"로 하는 이 사건 특허발명(특허번호 제0552713호)과 같은 종류의 물품인 수문 관련제품을 제조·판매하거나 제조·판매할 자로서 이 사건 특허발명의 무효심판을 청구할 수 있는 이해관계인에 해당한다 할 것이고, 그 후 피고가 국외로 이주하거나 위 사업장 소재지에서 수문관련 제품을 제조·판매하고 있지 않더라도, 위와 같은 사정만으로 피고의 무효심판에 관한 이해관계가 소멸하였다고 볼 수 없다. 따라서 이 사건 심판청구가 이해관계 없는 자의 청구이거나 심판청구인의 무효심판에 관한 이해관계가 소멸하였다는 취지의 상고이유의 주장은 받아들일 수 없다.

[2] 원심판결 이유를 기록에 비추어 살펴보면, 원심이 이 사건 특허발명 특허청구범위 제1항(이하 '이 사건 제1항 발명') 중 원심 판시 구성요소 8을 제외한 나머지 구성요소들은 그 출원 전에 원심 판시의 비교대상발명들에 의하여 공지된 기술이거나 그 기술분야의 주지관용기술이고, 구성요소 8은 비교대상발명 2 중 원심 판시의 대응구성과 감속기와 출력축의 결합관계에 있어 구성요소 8은 출력축이 감속기의 중공부 중 일측에만 삽입되어 있는 반면, 비교대상발명 2의 대응구성은 출력축이 웜감속기의 중공부를 완전히 관통하고 있는 점에서 다소 차이가 있지만, 위와 같은 차이는 그 기술분야에서 통상의 지식을 가진 자(이하 '통상의 기술자')가 쉽게 생각할 수 있는 범위 내에서의 구성의 변경에 지나지 않으므로, 이 사건 제1항 발명은 통상의 기술자가 비교대상발명들과 주지관용기술로부터 용이하게 발명할 수 있어 진보성이 부정된다는 취지로 판단한 것은 정당하고, 거기에 상고이유의 주장과 같은 발명의 진보성 판단에 관한 법리오해의 위법이 없다.[192]

---

192) 대법원 2009. 9. 10. 선고 2007후4625 판결 [등록무효(특)].

V-4. 합의시 이해관계 여부

1. 관련판례(조리용기 사건)

I) 사건개요

[고안의 설명](조리용기, 실용신안등록 제87976호)

본 고안은 조리용기에 관한 것으로, 뚜껑에 용기 내의 압력이 방출되면서 발성되는 발성기구를 가지나 뚜껑과 용기본체와의 밀폐결합을 위하여 별도의 뚜껑밀폐기구를 갖지 않는 형태의 조리용기에서 뚜껑과 용기 본체와의 사이에 용기 내에서 조리되는 내용물로부터 발생된 수증기가 응축수집되어 뚜껑과 용기 본체 사이의 밀폐수단으로 이용될 수 있도록 한 조리용기에 관한 것이다.

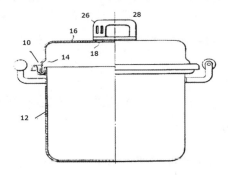

[청구항 1]

구부테두리(10)를 갖는 용기본체(12)에 발성기(26)를 갖는 뚜껑(16)의 주연 테두리(14)가 결합되어 덮히는 것에 있어서, 용기본체(12)의 구부테두리(10)에 동심원상의 내외주연벽(30)(32)을 갖는 환상요입실(34)을 형성하여 이에 뚜껑(16)의 주연테두리 (14)가 삽입되어 응축된 물이 채워질 수 있도록 하여서 된 조리용기

II) 판결요지

[1] 피고는 1995. 12. 20. 원고와 사이에서 자신이 생산한 제품이 원고의 이 사건 등록고안을 침해하고 있는 사실을 인정하고 그 날 이후부터는 이 사건 등록고안의 제품을 생산하지 아니하고, 이미 제작하여 생산되고 있는 유아용 소독기 금형의 일부를 원고의 입회하에 폐기하며, 원고에게 그 동안의 침해에 대한 배상으로 3백만 원을 지급하고, 지○○ 이름으로 제기한 이 사건 등록고안에 대한 무효심판 청구

를 취하하기로 하는 합의각서(갑1)를 피고가 직접 작성하여 김○○를 대리한 김○ ○의 남편 김@@와 원고가 각각 날인한 후, 피고 자신도 김○○의 이름 아래에 서 명하고 날인하였으며, 원고에게는 사과하는 의미로 위 합의금 3백만 원 이외에 변 호사 및 변리사 비용을 지급하여 주었다.

[2] 위 합의각서의 작성 당시인 1995. 12. 20.경 한두실업의 대표는 형식적으로 는 김○○로 되어 있으나, 실질적 경영자는 피고이었다고 할 것이고, 따라서 피고 는 위 합의각서를 작성하고 서명 날인함으로써 이 사건 등록고안에 대한 침해행위 를 하지 아니하고 원고의 권리를 정당한 것으로 인정하여 다투지 않겠다고 원고와 합의한 것이므로 이 사건 등록고안의 무효심판을 청구할 수 있는 이해관계인으로서 의 지위를 상실하였다.

[3] 그렇다면 이 사건 심판청구는 이해관계가 없는 자에 의한 청구로서 부적법 한 것이므로 이 사건 심결은 위법하다.[193)]

V-5. 심결후 심결취소소송 제소 전 특허권 양도 발생시 양수인의 당사 자 자격(긍정)

1. 관련판례(바코드 처리 시스템 사건)

I) 사건개요

[발명의 설명](바코드를 이용한 지로처리시스템 및 방법. 특허 제413343호)

각종 청구서 발행업체에 의한 지로용지는 납부자가 은행에 가서야만 수납이 가 능하고, 은행 창구는 매달 말일경이 되면 공과금 납부자들로 붐비게 되고, 납부자는 그 납부영수증을 별도로 보관하여야 하는 불편함을 해결하기 위한 것이다. 본 발명 은 청구서 발행업체에서 발행되는 지로청구서에 대한 정보를 바코드형태로 납부자 에게 제공하고, 무인수납기에 [지로/공과금] 납부 버튼을 형성하여 무인수납기의 바코드접촉면을 통해 인가되는 바코드정보를 근거로 지로납부처리를 수행하도록 된 바코드를 이용한 지로처리시스템을 제공함에 그 기술적 목적이 있다.

---

193) 특허법원 2001. 05. 18. 선고 2000허2729 판결 [등록무효(실)].

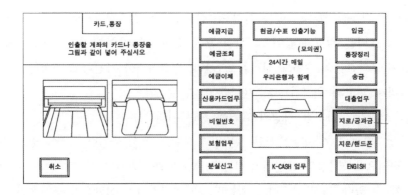

II) 이 사건 심결 및 소 제기의 경위

[1] 피고는 2008. 4. 30. 당시 이 사건 특허발명의 특허권자이던 (주)케이에스넷을 상대로, 이 사건 특허발명은 그 기술분야에서 통상의 지식을 가진 사람이 비교대상발명 1, 2 등에 의하여 용이하게 발명할 수 있어서 진보성이 없다고 주장하면서 무효심판을 청구하였다. 특허심판원은 이를 2008당1277호로 심리한 다음, 2009. 7. 31. 이 사건 특허발명은 비교대상발명 1, 2에 비하여 진보성이 없다는 이유로 위 심판청구를 받아들이는 이 사건 심결을 하였다.

[2] (주)케이에스넷은 2009. 8. 7. 이 사건 심결등본을 송달받은 다음, 2009. 9. 1. 원고에게 이 사건 특허발명에 대한 특허권을 양도하였다. 원고는 2009. 9. 3. 특허심판원 심판장으로부터 20일의 소제기 부가기간을 지정받은 다음, 2009. 9. 23. 이 사건 심결의 취소를 구하는 이 사건 소를 제기하였다.

III) 판결이유

[1] 피고의 주장

(가) 원고는 특허법 제186조 제2항에 규정된 심결취소소송의 원고적격자가 아니므로, 이 사건 소송은 부적법하여 각하되어야 한다.

(나) 이 사건 심결에 관하여 지정된 소제기 부가기간은 특허법 제186조 제5항에 규정된 요건을 갖추지 못하였음에도 지정된 것이어서 무효이므로, 이 사건 소송은 제소기간 도과로 부적법하여 각하되어야 한다.

[2] 원고적격 유무에 관한 판단

(가) 특허법 제186조 제2항은 '당사자, 참가인 또는 당해 심판 등에 참가신청을

하였으나 그 신청이 거부된 자'를 심결 등 취소소송의 원고적격자로 열거하고 있으나, 심결의 효력은 원고와 같이 그 심결 후에 특허권을 양수한 특정승계인에게 미치므로, 원고와 같은 양수인도 심결취소소송의 원고적격을 가진다고 해석함이 타당하다. 따라서 피고의 위 (가) 주장은 받아들일 수 없다.

(나) 소제기 부가기간 지정의 효력에 관한 판단

특허법 제186조 제5항은 "심판장은 원격 또는 교통이 불편한 지역에 있는 자를 위하여 직권으로 제4항의 불변기간(심결 등 취소소송의 제소기간)에 대하여는 부가기간을 정할 수 있다."라고 규정하고 있는바, 위 부가기간은 심판장이 구체적인 사정을 고려하여 재량으로 정하는 직권사항이므로, 당사자는 이에 대한 신청권이 없고 신청을 하여도 직권발동을 촉구하는 데 그치므로 그에 관한 심판장의 결정에 대하여 불복을 신청할 수도 없다. 따라서 심판장이 제소기간이 경과하기 전에 부가기간 지정의 요건을 충족하였다고 보고 부가기간 지정결정을 한 이상 그 결정은 유효하다 할 것이다. 이 사건에서, 제소기간이 경과하기 전에 부가기간 지정이 적법하게 이루어졌고, 그 지정된 부가기간 내에 이 사건 소가 제기되었음은 역수상 명백하므로, 결국 피고의 위 (나) 주장도 받아들일 수 없다.[194]

---

194) 특허법원 2010. 5. 27. 선고 2009허6779 판결 [등록무효(특)].

대법원 전원합의체
판결 리스트

제6장

대법원 전원합의체 판결 리스트

본 장에서는 지금까지 특허관련 대법원판결 중 전원합의체 판결을 총망라하여 정리하였다.

---

1. 대법원 1995. 4. 25. 선고 93후1834 전원합의체 판결 [거절사정](FLAVONO 상표 사건)

등록거절사건에 관하여는 참가의 근거규정이 없으므로 참가신청은 부적법하다.

2. 대법원 2012. 1. 19. 선고 2009후2234 전원합의체 판결 [등록무효(특)](인터넷주소 자국어표기 시스템 사건)

일사부재리의 원칙에 따라 심판청구가 부적법하게 되는지 판단하는 기준 시점(＝심판청구 시)

3. 대법원 2012. 1. 19. 선고 2010다95390 전원합의체 판결 [특허권침해금지 및 손해배상(기)](드럼세탁기 사건)

이 판례는 다음 2012후4162 전원합의체 판결에 의해 폐기되었다.

4. 대법원 2014. 3. 20. 선고 2012후4162 전원합의체 판결 [권리범위확인(실)](사료 운반 차량 장치 사건)

권리범위확인심판에서 특허발명 또는 등록실용신안의 진보성 여부를 심리·판단할 수 있는지 여부(소극)

5. 대법원 2015. 1. 22. 선고 2011후927 전원합의체 판결 [등록무효(특)](편광필름 제조방법 사건)

제조방법이 기재된 물건발명의 특허요건을 판단하면서 제조방법의 기재를 포함하여 특허청구범위의 모든 기재에 의하여 특정되는 구조나 성질 등을 가지는 물건으로 파악하여 신규성, 진보성 등이 있는지를 살펴야 하는지 여부(적극)

---

1. 대법원 1995. 4. 25. 선고 93후1834 전원합의체 판결 [거절사정](FLAVONO
   상표 사건)

   상표의 등록거절사건에 관하여는 상표법상 참가의 근거규정이 없으므로 이 사
건 참가신청은 부적법하다 할 것이어서 각하될 수밖에 없다.

2. 대법원 2012. 1. 19. 선고 2009후2234 전원합의체 판결 [등록무효(특)](인터넷주
   소 자국어표기 시스템 사건)

Ⅰ) 판시사항

   [1] 구 특허법 제163조에서 정한 일사부재리의 원칙에 따라 심판청구가 부적법
하게 되는지 판단하는 기준 시점(=심판 청구 시)

   [2] 甲 주식회사가 乙 등을 상대로 명칭이 "인터넷 주소의 자국어 표기 서비스
시스템"인 특허발명에 대하여 진보성이 부정된다는 이유로 등록무효심판을 청구한
것이, 丙 주식회사가 乙 등을 상대로 특허발명에 대한 등록무효심판을 청구하였다
가 이를 기각하는 심결을 받고 확정된 것과 관련하여 구 특허법 제163조에서 정한
일사부재리의 원칙에 위배되는지 문제된 사안에서, 甲 회사의 심판청구가 일사부재
리의 원칙에 위배된다고 할 수 없다고 한 사례

Ⅱ) 판결이유

   [1] 구 특허법(2001. 2. 3. 법률 제6411호로 개정되기 전의 것. 이하 같다) 제163조는
"심판의 심결이 확정 등록되거나 판결이 확정된 때에는 누구든지 동일사실 및 동일

증거에 의하여 그 심판을 청구할 수 없다"라고 하여 일사부재리의 원칙을 규정하고 있다.

종래 대법원은 일사부재리의 원칙에 해당하는지 여부는 심판의 청구 시가 아니라 그 심결 시를 기준으로 판단되어야 한다고 해석하였다. 그리하여 일사부재리의 원칙은 어느 심판의 심결이 확정 등록되거나 판결이 확정된(이하 두 경우 중 심판의 심결이 확정 등록된 경우만을 들어 설시하기로 한다) 후에 청구되는 심판에 대하여만 적용되는 것은 아니고, 심결 시를 기준으로 하여 그 때에 이미 동일사실 및 동일증거에 의한 다른 심판의 심결이 확정 등록된 경우에는 당해 심판의 청구시기가 확정된 심결의 등록 전이었는지 여부를 묻지 아니하고 적용된다고 판시하여 왔다(대법원 2000. 6. 23. 선고 97후3661 판결, 대법원 2006. 5. 26. 선고 2003후427 판결 참조).

이와 같은 종래의 대법원판례에 따르면, 동일특허에 대하여 동일사실 및 동일증거에 의한 복수의 심판청구가 각각 있은 경우에 어느 심판의 심결(이를 '제1차 심결')에 대한 심결취소소송이 계속되는 동안 다른 심판의 심결이 확정 등록된다면, 법원이 당해 심판에 대한 심결취소의 청구가 이유 있다고 하여 제1차 심결을 취소하더라도 특허심판원이 그 심판청구에 대하여 특허법 제189조 제1항 및 제2항에 의하여 다시 심결을 하는 때에는 일사부재리의 원칙에 의하여 그 심판청구를 각하할 수밖에 없다. 그러나 이는 관련 확정 심결의 등록이라는 우연한 사정에 의하여 심판청구인이 자신의 고유한 이익을 위하여 진행하던 절차가 소급적으로 부적법하게 되는 것으로 헌법상 보장된 국민의 재판청구권을 과도하게 침해할 우려가 있고, 그 심판에 대한 특허심판원의 심결을 취소한 법원의 판결을 무의미하게 하는 불합리가 발생하게 된다.

나아가 구 특허법 제163조의 취지는 심판청구의 남용을 방지하여 심판절차의 경제성을 도모하고 동일한 심판에 대하여 상대방이 반복적으로 심판에 응하여야 하는 번거로움을 면하도록 하는 데에 있다. 그러나 위 규정은 일사부재리의 효력이 미치는 인적 범위에 관하여 "누구든지"라고 정하고 있어서 확정 등록된 심결의 당사자나 그 승계인 이외의 사람이라도 동일사실 및 동일증거에 의하여 동일심판을 청구할 수 없으므로, 함부로 그 적용의 범위를 넓히는 것은 위와 같이 국민의 재판청구권의 행사를 제한하는 결과가 될 것이다. 그런데 구 특허법 제163조는 위와 같이 '그 심판을 청구할 수 없다'라고 규정하고 있어서, 위 규정의 문언에 따르면 심판의 심결이 확정 등록된 후에는 앞선 심판청구와 동일사실 및 동일증거에 기초하여 새로운 심판을 청구하는 것이 허용되지 아니한다고 해석될 뿐이다. 그러함에도 이를 넘어서 심판청구를 제기하던 당시에 다른 심판의 심결이 확정 등록되지 아니하였는데 그 심판청구에 관한 심결을 할 때에 이미 다른 심판의 심결이 확정 등록된 경우에까지 그 심판청구가 일사부재리의 원칙에 의하여 소급적으로 부적법하게 될 수 있다고 하는 것은 합리적인 해석이라고 할 수 없다.

그렇다면 일사부재리의 원칙에 따라 심판청구가 부적법하게 되는지 여부를 판단하는 기준시점은 심판청구를 제기하던 당시로 보아야 할 것이고, 심판청구 후에 비로소 동일사실 및 동일증거에 의한 다른 심판의 심결이 확정 등록된 경우에는 당해 심판청구를 일사부재리의 원칙에 의하여 부적법하다고 할 수 없다.

이와 달리 구 특허법 제163조에 정한 일사부재리의 원칙에 해당하는지 여부는 심판의 청구 시가 아니라 그 심결시를 기준으로 판단되어야 한다고 판시한 대법원 2000. 6. 23. 선고 97후3661 판결과 대법원 2006. 5. 26. 선고 2003후427 판결의 취지는 이와 저촉되는 범위 내에서 변경하기로 한다.

[2] 환송 후 원심판결의 이유 및 기록에 의하면 다음과 같은 사실을 알 수 있다.

원고는 2003. 12. 2. 피고들을 상대로 이 사건 특허발명(특허번호 제317059호)은 갑 제7호증 및 제8호증의 각 1, 2(원심의 서증번호에 의한 것이고 나머지 서증번호도 마찬가지이다.) 등에 의하여 진보성 등이 부정된다는 이유로 등록무효심판을 청구(이하 '이 사건 심판청구')하였는데, 특허심판원은 2004. 10. 30. 원고의 위 심판청구를 기각하는 심결을 하였고, 환송 전 원심은 2006. 1. 12. 원고의 청구를 기각하였다. 원고가 이에 불복하여 상고하자 대법원은 2008. 11. 13. 이 사건 특허발명의 특허청구범위 제1항(이하 '이 사건 제1항 발명')은 갑 제7호증 및 제8호증에 의하여 진보성이 부정된다는 이유로, 이와 다른 전제에서 이 사건 제1항 발명은 물론 이 사건 제2항 내지 제7항 발명의 진보성도 부정되지 아니한다고 판단한 환송 전 원심판결을 파기하고 사건을 원심법원에 환송하였다.

한편 주식회사 작은 거인(이하 '소외 회사')은 2006. 2. 17. 피고들을 상대로 이 사건 제1항, 제3항, 제6항 및 제7항 발명(이하 '이 사건 제1항 등 발명')에 대한 등록무효심판을 청구하였고, 특허심판원은 2006. 7. 25. 위의 이 사건 제1항 등 발명은 갑 제7호증, 제8호증과 갑 제20호증 및 제23호증에 의하여 그 진보성이 부정된다는 이유로 그 심판청구를 인용하는 심결을 하였다. 그러나 특허법원은 2007. 5. 4. 이 사건 제1항 등 발명은 갑 제7호증 및 제8호증에 의하여(갑 제20호증 및 제23호증은 제출되지 아니하였다) 그 진보성이 부정되지 아니한다는 이유로 심결을 취소하였고 위 판결은 그대로 확정되었다. 그 후 특허심판원은 2007. 8. 30. 위 특허법원의 취소판결에 따라 소외 회사의 심판청구를 기각하는 심결을 하였고, 위 심결은 2007. 10. 6. 확정되어(이하 '이 사건 외 확정심결') 2007. 11. 20. 특허등록원부에 등록되었다.

[3] 한편 환송 후 원심은 아래와 같이 판단하였다.

이 사건 외 확정심결은 이 사건 심판청구에 대한 심결 당시인 2004. 10. 30.에는 등록되어 있지 아니하였고, 갑 제20호증 및 제23호증은 이 사건 외 확정심결을 번복할 수 있는 유력한 증거에 해당하여 구 특허법 제163조에 규정된 '동일증거'에 해당하지 아니하므로 이 사건 심판청구는 일사부재리의 원칙에 위배되지 아니하며, 나아가 이 사건 특허발명은 갑 제7호증, 제8호증, 제20호증 및 제23호증에 의하여 진보성이 부정된다.

[4] 위와 같은 사정을 위 법리에 비추어 살펴본다.

이 사건 심판청구와 이 사건 외 확정심결의 대상이 된 소외 회사의 심판청구는 이 사건 제1항 등 발명에 대한 진보성이 갑 제7호증 및 제8호증에 의하여 부정된다는 심판을 구하는 것인 점에서 위 발명들에 관한 부분은 구 특허법 제163조의 '동일사실 및 동일증거'에 의한 심판청구에 해당하고, 한편 이 사건 제1항 등 발명은 위 환송판결이 판단한 바대로 갑 제7호증 및 제8호증만에 의하여서도 그 진보성이 부정되므로 갑 제20호증 및 제23호증은 이 사건 외 확정심결을 번복할 만한 유력한 증거라고 할 수 없다. 다만 이 사건 외 확정심결은 이 사건 심판청구 당시인 2003. 12. 2.에는 등록되어 있지 아니하였으므로, 앞서 본 법리에 따르면 이 사건 심판청구는 구 특허법 제163조에 정한 일사부재리의 원칙에 위배된다고 할 수 없다.

이와 같이 환송 후 원심이 일사부재리 원칙의 판단기준시점을 심결 시로 본 점과 갑 제20호증 및 제23호증을 구 특허법 제163조 소정의 '동일증거'에 해당하지 아니한다고 본 점은 잘못이나, 이 사건 심판청구가 일사부재리의 원칙에 위배되지 아니하고 또 이 사건 특허발명의 진보성이 부정된다고 판단한 것은 결과적으로 정당하다. 거기에 상고이유로 주장하는 바와 같이 일사부재리의 원칙에 관한 법리를 오해하는 등으로 판결 결과에 영향을 미친 위법이 있다고 할 수 없다.

[5] 그러므로 상고를 기각하고 상고비용은 패소자가 부담하도록 하여, 관여 법관의 일치된 의견으로 주문과 같이 판결한다.

3. 대법원 2012. 1. 19. 선고 2010다95390 전원합의체 판결 [특허권침해금지 및 손해배상(기)](폐기된 판례, 드럼세탁기 사건)

Ⅰ) 판시사항

[1] 특허발명에 대한 무효심결 확정 전이라 하더라도 진보성이 부정되어 특허가 무효로 될 것이 명백한 경우, 특허권에 기초한 침해금지 또는 손해배상 등 청구가 권리남용에 해당하는지 여부(원칙적 적극) 및 이 경우 특허권침해소송 담당 법원은 권리남용 항변의 당부를 판단하기 위한 전제로서 특허발명의 진보성 여부를 심리·판단할 수 있는지 여부(적극)

[2] 명칭을 "드럼세탁기의 구동부 구조"로 하는 특허발명의 특허권자인 甲 주식회사가 乙 주식회사를 상대로 특허침해금지 등을 청구한 사안에서, 진보성이 부정되어 특허가 무효로 될 것이 명백하다고 할 수 없는데도 위 청구가 권리남용에 해당한다고 본 원심판결에 법리오해의 위법이 있다고 한 사례

Ⅱ) 판결이유

[1] 이 사건 제1특허발명의 특허청구범위 제31항에 관한 상고이유에 대하여

(가) 특허법은 특허가 일정한 사유에 해당하는 경우에 별도로 마련한 특허의 무효심판절차를 거쳐 무효로 할 수 있도록 규정하고 있으므로, 특허는 일단 등록된 이상 비록 진보성이 없어 무효사유가 존재한다고 하더라도 이와 같은 심판에 의하여 무효로 한다는 심결이 확정되지 않는 한 대세적(對世的)으로 무효로 되는 것은 아니다.

그런데 특허법은 제1조에서 발명을 보호·장려하고 그 이용을 도모함으로써 기술의 발전을 촉진하여 산업발전에 이바지함을 목적으로 한다고 규정하여 발명자뿐만 아니라 그 이용자의 이익도 아울러 보호하여 궁극적으로 산업발전에 기여함을 입법목적으로 하고 있는 한편 제29조 제2항에서 그 발명이 속하는 기술분야에서 통상의 지식을 가진 자(이하 '통상의 기술자')가 특허출원 전에 공지된 선행기술에 의하여 용이하게 발명할 수 있는 것에 대하여는 특허를 받을 수 없다고 규정함으로써

사회의 기술발전에 기여하지 못하는 진보성 없는 발명은 누구나 자유롭게 이용할 수 있는 이른바 공공영역에 두고 있다. 따라서 진보성이 없어 본래 공중에게 개방되어야 하는 기술에 대하여 잘못하여 특허등록이 이루어져 있음에도 별다른 제한 없이 그 기술을 당해 특허권자에게 독점시킨다면 공공의 이익을 부당하게 훼손할 뿐만 아니라 위에서 본 바와 같은 특허법의 입법목적에도 정면으로 배치된다. 또한 특허권도 사적 재산권의 하나인 이상 그 특허발명의 실질적 가치에 부응하여 정의와 공평의 이념에 맞게 행사되어야 할 것인데, 진보성이 없어 보호할 가치가 없는 발명에 대하여 형식적으로 특허등록이 되어 있음을 기화로 그 발명을 실시하는 자를 상대로 침해금지 또는 손해배상 등을 청구할 수 있도록 용인하는 것은 특허권자에게 부당한 이익을 주고 그 발명을 실시하는 자에게는 불합리한 고통이나 손해를 줄 뿐이므로 실질적 정의와 당사자들 사이의 형평에도 어긋난다.

이러한 점들에 비추어 보면, 특허발명에 대한 무효심결이 확정되기 전이라고 하더라도 특허발명의 진보성이 부정되어 그 특허가 특허무효심판에 의하여 무효로 될 것임이 명백한 경우에는 그 특허권에 기초한 침해금지 또는 손해배상 등의 청구는 특별한 사정이 없는 한 권리남용에 해당하여 허용되지 아니한다고 보아야 하고, 특허권침해소송을 담당하는 법원으로서도 특허권자의 그러한 청구가 권리남용에 해당한다는 항변이 있는 경우 그 당부를 살피기 위한 전제로서 특허발명의 진보성 여부에 대하여 심리·판단할 수 있다고 할 것이다.

이와 달리 신규성은 있으나 진보성이 없는 경우까지 법원이 특허권 또는 실용신안권침해소송에서 당연히 권리범위를 부정할 수는 없다고 판시한 대법원 1992. 6. 2. 자 91마540 결정 및 대법원 2001. 3. 23. 선고 98다7209 판결은 이 판결의 견해에 배치되는 범위에서 이를 변경하기로 한다.

(나) 위 법리에 따라서, 명칭을 "드럼세탁기의 구동부 구조"로 하는 이 사건 제1특허발명(특허등록번호 제457429호) 중 특허청구범위 제31항(이하 '이 사건 제31항 발명')의 진보성이 부정되어 그 특허가 무효로 될 것임이 명백하여, 위 발명의 특허권에 기초한 원고의 이 사건 특허침해금지, 특허침해제품의 폐기 및 손해배상 청구가 권리남용에 해당하는지 여부를 기록에 비추어 살펴본다.

우선, 이 사건 제31항 발명의 구성들 중 '캐비닛 내측에 설치되는 플라스틱 재질의 터브, 터브 내측에 설치되는 드럼, 스테이터와 그 외주면을 감싸도록 형성된 로터로 이루어진 모터, 로터의 중심부와 드럼에 축으로 연결되어 모터의 구동력을 드럼에 전달하는 샤프트, 샤프트를 지지하기 위한 베어링, 베어링을 지지하기 위하여 중앙부가 원통형으로 형성된 금속 재질의 베어링하우징, 터브후벽부에 고정된 서포터의 구성'은 원심 판시 선행기술 1에 그대로 개시되어 있는 것들이다. 그리고 이 사건 제31항 발명의 구성들 중 '베어링하우징이 터브후벽부에 인서트 사출된 구성'은 통상의 기술자가 간접 구동식 드럼세탁기에 관하여 그와 같은 구성이 그대로 개시되어 있는 원심 판시 선행기술 2로부터 이를 채용하여 이 사건 제31항 발명과 같은 모터 직결식 드럼세탁기에 적용하여 구성하는 데에 별다른 기술적 어려움이나 결합의 곤란성이 없을 것으로 보인다.

다음으로, 이 사건 제31항 발명 중 '베어링하우징의 후단부 일부가 터브후벽부로부터 돌출되어 터브후벽부에 의해 감싸지지 못하고 외부로 노출되도록 하고, 노출된 베어링하우징의 후단부 외주면에 서포터의 후단부가 밀착되도록 하는 구성'(이하 '서포터 · 베어링하우징 밀착구성')에 대하여 보면, 이 구성은 샤프트를 짧게 하여 동심도(同心度)를 유지하기 위해 터브후벽부의 일부를 제거함에 따라 터브후벽부에 인서트 사출성형된 베어링하우징 후단부가 터브후벽부 외부로 노출되어 진동이 발생하므로, 터브후벽부에 고정된 서포터 후단부를 노출된 베어링하우징 후단부 외주면에 밀착되도록 함으로써 베어링하우징 후단부의 진동을 감소시키는 작용효과를 가지는 구성이다. 이 사건 제31항 발명의 특허출원 전에 공지된 것으로서 서포터 · 베어링하우징 밀착구성에 대응시켜 볼 수 있는 구성으로는 원심 판시 선행기술 3에 개시되어 있는 '서포터가 베어링하우징에 밀착되어 있는 구성'이 있으나, 이 구성에서는 서포터가 터브후벽부가 아닌 베어링하우징 자체에 나사로 결합되어 있는 관계로 베어링하우징과 함께 일체로 진동하게 되기 때문에 베어링하우징의 진동을 감소시키는 작용효과가 발생하지 않으므로, 서포터 · 베어링하우징 밀착구성에서와 같은 기술사상은 전혀 개시 또는 암시되어 있지 아니하다. 따라서 서포터 · 베어링하우징 밀착구성은 통상의 기술자가 선행기술 3으로부터 용이하게 도출할 수 없는 것이고, 기록에 의하더라도 그 이외에 통상의 기술자가 이를 용이하게 도출할 수 있다고 볼 만한 선행기술은 나타나 있지 않다.

그렇다면 이 사건 제31항 발명은 그 각각의 구성이 유기적으로 결합한 전체로 볼 때 선행기술 1, 2, 3에 비하여 구성의 곤란성 및 효과의 현저성이 인정되므로,

이들 선행기술에 의하여 진보성이 부정되어 그 특허가 무효로 될 것임이 명백하다고 할 수 없다. 따라서 이 사건 제31항 발명의 특허권에 기초한 원고의 이 사건 청구는 권리남용에 해당하지 아니한다.

(다) 그럼에도 불구하고 원심은 선행기술 1, 2, 3에 의하여 이 사건 제31항 발명의 진보성이 부정되어 그 특허가 무효로 될 것임이 명백하다고 보아 이에 기초한 원고의 이 사건 청구는 권리남용에 해당하여 허용되지 아니한다고 판단하였으니, 이러한 원심판결에는 진보성에 관한 법리를 오해하여 판결에 영향을 미친 위법이 있다. 이 점을 지적하는 상고이유의 주장은 이유 있다.

[2] 이 사건 제1특허발명의 특허청구범위 제5항, 제28항 및 이 사건 제2특허발명의 특허청구범위 제1항, 제2항에 관한 상고이유에 대하여

원심판결 이유에 의하면, 원심은 이 사건 제1특허발명의 특허청구범위 제5항, 제28항 및 명칭을 "세탁기의 구동부 지지구조"로 하는 이 사건 제2특허발명(특허등록번호 434303호)의 특허청구범위 제1항, 제2항은 모두 선행기술 1, 2 등에 의하여 진보성이 부정되어 그 특허가 무효로 될 것임이 명백하다고 보아, 이러한 특허권에 기초한 원고의 이 사건 특허침해금지, 특허침해제품의 폐기 및 손해배상 청구는 권리남용에 해당하여 허용되지 아니한다고 판단하였다.

그러나 기록에 의하면, 원고의 정정심판청구에 의하여 원심판결 선고 이후인 2011. 7. 21. 위 각 발명의 청구범위를 정정하는 심결이 내려져 그 무렵 확정되었음을 알 수 있으므로, 이 사건 제1특허발명의 특허청구범위 제5항, 제28항에 관하여는 구 특허법(2001. 2. 3. 법률 제6411호로 개정되기 전의 것) 제136조 제9항에 의하여, 이 사건 제2특허발명의 특허청구범위 제1항, 제2항에 관하여는 특허법 제136조 제8항에 의하여, 위와 같이 정정된 후의 명세서에 의하여 특허출원 및 특허권의 설정등록이 된 것으로 보아야 한다.

따라서 정정 전의 위 각 발명을 대상으로 하여 원고의 이 사건 청구의 당부를 심리·판단한 원심판결에는 민사소송법 제451조 제1항 제8호에 규정된 재심사유가 있어 결과적으로 판결에 영향을 미친 법령위반의 위법이 있게 되었다.

☞ 본 판결은 다음 2012후4162 전원합의체 판결에 배치되어 변경되었다.

4. 대법원 2014. 3. 20. 선고 2012후4162 전원합의체 판결 [권리범위확인(실)](사료
   운반차량 장치 사건)

Ⅰ) **판시사항**

특허법 또는 실용신안법이 규정하고 있는 권리범위확인심판에서 특허발명 또는
등록실용신안의 진보성 여부를 심리·판단할 수 있는지 여부(소극)

Ⅱ) **판결이유**

[1] 특허법은 특허가 일정한 사유에 해당하는 경우에 별도로 마련한 특허의 무
효심판절차를 거쳐 무효로 할 수 있도록 규정하고 있으므로, 특허는 일단 등록이
되면 비록 진보성이 없어 당해 특허를 무효로 할 수 있는 사유가 있더라도 특허무
효심판에 의하여 무효로 한다는 심결이 확정되지 않는 한 다른 절차에서 그 특허가
무효임을 전제로 판단할 수는 없다.

나아가 특허법이 규정하고 있는 권리범위확인심판은 심판청구인이 그 청구에서
심판의 대상으로 삼은 확인대상발명이 특허권의 효력이 미치는 객관적인 범위에 속
하는지 여부를 확인하는 목적을 가진 절차이므로, 그 절차에서 특허발명의 진보성
여부까지 판단하는 것은 특허법이 권리범위확인심판 제도를 두고 있는 목적을 벗어
나고 그 제도의 본질에 맞지 않다. 특허법이 심판이라는 동일한 절차 안에 권리범
위확인심판과는 별도로 특허무효심판을 규정하여 특허발명의 진보성 여부가 문제
되는 경우 특허무효심판에서 이에 관하여 심리하여 진보성이 부정되면 그 특허를
무효로 하도록 하고 있음에도 진보성 여부를 권리범위확인심판에서까지 판단할 수
있게 하는 것은 본래 특허무효심판의 기능에 속하는 것을 권리범위확인심판에 부여
함으로써 특허무효심판의 기능을 상당 부분 약화시킬 우려가 있다는 점에서도 바람
직하지 않다. 따라서 권리범위확인심판에서는 특허발명의 진보성이 부정된다는 이
유로 그 권리범위를 부정하여서는 안 된다.

다만 대법원은 특허의 일부 또는 전부가 출원 당시 공지공용의 것인 경우까지
특허청구범위에 기재되어 있다는 이유만으로 권리범위를 인정하여 독점적·배타적
인 실시권을 부여할 수는 없으므로 권리범위확인심판에서도 특허무효의 심결 유무
에 관계없이 그 권리범위를 부정할 수 있다고 보고 있으나(대법원 1983. 7. 26. 선고

81후56 전원합의체 판결 등 참조), 이러한 법리를 공지공용의 것이 아니라 그 기술분야에서 통상의 지식을 가진 자가 선행기술에 의하여 용이하게 발명할 수 있는 것뿐이어서 진보성이 부정되는 경우까지 확장할 수는 없다.

위와 같은 법리는 실용신안의 경우에도 마찬가지로 적용된다.

이와 달리 특허발명 또는 등록실용신안이 신규성은 있으나 진보성이 없는 경우 이에 관한 권리범위확인심판에서 당연히 그 권리범위를 부정할 수 있다는 취지로 판시한 대법원 1991. 3. 12. 선고 90후823 판결, 대법원 1991. 12. 27. 선고 90후 1468, 1475(병합) 판결, 대법원 1997. 7. 22. 선고 96후1699 판결, 대법원 1998. 2. 27. 선고 97후2583 판결 등을 비롯한 같은 취지의 판결들은 이 판결의 견해에 배치되는 범위 내에서 이를 모두 변경하기로 한다.

[2] 원심은 그 판시와 같은 이유로 원고가 실시하고 있는 원심 판시 확인대상고안이 명칭을 '사료 운반차량용 사료 반송장치'로 하는 이 사건 등록고안(등록번호 생략)의 실용신안등록청구범위(특허심판원 2012. 9. 24.자 2012정83호 심결로 정정된 것) 제 1항과 제3항의 권리범위에 속한다는 취지로 판단하면서, 위 각 고안은 진보성이 없어 무효이므로 그 권리범위가 인정될 수 없다는 원고의 주장을 권리범위확인심판에서는 진보성이 없는 경우라고 하더라도 그 권리범위를 부정할 수 없다는 이유로 배척하였다.

위 법리에 비추어 원심의 판단은 정당하고, 거기에 상고이유 주장과 같이 권리범위확인심판에서 진보성 여부를 심리·판단할 수 있는지에 관한 법리를 오해하는 등의 위법은 없다.

[3] 그러므로 상고를 기각하고, 상고비용은 패소자가 부담하도록 하여, 주문과 같이 판결한다.195)

---

195) 본판결에는 다수의견에 대한 반대의견도 만만치 않다.
　　[반대의견1]
　　"특허법이 정한 요건을 충족하지 못하여 특허를 받을 수 없는 발명에 대하여 잘못하여 특허등록이 이루어지는 경우가 있다. 그러한 특허는 특허의 외양을 하고 있을 뿐 무효사유가 있어 특허법에 의한 보호를 받을 자격이 없고 그 실체가 인정될 여지도 없어 애당초 그 특허발명의 권리범위를 상정할 수가 없다. 그러한 특허에 대하여 특허무효심판 절차를 거쳐 무효로 되지 아니하였다는 사정만으로 별다른 제한 없이 권리범위확인심판을 허용하게 되면, 특허등록이 형식적으로 유지되고 있다는 사정만으로 실체 없는 특허권을 마치 온전한 특허권인 양 그 권리범위를 확인해 주는 것이 되어 부당하다. 권리범위는 인정할 수 있지만 정작 그 권리는 부정된다고 하는 결론이 나오더라도 이를 수용하여야 한다고 하는 것은 건전한 상식과 법감정이 납득할 수

5. 대법원 2015. 1. 22. 선고 2011후927 전원합의체 판결 [등록무효(특)](편광필름
   제조방법 사건)

Ⅰ) 판시사항

제조방법이 기재된 물건발명의 특허요건을 판단하면서 제조방법의 기재를 포함
하여 특허청구범위의 모든 기재에 의하여 특정되는 구조나 성질 등을 가지는 물건
으로 파악하여 신규성, 진보성 등이 있는지를 살펴야 하는지 여부(적극)

Ⅱ) 판결이유

[1] 특허청구범위 제6항과 제7항에 관한 상고이유에 대하여

(가) 원심은, 아래와 같은 이유를 들어, 명칭을 '폴리비닐알코올계 중합체 필름
및 편광필름'으로 하는 이 사건 특허발명(특허심판원 2010. 11. 30. 자 2010정50 심결의
확정에 의해 정정된 것) 중 특허청구범위 제6항(이하 '이 사건 제6항 발명')은 원심 판시

있는 한계를 벗어난다. 대법원이 일단 등록된 특허라도 신규성이 없어 무효사유가 존재하는 경
우에 그 특허발명의 권리범위를 인정할 수 없다고 한 것(대법원 1983. 7. 26. 선고 81후56 전원
합의체 판결 등 참조)은 바로 이 점을 밝히고 있는 것이다.
다수의견은 특허발명에 신규성이 없는 경우에는 권리범위확인심판에서도 특허무효의 심결 유무
에 관계없이 그 권리범위를 부정할 수 있으나, 진보성이 부정되는 경우까지 그와 같이 볼 수는
없다고 한다. 그러나 신규성 결여와 진보성 결여는 모두 발명의 구성과 효과 등을 종합적으로
검토하여 판단할 것이 요구되는 특허의 무효사유라는 점에서 본질적으로 차이가 없으므로, 권
리범위확인심판에서 권리범위를 판단하기 위한 전제로서 발명의 신규성을 심리·판단하는 것과
진보성을 심리·판단하는 것 사이에 차등을 둘 이유가 없다. 권리범위확인심판에서 특허의 신규
성 여부는 판단할 수 있다고 하면서 진보성 여부는 판단할 수 없다고 하는 다수의견은 그 논리
에 일관성이 결여되었다는 비판을 면하기 어렵다. …"
[반대의견2]
"다수의견에 대한 보충의견이 지적하는 것처럼, 특허에 무효사유가 있더라도 특허무효심판 절
차에서 무효로 한다는 심결이 확정되지 않는 한 특허가 무효로 되는 것은 아니다. 그렇다고 하
여 그 특허에 대하여 예외 없이 무효사유가 없는 특허와 동일한 법적 지위나 효력을 부여하여
야 하는 것은 아니다. 특허발명의 진보성이 없어 특허가 특허무효심판에 의하여 무효로 될 것임
이 명백한 경우에는 그 특허권에 기초한 침해금지 등의 청구는 권리남용에 해낭하여 허용되지
아니한다고 판시한 대법원 2012. 1. 19. 선고 2010다95390 전원합의체 판결이 바로 그러한 예
외가 인정될 수 있음을 보여주는 예이다. 위 전원합의체 판결은 권리남용의 법리를 적용하여 특
허권에 기초한 침해금지 등의 청구를 배척함으로써 마치 특허가 무효로 된 것이나 다름없는 효
과를 내고 있다. 마찬가지로 권리범위확인심판에서도 특허가 특허무효심판에 의하여 무효로 될
것임이 명백한 경우에는 그 특허권의 효력이 미치는 범위에 관한 확인을 거부하여 위 전원합의
체 판결이 추구하는 소송경제와 효율성을 권리범위확인심판에도 보완적용하자는 것이 반대의견
의 기본취지이다. …"

비교대상발명들에 의하여 그 진보성이 부정된다고 할 수 없고, 이 사건 제6항 발명을 인용하고 있는 종속항 발명인 이 사건 제7항 발명 역시 비교대상발명들에 의하여 그 진보성이 부정된다고 할 수 없다고 판단하였다.

1) 이 사건 제6항 발명의 원심 판시 구성 2, 3은 서로 유기적으로 결합하여 '1 이상 100 미만의 중량 욕조비의 30~90℃의 온수에서 세정한 폴리비닐알코올(polyvinyl alcohol, 이하 줄여서 'PVA') 팁(tip)을 원료로 사용하여 PVA 필름을 제조하여, 10cm 정사각형이고 두께가 30~90㎛인 PVA 필름을 50℃의 1ℓ 수중에 4시간 방치했을 때의 PVA의 용출량이 10~60ppm이 되도록 함'을 기술내용으로 하는 것으로서, 편광필름의 제조공정 전에 팁 상태의 PVA 원료를 물로 세정하여 PVA 필름의 제조과정에서 용출되기 쉬운 PVA를 미리 일정 범위 내로 제거함으로써 그 용출된 PVA로 인하여 편광필름에 결점이 생기는 것을 방지하여 결점이 적은 편광필름을 높은 수율로 얻을 수 있는 작용효과를 가지는 구성이다.

2) 그런데 비교대상발명 1에 개시되어 있는 '최종적으로 제조된 PVA 막의 용출률' 구성이나 비교대상발명 3, 4, 5에 개시되어 있는 'PVA 세정' 구성은 '일정 범위의 PVA 용출량 달성을 위해 편광필름의 제조공정 전에 PVA 팁을 세정하는 공정'인 구성 2, 3과는 그 기술적 의미가 전혀 다르다. 그리고 비교대상발명들에는 그 외에 구성 2, 3에서와 같이 PVA 필름의 제조과정에서 용출되기 쉬운 PVA를 미리 일정 범위 내로 제거함으로써 결점이 적은 편광필름을 높은 수율로 얻을 수 있다는 기술사상은 전혀 개시 또는 암시되어 있지 아니하다.

3) 따라서 이 사건 제6항 발명은 구성 2, 3을 비롯하여 그 각각의 구성이 유기적으로 결합한 전체로 볼 때 그 발명이 속하는 기술분야에서 통상의 지식을 가진 사람이 비교대상발명들로부터 용이하게 도출할 수 있다고 할 수 없다.

(나) 관련 법리와 기록에 비추어 살펴보면, 원심의 위와 같은 판단은 정당하고, 거기에 상고이유의 주장과 같은 발명의 진보성 판단에 관한 법리오해나 판단누락 등의 위법이 없다.

[2] 이 사건 제9, 10항 발명에 관한 상고이유에 대하여

(가) 특허법 제2조 제3호는 발명을 '물건의 발명', '방법의 발명', '물건을 생산하는 방법의 발명'으로 구분하고 있는바, 특허청구범위가 전체적으로 물건으로 기재되어 있으면서 그 제조방법의 기재를 포함하고 있는 발명(이하 '제조방법이 기재된 물

건발명')의 경우 제조방법이 기재되어 있다고 하더라도 발명의 대상은 그 제조방법이 아니라 최종적으로 얻어지는 물건 자체이므로 위와 같은 발명의 유형 중 '물건의 발명'에 해당한다. 물건의 발명에 관한 특허청구범위는 발명의 대상인 물건의 구성을 특정하는 방식으로 기재되어야 하는 것이므로, 물건의 발명의 특허청구범위에 기재된 제조방법은 최종 생산물인 물건의 구조나 성질 등을 특정하는 하나의 수단으로서 그 의미를 가질 뿐이다.

따라서 제조방법이 기재된 물건발명의 특허요건을 판단함에 있어서 그 기술적 구성을 제조방법 자체로 한정하여 파악할 것이 아니라 제조방법의 기재를 포함하여 특허청구범위의 모든 기재에 의하여 특정되는 구조나 성질 등을 가지는 물건으로 파악하여 출원 전에 공지된 선행기술과 비교하여 신규성, 진보성 등이 있는지 여부를 살펴야 한다.

한편 생명공학 분야나 고분자, 혼합물, 금속 등의 화학 분야 등에서의 물건의 발명 중에는 어떠한 제조방법에 의하여 얻어진 물건을 구조나 성질 등으로 직접적으로 특정하는 것이 불가능하거나 곤란하여 제조방법에 의해서만 물건을 특정할 수밖에 없는 사정이 있을 수 있지만, 이러한 사정에 의하여 제조방법이 기재된 물건발명이라고 하더라도 그 본질이 '물건의 발명'이라는 점과 특허청구범위에 기재된 제조방법이 물건의 구조나 성질 등을 특정하는 수단에 불과하다는 점은 마찬가지이므로, 이러한 발명과 그와 같은 사정은 없지만 제조방법이 기재된 물건발명을 구분하여 그 기재된 제조방법의 의미를 달리 해석할 것은 아니다.

이와 달리, 제조방법이 기재된 물건발명을 그 제조방법에 의해서만 물건을 특정할 수밖에 없는 등의 특별한 사정이 있는지 여부로 나누어, 이러한 특별한 사정이 없는 경우에만 그 제조방법 자체를 고려할 필요가 없이 특허청구범위의 기재에 의하여 물건으로 특정되는 발명만을 선행기술과 대비하는 방법으로 진보성 유무를 판단해야 한다는 취지로 판시한 대법원 2006. 6. 29. 선고 2004후3416 판결, 대법원 2007. 5. 11. 선고 2007후449 판결, 대법원 2007. 9. 20. 선고 2006후1100 판결, 대법원 2008. 8. 21. 선고 2006후3472 판결, 대법원 2009. 1. 15. 선고 2007후1053 판결, 대법원 2009. 3. 26. 선고 2006후3250 판결, 대법원 2009. 9. 24. 선고 2007후4328 판결 등을 비롯한 같은 취지의 판결들은 이 판결의 견해에 배치되는 범위 내에서 모두 변경하기로 한다.

(나) 원심은, 이 사건 제6항 발명의 방법에 의하여 제조된 물건인 '편광필름'을 그 특허청구범위로 하여 제조방법이 기재된 물건발명에 해당하는 이 사건 제9, 10항 발명을 비교대상발명들과 대비함에 있어서, 이 사건 제6항 발명의 진보성이 부정되지 않는다고 판단한 다음 곧바로 그에 따라 이 사건 제9, 10항 발명의 진보성도 부정되지 않는다고 판단하였다.

앞서 본 법리에 비추어 볼 때, 제조방법이 기재된 물건발명에 해당하는 이 사건 제9, 10항 발명에 관하여는 그 제조방법의 기재를 포함한 특허청구범위의 모든 기재에 의하여 특정되는 구조나 성질을 가진 물건의 발명만을 비교대상발명들과 대비하여 진보성 유무를 판단하였어야 함에도, 원심은 그에 이르지 아니한 채 제조방법에 관한 발명의 진보성이 부정되지 않는다는 이유만으로 곧바로 그 제조방법이 기재된 물건의 발명인 이 사건 제9, 10항 발명의 진보성도 부정되지 않는다고 판단하였으니, 이러한 원심판결에는 제조방법이 기재된 물건발명의 진보성 판단에 관한 법리를 오해하여 판결에 영향을 미친 위법이 있다. 이를 지적하는 상고이유의 주장은 이유가 있다.

[3] 결론

그러므로 원심판결 중 이 사건 제9, 10항 발명 부분을 파기하고, 이 부분 사건을 다시 심리·판단하게 하기 위하여 원심법원에 환송하며, 나머지 상고를 기각하기로 하여, 관여 법관의 일치된 의견으로 주문과 같이 판결한다.

6. 대법원 2015. 5. 21. 선고 2014후768 전원합의체판결 [권리범위확인(특)](의약투여용법 사건)

Ⅰ) 판시사항

의약이라는 물건의 발명에서 대상 질병 또는 약효와 함께 투여용법과 투여용량을 부가하는 경우, 투여용법과 투여용량이 발명의 구성요소인지 여부(적극) 및 투여용법과 투여용량이라는 새로운 의약용도가 부가되어 신규성과 진보성 등의 특허요건을 갖춘 의약에 대해서 새롭게 특허권이 부여될 수 있는지 여부(적극)

이 법리가 권리범위확인심판에서 심판청구인이 심판의 대상으로 삼은 확인대상발명이 공지기술로부터 용이하게 실시할 수 있는지를 판단할 때에도 마찬가지로 적용되는지 여부(적극)

Ⅱ) 판결이유

[1] 투여주기 및 투여용량이 발명의 구성요소인지에 관한 상고이유에 대하여

(가) 의약은 사람의 질병의 진단·경감·치료·처치 또는 예방을 위하여 사용되는 물건을 말하고(특허법 제96조 제2항), 의약용도발명이란 의약물질이 가지는 특정의 약리효과라는 미지의 속성의 발견에 기초하여 의약으로서의 효능을 발휘하는 새로운 용도를 제공하는 발명을 의미한다. 그런데 의약물질은 다양한 속성을 가지고 있으므로, 의약물질 자체가 알려져 있더라도 그 구체적인 약리효과는 다각도의 시험을 거쳐야 비로소 밝혀지는 경우가 많고, 약리효과에 기초한 새로운 용도를 개발하기 위하여는 오랜 기간의 임상시험에 따른 비용과 노력이 소요되는 점에서, 이와 같은 용도의 개발을 특허로써 보호하여 장려할 필요가 있다.

이러한 의약용도발명에 대하여 특허를 부여할 것인지에 관하여 구 특허법(1986. 12. 31. 법률 제3891호로 개정되기 전의 것) 제4조는 특허를 받을 수 없는 발명의 일종으로 '화학방법에 의하여 제조될 수 있는 물질의 발명'(제3호)과 '화학물질의 용도에 관한 발명'(제5호)을 규정함으로써 의약용도발명을 특허의 대상에서 제외하였으나, 특허개방정책 도입의 일환으로 1986. 12. 31. 법 개정을 통해 위 규정을 삭제하였으므로 우리 특허법상 의약용도발명의 특허대상성을 부정할 근거는 더 이상 존재하지 않게 되었다.

한편 사람의 질병을 진단·경감·치료·처치하고 예방하거나 건강을 증진하는 등의 의료행위에 관한 발명은 특허의 대상에서 제외되므로(대법원 1991. 3. 12. 선고 90후250 판결 참조), 사람의 치료 등에 관한 방법 자체를 특허의 대상으로 하는 방법의 발명으로서 의약용도발명을 허용할 수는 없지만, 의약이라는 물건에 의약용도를 부가한 의약용도발명은 의약용도가 특정됨으로써 해당 의약물질 자체와는 별개로 물건의 발명으로서 새롭게 특허의 대상이 될 수 있다. 즉 물건의 발명 형태로 청구범위가 기재되는 의약용도발명에서는 의약물질과 그것이 가지고 있는 의약용도가 발명을 구성하는 것이고(대법원 2009. 1. 30. 선고 2006후3564 판결, 대법원 2014. 5. 16. 선고 2012후3664 판결 등 참조), 여기서의 의약용도는 의료행위 그 자체가 아니라 의약이라는 물건이 효능을 발휘하는 속성을 표현함으로써 의약이라는 물건에 새로운 의미를 부여할 수 있는 발명의 구성요소가 된다.

나아가 의약이 부작용을 최소화하면서 효능을 온전하게 발휘하기 위해서는 약효를 발휘할 수 있는 질병을 대상으로 하여 사용하여야 할 뿐만 아니라 투여주기·투여부위나 투여경로 등과 같은 투여용법과 환자에게 투여되는 용량을 적절하게 설정할 필요가 있는데, 이러한 투여용법과 투여용량은 의약용도가 되는 대상 질병 또는 약효와 더불어 의약이 그 효능을 온전하게 발휘하도록 하는 요소로서 의미를 가진다. 이러한 투여용법과 투여용량은 의약물질이 가지는 특정의 약리효과라는 미지의 속성의 발견에 기초하여 새로운 쓰임새를 제공한다는 점에서 대상 질병 또는 약효에 관한 의약용도와 본질이 같다고 할 수 있다.

그리고 동일한 의약이라도 투여용법과 투여용량의 변경에 따라 약효의 향상이나 부작용의 감소 또는 복약 편의성의 증진 등과 같이 질병의 치료나 예방 등에 예상하지 못한 효과를 발휘할 수 있는데, 이와 같은 특정한 투여용법과 투여용량을 개발하는 데에도 의약의 대상 질병 또는 약효 자체의 개발 못지않게 상당한 비용 등이 소요된다. 따라서 이러한 투자의 결과로 완성되어 공공의 이익에 이바지할 수 있는 기술에 대하여 신규성이나 진보성 등의 심사를 거쳐 특허의 부여 여부를 결정하기에 앞서 특허로서의 보호를 원천적으로 부정하는 것은 발명을 보호·장려하고 그 이용을 도모함으로써 기술의 발전을 촉진하여 산업발전에 이바지한다는 특허법의 목적에 부합하지 아니한다.

그렇다면 의약이라는 물건의 발명에서 대상 질병 또는 약효와 함께 투여용법과 투여용량을 부가하는 경우에 이러한 투여용법과 투여용량은 의료행위 그 자체가 아니라 의약이라는 물건이 효능을 온전하게 발휘하도록 하는 속성을 표현함으로써 의약이라는 물건에 새로운 의미를 부여하는 구성요소가 될 수 있다고 보아야 하고, 이와 같은 투여용법과 투여용량이라는 새로운 의약용도가 부가되어 신규성과 진보성 등의 특허요건을 갖춘 의약에 대해서는 새롭게 특허권이 부여될 수 있다.

이러한 법리는 권리범위확인심판에서 심판청구인이 심판의 대상으로 삼은 확인대상발명이 공지기술로부터 용이하게 실시할 수 있는지를 판단할 때에도 마찬가지로 적용된다.

이와 달리 투여주기와 단위투여량은 조성물인 의약물질을 구성하는 부분이 아니라 의약물질을 인간 등에게 투여하는 방법이어서 특허를 받을 수 없는 의약을 사용한 의료행위이거나, 조성물 발명에서 비교대상발명과 대비 대상이 되는 그 청구범위 기재에 의하여 얻어진 최종적인 물건 자체에 관한 것이 아니어서 발명의 구성 요소로 볼 수 없다는 취지로 판시한 대법원 2009. 5. 28. 선고 2007후2926 판결, 대법원 2009. 5. 28. 선고 2007후2933 판결을 비롯한 같은 취지의 판결들은 이 판결의 견해에 배치되는 범위 내에서 이를 모두 변경하기로 한다.

(나) 원심은 위와 같은 법리에 따라 그 판시 확인대상발명 중 엔테카비르 일수화물 '1.065㎎'의 '1일 1회' 투여라는 투여주기와 투여용량이 발명의 구성요소임을 전제로 하여 확인대상발명이 자유실시기술에 해당하는지를 판단하고 있으므로 거기에 상고이유 주장과 같은 판단누락 등의 위법이 없다.

[2] 자유실시기술 여부에 관한 상고이유에 대하여

(가) 원심은, 아래와 같은 이유를 들어, 확인대상발명은 그 발명이 속하는 기술분야에서 통상의 지식을 가진 사람(이하 '통상의 기술자')이 그 판시 비교대상발명들과 주지관용기술로부터 용이하게 실시할 수 있는 자유실시기술에 해당하므로, 명칭을 '저용량의 엔테카비르 제제 및 그의 용도'로 하는 이 사건 특허발명의 청구범위 제1항(이하 '이 사건 제1항 발명')과 대비할 필요 없이 그 권리범위에 속하지 아니한다고 판단하였다.

1) 확인대상발명 중 원심 판시 구성 1은 '엔테카비르 일수화물을 1.065㎎(엔테카비르 '1㎎'에 해당한다)/1정의 함량으로 포함하는 1일 1회 투여 가능한 B형 간염 바이러스 감염치료제'이다. 그런데 이 사건 제1항 발명의 우선권 주장일인 2000. 2. 29. 이전에 이미 '엔테카비르'라는 화합물이 B형 간염 치료제로 효과가 있음이 공지되어 있으므로, 확인대상발명의 구성 1은 엔테카비르의 투여용량을 1㎎, 투여주기를 1일 1회로 한정한 것에 그 기술적 특징이 있다.

그런데 엔테카비르 5㎎의 단일 일일용량은 24시간 동안 B형 간염 바이러스에 대한 50%의 약효가 나타나는 약물농도 값(EC_{50})을 초과하는 혈장 약물농도를 나타낼 것이라는 내용의 자료가 이미 공지되어 있는 등의 사정을 통하여 엔테카비르가 5㎎ 이하에서 효과가 나타날 것으로 예측할 수 있고, 비교대상발명 1에 의하면 임상 1상 시험에서 엔테카비르의 혈장 약물농도 검사를 통한 평균 소실 반감기가 55시간이므로 엔테카비르가 체내에서 장시간 약물 효과가 유지되어 1일 1회 투여가 가능하다는 것을 예측할 수 있으며, 또한 엔테카비르 1㎎을 투여하는 것은 안전하다고 알려져 있음을 알 수 있다. 나아가 비교대상발명 2의 표 2에 '엔테카비르 투여량 0.5~2.5㎎ 경구 매일, 단계 2상'이라고 기재되어 있는데, 위 표 2에 엔테카비르와 함께 기재된 다른 B형 간염 치료제들의 투여용량이 모두 인간에 대한 것이고 여기에 표시된 엔테카비르 투여량의 단위는 동물 투여용량을 표시하는 'mg/kg'이 아닌 'mg'일 뿐만 아니라, 비교대상발명 1에도 엔테카비르가 이미 임상 2상 시험 단계에 있다는 점이 나타나 있는 등의 사정에 의하면 통상의 기술자는 위 표 2의 엔테카비르 투여용량과 투여주기를 특정 질환의 환자를 대상으로 임상적 효과를 확인하는 단계인 임상 2상의 설계용량으로 이해할 수 있고, 달리 엔테카비르가 1mg에서 효과가 나타나는 것을 예측하는 데 방해 요인이 없다. 이와 같은 사정 등에 비추어 보면, 통상의 기술자는 비교대상발명들로부터 구성 1을 용이하게 도출할 수 있고, 그 효과 역시 통상의 기술자가 비교대상발명들로부터 예측할 수 있는 정도에 불과하다.

2) 확인대상발명 중 원심 판시 구성 2는 '엔테카비르와 함께 담체 및 점착성 물질인 결합제를 포함하며 상기 물질들을 포함하는 분말 상태의 혼합물을 압축 성형하여 타정하는 직접분말압축법으로 제조된 정제'이다.

엔테카비르 일수화물은 비교대상발명들에 포함되어 있는데, 비교대상발명 1에 의하면 엔테카비르는 경구 투여 시 흡수가 잘 된다는 점이 이미 밝혀져 있고, 경구 투여에 있어서 정제를 사용하는 것과 의약품의 결정 또는 분말에 부형제, 결합제, 붕해제 등을 가하고 균일한 건성 혼합물로 하여 직접 타정하는 직접분말압축법은 이 사건 제1항 발명의 우선권 주장일 이전에 이미 의약분야에서 널리 활용되고 있었던 기술이다. 따라서 구성 2 역시 통상의 기술자가 비교대상발명들에 주지관용기술을 결합하여 용이하게 도출할 수 있고 그 효과 역시 통상의 기술자가 비교대상발명들과 주지관용기술로부터 예측할 수 있는 정도에 불과하다.

(나) 앞서 본 법리와 기록에 비추어 살펴보면, 원심의 위와 같은 판단은 정당하고, 거기에 상고이유 주장과 같이 논리와 경험의 법칙을 위반하여 자유심증주의의 한계를 벗어나거나, 권리범위확인심판에서 자유실시기술이 심리·판단 가능 여부 및 자유실시기술이나 증명책임에 관한 법리를 오해하고, 변론주의의 원칙을 위반하거나 필요한 심리를 다하지 아니하는 등의 위법이 없다.

[3] 결론

그러므로 상고를 기각하고 상고비용은 패소자가 부담하도록 하되, 원심판결 중 원고승계참가인 표시에 잘못된 기재가 있음이 분명하므로 이를 경정하기로 하여 주문과 같이 판결한다.

7. 대법원 2017. 1. 19. 선고 2013후37 전원합의체 판결 [등록무효(실)](폐수여과기 사건)

I) 판시사항

[1] 특허발명의 신규성 또는 진보성 판단과 관련하여 특허발명의 구성요소가 출원 전에 공지된 것인지에 관한 증명책임의 소재 및 공지사실의 증명 방법/ 특허발명의 구성요소가 청구범위의 전제부에 기재되었거나 명세서에 배경기술 또는 종래기술로 기재되었다는 사정만으로 공지기술로 인정할 수 있는지 여부(소극)/ 청구범위의 전제부에 기재된 구성요소를 출원 전 공지된 것으로 사실상 추정할 수 있는 경우 및 추정이 번복되는 경우/ 이러한 법리가 실용신안의 경우에도 마찬가지로 적용되는지 여부(적극)

[2] 특허나 실용신안의 등록무효심판청구에 관하여 종전에 확정된 심결이 있으나 종전 심판에서 청구원인이 된 무효사유 외에 다른 무효사유가 추가된 경우, 새로운 심판청구가 일사부재리의 원칙에 위배되는지 여부(소극) 및 이 경우 종전 심결과 다른 결론을 내리기 위해서는 종전에 확정된 심결에서 판단이 이루어진 청구원인과 공통되는 부분에 대해서 확정된 심결을 번복할 수 있을 정도로 유력한 증거가 새로 제출되어야 하는지 여부(적극)

II) 판결이유

[1] 상고이유 제1점에 관하여

(가) 특허발명의 신규성 또는 진보성 판단과 관련하여 해당 특허발명의 구성요소가 출원 전에 공지된 것인지는 사실인정의 문제이고, 그 공지사실에 관한 증명책임은 신규성 또는 진보성이 부정된다고 주장하는 당사자에게 있다. 따라서 권리자가 자백하거나 법원에 현저한 사실로서 증명을 필요로 하지 않는 경우가 아니라면, 그 공지사실은 증거에 의하여 증명되어야 하는 것이 원칙이다.

그리고 청구범위의 전제부 기재는 청구항의 문맥을 매끄럽게 하는 의미에서 발명을 요약하거나 기술분야를 기재하거나 발명이 적용되는 대상물품을 한정하는 등 그 목적이나 내용이 다양하므로, 어떠한 구성요소가 전제부에 기재되었다는 사정만으로 공지성을 인정할 근거는 되지 못한다. 또한 전제부 기재 구성요소가 명세서에 배경기술 또는 종래기술로 기재될 수도 있는데, 출원인이 명세서에 기재하는 배경기술 또는 종래기술은 출원발명의 기술적 의의를 이해하는 데 도움이 되고 선행기술 조사 및 심사에 유용한 기존의 기술이기는 하나 출원 전 공지되었음을 요건으로 하는 개념은 아니다. 따라서 명세서에 배경기술 또는 종래기술로 기재되어 있다고 하여 그 자체로 공지기술로 볼 수도 없다.

다만 특허심사는 특허청 심사관에 의한 거절이유통지와 출원인의 대응에 의하여 서로 의견을 교환하는 과정을 통해 이루어지는 절차인 점에 비추어 보면, 출원과정에서 명세서나 보정서 또는 의견서 등에 의하여 출원된 발명의 일부 구성요소가 출원 전에 공지된 것이라는 취지가 드러나는 경우에는 이를 토대로 하여 이후의 심사절차가 진행될 수 있도록 할 필요가 있다.

그렇다면 명세서의 전체적인 기재와 출원경과를 종합적으로 고려하여 출원인이 일정한 구성요소는 단순히 배경기술 또는 종래기술인 정도를 넘어서 공지기술이라는 취지로 청구범위의 전제부에 기재하였음을 인정할 수 있는 경우에만 별도의 증거 없이도 전제부 기재 구성요소를 출원 전 공지된 것이라고 사실상 추정함이 타당하다. 그러나 이러한 추정이 절대적인 것은 아니므로 출원인이 실제로는 출원 당시 아직 공개되지 아니한 선출원발명이나 출원인의 회사 내부에만 알려져 있었던 기술을 착오로 공지된 것으로 잘못 기재하였음이 밝혀지는 경우와 같이 특별한 사정이 있는 때에는 추정이 번복될 수 있다.

그리고 위와 같은 법리는 실용신안의 경우에도 마찬가지로 적용된다.

이와 달리 출원인이 청구범위의 전제부에 기재한 구성요소나 명세서에 종래기술로 기재한 사항은 출원 전에 공지된 것으로 본다는 취지로 판시한 대법원 2005. 12. 23. 선고 2004후2031 판결을 비롯한 같은 취지의 판결들은 이 판결의 견해에 배치되는 범위 내에서 이를 모두 변경하기로 한다.

(나) 위 법리와 기록에 비추어 살펴본다.

명칭을 '폐수여과기의 레이크보호징치'로 하는(최종 보성사항이 반영된 명칭) 이 사건 등록고안(실용신안등록번호 1 생략)의 출원경과를 살펴보면, 출원인인 소외인이 이 사건 등록고안의 심사과정 중에 특허청 심사관으로부터 진보성이 부정된다는 취지로 거절이유통지를 받고, 1997. 6. 24.경 원심 판시 구성 1 내지 4를 전제부 형식으로 보정하면서 종래에 알려진 구성을 공지로 인정하여 전제부 형식으로 바꾸어 기재하였다는 취지가 담긴 의견서를 제출한 사실을 알 수 있다. 이러한 사정에 비추어 보면, 이 사건 등록고안의 전제부에 기재된 구성 1 내지 4가 공지기술에 해당한다고 사실상 추정할 수는 있다.

그러나 원심판결 이유에 의하면, 소외인의 의견서 기재는 실제로는 의견서 제출 당시에만 공개되었을 뿐 이 사건 등록고안의 출원 당시에는 공개되지 않았던 선출원고안(후에 실용신안등록번호 2 생략 등록되었다)을 착오로 출원 당시 공지된 기술인 양 잘못 기재한 것에 불과함을 알 수 있으므로, 위와 같은 추정은 번복되었다고 보아야 한다.

원심이 이 사건 등록고안의 청구범위 중 전제부에 기재된 구성 1 내지 4를 공지된 것으로 취급하지 않고 나아가 증거에 의하여 그 공지 여부를 판단한 것은 위 법리에 따른 것으로서, 거기에 상고이유 주장과 같이 청구범위의 전제부 기재 구성요소의 공지 여부 및 출원경과금반언의 원칙에 관한 법리를 오해하거나 심리를 다하지 아니하는 등의 잘못이 없다.

그리고 상고이유에서 들고 있는 대법원 2002. 6. 14. 선고 2000후2712 판결은 출원경과 중에 드러난 출원인의 의식적 제외에 근거하여 균등침해의 인정 범위를 제한한 것으로서, 사안이 달라 이 사건에 원용하기에 적절하지 아니하다.

[2] 상고이유 제2점에 관하여

특허나 실용신안의 등록무효심판청구에 관하여 종전에 확정된 심결이 있더라도 종전 심판에서 청구원인이 된 무효사유 외에 다른 무효사유가 추가된 경우에는 새로운 심판청구는 그 자체로 동일사실에 의한 것이 아니어서 일사부재리의 원칙에 위배되지는 아니한다. 그러나 모순·저촉되는 복수의 심결이 발생하는 것을 방지하고자 하는 일사부재리 제도의 취지를 고려하면, 위와 같은 경우에도 종전에 확정된 심결에서 판단이 이루어진 청구원인과 공통되는 부분에 대해서는 일사부재리의 원칙 위배 여부의 관점에서 그 확정된 심결을 번복할 수 있을 정도로 유력한 증거가 새로이 제출되었는지를 따져 종전 심결에서와 다른 결론을 내릴 것인지를 판단하여야 한다.

원심이 그 판시와 같은 이유를 들어, 원고가 이 사건에서 한 주장 중 이 사건 등록고안의 진보성이 부정된다는 부분은 종전에 확정된 심결이 있는 등록무효심판에서 청구원인이 된 무효사유와 공통되는데, 이 사건에서 제출된 비교대상고안 7은 이미 확정된 심결의 이유 중에 거론되어 판단되었던 증거이고, 새로이 제출된 비교대상고안 1 내지 6, 8 내지 12 등은 모두 확정된 심결을 번복할 수 있을 정도로 유력한 증거라고 볼 수 없다는 이유로, 이 사건 등록고안의 진보성이 부정된다는 주장을 배척한 것은 위 법리에 따른 것으로서, 거기에 상고이유 주장과 같이 일사부재리 원칙 적용에 관한 법리를 오해하는 등의 잘못이 없다.

[3] 결론

그러므로 상고를 기각하고, 상고비용은 패소자가 부담하기로 하여, 관여 법관의 일치된 의견으로 주문과 같이 판결하되, 이 판결에는 대법관 이기택의 보충의견이 있다.

제1회 ~ 제6회
변호사시험 문제

제1회 ~ 제6회 변호사시험 문제[196)]

2012년도 시행 제1회 변호사시험	지적재산권법

〈제 1 문〉

갑은, 렌즈부(A), 필름부(B), 발광부(플래시)(C) 및 본체부(D)로 구성된 카메라(이하, '본건 카메라')를 발명하여 A+B+C+D로 구성된 카메라 제품에 대한 특허(이하, '본건 특허')를 등록하였다. 본건 특허의 A, B, C 및 D는 모두 필수구성요소이다.

1. 을은 아래와 같이 두 가지 종류의 카메라 제품을 제조, 판매하고 있다. 을의 아래 각 행위가 특허법상 특허침해행위를 구성하는지를 설명하시오(단, 본건 특허는 유효하고, 본건 특허의 등록 후 을이 각 카메라를 제조, 판매하기 시작한 것으로 전제함).

   (1) 을은, 본건 특허와 동일한 필름부(B), 발광부(플래시)(C) 및 본체부(D)로 구성되고, 전혀 다른 형태의 렌즈부(E)로 구성된 카메라(B+C+D+E)를 제조, 판매하고 있다.(15점)

   (2) 을은, 본건 특허의 렌즈부(A), 필름부(B), 본체부(D)는 동일하게 구성하되, 본

---

196) 법무부
http://www.moj.go.kr/HP/COM/bbs_03/BoardList.do?strOrgGbnCd=113000&strRtnURL=lawyer_0108&strNbodCd=noti0491&strFilePath=bar/.

건 특허의 발광부(플래시)(C) 구성을 외부에 항상 노출되어 있는 형태의 외장형 발광부(플래시)(C')로 변경한 카메라(A＋B＋C'＋D)를 제조, 판매하고 있다.(본건 특허의 발광부(플래시)(C)는 카메라 작동시 플래시가 필요한 때를 인식하여 플래시 앞커버가 자동적으로 열려 플래시가 몸체 안에서 밖으로 나와 작동이 되는 형태의 내장형 플래시임)(20점)

2. 위 1.의 (2)에서 갑이 을을 상대로 특허권침해금지 청구소송을 제기함에 따라 을은 본건 특허 관련 분야 기술을 조사하게 되었는데, 그 과정에서 본건 특허의 A, B 및 D를 모두 구비한 비교대상발명 1(A＋B＋D)과 본건 특허의 발광부(플래시)(C)와 동일한 비교대상발명 2(C)의 각 문헌이 본건 특허의 출원일 이전에 공개되어 있음을 확인하게 되었다.(단, 비교대상발명 1과 비교대상발명 2를 결합하는 것에 특별한 어려움이 없다고 전제함)

   (1) 위 사안에서 문제가 될 수 있는 본건 특허의 특허요건에 대하여 설명하시오.(15점)

   (2) 을이 본건 특허에 대한 등록무효심판을 제기하여 특허심판원에서 등록무효심결이 있었으나, 위 등록무효심결에 대한 취소소송이 특허법원에 계속 중에 있어 본건 특허의 등록이 유지되고 있다고 가정할 경우, 위 특허권침해금지 청구소송의 변론 과정에서 위 특허요건과 관련하여 을이 제기할 수 있는 항변에 대하여 설명하시오.(10점)

3. 필름 제조, 판매업자인 병은 본건 카메라용 필름을 제조, 판매하고 있다. 병의 필름 제조, 판매 행위가 특허법상 특허침해행위를 구성하는지를 설명하시오.(단, 본건 특허는 유효하고, 본건 특허의 등록 후 병이 본건 카메라용 필름을 제조, 판매하기 시작한 것으로 전제함)(20점)

   본건 특허의 필름부(B)는, 본건 특허의 본질적인 구성요소로서 본건 특허의 필름부의 형태에 맞는 필름은 본건 카메라의 필름으로만 사용될 수 있어 다른 카메라 제품의 필름 용도로는 전혀 사용되지 아니하며 일반적으로 쉽게 구할 수 없고, 갑이 본건 카메라를 판매하기 시작할 때부터 위 필름의 교체가 예정되어 있었으며, 갑은 본건 카메라와 별도로 본건 카메라용 필름을 제조, 판매하여 왔다.

〈제 1 문〉

甲은 인터넷에서 경매를 효율적으로 수행하기 위한 역경매(reverse auction) 방식을 창안하여 아래와 같은 청구항을 작성하여 특허출원하였다.

> [청구항] 한 사람의 구매자와 복수의 판매자와의 거래를 가능하게 하기 위하여 컴퓨터를 이용하는 방법으로서,
> 1단계: 구매자가 제안한 가격과 구매자의 결제정보(신용카드번호 등)를 컴퓨터에 입력받음
> 2단계: 입력된 제안 가격을 복수의 판매자에게 제공
> 3단계: 제안 가격에 대하여 판매자들에게서 수락의 의사표시를 입력받음
> 4단계: 제안 가격에 부합하는 최적 조건의 판매자 확정
> 5단계: 결제정보를 이용하여 확정된 판매자에 대한 대금지급으로 구성된 컴퓨터의 이용방법

위 사실관계에 기초하여 다음 질문에 답하시오.

1. 甲의 발명이 특허대상이 되는지 특허법상 '발명'의 정의 규정을 중심으로 검토하시오.(15점)

2. 甲의 특허출원 전에 실 거래계(off-line)에서 한 사람의 구매자가 제안한 가격을 복수의 판매자들에게 제공하고, 한 판매자가 이 제안 가격을 수락하면 구매자가 판매자에게 대금을 지급하면서 판매자로부터 판매물을 받는 방식의 경매 방법이 실제로 이용되고 있었다. 위의 사실을 전제로 하여 甲의 발명이 특허요건 가운데 신규성과 진보성을 충족하는지 여부에 대하여 설명하시오.(30점)

3. 甲의 발명이 한국특허청에 특허등록되었다고 가정할 경우(甲의 발명은 타국에 출원·등록하지 아니하였음),

    (1) 乙은 위 발명의 1단계에서 4단계까지 수행하는 서버를 국내에서 운영·실시하고, 丙은 乙과 무관하게 위 발명의 5단계를 수행하는 결제시스템을 국내에서 운영·실시하는 경우, 乙과 丙의 실시가 甲의 특허권을 침해하는지 여부에 대하여 검토하시오.(단, 공동불법행위에 관한 논의는 제외)(25점)

    (2) 제3자 丁(미합중국 캘리포니아 주에 본사 소재)은 위 영업방법을 수행하는 서버를 본사에 두고 영업을 하고 있다. 그리고 사용자들은 한국에서도 이 서비스를 접속·이용할 수 있다. 이 경우 丁의 실시가 甲의 특허권을 침해하는지 여부에 관하여 특허법상 원칙을 설명하고 이에 근거하여 판단하시오.(10점)

〈제 1 문〉

1. 甲과 乙은 공동사업을 준비하고 있던 중, 丙과 丁이 그 사업의 기초가 되는 X에 관한 발명을 얼마 전 공동으로 완성하였다는 소식을 들었다. 이에 甲과 乙은 X에 관한 특허를 받을 수 있는 권리의 지분을 丙과 丁으로부터 이전받아 공동출원하기로 약정한 후, 甲은 丙의 지분을, 乙은 丁의 지분을 각각 이전받았다. 그런데 다음날 甲은 乙 몰래 단독으로 X에 관하여 특허출원을 하였다.

   이 경우 乙이 자신의 권리를 회복하기 위해 취할 수 있는 법적 조치에 관하여, 특허출원이 계속 중인 경우와 특허 등록이 된 이후의 경우로 나누어 설명하라.(40점)

2. 신규성 상실에 관한 특허법상 법리를 논하고(20점), 아래 각 사례의 경우 신규성이 인정될 수 있는지 여부에 관하여 위 법리를 기초로 판단하시오.

   (1) 甲은 자신의 발명 A에 대하여 박사학위를 받기 위해 논문 심사위원들에게 발명 A에 대한 상세한 자료를 제출하고 그 내용을 발표하였다. 박사학위논문 심사를 통과한 甲은 학교 근처 인쇄소에서 박사학위논문을 인쇄한 후 도서관에 납본하여 도서관 반입 등록 절차를 마쳤다.(5점)

   (2) 乙은 B를 발명한 후 친구 丙에게 그에 관한 도면을 주면서 검토를 부탁하며 이를 공개하지 말 것을 요청하였는데, 丙이 자신이 운영하는 웹 사이트에 위 도면을 임의적으로 게시하였다.(8점)

   (3) 도급업체인 丁이 수급업체에 발명품의 제작을 의뢰하기 위해 발명의 샘플과 제작도면을 수급업체에 교부하였으나 하도급계약의 전후에 발명의 샘플과 제작도면은 공사 실무자나 도급업체 및 수급업체의 관련 직원들이 자유롭게 열람할 수 있는 상태에 있었다.(7점)

〈제1문〉

甲은 염료로 사용하기 위하여 신규물질인 X에 대하여 물질특허를 받았다(위 특허는 유효하게 존속하고 있으며, 甲은 X를 국내에서 상당한 영업적 규모로 실시 중임). 그후 乙은 X와 관련된 연구를 수행하던 중 X가 살충제로서 탁월한 효과가 있음을 발견하고, 청구항을 「X를 뿌려서 해충을 없애는 방법」으로 하여 특허출원을 하였다.

위 사실관계에 기초하여 다음 질문에 답하시오.

1. 乙이 특허출원한 발명이 특허법상 발명의 성립성을 충족하는지 설명하시오.(10점)

2. 乙의 발명이 특허를 받지 못한 것으로 확정된 경우, 乙이 자신의 발명을 실시하기 위해 취할 수 있는 조치에 대해 설명하시오.(10점)

3. 乙의 발명이 특허를 받은 경우,
   (1) 甲의 특허발명에 대한 乙의 특허발명의 특허법상 관계에 관하여 논하시오.(15점)
   (2) 乙이 자신의 특허발명을 실시하기 위해 甲에게 허락을 구하였으나 甲이 허락하지 않을 때, 乙이 甲으로부터 실시권을 허락받기 위해 취할 수 있는 조치에 대해 설명하시오.(10점)
   (3) 甲이 乙의 특허발명을 실시하기 위한 조치에 대해 설명하시오.(15점)
   (4) 제3자인 丙이 X를 유효성분으로 한 살충스프레이를 제조·판매하는 행위가 甲, 乙의 특허권을 침해하는지를 각각 판단하시오.(20점)

〈제1문〉

청색LED는 발광을 위한 전력효율이나 그 수명 등 여러 가지 면에서 매우 탁월한 조명이어서 최근 여러 산업분야에서 이용가치가 매우 높지만 아직 발명이 완성되지 않았다. 뿐만 아니라 다수의 전문 기술자들이 기술개발을 시도하였으나 난관이 많아 기술진척이 안 된 분야이다. 이에 甲은 청색LED 발명을 완성한 후 특허권을 취득하면 상업적으로 성공하여 많은 돈을 벌 수 있을 것으로 생각하였다. 특히 청색 LED 기술은 아직 선행연구가 성공적으로 진행되지 않아 선행문헌이나 선행기술이 매우 부족하였다. 甲은 여러 기술적인 난관은 있었지만 자신이 평생의 노력으로 연구개발하고 있던 분야여서 종국적으로는 발명을 완성할 것이라고 생각하고 있었다. 그러나 甲은 자금이나 연구시설 등의 부족으로 인해 곤란을 겪고 있었다. 그러던 중 甲의 친구인 乙이 자신과 협력하여 발명을 완성해 보자고 제의하였고, 이에 甲은 흔쾌히 동의하였다. 이후 乙은 자금과 연구시설 등을 지원하였을 뿐만 아니라 甲의 기술개발 과정에서도 연구방향이나 기술적 조언 등을 해주어 결국 청색LED 기술에 대한 발명(이하 '청색LED 발명'이라 한다)이 완성되었다.(단, 甲과 乙 사이에 아래 질문사항에 대하여 아무런 계약내용은 없다.)

1. 甲(또는 乙이 공동으로)이 발명한 청색LED 발명이 특허를 받기 위한 '특허요건'을 충족하는지 설명하시오.(30점)

2. 甲이 청색LED 발명에 대해 단독으로 특허출원을 하려고 하자, 乙은 자신이 공동발명자라고 하면서 공동출원할 것을 주장하였다.
    가. 청색LED 발명이 甲과 乙의 공동발명에 해당하기 위한 요건을 설명하시오.(10점)
    나. 공동발명이라고 할 경우에 甲이 특허를 받을 수 있는 권리를 乙의 동의 없이 제3자에게 양도할 수 있는지 설명하시오.(5점)

3. 청색LED 발명이 甲의 단독발명이라고 할 때, 다음 각 사례에서 乙이 乙 명의로 특허를 적법하게 취득하기 위하여 취하여야 하는 조치를 설명하시오.

　가. 甲이 청색LED 발명에 대하여 특허출원하기 전에 乙이 특허를 받을 수 있는 甲의 권리를 승계한 경우(5점)

　나. 甲이 청색LED 발명에 대하여 특허출원한 후에 乙이 특허를 받을 수 있는 甲의 권리를 승계한 경우(5점)

　다. 甲이 청색LED 발명에 대하여 특허등록을 받은 후에 乙이 甲의 특허권을 승계한 경우(5점)

4. 甲과 乙이 청색LED 발명에 대하여 공동발명으로 특허를 등록한 경우, 공동권리자가 된 甲과 乙은 청색LED 발명에 대한 자신들의 지분권에 기초하여 자유롭게 권리를 실시하여 수익을 확보하고자 한다. 甲은 청색LED 발명에 관하여 자신이 가지고 있는 권리에 대하여 변호사인 丙에게 자문을 구하였다. 丙은 甲에게 특허권의 공유관계의 특징을 설명하고자 한다. 그 내용을 기술하시오.(20점)

〈제1문〉

甲은 2012. 12. 3.부터 구성요소 A+B가 특징부로 되어 있는 전기밥솥 X를 생산하고 있다.

乙은 구성요소 A′가 특징부로 되어 있는 전기밥솥 Y를 발명하여 그에 관하여 2013. 2. 1. 특허출원을 하였는데, 위 출원은 2014. 8. 1. 무렵 출원공개되었고, 2015. 3. 23. 특허권이 설정등록되었다(이 때, 구성요소 A와 A′는 전기밥솥 분야에서 통상의 기술자라면 단순한 설계변경을 통하여 상호 치환할 수 있는 정도의 것이라 가정한다).

그 후 乙은 위 특허권을 기초로 2016. 3. 24. 무렵 丙에게 실시권을 허락하였다.

1. 乙이 甲에 대하여 취할 수 있는 법적 조치(승소 가능성 불문)
   가. 출원공개가 있은 후 특허권 설정등록 이전의 甲의 실시행위로 인한 乙의 경제적 손실을 전보하기 위하여 「특허법」상 乙에게 인정되는 실체적 권리, 그 권리행사의 방법 및 시기에 관하여 설명하시오.(10점)
   나. 특허권 설정등록 이후의 甲의 실시행위에 대하여 乙이 취할 수 있는 민·형사적 구제수단을 약술하시오.(10점)

2. 甲이 乙에 대하여 취할 수 있는 법적 조치 또는 항변(승소 가능성 불문)
   가. 甲이 乙을 상대로 특허무효심판을 청구하는 경우에, 특허무효사유 중 위 사안에서 문제될 수 있는 특허요건(신규성, 진보성)에 대하여 검토하시오.(15점)
   나. 乙이 甲을 상대로 제기한 특허권침해금지청구의 소에서 甲이 특허무효를 주장할 수 있는지 여부를 논하시오.(15점)
   다. 乙이 甲을 상대로 제기한 특허권침해에 기한 손해배상청구의 소에서, 甲이 乙의 특허출원 이전에 이미 관련 기술을 실시하고 있었다는 점에서 甲이 항변사유로 주장할 수 있는 법정실시권에 대하여 설명하시오.(10점)

3. 丙의 법적 지위와 관련하여 아래의 문제에 답하시오.

　가. 다음의 각 경우에 있어서, 丙이 甲에 대하여 특허권침해금지를 청구할 수 있는지를 설명하시오.(10점)

　　(1) 丙이 전용실시권자인 경우

　　(2) 丙이 통상실시권자인 경우

　나. 다음의 각 경우에 있어서, 丙의 실시권이 존속하는 동안 乙이 특허권을 제3자 丁에게 양도하였다면, 丙이 그 실시권의 존재를 丁에게 대항할 수 있는지를 설명하시오.(10점)

　　(1) 丙이 전용실시권자인 경우

　　(2) 丙이 통상실시권자인 경우

2014년 ~ 2017년
변리사시험 문제

2014년 ~ 2017년 변리사시험 문제[197]

2014년도 제51회 변리사 제2차 국가자격시험 문제지

교시	시험과목	시험시간	수험번호	성명
1교시	특허법	120분		

【 문제-1 】 (30점)

대상 특허권 침해소송에서 파악된 사실관계는 다음과 같다.

A. 원고는 유동성 및 내구성이 제고된 바퀴에 관한 특허발명의 특허권자이다. 원고는 그 특허발명을 적용한 여행용 가방을 백화점 및 직영 매장에서 평균 30만원의 가격에 판매하여 왔다.

B. 소외 제3자는 원고의 제품과 비슷한 기능을 가지면서도 원고의 특허권을 침해하지 않는 경쟁제품을 판매하여 왔으며, 피고의 침해행위가 있기 전 특허권사 및 소외 제3자의 시장점유율은 각각 60% 및 40%이었다.

C. 피고는 원고의 침해소송 제기 전 지난 5년간 15만 개의 침해제품을 생산하여 10만 개는 판매하였고, 2만 개는 홍보품, 사은품 등으로 무상 배포하였고, 나머지 3만 개는 판매를 위하여 창고에 보관 중이다.

197) 한국산업인력공단, http://www.q-net.or.kr.

D. 피고는 침해제품을 원고의 상권과 구별되는 아웃렛 매장 등에서 평균 20만 원의 가격에 판매하여 10만개 전체에 대하여 200억 원의 매출을 올렸다.

E. 원고는 침해행위가 있기 전 매년 6만 개의 가방을 판매하여 매년 180억 원의 매출을 올렸으나, 침해행위 이후로는 매년 5만 개의 가방을 판매하여 매년 150억 원의 매출을 올렸다.

F. 원고의 가방 1개당 판매 이익 액은 평균 10만 원이었다.

위 사실관계에 기초하여 다음의 질문에 답하시오.

(1) 특허법 제128조 제1항의 성격에 대하여 설명하시오.(7점)

(2) 특허법 제128조 제1항 제1문에 따른 손해액 산정을 설명하시오.(9점)

(3) 특허법 제128조 제1항 제2문에 따른 손해액의 제한에 대하여 설명하시오.(7점)

(4) 특허법 제128조 제1항 제3문에 따른 손해액의 공제에 대하여 설명하시오.(7점)

【 문제-2 】 (20점)

원고는 전자칠판 발명에 관한 특허권자이다. 동 특허권은 2013년 12월 31일에 만료되었다. 동 전자칠판은 다양한 시청각 기능, 인터넷 기능 등을 가지며, 특히, 학생들의 의견 또는 질문이 실시간으로 칠판 한 쪽에 표시되어 수업을 매우 역동적으로 만드는 것으로 평가된다.

甲은 원고가 판매하고 있는 전자칠판과 유사한 제품을 만들기 위하여 2012년 한 해 동안 연구개발에 매진을 하였고, 그러한 연구개발의 결과로 원고의 제품보다 오히려 더 좋다고 볼 수도 있는 제품을 개발하였다. 甲은 2013년 초반부터 제품을 생산하기 시작하였고, 2014년 1월 1일부터 동 제품을 판매하기 시작하였다.

乙은 개별 전자칠판의 기능에 부합하는 맞춤형 전원공급장치를 판매하는 업체이며,

甲의 연구개발 초기부터 甲 제품에 적용되는 전원공급장치를 개발하였고, 그 후 甲의 제품 생산 시에 그 장치를 납품하였다. 乙은 해당 시장에서 시장점유율 60%를 자랑한다.

위 사실관계에 기초하여 다음의 질문에 답하시오.

(1) 甲의 직접침해 여부에 대하여 설명하시오.(10점)

(2) 乙의 간접침해 여부에 대하여 설명하시오.(10점)

【 문제-3 】 (30점)

甲은 새로운 서비스 제공이 지속적으로 요구되는 정보통신 분야의 산업계에 종사하면서 선행기술 3개를 합하여 구성한 온라인 서비스 관련 발명을 완성하였고, 기재 자체만으로 그 발명이 명확하게 이해될 수 있도록 특허청구범위를 작성하여 출원하였다. 하지만, 甲은 "특허청구범위가 발명의 상세한 설명이나 도면 등 다른 기재에 의하여 제한적으로 해석되어야 특허권을 얻을 수 있다"는 전문가의 자문을 받았다.

(1) 위의 사례에서 구성·효과 등을 중심으로 진보성을 판단하는 데에 필요한 구체적 기준을 설명하시오.(10점)

(2) 특허청구범위의 해석에 관한 법리를 설명하고, 위 사례에 적용하여 기술하시오.(8점)

(3) 상업적 성공과 진보성 판단의 관계를 설명하시오.(7점)

(4) 온라인 서비스 분야에 속하지 않는 선행기술을 이용하여 위 출원발명의 진보성을 부정할 수 있는지를 기술하시오.(5점)

【 문제-4 】 (20점)

甲은 자기의 특허발명 내용 중 일부를 바꾸어 물품을 생산판매하여 수익을 올린 乙에 대하여 더 이상 특허권을 침해하지 못하게 할 목적으로 경고장을 보냈으나, 乙은 이에 대하여 응하지 않고 자기가 생산판매한 물품은 甲의 특허발명과 무관하다고 주장하였다. 乙은 오히려 자기의 물품은 자유기술을 바탕으로 자기의 아이디어를 덧붙여 만들어낸 것이라는 점에서 甲의 특허발명은 자기의 물품과 관련 없다고 생각하였다.

이에 甲은 乙에 대하여 특허심판원에 권리범위확인심판을 청구하였고, 민사법원에 특허권침해에 대한 금지청구 및 손해배상청구의 소를 제기하였다. 한편 乙은 甲에 대하여 특허의 무효심판을 청구하였다.

(1) 乙은 甲에 대하여 "甲의 특허발명은 선행기술에 의하여 쉽게 아이디어를 얻을 수 있는 것임에도 불구하고 특허권이 허여되었음"을 주장함으로써 甲과의 다툼에서 벗어나고 싶다. 침해소송에서 乙의 항변으로 검토할 수 있는 법적 방안을 제시하시오.(10점)

(2) 甲의 특허출원의 심사과정에서 특허청구범위가 지나치게 넓다는 지적을 받아 그 특허청구범위가 축소 보정되었던 사실이 있고, 甲이 乙에 대하여 균등론에 기한 특허권 침해를 주장하는 경우에 乙의 대응방안을 기술하시오.(10점)

2015년도 제52회 변리사 제2차 국가자격시험 문제지

교시	시험과목	시험시간	수험번호	성명
1교시	특허법	120분		

【 문제-1 】 (30점)

甲은 한국특허공보 7호에 기재된 "구성요소(A)와 원터치장치(B)로 구성된 스마트폰 구동시스템"의 기술을 인지하고 이를 분석한 결과, 누구나 쉽게 구동시킬 수 있는 보안상의 문제점을 발견하고 이를 해소하고자 지문인식시스템을 연구하였다. 甲은 그 연구물을 다음과 같은 내용으로 전자공학저널에 영문으로 게재하였다.

> 한국특허공보 7호에 기재된 구성요소(A)와 원터치장치(B)로 구성된 스마트폰 구동시스템은 불특정인이 구동시킬 수 있는 문제점이 있기 때문에 원터치장치(B) 대신에 지문인식시스템(D)으로 구성되고, 또한 지문인식시스템(D)은 유전자지문인식시스템(d)으로 구성되고, 인지시간이 3~5초 내에서 작동하는 스마트폰 구동시스템

그 후 甲은, 전자공학저널에 게재된 영어논문을 명세서로 하여 외국어특허출원을 하였고, 그 영어논문 명세서에 대하여 다음과 같이 국어번역문을 법정기간 내에 특허청에 제출하였다.

> 구성요소(A)와 원터치장치(B)로 구성된 스마트폰 구동시스템은 불특정인이 구동시킬 수 있는 문제점이 있기 때문에 원터치장치(B) 대신에 지문인식시스템(D)으로 구성되고, 또한 지문인식시스템(D)은 생체지문인식시스템(d)으로 구성되고, 인지시간이 2~5초 내에서 작동하는 스마트폰 구동시스템

그리고 甲은 외국어특허출원에 대하여 다음과 같이 청구범위를 법정기간 내에 특허청에 제출하였다.

제1항 구성요소(A)와 지문인식시스템(D)으로 구성되는 것을 특징으로 하는 스
마트폰 구동시스템

제2항 제1항에 있어서, 지문인식시스템(D)은 생체지문인식시스템(d)으로 구성
되는 것을 특징으로 하는 스마트폰 구동시스템 위 사실만을 근거로 다음
물음에 답하시오.

(1) 국어번역문과 청구범위를 제출할 수 있는 법정기간을 설명하고, 만약 그 법정기
간 내에 제출하지 않는 경우에 취해지는 조치와 그 이유를 설명하시오.(6점)

(2) 외국어특허출원 시에 첨부된 영어논문 명세서와 그 국어번역문의 법적지위를
설명하시오.(6점)

(3) 甲이 제출한 국어번역문에 영어논문의 "인지시간이 3~5초"를 "인지시간이
2~5초"로 잘못 번역한 것을 국어번역문의 제출기간이 경과한 후 인지한 경우,
甲이 취할 수 있는 조치와 그 법적효과를 설명하시오.(5점)

(4) 甲이 제출한 국어번역문과 청구범위의 흠결을 각각 지적하고(단, 2~5초로 잘못
번역된 것은 제외한다.), 그 흠결의 해소방안을 설명하시오.(13점)

【 문제-2 】 (20점)

甲의 특허권의 청구범위는 다음과 같다.

> 제1항 물질 A로 구성되며 B방법에 의하여 제조되는 제초제 P
> 제2항 제1항에 있어서, 물질 A는 물질 a로 구성되는 제초제 P
> 제3항 제초제 P를 D시스템에 의하여 관리하는 보존용기 K

한편 乙은 "물질 a로 구성되며 B방법에 의하여 제조되는 제초제 P"를, 그리고 丙은 "보존용기 K"를 각각 생산·판매하고 있다. 이에 대하여 甲은 乙과 丙을 상대로 적극적 권리범위확인심판을 청구하였으며, 乙과 丙은 甲의 심판청구에 대응하여 무효심판을 청구하려고 한다. 다음 물음에 답하시오.

(1) 甲이 "乙의 판매제품 제초제 P가 위 특허권의 권리범위에 속한다"는 취지의 주장을 한 경우, 그 청구이유(특허법 제140조 제1항 제4호)를 청구범위해석에 근거하여 설명하시오.(5점)

(2) 乙이 "물질 A로 구성되며 C방법에 의하여 제조되는 제초제 P"가 기재된 선행문헌만을 근거로, 甲의 제1항에 대하여 무효심판을 청구하는 경우, 그 청구이유를 판례에 근거하여 설명하시오.(단, B방법은 C방법보다 진보성이 있다.)(10점)

(3) 丙이 "제초제 P를 H시스템에 의하여 관리하는 보존용기 K1"이 기재된 선행문헌만을 근거로, 甲의 제3항이 신규성이 없다는 이유로 무효심판을 청구하는 경우, 그 청구이유를 신규성 판단기준에 근거하여 설명하시오.(5점)

【 문제-3 】 (30점)

甲은 발명 A를 2014. 1. 8. 일본 특허청에 특허출원(특허출원 1, 우선권 1)하였다. 위의 발명 A는 잡지에 게재되어 동년 1. 15. 반포되었고, 甲은 선 출원발명 A를 개량하여 발명 B를 완성하였다. 또한 甲은 발명의 단일성 요건을 충족하는 발명 A, 발명 B를 제1항(A), 제2항(B)으로 하여 국내우선권을 주장하면서, 2014. 5. 16. 일본 특허청에 특허출원(특허출원 2, 우선권 2)하였다. 이후 甲은 특허출원 1과 특허출원 2를 기초로 하여 「공업소유권의 보호를 위한 파리협약」상의 우선권을 주장하면서 2014. 11. 19. 대한민국 특허청에 출원하였다.

2014. 1. 8.	2014. 1. 15.	2014. 5. 16.	2014. 11. 19.
특허출원 1 (우선권 1)	인용문헌	특허출원 2 (우선권 2)	대한민국 특허출원
A	A(게재·반포)	제1항(A), 제2항(B)	제1항(A), 제2항(B)

다음 물음에 답하시오.

(1) 조약우선권 주장의 주체적, 시기적, 객체적 요건에 대하여 논하시오.(7점)

(2) 조약우선권 주장 출원의 실체심사인 발명의 동일성 판단에 대하여 논하시오.(15점)

(3) 인용문헌은 대한민국 출원발명의 신규성을 대비 판단하는 선행문헌에 해당할 수 있는지의 여부에 대하여 논하시오.(8점)

【 문제-4 】 (20점)

甲은 자신이 보유하고 있는 냉·난방 시스템에 관한 특허에 대하여, 乙에게 지역적으로는 대한민국 전역, 내용적으로는 생산·사용·양도에 관한 통상실시권을 2010. 12. 31. 허락하여 주고, 乙은 甲에게 특허사용료로 2011. 1. 1.부터 2015. 12. 30.까지 매출액의 3%를 매년 말에 지급하기로 하는 내용의 계약을 체결하였다. 이처럼 乙이 甲으로부터 유상의 통상실시권을 허락 받았지만, 특허실시계약의 대상인 특허가 무효로 되는 경우에 어떻게 할 것인지에 관한 내용이 계약에 포함되어 있지 않고, 특허의 무효여부에 관하여 甲과 乙이 부쟁(不爭)의 합의를 하였다고까지는 볼 수 없는 상황에서, 乙은 2013. 7. 22. 甲의 특허에 대하여 무효심판을 청구하였다. 다음 물음에 답하시오.

(1) 실시권자인 乙이 무효심판을 청구할 수 있는 이해관계인에 해당하는지의 여부에 대하여 학설의 논거와 판례의 태도를 설명하시오.(10점)

(2) 만약 甲의 특허가 무효로 된다면 이미 지급된 특허사용료는 부당이득으로 반환되어야 하는지의 여부에 대하여 학설의 논거와 판례의 태도를 설명하시오.(10점)

2016년도 제53회 변리사 제2차 국가자격시험 문제지

교시	시험과목	시험시간	수험번호	성명
1교시	특허법	120분		

【 문제-1 】 (30점)

甲은 '냉장고 구동시스템'이라는 명칭을 가진 발명(이하 'X발명'이라 한다)의 특허권자이다. 乙은 X발명이 선행기술들과 대비할 때 신규성 또는 진보성이 없어 무효라 생각하고, X발명의 구성요소를 포함하고 있는 자신의 냉장고를 제조·판매하여 왔다. 이로 인하여 甲의 냉장고의 매출액은 절반으로 감소하였다. 결국 甲은 乙을 상대로 그 실시제품이 甲의 특허권을 침해하였다고 주장하면서 그 침해금지 및 손해배상청구의 소(이하 '이 사건의 소'라 한다)를 乙의 주소지의 관할 법원에 제기하였다. 한편 甲의 이 사건의 소에 대응하기 위하여, 乙은 甲을 상대로 특허심판원에 X발명에 대한 특허무효심판 및 소극적 권리범위확인심판을 각각 청구하였다. 위 사실관계에 기초하여 다음 물음에 답하시오.(각 물음은 독립적이다.)

(1) 이 사건의 소에서 피고 乙은 X발명의 진보성이 부정된다고 주장하면서 원고 甲의 청구기각을 구하였다. X발명은 특허무효심판 절차에서 무효심결 확정 전이다.
   1) 피고 乙의 항변의 성격을 논하시오.(4점)
   2) 법원은 피고 乙의 주장의 당부를 판단하기 위한 전제로서 특허발명의 진보성 여부를 심리·판단할 수 있는지 여부 및 이에 근거하여 이 사건 청구를 기각할 수 있는지 여부에 대하여 각각 논하시오.(6점)

(2) X발명에 대한 소극적 권리범위확인심판에서 X발명의 신규성 또는 진보성이 부정된다는 이유로 그 권리범위를 부정할 수 있는지 여부와 그 심리결과 X발명의 신규성 또는 진보성이 부정된다면 특허심판원은 어떠한 조치를 하여야 하는지에 대하여 각각 논하시오.(단, 신규성이 부정되는 경우와 진보성이 부정되는 경우를 구분하시오.)(10점)

(3) 위 (2)와 별개로, 乙은 특허권자 甲을 상대로 특허심판원에 X발명에 대한 특허무효심판을 청구하였으나 인용되지 않았다. 이에 불복한 乙은 甲을 상대로 특허법원에 위 특허무효심판청구에 대한 심결의 취소소송을 제기하였다. 이 심결취소소송에서 乙은 특허심판원의 심판절차에서 심리·판단된 위법사유에 한하여 주장할 수 있는가, 아니면 그 심결을 위법하게 하는 사유를 심결취소소송 절차에서 새로이 주장·입증할 수 있는가에 대하여, 학설과 판례의 태도와 이에 따른 법원의 조치를 각각 논하시오.(10점)

【 문제-2 】 (20점)

甲은 반도체 웨이퍼 연마용 패드 및 그 사용방법에 대한 발명 A+B+C에 대하여 특허권을 보유하고 있다. 乙은 A+M+C 발명을 통하여 연마용 패드를 생산하는 회사인데 자사가 생산하는 연마용 패드가 甲의 특허권 권리범위에 속하지 아니한다는 취지로 소극적 권리범위확인심판을 청구하였다. 그런데 실제로 乙의 연마용 패드를 구입한 반도체 제조업체가 이를 이용할 때에, 이 연마용 패드는 A+M+b+C로만 나타난다.(단, b는 B로 실시하게 될 개연성이 크다.)

한편, 丙은 甲의 연마용 패드의 반제품을 생산하고 있으며, 이것은 조립을 통하여 완제품이 될 수 있다. 다음 물음에 답하시오.(각 물음은 독립적이다.)

(1) 甲이 간접침해를 주장하자, 乙은 자신의 연마용 패드가 기존의 이용공정과 다른 방법으로 사용되는 경우에는 A+M+C로 발현될 수도 있다고 항변하였는데, 실제 시장에서는 기존 이용 공정으로만 사용되고 있었다. 간접침해에서 특허물건의 생산 "에만" 사용하는 물건에 대하여 설명하고, 乙의 연마용 패드가 이에 해당하는지 여부에 대하여 논하시오.(15점)

(2) 丙이 甲의 연마용 패드 반제품을 생산하여 수출하고, 제3자 丁이 제3국에서 이 반제품을 이용하여 완제품을 생산하자, 甲은 丙의 제품이 자신의 특허권 보호범위에 들어간다고 하면서 특허권침해를 주장한다. 甲의 주장이 타당한지 여부에 대하여 설명하시오.(5점)

【 문제-3 】 (30점)

乙은 丙과 함께 'X발명'의 특허권(이하 '이 사건 특허권'이라 한다.)을 공유하고 있었다. 그런데 丙이 사망하자 丙으로부터 이 사건 특허권의 공유지분을 상속한 甲은 乙을 상대로 공유물분할청구권에 기한 소를 제기하였다(상속인은 甲이 유일한 것으로 가정한다.). 한편, 제3자 丁은 이 사건 특허권이 선행기술과 대비할 때 신규성 또는 진보성이 없어서 무효라고 생각하고, 특허심판원에 무효심판을 청구하려고 한다. 위 사실관계에 기초하여 다음의 물음에 답하시오.
(각 물음은 독립적이다.)

(1) 특허권 공유의 법적 성격에 대하여 논하시오.(5점)

(2) 위 사안에서, 원고 甲이 피고 乙을 상대로 제기한 공유물분할청구의 소와 관련하여 다음 물음에 답하시오.
    1) 특허법 제99조 제2항 및 제4항 규정의 취지, 공유특허권에 대한 분할청구권 인정여부, 특허권의 공유관계에 민법상 공유물분할청구에 관한 규정이 적용되는지 여부를 각각 설명하시오.(8점)
    2) 특허권의 성질상 현물분할이 허용되는지 여부 및 담당 법원은 이 사건 특허권에 대하여 경매에 의한 대금분할을 명할 수 있는지 여부에 대하여 각각 논하시오.(5점)

(3) 위 (2)와 별개로, 다음 물음에 답하시오.
    1) 제3자 丁이 특허심판원에 제기한 무효심판의 피청구인 적격, 제3자 丁을 상대로 한 적극적 권리범위확인심판의 청구인 적격을 각각 설명하시오.(4점)
    2) 위 무효심판의 심결이나 적극적 권리범위확인심판의 심결이 이 사건 공유특허권자들에게 불리하게 내려졌다. 이러한 심결에 대한 취소소송을 특허법원에 제기하고자 하는 경우 원고적격을 가진 자에 대하여 논하시오.(8점)

【 문제-4 】 (20점)

각 사례를 읽고 다음 물음에 답하시오.(각 사례는 독립적이다.)

(1) 乙은 甲에 대한 채권자이며, 甲이 채무이행을 하지 않자 甲을 상대로 하여 위 채무에 관한 이행 판결을 받아 그 판결이 확정되었다. 甲은 위 판결에 기한 강제 집행을 면탈할 목적으로 A회사를 설립하였다. 甲은 X발명을 완성한 발명자로서 특허를 받을 권리를 A회사에 양도하고 A회사 명의로 특허출원·등록 받았다.
   1) A회사가 등록받은 특허권의 유효성을 논하시오.(5점)
   2) 乙이 A회사에 대하여 취할 수 있는 조치를 논하시오.(5점)

(2) 甲은 乙에게 자신의 특허를 받을 권리를 양도하고, 단순히 이 사실을 알고 있는 丙에게 위 특허를 받을 권리를 양도하였다. 그 후 丙은 자신의 명의로 특허출원 하여 등록을 받았다. 丙의 특허권의 유효성에 대하여 논하시오.(4점)

(3) 甲은 X발명에 대하여 특허권을 취득한 후 이를 丁에게 양도하였다. 또한 甲은 Y발명에 대하여 특허를 출원한 후, 출원 중인 특허를 받을 수 있는 권리를 丁 에게 양도하였다. 그에 따라 X발명에 대해서 丁의 명의로 특허권 이전등록이 이루어졌고, Y발명에 대해서는 丁의 명의로 출원인 명의 변경이 이루어져 丁이 특허권 설정등록을 받았다. 만약 甲과 丁사이의 2개의 양도 계약이 각각 무효 또는 취소 등의 사유로 효력을 상실하였다면, 甲이 丁에게 취할 수 있는 조치를 논하시오.(6점)

교시	시험과목	시험시간	수험번호	성명
1교시	특허법	120분		

【 문제-1 】 (30점)

甲은 A+B+C로 구성되는 특허발명의 특허권자이고, 구성 C는 특허발명의 전용품이다. 이 사실에 기초하여 다음 물음에 답하시오.(단, 각 물음은 독립적이다.)

(1) 乙이 甲의 허락을 받지 않고 C+D를 판매하고 있다. 乙은 C+D는 D의 부가로 인하여 자신의 판매 행위는 특허법 제127조의 침해로 보는 행위에 해당하지 않는다고 주장한다. 乙의 주장이 타당한지에 대하여 논하시오.(8점)

(2) 乙이 C′ (C′는 C와 균등의 물건이다.)를 판매하고 있는 경우, 乙의 판매가 특허법 제127조의 침해로 보는 행위에 해당할 수 있는지에 대하여 논하시오.(7점)

(3) 만약, 甲의 특허발명이 방법의 발명인 경우, 그 방법의 실시에만 사용하는 물건 C를 甲이 乙에게 양도했다면, 乙이 그 물건 C를 이용하여 해당 방법발명을 실시하는 것이 특허침해에 해당하는지에 대하여 논하시오.(8점)

(4) 만약, 甲의 특허발명이 방법의 발명인 경우, 그 방법의 실시에만 사용하는 물건 C와 대비되는 물건을 심판 청구의 대상이 되는 발명으로 특정하여 甲이 권리범위확인심판을 청구하는 것에 대한 적법성 여부를 논하시오.(7점)

【 문제-2 】 (20점)

甲은 부호분할다중접속(CDMA) 인코딩 및 디코딩과 관련된 특허를 보유하고 있다. 해당 특허는 표준제정기구에 의해 표준으로 채택되었으며, 甲은 해당 특허에 대하여 공정하고, 합리적이며, 비차별적인 라이선스를 허락한다는 프랜드(FRAND) 선언을 하였다. 乙은 甲의 허락을 받지 않고 이 사건 발명을 업으로 실시하였다. 甲은 乙에 대하여 특허침해를 주장하면서, 이 사건 발명의 사용에 대한 금지청구소송을 제기하였다. 이에 대해 乙은 甲이 프랜드 선언을 하였음에도 불구하고 침해금지를 청구하는 것은 권리남용에 해당한다고 주장하였다.

(1) 甲의 침해금지청구소송에 대한 인용 여부를 논하시오.(8점)

(2) 乙의 권리남용 주장이 타당한지에 대하여 설명하시오.(5점)

(3) 甲이 침해금지에 대한 가처분을 신청하는 경우, 가처분의 승인 여부와 그 근거를 설명하시오.(7점)

【 문제-3 】 (30점)

甲은 "A, B 및 C로 구성되는 클러치 구동축 제어장치"에 관한 특허발명의 특허권자이다. 乙은 특허심판원에 특허권자인 甲을 상대로 이 사건 특허발명은 비교대상발명 1, 2, 3의 조합에 의하여 진보성이 부정된다고 주장하며 등록무효심판을 청구하였다. 특허심판원은 이 사건 특허발명은 진보성이 부정되지 않는다는 이유로 乙의 심판청구를 기각하는 심결을 하였고, 乙은 위 심결에 대해 특허법원에 심결취소소송을 제기하였다.
한편 특허법원은 甲의 특허발명은 비교대상발명 1, 2, 3을 결합하여 용이하게 도출할 수 있으므로 진보성이 부정된다는 이유로 乙의 청구를 인용하였다. 이에 甲은 이 사건 발명은 비교대상발명들에 의해 진보성이 부정되지 않는다고 주장하며 대법원에 상고하면서, 이 사건 특허발명에 대하여 특허심판원에 별도의 정정심판을 청구하였다.

위 사실관계에 기초하여 다음 물음에 답하시오.

(1) 정정심판과는 별도로 특허의 정정제도를 두고 있는 취지를 포함하여 특허의 정정제도에 대하여 설명하시오.(10점)

(2) 乙이 제기한 무효심판 사건이 대법원에 계속 중 甲이 청구한 정정심판의 인용심결이 확정된 경우 무효심판사건은 어떻게 처리되는지에 대하여 설명하시오.(5점)

(3) 甲은 "자신이 청구한 정정심판청구가 받아들여질 경우에는 그 전의 특허청구범위를 기초로 한 진보성 판단은 무의미하게 되므로 상고심에서는 위 정정심판의 결과를 기다려 판단하여야 한다."고 주장한다. 甲주장의 타당성 여부에 대하여 논하시오.(5점)

(4) 乙은 "클러치 구동축 제어장치에 관한 특허발명의 구성요소 A는 선행문헌 1에, 구성요소 B는 선행문헌 2에, 구성요소 C는 선행문헌 3에 각각 개시되어 있는 바, 甲의 특허발명은 선행문헌과 명세서의 기재내용에 비추어보아 당업자가 용이하게 발명할 수 있는 것이어서 진보성이 없다."고 주장한다.
이에 대해 甲은 어떻게 반박할 수 있을 것인지를 논하시오.(10점)

【 문제-4 】 (20점)

甲은 A+B+C로 구성되는 발명 X를 완성한 후, 해당 발명의 사업화에 관심이 있는 乙과의 간담회에서 2015년 3월 2일 발명의 내용을 설명하였고, 乙은 2015년 3월 27일 진행된 자신의 사업설명회에서 발명 X를 공개하고 자세히 설명하였으나 해당 발명의 발명자에 대한 언급은 하지 않았다. 한편 甲은 2015년 8월 3일 발명 X에 대한 특허출원을 하면서 특허출원서에 공지예외의 취지를 기재하였고, 이를 증명할 수 있는 서류로서 2015년 3월 2일 乙과의 간담회 회의록을 제출하였다. 위 사실관계에 기초하여 다음 물음에 답하시오.

(단, 물음 (1)과 (2)는 독립적이다.)

(1) 2015년 3월 27일 乙의 사업설명회에 참석한 丙은 특허청에 "甲의 특허출원은 신규성이 없어서 특허를 받을 수 없다."는 내용의 정보제공을 하면서 그 증거로서 乙이 제공한 사업설명회 자료를 첨부하였다. 丙은 "특허법 제30조 제1항 제1호의 적용을 받기 위해서는 출원인이 해당발명을 공개하여야 하는데, 2015년 3월 27일의 공개는 乙이 하였으므로 공지예외를 인정받을 수 없다."고 주장한다. 丙주장의 타당성 여부를 검토하시오.(8점)

(2) 甲은 발명 X에 대한 특허출원 후 연구를 계속하여 발명 X에 대한 개량발명 X′를 완성하였다.
   1) 甲이 자신의 발명 X와 X′를 하나의 출원으로 보호받기 위한 방법을 설명하시오.(6점)
   2) 甲의 2015년 8월 3일 특허출원이 일본특허청에 한 출원인 경우 甲이 자신의 발명 X와 X′를 우리나라에서 하나의 출원으로 보호받기 위한 방법을 설명하시오.(6점)

참고문헌

김원준, "BM발명의 특허적격성 판단기준에 관한 고찰 : In re Bilski 판결을 중심으로", 법학논총 30(3), 2010, pp. 136－144.

심판편람 제12판, 특허청, 2017.

이상철, 곽준영, 조문별·쟁점별 특허판례, 특허심판원, 2015.

쟁점별 특허판례 사례연구, 특허심판원, 2010.

조문별 특허법 해설, 특허청, 2007.

특허법축조해설집, 특허청.

주요국 특허판례 100선, 특허청, 2015.

특허·실용신안 심사기준, 특허청, 2017.

https://casenote.kr

http://glaw.scourt.go.kr

http://www.kipris.or.kr

http://www.wipson.com

찾아보기

저자약력

조재신
인하대학교 공과대학 학사, 석사
오사카대학원 공학박사
제22회 기술고등고시 합격
주일본 특허관
독일연방특허법원 연수
특허법원 제1기 기술심리관
특허청 심사관, 심판관, 고위공직자
변리사
변리사 시험위원
IPAT 지식재산능력시험위원
현 전남대학교 교수

저자 저서
디자인보호법
인증 시스템
정보 보호와 암호기술
지식재산의 이론과 실전
창업을 대비하는 지식재산
창조경제, FTA 지식재산입문
특허소송실무
특허심판 대응전략
특허판례 백선 4판
ELEMENTS OF UNITED STATES PATENT LAW(번역서)

저자 논문
한·미 FTA 관련 개정 특허법에 대한 고찰
특허권의 제문제점과 이에 대한 기독교적 접근
디자인보호법 물품구분표상 B군 의복 및 신변용품 분류체계 개선안
2014년 디자인보호법 전문개정 의의와 과제
한미 FTA 의약품 허가−특허 연계제도 도입으로 인한 관련법 개정 및 그 영향에 관한 고찰
전통지식유전자원에 대한 국제적 논의동향 및 저작권과 특허권에 의한 보호 전략 외 다수

발명과 판례특허법

초판발행   2018년 2월 25일

지은이   조재신
펴낸이   안종만

편 집   김상윤
기획/마케팅   이영조
표지디자인   권효진
제 작   우인도 · 고철민

펴낸곳   (주) 박영사
            서울특별시 종로구 새문안로3길 36, 1601
            등록 1959. 3. 11. 제300-1959-1호(倫)

전 화   02)733-6771
f a x   02)736-4818
e-mail   pys@pybook.co.kr
homepage   www.pybook.co.kr
ISBN   979-11-303-3176-8   93360

정 가   24,000원